研究生课程思政优秀教学案例

（第二辑）

马海涛　主编

中国财经出版传媒集团
中国财政经济出版社
·北京·

图书在版编目（CIP）数据

研究生课程思政优秀教学案例. 第二辑 / 马海涛主编. -- 北京 : 中国财政经济出版社, 2025. 1. -- ISBN 978-7-5223-3611-4

Ⅰ. G643.1

中国国家版本馆CIP数据核字第2025DV2399号

责任编辑：叶 彤　　责任校对：胡永立

封面设计：北京兰卡绘世　　责任印制：党 辉

研究生课程思政优秀教学案例（第二辑）

YANJIUSHENG KECHENG SIZHENG YOUXIU JIAOXUE ANLI（DIERJI）

中国财政经济出版社 出版

URL：http：//www. cfeph. cn

E－mail：cfeph@ cfeph. cn

社址：北京市海淀区阜成路甲 28 号　邮政编码：100142

营销中心电话：010－88191522

天猫网店：中国财政经济出版社旗舰店

网址：https：//zgczjjcbs. tmall. com

涿州汇美亿浓印刷有限公司印刷　各地新华书店经销

成品尺寸：185mm×260mm　16 开　30. 25 印张　671 000 字

2025 年 1 月第 1 版　2025 年 1 月河北第 1 次印刷

定价：98. 00 元

ISBN 978－7－5223－3611－4

（图书出现印装问题，本社负责调换，电话：010－88190548）

本社质量投诉电话：010－88190744

打击盗版举报热线：010－88191661　QQ：2242791300

本书编委会

主　编： 马海涛

成　员： 李　涛　白彦锋　肖土盛　白　丹
祝维龙　刘明旭　雍亚文

目　录

案例1：税收协定服务“一带一路”行稳致远

——“国际税收协定”课程思政教学案例

陈　宇

（中央财经大学财政税务学院副教授）

一、基本信息

课程名称：国际税收协定

授课对象：研究生一年级

知 识 点：Michael Lang. Introduction to the Law of Double Taxation Conventions. , 3rd edition，IBFD，2021. 9. 5. Interest（利息条款）和14. Mutual agreement procedure（相互协商程序）

主讲教师：陈宇

二、教学目标

（一）知识目标

掌握国际税收协定中的利息条款和相互协商程序条款。

（二）能力目标

帮助学生理解企业面临的国际税收风险，掌握税收协定中规定的税收优惠，提高国际税收争议解决能力。

（三）育人目标

培养学生国际视野、家国情怀和专业本领，理解认同“大国税务”服务助力企业“走出去”的使命和担当。

三、教学重点与难点

（一）教学重点

协定利息条款的规定；相互协商程序条款内容及申请条件。

（二）教学难点

如何力争和保障企业在东道国获取正当的税收优惠待遇。

四、课程思政案例介绍

（一）政策背景

自1983年签署第一个避免双重征税协定（以下简称税收协定）以来，我国已与114个国家和地区签署税收协定，初步建成较为完整的税收协定网络。其中与塔吉克斯坦的税收协定签署于2008年8月，生效于2009年3月，执行于2010年1月。这些税收协定在保障我国“走出去”企业的税收利益中起到重要作用，例如利息条款通常为企业的跨境利息收入提供了优惠税率。此外，当企业与缔约国另一方税务机关发生争议时，还可以依据相互协商程序条款向我国税务机关申请启动相互协商程序来解决争议。

（二）企业背景

华新水泥股份有限公司（以下简称华新水泥公司）于1907年在湖北省黄石市成立，其被誉为中国水泥工业的摇篮，110多年来为国家和地方经济社会发展作出了突出贡献，目前在世界各地拥有150多家子分公司和工厂。华新水泥公司主要业务围绕水泥、混凝土、骨料、新型建筑材料等展开。由于“一带一路”共建国家自然资源比较丰富，而且我国大力推动“一带一路”区域经济发展，我国水泥企业选择在“一带一路”共建国家建立工厂发展，既能降低产能过剩的风险，又能提高国际竞争力，因此华新水泥公司在“一带一路”共建国家设立了许多子公司。

华新水泥公司于2011年在塔吉克斯坦的哈特隆州亚湾市设立了其子公司华新亚湾水泥有限公司（以下简称亚湾公司），以方便在此地发展业务。亚湾公司于2013年8月正式建成投产，可年产150万吨优质水泥，连续多年荣获“优秀纳税企业”荣誉称号，牢固树立了华新水泥在塔吉克斯坦第一水泥品牌形象。

（三）案件概要

为建设塔吉克斯坦的三条生产线，亚湾公司在2012年12月向中国国家开发银行申请贷款，贷款金额为7800万美元，贷款期限为7年。2013年，公司支付利息394万美元，同时按照塔吉克斯坦国内税法的规定，即预提所得税税率为12%，缴纳预提所得税47万美元。2014年，公司支付利息445万美元，但并没有缴纳预提所得税。

2014年，华新水泥公司通过税务局组织讲解的税收辅导课，了解到该笔利息根据两国双边税收协定的规定，可以享受免税待遇，因此亚湾公司向塔吉克斯坦的税务局申请免税。

但是，塔吉克斯坦的税务局拒绝了这一申请，该税务局并不认为亚湾公司能够享受免税待遇。在2014年11月3日，塔吉克斯坦的税务局回复到，对于亚湾公司2013年、2014年的利息仍应该按照12%的税率计算，之后年度的利息则按照8%的税率征收预提所得税。亚湾公司与塔吉克斯坦的税务局就能否退还税款的争议进行了多次沟通交流，但是税务局不同意亚湾公司提出的退还2013年预提所得税税款的申请，并催促亚湾公司尽快缴纳2014年的税款，不然会受到处罚，并且也不同意对其之后年度免预提所得税的申请。

亚湾公司与国家开发银行之间除了7800万美元的贷款之外，还有1亿美元的投资贷款协议，如果按照塔吉克斯坦税务局的规定按照8%的税率缴纳税款，亚湾公司还需要缴纳500万美元税款，这很可能影响亚湾公司的现金流量和后续经营。

五、教学方法与手段

（1）SPOC课程：熟悉案例内容“华新水泥案”，观看SPOC视频资料；

（2）案例教学：结合案例引导学生深入学习税收协定条款的具体规定和适用条件；

（3）翻转课堂：发挥学生主观能动性，分组进行思政主题案例展示；

（4）实地研学：赴“一带一路”税务学院和“一带一路”国际合作高峰论坛展示中心学习、参观。

六、教学实施过程（见表1-1）

表1-1

<table>
<tr><th>教学目标</th><th>教学内容</th></tr>
<tr><td colspan="2">第一部分：案例教学</td></tr>
<tr><td>教学目标：
帮助学生了解我国“一带一路”倡议和“走出去”战略的概况。了解我国政府为支持企业“走出去”而建设的税收协定网络</td><td>第一阶段：案情导入与税收协定背景介绍
1. 首先用10分钟介绍“一带一路”倡议后企业“走出去”现状和税收协定网络的具体内容（见图1-1）。

图1-1　陆上丝绸之路</td></tr>
</table>

续表

<table>
<tr><th>教学目标</th><th>教学内容</th></tr>
<tr><td>思政要点：
爱国主义教育；了解国家“一带一路”倡议和“走出去”重要战略</td><td>2. 再用10分钟展示案例背景，布置学生分组进行讨论学习（见图1－2）。

图1－2　中国的税收协定网络</td></tr>
<tr><td>教学目标：
分析、理解“走出去”过程中面临的税收问题和税收风险。依托实例深入学习税收协定中的利息条款</td><td>第二阶段：带领学生梳理案例中的争议焦点；深入学习税收协定中的利息条款
1. 引导学生回顾税收协定的作用之一是降低企业在东道国的税负，“走出去”企业可合理利用税收协定，维护自身权益（见图1－3）。
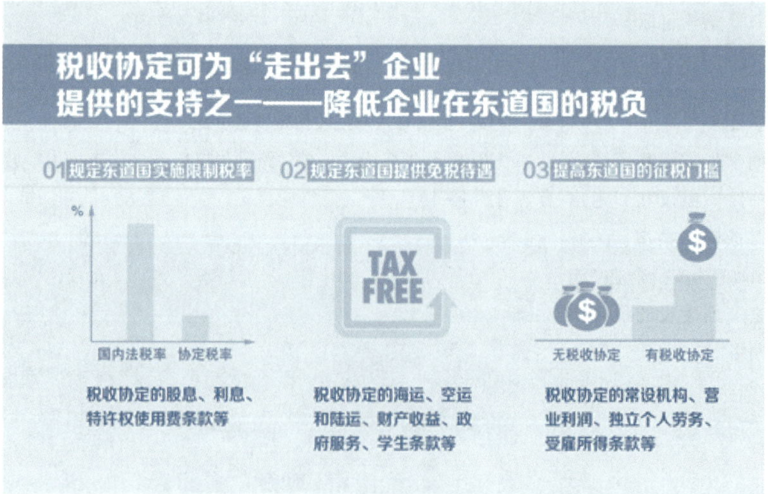

图1－3　税收协定为“走出去”企业降低税负</td></tr>
</table>

续表

<table>
<tr><th>教学目标</th><th>教学内容</th></tr>
<tr><td>思政要点：
通过学习税收协定利息条款，深入理解国家间通过签署税收协定等方式进行协商与合作有助于增加共同的福祉，从而贯彻人类命运共同体理念</td><td>2. 带领学生研读《中华人民共和国政府和塔吉克斯坦共和国政府对所得和财产避免双重征税和防止偷漏税的协定》（以下简称《中塔税收协定》）第十一条中关键内容并判断本案例应使用哪一款规定：
第二款，对于利息收益所有人是缔约国另一方居民的情况，税款不应超过利息总额的 8%。
第三款，虽有第二款的规定，如果发生于缔约国一方，向缔约国另一方的完全由政府拥有的金融机构支付利息，应在首先提交的缔约国一方免税。
第六款，如果支付利息的人是缔约国一方居民，应认为该利息发生在该缔约国。
3. 引导学生梳理出本案的税企争议焦点（见图 1 -4）。
<table><tr><th></th><th>利息适用税率</th><th>税款是否退还</th></tr><tr><td>塔吉克斯坦税务局观点</td><td>1. 2013年、2014年已支付的利息适用12%的税率；
2. 按照协定第11条第2款，以后年度利息适用8%的税率</td><td>不予退还多缴纳税款</td></tr><tr><td>华新水泥子公司亚湾公司观点</td><td>按照协定第11条第3款，应予免税</td><td>应退还多缴纳税款</td></tr></table>
图 1 -4　税企争议焦点</td></tr>
<tr><td>教学目标：
学习理解税收协定中的相互协商程序及其使用条件

思政要点：
引导学生认识我国政府在维护“走出去”企业合法权益行为中的使命担当和主动作为，增强学生的“制度自信”和“爱国”意识</td><td>第三阶段：学习税企争议的解决办法——相互协商程序
1. 介绍案情的进一步进展。到 2015 年，亚湾公司与塔吉克斯坦税务局仍然没有达成一致，为此亚湾公司的母公司华新水泥公司决定向我国税务机关申请帮助，申请启动相互协商程序来解决争议。国家税务总局立即启动了相互协商程序。最终，塔吉克斯坦税务局于 2015 年 2 月 28 日回复了信函，最终同意了亚湾公司关于免税待遇的申请。
2. 提问学生什么是相互协商程序，其具体内容及申请条件。引导学生通过自主学习，理解相互协商程序在消除双重征税、解决国际税务争议的作用（见图 1 -5）。
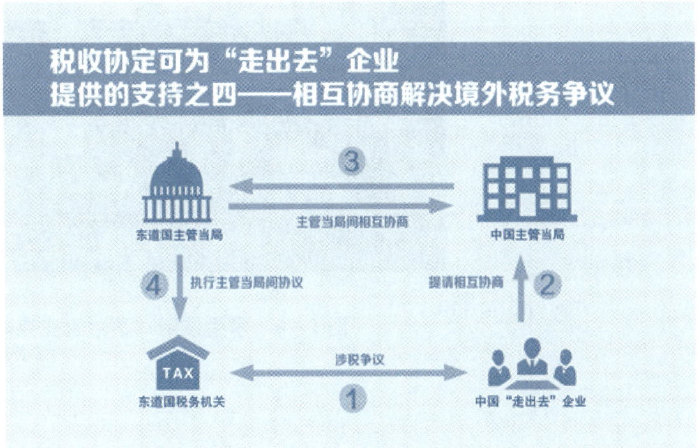

图 1 -5　相互协商程序</td></tr>
</table>

续表

<table>
<tr><th>教学目标</th><th>教学内容</th></tr>
<tr><td></td><td>3. 分析本案是否能使用相互协商程序。带领学生研读《中塔税收协定》第 26 条相互协商程序条款，依据第一款启动条件、第二款执行办法、第三款适用范围、第四款协商方式的具体规定，分析得出案例产生的问题属于实施本协定时所发生的困难或疑义，符合第三款的适用范围，从而亚湾公司的母公司华新水泥公司可以申请启动相互协商程序。</td></tr>
<tr><td colspan="2">第二部分：翻转课堂</td></tr>
<tr><td>教学目标：
通过翻转课堂展示学生的学习成果，分享在专业学习和课程思政上的思考和收获
思政要点：
人类命运共同体理念、职业道德教育、全球治理观</td><td>第一阶段：布置学生自学课程思政内容并进行案例展示
在课堂学习的基础上，组织学生围绕以下课程思政要点自选案例学习并进行主题展示。
1. 通过引入国际避税典型案例讨论，学习建立正确的职业道德观和依法纳税意识。
2. 通过学习 BEPS 和数字经济双支柱方案等国际税收新规则的发展，以及我国在规则制定中的作用，理解我国所秉持的共商共建共享的全球治理观。
3. 结合我国国际税收制度的发展过程，说明国际税收的本质、我国制度变迁及深层次原因，学习用辩证发展的眼光看待当前国际税收合作与竞争。
第二阶段：学生课程思政案例展示
围绕上述课程思政要点，结合税收协定重要知识点，学生们设计了多种表现形式，展示了葛兰素史克转让定价案、苹果避税案、某市反避税第一案等多个案例，效果热烈。
1. 葛兰素史克转让定价案（见图 1－6）

图 1－6　学生展示“葛兰素史克转让定价案”</td></tr>
</table>

续表

<table>
<tr><th>教学目标</th><th>教学内容</th></tr>
<tr><td></td><td>2. 苹果避税案（见图1－7）

图1－7　学生展示“苹果避税案”

3. 某市反避税第一案（见图1－8）

图1－8　学生展示“某市反避税第一案”</td></tr>
<tr><td colspan="2">第三部分：实地研学</td></tr>
<tr><td>教学目标：
实地研学活动紧扣“一带一路”主题，增进同学们对“一带一路”倡议的深入了解，深刻感受“一带一路”背景下全球财税治理大有可为
思政要点：
爱国主义、全球治理观</td><td>第一阶段：前往“一带一路”税务学院现场教学（见图1－9）
在“一带一路”税务学院，国家税务总局税务干部学院党委委员、副院长伊老师给同学们讲授专题课程《“一带一路”与税收高质量发展》。课程内容分为三个部分：丝绸之路探究与影响，“一带一路”倡议及发展，“一带一路”税收征管机制。伊老师以寓教于乐、教学相长的方式向同学们详细介绍了陆海两条丝绸之路的源头、形成背景、发展历程与现实意义。同时立足时代，具体解释了现今“一带一路”倡议的由来与演变，阐述了“五通三同”的思想内涵与“一带一路”核心理念，并依据六大港口分析了当今国际关系，从税收征管机制深入剖析“一带一路”与税收学关系，呼吁同学们关注到中美较量下政治、军事对经济的影响。</td></tr>
</table>

续表

<table>
<tr><th>教学目标</th><th>教学内容</th></tr>
<tr><td></td><td>

图 1－9　现场教学

第二阶段：前往“一带一路”国际合作高峰论坛展示中心进行实地研学（见图 1－10）
在讲解员的带领下，同学们置身于丰富展品与会场展示中，沉浸式体验了“一带一路”的发展与成就。全面回顾了展馆全流程还原的 2017 年首届“一带一路”国际合作高峰论坛这一重大历史事件，深入理解了“一带一路”这一伟大倡议，感受到了“丝路中国，古今交融”的大国自信。

图 1－10　实地研学
</td></tr>
</table>

七、考核与评价方式

（1）对参与课堂活动的表现进行考核，教师对在课堂活动中积极提问和回答问题的同学按三个档次给予评价。

（2）通过“教师打分＋小组互评”的形式，对每位同学的案例总结进行打分评价。并设置一等奖、二等奖、三等奖，参照现场打分情况排序并当场授予奖项。

八、实施成效

通过综合运用案例式、项目式、体验式教学方法，同学们在课程学习中兴致高昂，给予课程高度的评价，评教成绩优秀。通过课堂案例分析，帮助学生深入学习国际税收具体条款，并深刻理解中国“一带一路”倡议的重要意义。案例展示营造一个良好且轻松的学习氛围，鼓励学生对专业知识进行再创造，为学生提供足够的机会在课堂上展示自己对专业知识的理解和思考。实地研学给与学生参与式、沉浸式学习机会，大大提升学生的获得感和参与度。

主讲人为“全国高校黄大年式教师团队”成员。曾获第三届全国税务硕士专业学位案例大赛三等奖、中央财经大学涌金优秀教学奖、望岳利他教学奖，主持校级教改课题 4 项，教改论文收入《中国税收教育发展报告 2022》。

案例2：多重视角的五粮液案例分析

——“企业价值评估研究”课程思政教学案例

李小荣
（中央财经大学财政税务学院教授）

一、基本信息

课程名称：企业价值评估研究
授课对象：资产评估专业硕士
知 识 点：李小荣主编《企业价值评估》，北京：清华大学出版社，2022 年版本，第三章第二节 股利政策与企业价值评估
主讲教师：李小荣

二、教学目标

（一）知识目标

该课程思政案例的知识目标主要包括以下四个方面：

（1）通过案例更好学习西方股利代理理论。西方股利理论总体上分为股利无关论和股利相关论。股利相关论，到目前为止已经有很丰富的理论体系，包括“一鸟在手”理论、税差理论、“追随者效应”理论、股利信号理论、股利代理理论、股利生命周期理论、理性预期理论。行为股利理论行为又有四种，包括理性预期理论、自我控制理论、后悔厌恶理论、股利迎合理论。本案例主要涉及股利代理理论，通过案例更好地学习和回顾上一节课讲到的股利代理理论。

（2）熟悉中国股利政策的制度背景。中国上市公司的股利有其自有特征，跟国外上市公司股利相比，有较大差异，通过该案例了解中国上市公司股利特征和典型事实：分红的公司比例比较小，股利支付率较低，而且缺乏持续性和稳定性；政府监管的色彩较浓。

（3）掌握股利与企业价值评估的关系。股利是影响企业价值评估的重要内部因素，通过该案例知道股利对企业价值评估的影响主要表现在两个方面：一是股利影响企业价值创造；二是股利折现模型在企业价值评估中的应用。

（4）认知公司治理与企业价值评估的关系。该案例主要涉及股利与企业价值评估，但其中的媒体治理是重要的外部治理方式，通过该案例了解中国公司治理的实际，从而更好地引入下一节公司治理与企业价值评估的学习。

（二）能力目标

希望该思政案例达到以下能力目标：

（1）提高利用理论知识分析实际问题的能力。上一节内容是西方股利理论知识的讲授，缺乏对中国实际的认识，本思政案例涉及五粮液公司的股利政策和股利发放情况，通

过对该案例的分析和讨论，可以提升学生的知识运用能力。

（2）提升思辨和批判分析能力。中国学生普遍存在的一个问题是对现有知识或材料的全盘接受，批判性思维培养不够。五粮液案例的研究涉及3篇发表在《管理世界》的文章，这3篇文章都是同一个案例，但视角不同，得出的研究结论甚至截然相反，通过该案例鼓励学生挑战权威、善于批判，通过批判性思维的训练，发掘看问题的新视角。

（3）促进学生创新能力的提升。资产评估专硕毕业论文主要是案例分析论文，但是具有创新思想的论文有限。通过该案例鼓励学生开拓思路，即使是已经有人研究过的案例，也可以通过视角创新、研究方法创新和研究结论创新等方面开展进一步的拓展研究。

（三）育人目标

育人目标主要包括：

（1）增强学生构建中国特色理论的使命感。习近平总书记在2016年的哲学社会科学座谈会上提出要构建中国特色哲学社会科学，证监会主席表示要逐步构建具有中国特色的估值体系。本案例涉及中国的股利现实可能难以完全用西方的股利理论解释，股利折现模型也不完全适用中国的上市公司。由此，鼓励学生要有构建中国特色理论的使命感，特别是要利用专业知识和对中国现实的掌握，投入到构建中国特色估值体系的工作中来。

（2）培育学生追求真理的学术精神。对于五粮液案例的研究，早期的一篇文章发现中国的媒体并没有发挥促使五粮液公司改变不支付、少支付股利等侵害中小股东利益的行为的公司治理作用，但是5年后的一篇文章则发现中国的媒体治理并不是没有发挥作用，只是时候未到，等媒体披露触及的利益相关者声誉受损的成本超过收益时，媒体促使五粮液纠正不支付股利的行为，发挥了公司治理作用。由此，鼓励学生要有“打破砂锅问到底”的学术精神，追求真理，挖掘事实真相，提炼新理论和新知识。

（3）对学生进行职业道德教育，未来工作要践行保护中小股东等公共利益的使命，要有良好的职业道德。五粮液曾经出现不支付或少支付股利的侵害中小股东利益的行为，媒体进行了大量报道，但是该公司迟迟未改进行为，待证监会、地方政府等利益相关者的声誉受到巨大损失时，证监会介入调查，才改进行为。由此，告诫学生要有良好的职业操守，做了坏事“不是不报，时候未到”，作为中财培养的学生，更要严于律己，维护中小股东的利益，促进中国资本市场的健康发展。

三、教学重点与难点

（一）教学重点

本思政案例的教学重点包括：

（1）股利代理理论是否可以解释中国上市公司的股利支付行为以及中国上市公司股利

支付的典型特征。股利代理理论是西方股利理论中的一种重要理论，但是在解释中国上市公司股利支付行为方面存在争议，本案例通过讨论加教师讲解的方式让学生掌握中国情景的股利代理理论。另外，在讲解中国上市公司股利政策的制度背景基础上，采用五粮液案例进一步深刻认识中国股利政策的现实。

（2）掌握股利对企业价值评估的影响途径。股利是影响企业价值评估的重要内部因素，通过讲授股利理论以及本案例，概括股利影响企业价值评估的路径，使学生掌握该知识点并运用于企业价值评估的实践中。

（二）教学难点

本思政案例的教学难点包括：

（1）如何使专业硕士学生重视学术精神和创新能力培养。目前我校专业硕士的学制为两年，上课时间只有一年，专硕学生的目标是就业，在这么短的时间下，大部分学生在一年级上课期间就会选择实习，对学术精神和创新能力的培养重视不够。实际上，专硕首先是研究生，如果不培养学术精神和创新能力，和本科生的培养差异就体现不出来。尽管这门课程设计了较多互动环节，但学生观念的转变依然是教学难点之一。

（2）课程思政效果如何更好发挥。本案例的设计最终希望实现育人的目标，尽管授课教师进行了多元化的教学设计，但是如何让学生共情，并真正影响其行为，达到课程思政的良好效果，可能是一个系统工程。

四、课程思政案例介绍

（一）案例基本情况

五粮液案例

五粮液股份公司最初是由 20 世纪 50 年代初几家古传酿酒作坊联合组建而成的“中国专卖公司四川省宜宾酒厂”，1959 年正式命名为宜宾五粮液酒厂，1998 年改制为四川省宜宾五粮液集团有限公司，并在当年用集团公司的优质资产上市，即五粮液股份有限公司。公司大股东是宜宾市国有资产管理局，持股 56.08%，其他股东持股均小于 2%，是一家“一股独大”的地方国有企业。五粮液上市以来一直由五粮液集团托管经营，其实际控制人为五粮液集团，而五粮液集团是一个包括 19 个全资或控股子公司的特大型企业集团。

五粮液作为国内知名品牌的白酒业上市公司，具有较高的利润水平，并呈现出良好的成长性。五粮液上市公司平均每年实现的净利润由 2003 年之前的近 7 亿元，增长到 2003 年之后的年平均 10.65 亿元，上升幅度达 77%。而且，五粮液上市后每股经营活动产生的现金流量净额几乎每年都超过其每股收益，其中 2003 年之后平均每股收益为 0.35 元，每股经营活动现金流量净额为 0.42 元，是每股收益的 1.2 倍，足以称得上是财务管理上的

"现金牛"。与业绩增长形成鲜明对照的是，五粮液的现金股利分配总是显得"一毛不拔"，1999～2003年，平均每股派现额仅为0.05元。在2003年之后，五粮液分别在2004年和2007年执行了"不分配、不转增"政策，仅在2005年和2006年存在派现记录，而且现金股利支付比例较2003年之前均值相比更低，4年平均每股现金股利0.04元。

尽管五粮液的盈利能力和经营现金流量始终高于行业平均，现金股利支付率却一直低于行业水平；与主要竞争对手（贵州茅台、泸州老窖）相比，五粮液的业绩水平位于二者之间，但其现金股利支付水平却是最低的，上市后平均现金股利支付率仅为11%，不仅远远低于泸州老窖（泸州老窖的业绩低于五粮液）和茅台酒，也低于白酒行业平均现金股利支付率。换言之，无论是与白酒行业平均水平相比，还是与主要竞争对手相比，五粮液都不重视通过现金股利来回报小股东。

新闻媒体对五粮液不派现行为进行了声讨，形成了强大的舆论监督氛围，但是五粮液上市公司并未像投资者所期待的那样增加分红派现，直到2009年证监会介入调查后，五粮液公司才真正付诸行动深度纠错。

（二）课程思政元素设计

（1）引导学生构建中国特色理论。案例基本情况介绍后，设计两个思考问题供学生讨论：①在中国，控股股东代理问题越严重，公司股利支付越高还是越低？②股利折现模型是否适用中国上市公司估值？在学生充分讨论后，授课教师总结并发表意见。第一个问题的基本观点是不能完全套用西方的股利代理理论来解释中国上市公司的股利支付行为，在股权分置改革前，法人股不可流通，股利支付多可能是控股股东代理问题严重的表现，在股权分置改革后，中国企业股利支付越多，控股股东代理问题越轻，可以用西方的股利代理理论解释。第二个问题的基本观点是要认清中国上市公司股利支付的现实背景，股利折现模型估值需要满足一定的条件。

（2）培植追求真理的学术精神。提出两个讨论问题：①五粮液案例可以从哪些角度展开学术研究？②指出一篇发表在《管理世界》的文章对五粮液案例研究的基本结论，让学生分析该结论是否正确？是否还有研究空间？通过这两个问题的讨论让学生明白真正的学术精神是什么，如何思考问题并提升批判性思维和创新性思维。

（3）树立良好的职业道德，维护中小投资者利益。五粮液案例是资本市场上发生的控股股东侵害中小股东利益的典型案例，通过该案例让学生切身感受职业道德的重要性，提出一个课后思考题：如何保护中小投资者利益？让学生课后准备，在下一节课前进行展示交流，这样，学生通过思考更能将课堂思政教育融入自身行为。

五、教学方法与手段

综合采用启发式、讨论式、研究性、案例式、体验式、情境式等教学方式方法，同时也使用超星学习通和已上线的在线课程（https：//www. xueyinonline. com/detail/244276729）等多种教学手段和资源增强师生互动和生生互动，提高教学质量和效果。

（1）启发式教学。本节课授课教师会较多采用启发式教学，比如启发同学们联系上堂课的理论教学内容，启发同学们联系中国上市公司的股利政策制度背景，启发同学们开阔视野，采用联想加归纳等方式启发同学们思考知识点以及知识点如何运用。

（2）讨论式教学。本次课主要通过设计讨论问题让同学们积极参与课堂、发散思维，讨论问题分布在课前、课中和课后多个环节，真正让学生参与课堂。

（3）案例式教学。五粮液案例是本次课的载体，通过该案例基本情况的介绍和案例相关问题的讨论和总结，提高学生理论联系实际的能力。

（4）研究性教学。本次课的案例涉及发表在《管理世界》的 3 篇文章，同时股利与企业价值也是经典和重要的研究问题，为此，授课教师会采用研究性教学方法提升学生的研究能力。

（5）体验式、情境式教学。通过五粮液案例的介绍和五粮液的相关新闻媒体报道让同学们体验控股股东侵害中小股东利益的情境，同时让学生课后准备《如何保护中小投资利益》的作业，让学生切身思考未来如何维护公共利益、促进资本市场健康发展。

六、教学实施过程

主要通过案例教学方式开展该节内容的教学过程，把握课前、课中和课后的关键环节，充分利用启发式、讨论式、研究性和体验式、情境式等教学方式调动学生的积极性和课程参与感，提升学生知识运用能力、创新能力、沟通能力和表达能力，达到增强学牛构建中国特色理论的使命感、培育追求真理的学术精神和提高职业道德的育人目标。具体实施过程如表 2－1 所示。

表 2－1　　教学实施过程说明

教学步骤	设计动机
1. 课前思考讨论题：在中国，控股股东代理问题越严重，股利支付越高还是越低？（5 分钟） 该问题是本节的理论基础。	启发式和讨论式教学，一是回顾上节课的股利代理理论，二是引入本节的案例。**引导学生思考西方理论是否适用中国以及中国特色制度背景，为后续的案例分析奠定理论和现实基础。**

续表

<table>
<tr><th>教学步骤</th><th>设计动机</th></tr>
<tr><td>

2. 案例基本情况介绍（5 分钟）

介绍五粮液案例的基本情况（见图 2－1）。

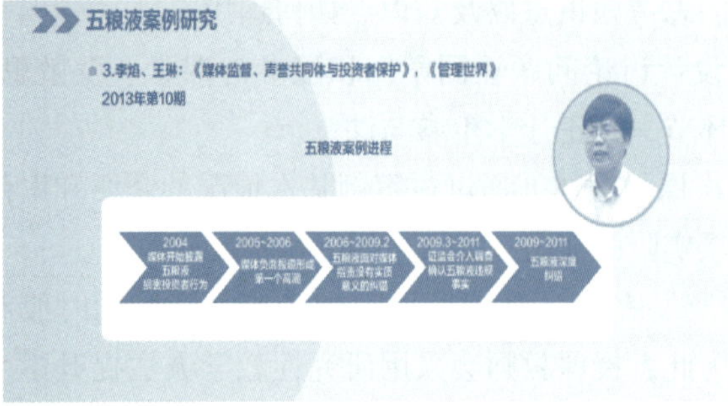

图 2－1　五粮液案例基本情况

</td><td>

重点展示五粮液案例少发股利等侵害中小股东利益的行为和相关新闻报道以及五粮液案例进程中证监会、地方政府、企业、媒体等的行为。**激发学生听课兴趣和关注现实。**

</td></tr>
<tr><td>

3. 案例讨论（10 分钟）

设计如下讨论问题：

①五粮液案例可以从哪些角度展开学术研究？

②指出一篇发表在《管理世界》的文章对五粮液案例研究的基本结论，让学生分析该结论是否正确？是否还有研究空间？

③股利折现模型是否适用中国上市公司估值？

学生分组对这些问题进行讨论。

</td><td>

科学设计讨论问题。**考查学生运用理论知识解释现实现象的能力，训练学生的批判性思维和创新性思维。**

</td></tr>
<tr><td>

4. 小组展示与交流（15 分钟）

学生分组交流小组讨论成果，组间相互提问和评分。

</td><td>

通过分小组展示和相互提问，让**学生真正参与课堂，提高课程获得感，也能使学生共情，提高沟通能力和表达能力**，并情景化到案例中，提升教学质量。

</td></tr>
<tr><td>

5. 教师点评与总结（10 分钟）

教师点评学生讨论成果，并以此总结三方面内容：

①西方股利理论的适用性，如何构建中国特色理论；

②归纳总结中国上市公司股利政策典型特征和事实；

③股利折现模型估值对中国上市公司的适用性和条件，如何构建中国特色估值体系（见图 2－2）。

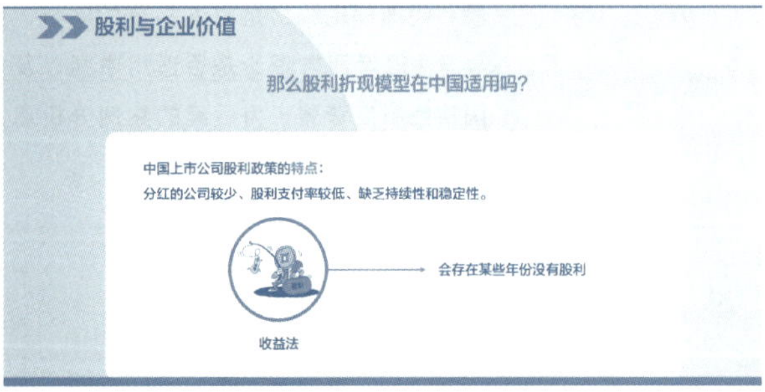

图 2－2　股利与企业价值

</td><td>

感染学生要有构建中国特色股利理论和估值体系的使命感；培育学生追求真理的学术精神。

</td></tr>
</table>

续表

教学步骤	设计动机
6. 作业：如何保护中小投资者利益？（课后） 本案例分析了五粮液侵害中小股东事实，那么如何保护中小投资者利益？让学生课后完成这个作业，为下一节讲公司治理与企业价值评估做好铺垫。	让学生课后搜集材料回答如何保护中小投资者利益，让**学生切身感受保护中小股东利益的重要性，提高职业道德，更好实现课程思政效果**。

七、考核与评价方式

本课程的考核方式由平时和期末两部分构成，平时成绩和期末成绩各占 40% 和 60% 。平时成绩通过小组文献研读和案例讨论考察，文献研读选择国际顶刊的文献分组研讨，这些文献分宏观经济政策、政治、文化、法律、同行效应、资本结构、股利、公司治理、管理者特征与企业价值评估以及企业价值评估方法 9 个专题，案例讨论主要是涉及股利和公司治理等方面。期末通过课程论文考核。平时成绩的评价采用教师评价和学生评价两种方式，教师主要针对学生的小组作业表现和课堂提问情况评定，学生评价采用学生互评的方式，对每组的展示，学生们都要进行评分，鼓励学生课堂提问，对于提出的好问题，给与平时成绩加分的奖励。

八、实施成效

（1）学生评价分数较高，说明取得了教学效果（见图 2 –3）。

（2）《企业价值评估研究》入选学校研究生精品教材，现已出版，得到兄弟院校的好评。

（3）已完成该课程在线课程录制，并已上线（https：//www. xueyinonline. com/detail/244276729）。

（4）发表一篇理论研究论文和两篇教改文章：

[1] 李小荣，毕云霄．体现鲜明中国元素，构建特色估值体系 [J]．中国资产评估，2023（10）.

[2] 马海涛，李小荣，项君怡．资产评估专业学位教育现代化建设的实践与探索 [J]．新文科理论与实践，2023（2）.

[3] 李小荣，孙俊烨．发展新质生产力，需更加注重资产评估专硕人才培养 [J]．中国财经报，2024 –5 –9.

学生评语

序号	评语
1	老师在课上结合企业价值相关的现有研究进行讲授，将理论知识与实际结合起来，我觉得很有意义。
2	无
3	老师讲课思路清晰，环节紧凑，重难点突出，设计合理，使每个人都能积极的参与到课堂中，课堂效果极好

学生评语

序号	评语
1	好
2	很好
3	很好
4	很喜欢听老师讲专业前沿领域的研究话题，对我们的学术创作非常具有启发性的思考
5	老师讲课很好！
6	小荣老师讲课很细致，条理分明，也通过这节课告诉了我们论文写作创新点的重要性。

学生评语

序号	评语
1	李老师上课认真，提出的问题很有启发意义！
2	李老师的课程总令人肃然起敬，在点滴细节中都能够感受到老师的严谨治学的精神，向老师学习！

图 2-3　教学效果

案例3：探析中小银行暴雷风险处置新趋势

——“金融理论与政策”课程思政教学案例

彭俞超
（中央财经大学金融学院教授）

一、基本信息

课程名称：金融理论与政策
授课对象：金融学硕士
知 识 点：吴晓求、王广谦主编《金融理论与政策》，第 9 讲第 3 节
主讲教师：彭俞超

二、教学目标

（一）知识目标

掌握金融风险的一般理论，厘清风险的形成和传导，掌握金融风险与危机管理的理论与应对机制。

（二）能力目标

培养学生对金融风险的认知能力，学会结合国情分析处置金融风险的机制。

（三）育人目标

通过教学，增强学生制度和理论自信，确立从业者需要的价值观、大局观和职业操守。

三、教学重点与难点

本讲的教学重点在于金融风险管理的目标与手段、金融风险的识别与度量、金融危机管理政策。本讲的教学难点在于金融风险成因、处置方式、处置效果，特别是中小银行的风险成因。

四、课程思政案例介绍

本讲通过场景模拟力图呈现河南村镇银行暴雷过程，从河南省地方金融监管局调查包商暴雷成因，到寻找合适的风险处置方式，最后采用分类分批方案开展先行垫付工作。让学生了解河南村镇银行暴雷的风险成因、风险处置思路以及处置效果，并运用这一思路分

析包商银行、锦州银行与恒丰银行等银行暴雷的风险处置思路。通过比较分析四家暴雷银行的风险成因，使学生充分感受到恪守金融职业道德操守的重要性。同时通过归纳总结四家暴雷银行的风险处置思路，并比较风险处置效果，使学生充分感受到中国特色的风险处置方案的优越性，牢固社会主义核心价值观。

五、教学方法与手段

本讲总共 1 课时，50 分钟。其中，教师讲授知识点 15 分钟，学生场景模拟 1 预计用时 5 分钟，学生场景模拟 2 预计用时 10 分钟，学生场景模拟 3 预计用时 10 分钟，学生总结预计用时 5 分钟，教师总结与布置作业预计用时 5 分钟。

教学中结合我国民族土壤和文化根基，着重介绍新时代党在解决金融风险时的宝贵经验、优秀实践和理论创新，进而拓展到与政治、国际治理相关的金融风险研究，强调在立场、主权和安全层面上的金融风险考量及与国际格局变迁相关的金融风险研究。

六、教学实施过程

（一）第一步：课前准备

提前一周（上课结束时）安排学生准备三个场景模拟演示。

场景模拟 1：河南省地方金融监管局向中央人民银行汇报河南多家村镇银行暴雷成因会议；

场景模拟 2：河南省地方金融监管局工作人员商讨具体处置方案；

场景模拟 3：河南省地方金融监管局风险处置工作结束的总结会议。

（二）第二步：现场教学

由教师讲授金融风险与危机管理的主要内容：

（1）金融风险的识别是指经济主体对所面临的各种金融风险进行系统的、连续的甄别和归类，对金融风险的诱因进行判别，从而为金融风险防范的决策提供依据。

（2）金融风险管理是指以消除或减少金融风险及其不利影响为目的，通过实施一系列政策和措施来控制风险的行为。

（3）金融风险管理分为微观金融风险管理和宏观金融风险管理。微观金融风险管理手段具有较强的针对性，包括法律法规、管理体制和约束措施。宏观金融风险管理的手段包括健全维护市场稳健运行的法规体系，制定合理的政策，监督和约束市场行为，提供市场保护机制等。

（三）第三步：情景教学

场景模拟 1：河南省地方金融监管局调查核实河南多家村镇银行暴雷成因的汇总会议。

学生模拟河南省地方金融监管局的调查人员向中央人民银行领导汇报禹州新民生村镇银行、上蔡惠民村镇银行、柘城黄淮村镇银行的暴雷成因。

第一，涉事村镇银行股东结构复杂。新财富集团通过关联或交叉持股、增资扩股、操纵银行的高管等方式，实际控制了禹州新民生等多家村镇银行。其中，值得注意的是新财富集团通过许昌村镇商业银行控股禹州新民生村镇银行、上蔡惠民村镇银行、柘城黄淮村镇银行 3 家涉事银行。同时，新财富集团将许昌村镇银行股权对外质押，质押股权总数超过 7 亿股。

第二，涉事村镇银行公司治理、内部控制不力。涉事村镇银行通过提供虚假的贷款信息，将其吸收到的储户的资金进行转移，并通过成立皮包公司的方式来处理数据，非法瞒报。具体来说，新财富集团与银行暗地勾结，建立了一个虚假的存款页面系统，通过该系统，储户用于购买存款产品的资金将直接转入新财富集团的账户，银行的后台可以“正常”运作，储户仍然可以在互联网平台上查询自己的余额，整个过程没有暴露任何痕迹。甚至在银行内部也没有发现，揭示了村镇银行薄弱的公司治理和内部控制。

第三，高利息“诱饵”吸引大量储户。涉事村镇银行除了正常的存款利率外，还额外提供年收益率为 13%～18% 年化收益率的贴息，从而吸收大量的存款资金。然而，这种高额的贴息确实不是每位储户都能享受到，它们往往都被掮客盘剥，最终落到了资金额度较大的客户手中。

第四，第三方互联网金融平台的隐患。根据我国法律，村镇银行没有全国性的牌照，不允许在异地开展存款业务。随着互联网技术的发展，涉事村镇银行通过互联网工具突破许可限制，将其营销范围扩大到全国各地。涉事村镇银行正是通过度小满金融、360“你财富”等第三方金融平台上线高利息储蓄项目吸引大量的非本地储户。

（四）第四步：情景教学

场景模拟 2：河南省地方金融监管局与银保监会工作人员商讨具体处置方案。

学生模拟河南省地方金融监管局与银保监会工作人员讨论多种风险处置方案的可行性，如引入战略投资者、中央人民银行救助、地方政府注资、改革重组、收购承接等。

同学们经过讨论发现，基于河南村镇银行暴雷事件的特殊性，当务之急为众多储户的追款补偿问题。河南省政府采取逐步的兜底方式，为储户进行分期分批垫付。第一批垫付金额为 5 万元以下储户。此后的一个半月时间，每隔一周便会发布新的垫付进展和安排，依次对 5 万元以下、5 万～10 万元储户、10 万～15 万元储户、15 万～25 万元储户、25 万～35 万元储户、35 万～40 万元储户、40 万～50 万元储户开展分期分批垫付，并对 50 万元以上储户根据后续追款情况进行权益保留。对于 50 万元的选择与存款保险制度最大额度相一致，充分考虑到了储户的不知情性、充分保障了储户权益。

（五）第五步：情景教学

场景模拟 3：河南省地方金融监管局风险处置工作结束的总结会议。

学生模拟河南省地方金融监管局成员在总结会议上对于此次河南村镇银行暴雷事件的影响以及风险处置效果进行汇报。

河南村镇银行暴雷事件引发诸多不良影响。

第一，外界担忧互联网金融平台安全性，民营银行受到波及。在第三方互联网金融平台购买民营银行存款产品的用户纷纷联系到合作银行要求取出存款，短期内民营银行面临一定的流动性压力。

第二，村镇银行公司治理、股东资质及股权结构加强监管。随着本次河南村镇银行事件背后的河南新财富集团浮出水面，村镇银行的股东及股权管理“乱象”亦引起外界重视。入股村镇银行资金规模要求相对较小，市场准入审批门槛低，河南新财富集团便是利用这一特点通过代持、交叉渗透股权等方式对村镇银行进行控制，进而侵害了广大储户的财富。

第三，储户对部分中小银行信任度下降。本次河南村镇银行事件打破了储户对于银行存款“刚性兑付”的固有认知，伤害了储户的财富安全感，储户对于部分下沉区域的村镇银行信任度有一定下降，对于存款安全性的意识将有所提高。

河南村镇银行事件发生以来，人民银行、地方公安系统及银保监局等各级部门稳妥应对，积极做好流动性风险监测和应急保障，在各级部门的配合及指示下完成了居民资金的垫付工作，切实保护了广大居民的财富。

银保监会强调合法合规的业务均受法律保护，广大投资者应当警惕金融犯罪，在正规银行渠道办理业务。在后续监管过程中，银保监会将继续大力推进中小银行不良资本的处置和补充，通过创新地方政府专项债等方式补足中小银行资本金；此外，银保监会也会继续加强完善村镇银行公司治理，针对利益输送掏空机构等问题开展股权和关联交易专项整治，加强监管和处置力度。

（六）第六步：学生讨论总结

学生讨论总结中小银行风险处置新趋势：

学生以小组模式进行研讨，以锦州银行、恒丰银行、包商银行为例，剖析三家银行暴雷的风险成因，归纳四家银行风险成因、风险处置方式、具体措施与处置结果，总结我国中小银行风险处置新趋势，并深入思考在市场化、法治化背景下，市场和政府相辅相成的风险处置思路与举措。

（七）第七步：教师总结

总结本讲的全部内容，布置思考题等作业。

基于上述案例分析发现，具有中国特色的风险处置方式可以有效化解暴雷银行引发的金融风险问题。近年来以山西农村信用社为代表的中小银行暴雷事件频发，如何更精准、更高效地处置金融风险，还有待未来进一步探索。同时，监管部门应当加强对中小银行的监督审查，做好事前识别、事中控制、事后处置，促进风险早发现、早报告、早预警、早处置。

七、考核与评价方式

本节课程思政以各组互评的课堂展示成绩、教师打分和课堂讨论学风加权平均计算。其中，学生课堂展示的互评成绩占 40%，教师打分成绩占 50%，讨论学风占 10%，主要以个人的讨论发言次数与出勤情况计算。

八、实施成效

通过课程思政教学，学生们了解了河南村镇银行暴雷的风险成因、风险处置思路以及处置效果，并运用这一思路分析了包商银行、锦州银行与恒丰银行等银行暴雷的风险处置思路。并通过归纳总结四家暴雷银行的风险处置思路，使学生充分感受到中国特色的风险处置方案的优越性。

案例 4：基于 MATLAB 的期货到期日效应研究

——“实证金融与统计软件应用”课程思政教学案例

王　辉
（中央财经大学金融学院教授）

一、基本信息

课程名称：实证金融与统计软件应用
授课对象：金融学、金融工程、金融科技专业博士生
知 识 点：教学单元 7：期货到期日效应
主讲教师：王辉

二、教学目标

（一）知识目标

（1）基于我国沪深 300 指数期货 1 分钟高频数据，使学生掌握波动率的度量方法，并针对每张合约分析波动率的统计特性。

（2）使学生深刻理解沪深 300 指数期货到期日效应的概念以及重要性，熟悉研究到期日效应的常用参数及非参数检验方法。

（3）分析沪深 300 指数期货到期日效应的影响因素，掌握到期日效应稳健性检验的计量分析方法，并根据实际情况分析其背后的机理。

（4）结合本实验涉及的金融问题，通过学习 MATLAB 编程软件从而掌握金融实践中常用的程序算法，熟悉到期日效应的检验方法、存在性方法和稳健性检验的方法，掌握金融理论与编程结合的思维和方法。

（二）能力目标

（1）熟练掌握 MATLAB 编程技巧，包括分支结构、循环结构以及函数编写，并学会利用 MATLAB 批量读取 Excel 数据。

（2）掌握使用编程工具解决实际金融问题的能力。

（3）培养学生多维度分析和解决问题的能力，使学生成为既有专业知识又有金融头脑，既精通编程又能学以致用解决中国实际金融问题的复合型、应用型、创造型人才。

（三）育人目标

（1）在全球经济金融一体化、信息技术及金融创新迅速发展的背景下，掌握金融市场、宏观金融运行等基本金融知识和理论，深入了解中国实际问题，培养学生成为有责任担当的一流金融学科人才，激发学生金融强国梦。

（2）通过丰富理论教学与案例实践，让学生认识到编程之于解决金融问题的必要性，

培养学生使用编程工具解决中国金融问题的主动性，从而促进我国金融领域的发展，提升我国国际金融地位。

（3）带领学生充分认识沪深300股指期货到期日效应对于我国股票市场波动的影响，加深其对我国股指期货市场的理解，强化风险管理意识，维护国家金融安全。

三、教学重点与难点

（一）教学重点

（1）沪深300指数期货到期日效应的检验。

（2）期货到期日效应存在性的检验。

（3）稳健性检验。

（二）教学难点

（1）我国沪深300指数期货的到期日效应背后蕴含的金融原理。

（2）我国沪深300指数期货到期日效应存在性验证从设计到实现的流程。

（3）如何从中国金融市场中发现中国实际金融问题，并利用MATLAB等编程分析解决。

四、课程思政案例介绍

（一）案例摘要

期货是以某种大宗商品或金融资产为标的的标准化交易合约，这个标的物既可以是某种商品，也可以是某种金融工具。到期日效应既是期货市场研究的热点问题，又是判定交易制度是否完善、市场运行是否健康的重要标准之一。十几年前，KOSPI200期货的收益率在到期日发生了剧烈的波动，机构投资者对价格的操纵正是导致波动产生的原因。我国的沪深300股指期货IF1308合约在到期日发生了具有广泛影响的“光大乌龙指”事件。这些期货合约在到期日的异常波动所带来的影响都为我们敲响了警钟。本案例旨在引导学生充分认识期货到期日效应对于我国股票市场波动的影响，加深其对我国股指期货市场的理解，强化风险管理意识，启发学生思考如何采取相应的应对措施有效地控制市场风险，进而推动期货在我国市场上健康、稳定、持续地发展。

（二）案例背景

我国期货市场正在蓬勃发展，期货市场的金融创新和改革亦被提上日程，现阶段期货行业正在尝试改革监管制度、扩展产品种类以及创新业务领域。随着期货行业的各项积极尝试，期货行业将进入史上最好的发展机遇期。从短期来看，期货行业可以依靠市场范围的扩大实现“弯道超越”；就长期发展来看，期货行业的持续发展也离不开期货市场的业务创新。

到期日效应是期货市场研究的热点问题，股指期货最早在 1982 年于美国推出，由于国外期货市场发展时间较长，国外的很多学者已经对西方国家期货市场的到期日效应做了较为全面的研究，我国期货市场正在发展并逐渐趋于完善，国内学术界对这一问题的研究也逐渐增多。2010 年，随着沪深 300 股指期货的推出，我国的期货市场、金融市场的期货种类都因此趋于完善，然而 IF1308 合约却在到期日发生了著名的“光大乌龙指”事件，上证指数在当天出现大幅度的上涨，面对这种情况，光大证券不但没有发出具体的公告进行解释，而且进行了一系列抛售股票的操作。经调查并确认，证监会对光大证券所进行的一系列不当行为进行了相应处罚。

“光大乌龙指”事件正好发生在股指期货的到期日，并引起了学者们的关注，在这之后就出现了两种截然不同的观点。其中一种观点认为，股指期货是对衍生品种类的完善，这一金融创新可以帮助投资者进行风险对冲甚至获得无风险收益；另一种观点则认为股指期货不可能被无限期地持有，当合约到期时会产生过高的成交量、增大的波动率和价格扭曲的现象，这些现象就成为了市场参与者所需要付出的代价。因此研究中国期货市场上的到期日效应是非常必要的。在以往很多对商品期货到期日效应研究的基础上，近几年来对股指期货到期日效应的研究逐渐增多，这就使得对期货市场到期日效应的研究更加全面。

（二）研究期货到期日效应的重要性和必要性

1. 研究期货到期日效应的重要性

不断丰富金融市场是必然的趋势，近些年来我国的金融市场发展非常迅速，为了弥补金融市场结构上的不足，利用多元化的金融工具转移风险是一个重要的手段。从商品期货到股指期货，到期日效应的研究范围越来越广泛，作为判断期货市场是否健康运行、交易制度是否完善的标准之一，到期日效应的研究显得尤为重要。具体而言：

第一，在选择对冲或投机策略时，我们需要知道期货价格波动率的大小及其动态变化。例如，套期保值者应该根据是否存在到期日效应来选择合适的期货合约对冲以减小其整个投资组合的波动率，而投机者则需要在期货市场高波动时期进行交易，因为此时市场流动性较高，有利于投机者获取短期风险收益。

第二，期货价格波动率跟到期日之间的关系对保证金设定至关重要。若期货存在到期日效应，则交易所应该在到期日临近时相应提高期货交易的保证金。

第三，以期货为标的资产的其他衍生品的准确定价，离不开对期货波动率的正确度量。

第四，期货存在到期日效应会加大现货市场的波动。例如，由于某种原因，某机构投资者决定增加购买股票的数量，并在期货市场上建立反向头寸。由于股市流动性逊于期货市场，这种操作可能导致期货价格先行下跌。而大多数期货投资者并不清楚这是机构投资者套期保值的结果，以为是利空消息已经或即将出台，于是会下调对市场价格的预期，纷纷抛售股票，造成股市下跌。由于投资者难以区分保值交易和以信息为基础的交易，造成了价格连环式的非信息性下降，这可能是临近到期日时股指期货增大股市波动性的一个重要的潜在原因。

但现实情况中，期货到期日效应的存在与否却是一个值得争议的问题。大量的学者通过实证分析得出结论：不同的市场、不同的期货产品并不一定存在期货到期日效应，有的甚至会存在“逆转”的到期日效应，即期货价格波动率随着到期日的临近而出现下降的现象。一般而言，期货到期日效应会存在于非金融期货中，而在金融期货中则较少出现到期日效应，甚至在有的时候会出现“逆转”的到期日效应。

2. 研究期货到期日效应的必要性

在短期内，当一个商品期货市场处于完全竞争状态时，不同市场参与者的行为会产生相互作用，从而可以在一定程度上减小期货价格的波动，根据价格波动的方向，他们又能够赶在期货到期之前改变其投资组合。因此，期货合约距离到期日的天数与期货价格波动率之间的关系是值得关注和研究的。对于股指期货来说，想要完善股指期货的监管制度，到期日效应的研究是非常必要的。如果通过分析发现存在到期日效应，说明该金融市场不是有效的市场，可以设计更为合理的交易制度并加强监管。因此，股指期货到期日效应的研究有利于有效地控制市场风险、减小市场的波动，使得股指期货在中国持续稳定、健康地发展。

2010 年 4 月 16 日，我国第一个股指期货产品沪深 300 股指期货在中国金融期货交易所正式进行公开交易。沪深 300 股指期货的出现，结束了我国 A 股市场只能单边买多的历史。沪深 300 股指期货的到期日（或交割日）一般在交割月份的第三个星期五，其中交割月份包括当月、下个月以及每个季度月份（如三月、六月、九月和十二月）。在每个日历月份下，一般会有 4 张到期日不同的期货合约同时进行交易。在我国的股指期货市场上，都是进行现金结算交割。每张合约的价值都是当前沪深 300 指数乘以 300 元人民币，最低交易保证金是合约价值的 8%，其指数最小的变动价位是 0.2 个点。

除了上面提到的研究期货到期日效应的重要性以外，即了解期货价格波动率的动态变化可以给利用期货进行套期保值的投资者、交易所的保证金设置以重要参考，深入研究我国沪深 300 指数的到期日效应还有如下原因：

第一，从 GDP 总量以及股票市场规模来看，我国已经是全球第二大经济体。无论是从 2008 年的金融危机还是近期的欧债危机来看，我国在世界经济中已经占有举足轻重的地位并且对世界经济产生了较大的影响。同时，随着我国经济的不断增长，我国也在进行金融自由化改革以期更深地融入全球金融市场。因此，研究我国股指期货的到期日效应是非常必要的，并且能检验在不同的金融市场上期货的到期日效应是否有所区别。

第二，我国的金融市场有其自身的特点。我国股票的现货市场是 T+1 的交易机制，而沪深 300 股指期货市场却是 T+0 的交易机制。除去我国股票市场的卖空限制以及分红的不确定性这两个特点，我国金融市场的借贷利差也较大。根据 2012 年 7 月 5 日中国人民银行公布的数据来看，我国贷款的年基准利率是 6%，而存款的基准利率却是 3%。在这样一个市场环境下，我国股指期货是否存在到期日效应是一个值得研究的问题。

第三，沪深 300 股指期货的每日结算价是当天最后两个小时股指的算术平均价，这一设计是全球股指期货市场最严格的。这一设计增加了市场投机的难度，并且能给套期保值者和套利者留下一定交易的空间。理论上来讲，这样设计结算价是可以避免在期货交割当天最后几小时市场价格的大幅波动，即可以避免期货到期日效应。但这一设计的实际效果如何还需要实证结果来验证。

（四）期货到期日效应产生的原因

根据我国期货市场的实际情况和学者们已有的研究成果，导致到期日效应产生的原因主要有四个，分别是套利交易、套期保值交易、投机交易和操纵交易。投资者的短线操作、套利者的平仓行为和操纵者对结算价格的控制都会使得期货的成交量在一定程度上出现异常变化。不同力量之间的博弈会影响期货的结算价格，从而导致市场产生一定程度的波动。

1. 套利交易

一般来说，当临近到期日时，期货价格会非常接近于现货价格，当期货价格和现货价格之差的绝对值大于交易成本时，为了获得超额收益，套利者便会放大期货或现货市场的交易量。如果期货价格大于现货价格，套利者就会选择期货空头以及现货多头的策略，当合约的交割日到来时，他们会选择卖出现货；反之，如果现货价格大于期货价格，套利者便会选择现货空头以及期货多头的策略，随着交割日的来临，他们可能会买券还券或是买回股票。在以上两种情况下，若收益大于成本，套利者便会获得无风险收益。正是由于期货市场中出现了大量的空单和多单，在到期日，这些套利操作会导致市场价格波动的加剧。

2. 套期保值交易

在期货市场上，对于风险厌恶型的投资者来说，为了实现套期保值，最常见的一个做法就是会建立与现货头寸相反的期货头寸。假如某投资者在现货市场购入了一定数量的股票，那么与此同时他通常会建立期货合约的空头头寸，然而鉴于期货合约自身的特点，它是有一定的持有期限的，所以在到期日来临之前，投资者必须将这一部分现有的头寸平掉，然后再购入新的头寸。因此在临近期货合约到期日时，市场参与者会进行频繁的操作，从而导致期货市场的价格产生剧烈的波动。

3. 投机交易

投机者在市场中普遍存在，他们经常会进行一系列的增大市场流动性的操作，他们在预期下跌时卖出，预期上涨时买入，通过这样的方式从中赚取差价。尤其是当期货合约临近到期日时，市场参与者为了抓住最后的机会，会进行频繁的操作，这便会导致期货市场中成交量与价格的波动性大大增加。

4. 操纵交易

所谓操纵交易，在市场中，一些有能力的机构投资者为了获取利益，在接近到期日时会采取一些措施人为地对期货市场施加影响，从而获得对自己有利的交割价格。这些有能力的机构投资者的资金总额在市场总金额中占有很大的比重，在临近到期日时，当几家有能力的机构投资者同时对期货市场的价格施加影响时，他们就可能会达到“操纵市场”的目的，这便会导致交割价格偏离原本应该出现的价格，从而使得期货市场的价格出现大幅度的波动，在这种情况下期货市场就会出现到期日效应。

（五）案例总结

在短期内，当一个商品期货市场处于完全竞争状态时，不同市场参与者的行为会产生相互作用，从而可以在一定程度上减小期货价格的波动，根据价格波动的方向，他们又能够赶在期货到期之前改变其投资组合。因此，期货合约距离到期日的天数与期货价格波动率之间的关系是值得关注和研究的。对于股指期货来说，想要完善股指期货的监管制度，到期日效应的研究是非常必要的。如果通过分析发现存在到期日效应，说明该金融市场不是有效的，市场可以设计更为合理的交易制度并加强监管。总而言之，我们要正确看待到期日效应这一现象，而不是一味地排斥。对到期日效应的研究可以更加全面地了解现货市场与期货市场之间的关系。如果到期日效应的现象和市场表现形式被准确地了解到，不但可以为市场参与者的操作方法和交易策略提供比较正确的指导，而且还有利于监管机构完善市场的政策和法规、维护公平的交易秩序以及监控市场的变化。

五、教学方法与手段

（一）教学方法

本案例采用启发式教学、自主式教学、发现式教学、互动式教学、混合式教学等多种教学方法，在讨论中，引导学生思考期货到期日效应对于我国股票市场波动的影响，以及如何采取相应的应对措施有效地控制市场风险，进而推动期货在我国市场上健康、稳定、持续地发展。

（二）教学手段

本案例将传统授课方法与实验教学方法相结合，在课堂讲授时注重讲透中国期货市场到期日效应产生的背景、原因以及潜在不利后果。同时，向学生讲授研究到期日效应的常用参数及非参数检验方法，以及到期日效应稳健性检验的计量分析方法。在此基础上，利用沪深 300 股指期货的高频交易数据，带领同学运用 MATLAB 实现到期日效应的检验方法、存在性方法和稳健性检验。

六、教学实施过程

（一）教学安排

提前三周将案例主题以及相关参考文献资料发给学生，每个小组重点讨论2～3个启发性思考题并进行编程实现，课堂老师讲解和学生展示相结合，3个课时完成。

（二）启发思考题

（1）期货市场到期日效应产生原因有哪些？
（2）哪些时间序列模型可以用于测度期货市场到期日效应？
（3）中国的期货市场与美国期货市场相比存在哪些优势和限制？
（4）应该如何有效管理期货市场到期日效应风险，更好地服务经济社会发展？

（三）实验过程

1. 实验数据

本小结的所有数据均来自于Wind数据库。2010年4月16日，沪深300股指期货正式开始交易，截至2014年5月已有42张期货合约，本小节通过期货1分钟交易的高频数据对每一张合约的到期日效应进行分别研究。从数据库中提取的每张期货合约每个交易日的1分钟数据是分别存在一个独立的Excel表格中的，故需要利用Matlab的importdata函数对多个csv或xls文件进行导入。数据读取过程如下：

假设有100个交易日的文件，先将100个csv格式的文件名统一命名成1（1）、1（2）、1（3）、…、1（100）。命名方法即为在Windows系统下全选所有csv文件，对第一个csv文件重命名成“1”即可。在命名后，即可利用sprintf函数及importdata函数进行处理。其基本语句如下：

```
n = 10;
for k = 1:n;
   myfilename = sprintf('1(%d).xls',k);
   data{k,1} = importdata(myfilename);
end
```

本小节已将42张期货合约及相应时间段的现货数据处理在一个data.mat的数据集中，图4-1给出了部分合约的数据示例。data.mat里存储了一个名为maturity的元包数据。任取其中的一行都是一张期货合约的数据。具体数据结构说明如下：

maturity {i, 1}：第i张合约的期货高频交易数据及相应的日期数据

maturity {i, 2}：第i张合约的交易代码

maturity {i，3}：第 i 张合约的期货已实现波动率数据

maturity {i，4}：第 i 张合约的期货价格、现货价格及现货波动率数据

{} maturity <6x4 cell>

	1	2	3	4
1	<105x2...	'IF1312'	<105x1...	<105x3...
2	<43x2 c...	'IF1401'	<43x1 d...	<43x3 d...
3	<38x2 c...	'IF1402'	<38x1 d...	<38x3 d...
4	<103x2...	'IF1403'	<103x1...	<103x3...
5	<38x2 c...	'IF1404'	<38x1 d...	<38x3 d...
6	<36x2 c...	'IF1405'	<36x1 d...	<36x3 d...

图 4－1　部分合约数据示例

2. 理论基础

本部分主要是从两个方面介绍研究期货到期日效应的基本方法，首先介绍检验期货到期日效应是否存在的方法，然后介绍解释为什么到期日效应存在的方法。

（1）检验期货到期日效应的方法：

①非参数 Jonckheere－Terpstra 检验。

对于每一张期货合约，可以利用 JT（Jonckheere－Terpstra）统计量去进行期货到期日效应存在性的检验，即检验期货波动率随着到期日的临近不断增加。具体做法如下，将每张合约的波动率序列分按照时间顺序分为 k 组（即第一组是距离到期日最近的，第二组是第二近的，依次类推），假设每组波动率的中位数为 σ_i^2，$i=1$，…，k，则具体的检验问题为：H0：$\sigma_k^2=\sigma_{k-1}^2=\cdots=\sigma_1^2 \leftrightarrow$ H1：$\sigma_k^2 \leqslant \sigma_{k-1}^2 \leqslant \cdots \leqslant \sigma_1^2$，至少有一个不等号严格成立，其中 σ_1^2 是到期日当天的期货波动率，σ_2^2 是临近到期日还剩一天的期货波动率，以此类推。

令 rv_t 表示某张期货合约第 t 个交易日的已实现波动率，则 $rv_t = \sum_j r_{j,t}^2$，其中 $r_{j,t}^2$ 表示该张合约第 t 个交易日第 j 分钟的收益率。*JT* 统计量的具体构造方法如下，首先将每张期货合约的已实现波动率分成 k 组 $\{rv_{j_1}, rv_{j_2}, \cdots, rv_{j_k}\}$，$rv_{j_1}$ 表示最临近到期日的那组已实现波动率。令 $U_{j_m j_n}$ 表示 j_m 组中已实现波动率大于 j_n 组中已实现波动率的个数，其中 $n,m=1,2,\cdots,k,n>m$。JT 统计量即为 $J=\sum_{1\leqslant m<n\leqslant k} U_{j_m j_n}$。在一定条件下，标准化的 JT 统计量：

$$Z=\frac{J-[(N^2-\sum_{j=1}^{k} n_j^2)/4]}{\sqrt{[N^2(2N+3)-\sum_{j=1}^{k} n_j^2(2n_j+3)]/72}} \tag{4-1}$$

渐近服从标准正态分布。其中 N 是该张合约的所有交易日天数，n_j 是该张合约中第 j 组已实现波动率的个数。如果 JT 统计量显著为正的话，那么就存在到期日效应；反之，如果 JT 统计量显著为负的话，就存在“逆转”的到期日效应。

②普通最小二乘方法。

因为非参数检验方法（前文所述 Jonckheere－Terpstra 检验）与参数检验方法来比，功效较低，故文献中常采用普通最小二乘的方法对股指期货到期日效应进行进一步的检验，具体方法如下：

$$rv_{t,i}=\alpha_i+\beta_i TTM_{t,i}+\varepsilon_{t,i}, \mathrm{i}=1,2,\cdots,42 \tag{4-2}$$

其中 $TTM_{t,i}$ 是第 i 张合约在第 t 个交易日时距离到期日还剩的时间。本文所有的普通线性回归模型都使用了 Newey - West（1987）的异方差一致协方差调整过程进行修正，以确保回归时不会出现异方差问题。假如 β_i 是显著为负的话，那么第 i 张合约就存在到期日效应，若其显著为正的话，那么第 i 张合约就存在“逆转”的到期日效应。

接下来回顾一下 Newey - West 协方差估计的定义以方便程序编写。考虑线性回归模型 $Y = X\beta + \varepsilon$，其中 $Y = (y_1, \cdots, y_n)'$，$X = (x_1', \cdots, x_n')'$，$\varepsilon = (\varepsilon_1, \cdots, \varepsilon_n)'$。如果模型存在异方差或者序列相关，则 OLS 依然是一致的，但是不再是有效的，其方差的估计也要相应改变。Newey 和 West（1987）提出了该情形下 OLS 的一致且非负定的协方差矩阵的估计，令 $\hat{\varepsilon}_t = y_i - x_i\hat{\beta}_{OLS}$，则计算公式如下：

$$\widehat{Var(\hat{\beta}_{OLS})} = (X'X)^{-1}\hat{\Omega}(X'X)^{-1}$$

$$\hat{\Omega} = X'\begin{bmatrix} \hat{\varepsilon}_1^2 & 0 & 0 \\ 0 & \cdots & 0 \\ 0 & 0 & \hat{\varepsilon}_n^2 \end{bmatrix}X + \sum_{l=1}^{m}\left[\left(1 - \frac{l}{m+1}\right)\sum_{t=l+1}^{n}\hat{\varepsilon}_t\hat{\varepsilon}_{t-l}(x_t'x_{t-l} + x_{t-l}'x_t)\right]$$

（2）解释期货到日期效应存在性的研究方法：

①负协方差假设。

Bessembinder et al.（1996）对于期现货价格有如下假设：$E_t(S_{t+1}) \equiv S_t e^{\pi + c_{t,i}}$，$F_{t,i} \equiv S_t e^{c_{t,i}TTM_{t,i}}$，$v_t \equiv \ln S_t - \ln(E_{t-1}(S_t))$，其中 π 为现货溢价，$c_{t,i}$ 为存货成本（cost of carrying inventory，又被理解为 futures term slope），在计算中用 $(\ln E_{t-1} - \ln S_t)/TTM_{t,i}$ 表示 $c_{t,i}$，$\Delta c_{t,i} = c_{t,i} - c_{t-1,i}$，$S_t$ 为现货价格，$F_{t,i}$ 为第 i 张合约的期货价格。再利用 $TTM_{t,i} = TTM_{t-1,i} - 1$ 这一基本条件，可以得知对于期货收益率有

$$\begin{aligned}\Delta F_{t,i} &= \ln F_{t,i} - \ln F_{t-1,i} \\ &= (\ln S_t + c_{t,i}TTM_{t,i}) - (\ln S_{t-1} + c_{t-1,i}TTM_{t-1,i}) \\ &= \Delta S_t + \Delta c_{t,i}TTM_{t,i} - c_{t-1,i}\end{aligned}$$

对于现货收益率有

$$\begin{aligned}\Delta S_t &= \ln S_t - \ln S_{t-1} \\ &= \ln S_t - \ln(E_{t-1}(S_t)) + \ln(E_{t-1}(S_t)) - \ln S_{t-1} \\ &= v_t + \pi + c_{t-1,i}\end{aligned}$$

将现货收益率代入期货收益率中有

$$\Delta F_{t,i} = v_t + \pi + \Delta c_{t,i}TTM_{t,i}$$

②根据方差的性质有：

$$Var(\Delta F_{t,i}) = TTM_{t,i}^2 Var(\Delta c_{t,i}) + 2TTM_{t,i}Cov(\Delta c_{t,i}, v_t) + Var(v_t)$$

据此，Bessembinder et al.（1996）提出了负协方差假设：其认为期货到期日效应更有可能出现在满足 $Cov(\Delta c_{t,i}, v_t) < 0$ 这一条件的期货合约中。并根据 Bessembinder et al.（1996）文中对于现货价格的 mean - reverting 以及期现货价格满足在无套利假设的出清条件，其认为负协方差假设可以用 OLS 方法估计 $\Delta c_{t,i}$ 与现货收益率之间的关系来进行度量，

若 ϕ_i 为负，则 $Cov(\Delta c_{t,i}, v_t) < 0$ 这一条件满足。

$$\Delta c_{t,i} = \omega_i + \phi_i \Delta S_t + \varepsilon_{t,i}, i = 1, 2, \cdots, 42 \tag{4-3}$$

③“最小期货波动率时间”假设。

Gurrola and Herrerias（2011）在基于负协方差假设的基础上进一步提出了一个假设，即将

$$Var(\Delta F_{t,i}) = TTM_{t,i}^2 Var(\Delta c_{t,i}) + 2TTM_{t,i} Cov(\Delta c_{t,i}, v_t) + Var(v_t)$$

看作一个二次函数，则在 $t_0 = -\rho_i \sigma(v_t) / \sigma(\Delta c_{t,i})$ 处，二次函数达到最小值，其中 ρ_i 表示 v_t 和 $\Delta c_{t,i}$ 的相关系数。显然，当 t_0 是正的且足够大的话就会出现到期日效应，否则就会出现“逆转”的到期日效应。具体为通过估计下式来探究满足哪类特性的期货合约会出现到期日效应，即根据 $\Delta c_{t,i}$ 的系数来表示 $-t_0$：

$$\Delta S_t = \varpi_i + \varphi_i \Delta c_{t,i} + \varepsilon_{t,i}, i = 1, 2, \cdots, 42 \tag{4-4}$$

若 φ_i 显著为负，且绝对值足够大的话，那么第 i 张合约就会出现到期日效应。若 φ_i 显著为正，且足够大的话，那么第 i 张合约就会出现“逆转”的到期日效应。

④状态变量假设。

Bessembinder et al.（1996）提出用信息流的影响来解释期货的到期日效应，即研究现货的波动率是否是导致期货到期日效应的来源。具体方法为估计下式：

$$rv_{t,i} = \eta_i + \lambda_i TTM_{t,i} + \kappa_i \sigma_{s,t}^2 + \varepsilon_{t,i}, i = 1, 2, ..., 42 \tag{4-5}$$

其中 $\sigma_{s,t}^2$ 为现货波动率。如果现货波动率的系数是显著为正的，那么就说明现货波动率可以解释期货的波动率。进一步与式（4-2）的结果来比，若 $TTM_{t,i}$ 的系数显著性保持不变的话，那么就可以说明现货波动率不是解释到期日效应的最关键性变量。

3. 实验过程

（1）实验程序结构：

本文利用 Matlab 研究期货到期日效应，主要是编写了 table_export. m 这一个主函数进行处理。在导入数据集 data. mat 后，只需将 table_export. m 这一函数全部运行，就可以导出研究的所有结果。具体程序结构如表 4-1 所示。

表 4-1　期货到期日效应研究程序结构

程序结构	m 文件名称	主要作用
主程序	table_export. m	在导入数据集 data. mat 后，运行此程序即可输出整个实证分析的所有结果，其他辅助程序文件只要存在与主程序相同的路径里即可
辅助程序	JT. m	用 JT 统计量检验到期日效应的存在性
	olsnw. m	基于 Newey - West 的最小二乘估计（调用 covnw. m）
	covnw. m	利用 Newey - West 加权估计的协方差矩阵估计
	maturity_ols. m	用 OLS 方法检验到期日效应的存在性（调用 olsnw. m）
	negative_test. m	检验负协方差假设（调用 olsnw. m）
	t0_test. m	检验“最小到期日时间”假设（调用 olsnw. m）
	state_test. m	检验状态变量假设（调用 olsnw. m）

（2）主程序。

```
%使用方法:将主程序中所有语句复制粘贴至Matlab命令窗口或m文件中运行即可
%测量数据集的大小
[aa,bb] = size(maturity);%aa表示合约的个数
%数据基本统计量分析:收益率及波动率
  for i = 1:aa
  lag_lns = lagmatrix(maturity{i,4}(:,1),0:1);
  r = lag_lns(:,1) - lag_lns(:,2);
  r = r(2:end,:);
  table1(i,1) = mean(r);%均值
  table1(i,2) = std(r);%标准差
  table1(i,3) = skewness(r);%偏度
  table1(i,4) = kurtosis(r);%峰度
  [h,table1(i,6),table1(i,5)] = jbtest(r);%JB正态性检验
  [h,table1(i,8),table1(i,7),cValue] = lbqtest(r,'lags',10);%自相关性检验
  [h,table1(i,10),table1(i,9),cValue] = lbqtest(r.^2,'lags',10);%arch效应检验
  volatility = maturity{i,3};
  table1_1(i,1) = mean(volatility);
  table1_1(i,2) = std(volatility);
  table1_1(i,3) = skewness(volatility);
  table1_1(i,4) = kurtosis(volatility);
  [h,table1_1(i,6),table1_1(i,5)] = jbtest(volatility);
  [h,table1_1(i,8),table1_1(i,7),cValue,reg] = adftest(volatility,'model','ARD','lags',2);
%adf单位根检验
%JT统计量的计算
  [JT_stat1,p_value1] = JT(maturity{i,3}(1:end-1,:),4);
  [JT_stat2,p_value2] = JT(maturity{i,3}(1:end-1,:),5);
  [JT_stat3,p_value3] = JT(maturity{i,3}(1:end-1,:),6);
  [JT_stat4,p_value4] = JT(maturity{i,3}(1:end-1,:),7);
  table2(1,i) = JT_stat1;%JT统计量
  table2(2,i) = p_value1;%JT统计量对应的概率
  table2(3,i) = JT_stat2;
  table2(4,i) = p_value2;
  table2(5,i) = JT_stat3;
  table2(6,i) = p_value3;
  table2(7,i) = JT_stat4;
```

```
  table2(8,i) = p_value4;
% OLS 方法验证到期日效应的存在性(基于4.2 olsnw 函数)
  [b,tstat,p_value,Rbar,dw,RSS] = maturity_ols(maturity{i,3}(1:end-1,:),1);
  table3_1(1,i) = b(1);% 估计系数
  table3_1(2,i) = tstat(1);% t 统计量
  table3_1(3,i) = p_value(1);% t 统计量对应的概率
  table3_1(4,i) = b(2);
  table3_1(5,i) = tstat(2);
  table3_1(6,i) = p_value(2);
  table3_1(7,i) = Rbar;% 修正的可绝系数
  table3_1(8,i) = dw;% DW 一阶自相关性检验统计量
  table3_1(9,i) = RSS;% 模型估计的残差平方和
% OLS 方法验证到期日效应的存在性(时间变量取对数,基于4.2 olsnw 函数)
  [b,tstat,p_value,Rbar,dw] = maturity_ols(log(maturity{i,3}(1:end-1,:)),1);
  table3_2(1,i) = b(1);
  table3_2(2,i) = tstat(1);
  table3_2(3,i) = p_value(1);
  table3_2(4,i) = b(2);
  table3_2(5,i) = tstat(2);
  table3_2(6,i) = p_value(2);
  table3_2(7,i) = Rbar;
  table3_2(8,i) = dw;
% 负协方差检验(基于4.2 olsnw 函数)
  [b,tstat,p_value,Rbar,dw] = negative_test(maturity{i,4}(1:end-1,:),1);
  table4(1,i) = b(1);
  table4(2,i) = tstat(1);
  table4(3,i) = p_value(1);
  table4(4,i) = b(2);
  table4(5,i) = tstat(2);
  table4(6,i) = p_value(2);
  table4(7,i) = Rbar;
  table4(8,i) = dw;
% 最小到期日时间检验(基于4.2 olsnw 函数)
  [b,tstat,p_value,Rbar,dw] = t0_test(maturity{i,4}(1:end-1,:),1);
  table5(1,i) = b(1);
  table5(2,i) = tstat(1);
```

```
    table5(3,i) = p_value(1);
    table5(4,i) = b(2);
    table5(5,i) = tstat(2);
    table5(6,i) = p_value(2);
    table5(7,i) = Rbar;
    table5(8,i) = dw;
  %状态变量检验(基于 4.2 olsnw 函数)
    [b,tstat,p_value,Rbar,dw] = state_test(maturity{i,3}(1:end - 1,:),maturity{i,4}
(1:end - 1,:),1);
    table6(1,i) = b(1);
    table6(2,i) = tstat(1);
    table6(3,i) = p_value(1);
    table6(4,i) = b(2);
    table6(5,i) = tstat(2);
    table6(6,i) = p_value(2);
    table6(7,i) = b(3);
    table6(8,i) = tstat(3);
    table6(9,i) = p_value(3);
    table6(10,i) = Rbar;
    table6(11,i) = dw;
    end
```

（3）非参数的 Jonckheere - Terpstra 检验（JT. m）

```
function[JT_stat,p] = JT(high_sigma,range)
%数据导入:high_sigma(期货已实现波动率)
%数据导入:rang(JT 统计量构造的分组大小)
%数据输出:JT_stat(JT 统计量)
%数据输出:p(JT 统计量对应的概率值)
```

（4）基于 Newey - West 的最小二乘估计（olsnw. m）：

```
function[b,tstat,s2,vcvnw,R2,Rbar,yhat,dw] = olsnw(y,x,c,nwlags)
%数据导入:y(被解释变量)
%数据导入:x(解释变量)
%数据导入:c(0 或者 1,1 表示回归中有常数项)
%数据导入:nwlags(Newey - West 最小二乘中关于协方差估计的滞后阶数)
%数据输出:b(系数)
%数据输出:tstat(t 统计量)
%数据输出:vcvnw(修正的可绝系数)
```

% 数据输出：yhat（模型估计的被解释变量）

% 数据输出：dw（DW 一阶自相关性统计量）

% 说明：maturity_ols. m；negative_test. m；t0_test. m；tate_test. m 均调用此函数进行估计

4. 实验结果

（1）数据基本统计结果。

表 4 – 2 给出了每张期货合约的日收益率的描述性统计分析。从分析结果来看，除 IF111、IF1208 和 IF1311 外，所有合约的日收益率序列都是尖峰的。从 Jarque – Bera 统计量的检验结果可知，有 25 张合约拒绝了正态性的假设。从 Ljung – Box Q 统计量对日收益率的检验结果可知，期货合约的日收益率基本不存在自相关性。从 Ljung – Box Q 统计量对日收益率平方的检验结果可知，除 IF1107、IF1208 和 IF1403 外其他所有的合约都不存在 ARCH 效应。

表 4 – 2　　期货合约基本信息和日收益率的描述性统计分析

合约代买	样本区间	到期月份	样本个数	期货合约日收益率						
				均值	标准差	偏度	峰度	JB 统计量	Q（10）	Q^2（10）
IF1012	10/4/16 – 10/12/17	2010 – 12	164	–0.0006	0.0194	–0.6059	5.0896	39.6260 ***	12.2698	6.0540
IF1101	10/11/22 – 10/11/19	2011 – 1	44	–0.0018	0.0165	0.0409	3.0645	0.0195	9.8591	4.0668
IF1102	10/12/20 – 11/2/18	2011 – 2	39	–0.0002	0.0160	–0.2886	3.5630	1.0294	6.4918	6.4377
IF1103	10/7/19 – 11/3/18	2011 – 3	161	0.0009	0.0174	–0.4037	5.2581	38.3400 ***	6.3849	8.3684
IF1104	11/2/21 – 11/4/15	2011 – 4	38	0.0003	0.0107	–0.5520	3.7063	2.6479	12.6842	6.9025
IF1105	11/3/21 – 11/5/20	2011 – 5	42	–0.0009	0.0085	–0.3958	3.4239	1.3773	11.7856	13.2676
IF1106	10/10/18 – 11/6/17	2011 – 6	165	–0.0010	0.0154	–0.8261	7.0351	129.9164 ***	4.9723	14.2407
IF1107	11/5/23 – 11/7/15	2011 – 7	39	0.0008	0.0100	0.6492	3.5476	3.1445 *	6.7403	21.2292 **
IF1108	11/6/20 – 11/8/19	2011 – 8	45	–0.0008	0.0127	–0.2434	4.0659	2.5175	12.2973	8.4433
IF1109	11/1/24 – 11/9/16	2011 – 9	160	–0.0008	0.0115	0.0814	4.6094	17.3365 ***	10.6224	4.7968
IF1110	11/8/22 – 11/10/21	2011 – 10	39	–0.0028	0.0153	0.6205	3.5100	2.8507	7.5486	7.0743
IF1111	11/9/19 – 11/11/18	2011 – 11	40	–0.0007	0.0159	0.1287	2.5346	0.4597	4.1331	10.7124
IF1112	11/4/18 – 11/12/16	2011 – 12	167	–0.0023	0.0127	0.1983	4.0284	8.4029 **	6.5444	9.6597
IF1201	11/11/21 – 12/1/20	2012 – 1	43	–0.0011	0.0172	1.0274	4.7919	13.0080 ***	6.4424	7.6726
IF1202	11/12/19 – 12/2/17	2012 – 2	38	0.0014	0.0181	1.2108	5.1714	16.3094 ***	12.5956	6.0590
IF1203	11/7/18 – 12/3/16	2012 – 3	162	–0.0013	0.0148	0.6492	4.8205	33.5428 ***	11.6655	6.4072
IF1204	12/2/20 – 12/4/20	2012 – 4	42	0.0004	0.0115	–0.1893	3.0787	0.2491	15.2402	8.5209
IF1205	12/3/19 – 12/5/18	2012 – 5	40	–0.0006	0.0110	0.2157	3.0647	0.3092	5.9114	12.8150
IF1206	11/10/24 – 12/6/15	2012 – 6	158	–0.0002	0.0132	0.5841	4.8659	31.7025 ***	12.7986	9.0258
IF1207	12/5/21 – 12/7/20	2012 – 7	44	–0.0020	0.0099	–0.4584	4.0274	3.3182 *	5.9240	7.4705
IF1208	12/6/18 – 12/8/17	2012 – 8	44	–0.0025	0.0083	–0.3410	2.7789	0.8996	9.9436	17.4055 *
IF1209	12/1/30 – 12/9/21	2012 – 9	164	–0.0009	0.0107	0.2408	4.5690	18.2950 ***	10.0864	8.6525

续表

合约代买	样本区间	到期月份	样本个数	期货合约日收益率						
				均值	标准差	偏度	峰度	JB 统计量	Q (10)	Q^2 (10)
IF1210	12/8/20－12/10/19	2012－10	40	0.0001	0.0137	0.8027	4.5139	7.9129**	10.8166	7.2782
IF1211	12/9/24－12/11/16	2012－11	35	－0.0009	0.0120	0.5543	3.3981	1.9079	6.8686	3.7173
IF1212	12/4/23－12/12/21	2012－12	167	－0.0007	0.0115	1.0500	6.9907	140.6578***	15.2666	12.2857
IF1301	12/11/19－13/1/18	2013－1	42	0.0042	0.0139	1.6858	5.9948	34.7410***	12.5998	14.7198
IF1302	12/12/24－13/2/18	2013－2	33	0.0042	0.0110	0.9046	4.0025	5.7041**	5.0841	7.0300
IF1303	12/7/23－13/3/15	2013－3	157	0.0003	0.0132	0.6504	5.9291	66.7660***	19.9304**	15.5205
IF1304	13/2/19－13/4/19	2013－4	42	－0.0019	0.0158	－0.0642	4.1563	2.2558	15.0843	4.1128
IF1305	13/3/18－13/5/17	2013－5	40	0.0005	0.0136	0.1361	3.7074	0.9097	7.8318	6.6997
IF1306	12/12/22－13/6/21	2013－6	159	－0.0004	0.0139	－0.1995	4.3461	9.7741**	11.1187	5.8849
IF1307	13/5/20－13/7/19	2013－7	42	－0.0039	0.0196	－0.4584	6.9420	27.2993***	4.8656	2.6638
IF1308	13/6/24－13/8/16	2013－8	40	0.0025	0.0177	1.0010	4.7278	11.0731**	14.6960	5.0780
IF1309	13/1/21－13/9/23	2013－9	161	0.0000	0.0173	－0.0738	6.8490	64.2926***	14.0083	2.4906
IF1310	13/8/19－13/10/18	2013－10	38	0.0013	0.0113	0.7113	3.6730	3.7150*	8.2828	12.0198
IF1311	13/9/24－13/11/15	2013－11	34	－0.0010	0.0111	0.3181	2.7202	0.6442	4.1836	6.2073
IF1312	13/4/22－13/12/20	2013－12	162	0.0002	0.0124	0.4972	3.7553	6.7561**	7.0813	8.3559
IF1401	13/11/19－14/1/17	2014－1	43	－0.0024	0.0092	－0.4494	3.1668	1.4625	8.5035	10.0733
IF1402	13/12/24－14/2/21	2014－2	38	－0.0006	0.0103	－0.1474	3.3780	0.3543	3.0268	5.5355
IF1403	13/7/22－14/3/21	2014－3	162	－0.0013	0.0117	－0.1635	3.7415	2.7908	6.9130	17.9092*
IF1404	14/2/25－14/4/18	2014－4	38	0.0009	0.0145	0.3742	5.3899	9.6689**	12.5602	9.6906
IF1405	14/3/25－14/5/16	2014－5	36	0.0000	0.0099	0.6814	4.0662	4.3659*	6.1462	7.3267

注：JB统计量用来检验正态性的假设；Q（10）和 Q^2（10）分别是指对收益率序列和收益率平方序列进行的10阶滞后的Ljung－Box自相关性检验；***、**和*分别代表1%、5%和10%的显著性水平，下同。

表4－3给出了每张期货合约每个交易日的已实现波动率的描述性统计分析。具体从每张期货合约的日实现波动率来看，此处不能得出日波动率随时间有一个单调的趋势。根据Bessembinder et al.（1996）的论文研究结果，在对波动率进行回归的时候，必须得检验波动率的平稳性以防止出现伪回归的现象。根据ADF的检验结果来看，大部分合约的波动率序列都是平稳的。

表4－3　　期货合约波动率的描述性统计分析

Contract	The daily realized volatility of each futures contract		
	Mean	Std Dev	ADF－test
IF1012	2.2500	1.6213	－4.0114***
IF1101	2.0184	1.4881	－6.0041***
IF1102	1.8546	1.1490	－2.6478*

续表

Contract	The daily realized volatility of each futures contract		
	Mean	Std Dev	ADF - test
IF1103	2.2117	2.2438	-4.6997***
IF1104	1.1012	0.5891	-2.7739*
IF1105	0.8211	0.4047	-3.8861***
IF1106	2.2465	3.4014	-5.1404***
IF1107	0.8129	0.3726	-3.5901**
IF1108	1.0255	0.8383	-2.6030
IF1109	1.1223	0.6672	-5.2184***
IF1110	1.5334	0.7377	-3.2946**
IF1111	1.5809	0.8675	-2.3038
IF1112	1.2486	0.8551	-5.3419***
IF1201	1.7863	1.1077	-2.0173
IF1202	2.0260	1.0811	-2.4056
IF1203	1.6603	1.4380	-5.8894***
IF1204	0.8950	0.3952	-3.1429**
IF1205	0.9079	0.4774	-3.8529***
IF1206	1.3675	0.9811	-4.0554***
IF1207	0.8044	0.2966	-3.7678***
IF1208	0.6816	0.3154	-1.9876
IF1209	0.9660	0.6767	-5.5134***
IF1210	1.1762	0.7883	-2.5529
IF1211	1.0752	0.8319	-3.9387***
IF1212	0.9175	0.5697	-5.5594***
IF1301	1.1208	0.6201	-2.1099
IF1302	1.3187	0.6144	-3.2736**
IF1303	1.1638	0.7684	-3.3492**
IF1304	1.7839	0.8523	-2.0768
IF1305	1.4304	0.6356	-2.8017*
IF1306	1.5056	0.7213	-4.2536***
IF1307	2.7319	2.4774	-1.8526
IF1308	3.8016	2.2850	-2.8339*
IF1309	2.3257	2.0933	-3.4326**
IF1310	1.2713	0.6575	-1.8766
IF1311	1.0652	0.3665	-2.0457
IF1312	1.6385	1.5740	-3.7239***
IF1401	1.1059	0.4719	-2.9721**

续表

Contract	The daily realized volatility of each futures contract		
	Mean	Std Dev	ADF - test
IF1402	0.9976	0.3722	-1.5842
IF1403	1.1607	0.5324	-3.2052**
IF1404	1.4887	0.7125	-2.8719*
IF1405	1.0317	0.4942	-2.4917

（2）期货到期效应检验的结果。

①Jonckheere - Terpstra 检验结果。

从表4-4的JT检验结果可知，有33张期货合约拒绝了期货波动率相等的这一原假设。具体来看，有6张合约存在期货到期日效应，而有27张合约是存在着逆转的到期日效应。与前人的研究相一致，在金融期货中比较难出现期货到期日效应，而逆转的到期日效应会更明显。

表4-4　基于JT统计量的到期日效应检验结果

	range 1	range 2	range 3	range 4
IF1012	-0.9391	-1.8743**	-0.9593	-1.8696**
IF1101	-3.7087***	-3.4711***	-3.4382***	-3.3331***
IF1102	-3.5679***	-3.4142***	-3.4683***	-3.2758***
IF1103	-1.0377	-0.959	-1.4929*	-1.0189
IF1104	-3.8198***	-3.8139***	-3.6618***	-3.7425***
IF1105	-2.1028**	-1.8298**	-2.8246***	-3.2306***
IF1106	-11.0001***	-10.9247***	-10.9327***	-11.1787***
IF1107	-1.8463**	-1.8719**	-1.5112*	-1.9433**
IF1108	0.6032	-1.1238	-0.5001	-0.5482
IF1109	-4.6595***	-4.6295***	-4.7648***	-4.6299***
IF1110	-0.9731	-1.6978**	-0.9414	-1.6472**
IF1111	-4.2577***	-4.7310***	-4.2536***	-4.3748***
IF1112	3.6918***	4.1302***	3.6464***	4.7230***
IF1201	1.5076*	1.5035*	2.7389***	2.3554**
IF1202	-1.096	-1.5385*	-0.9074	-1.4355*
IF1203	1.047	1.0855	0.1339	1.0214
IF1204	0.8096	0.5765	-0.7592	-0.8655
IF1205	-1.4713*	-1.9283**	-1.6764**	-2.2587**
IF1206	-5.3089***	-5.3857***	-5.2064***	-5.6688***
IF1207	0.3661	0.6229	1.6476*	1.4814*
IF1208	-3.4028***	-3.3507***	-1.6904**	-1.8438**

续表

	range 1	range 2	range 3	range 4
IF1209	-6.0763 ***	-6.1854 ***	-6.0282 ***	-6.2540 ***
IF1210	0.7627	0.539	0.5667	0.214
IF1211	-2.6145 ***	-3.1707 ***	-3.1097 ***	-3.5516 ***
IF1212	0.2268	0.3213	0.2535	0.7927
IF1301	2.0470 **	1.8854 **	0.2164	-0.7302
IF1302	-0.481	-1.4215 *	-0.9215	-2.4676 ***
IF1303	3.5733 ***	3.2442 ***	2.2851 **	2.6400 ***
IF1304	-2.6833 ***	-2.8364 ***	-4.9462 ***	-5.3823 ***
IF1305	-1.1976	-1.8222 **	-1.2387	-1.4744 *
IF1306	-2.8330 ***	-3.1543 ***	-3.2941 ***	-2.1543 **
IF1307	4.1406 ***	3.9202 ***	1.7254 **	1.0375
IF1308	-3.6427 ***	-3.8371 ***	-3.4435 ***	-3.4979 ***
IF1309	0.6397	-0.9591	-0.0841	-1.2522
IF1310	-3.3477 ***	-3.3966 ***	-3.2664 ***	-3.4047 ***
IF1311	1.0582	0.3354	0.286	-0.5694
IF1312	-6.4080 ***	-6.6745 ***	-6.6202 ***	-6.7090 ***
IF1401	-0.0215	-0.1718	1.1983	1.2683
IF1402	-4.1310 ***	-4.0467 ***	-4.2024 ***	-4.3064 ***
IF1403	-0.1791	-0.2483	0.3981	-0.5392
IF1404	-2.9378 ***	-3.0641 ***	-2.8381 ***	-3.1016 ***
IF1405	-3.3574 ***	-2.7320 ***	-3.2779 ***	-2.3576 ***

②普通最小二乘检验的结果。

表4-5给出了利用最小二乘估计检验期货到期日效应的结果。从 β_i 的符号和显著性水平来看，到期日效应仅在IF1112、IF1201、IF1207、IF1210、IF1301、IF1303和F1307这7张合约，而有19张期货合约存在逆转的到期日效应。上述结果与非参数的JT统计量检验基本是一致的，即在我国股指期货市场上，期货的到期日效应不显著，反而存在一定程度的逆转的到期日效应。

表4-5　　基于最小二乘回归的到期日效应检验的结果

	α_i	t统计量	β_i	t统计量	$\bar{R}^2$	D. W. 统计量
IF1012	2.0924 ***	3.5595	0.002	0.3348	-0.0042	0.931
IF1101	0.6953 *	1.8277	0.0596 **	2.447	0.2296	1.2445
IF1102	0.8768 ***	3.351	0.0516 ***	3.6111	0.2282	1.2481
IF1103	2.3990 ***	4.852	-0.0005	-0.1216	-0.0071	1.3794
IF1104	0.6046 ***	6.7058	0.0263 ***	4.5434	0.2057	2.2594

续表

	α_i	t 统计量	β_i	t 统计量	$\bar{R}^2$	D. W. 统计量
IF1105	0. 5161 ***	4. 9098	0. 0151 **	2. 5816	0. 1842	1. 5893
IF1106	-1. 0038 ***	-2. 5173	0. 0376 ***	5. 6677	0. 1891	1. 915
IF1107	0. 7464 ***	6. 9368	0. 0038	0. 9612	-0. 0147	2. 0997
IF1108	1. 3827 ***	3. 1297	-0. 0156	-1. 139	0. 0334	1. 1455
IF1109	0. 7018 ***	2. 7843	0. 0045 *	1. 8697	0. 0638	1. 4
IF1110	1. 6125 ***	6. 7017	-0. 0035	-0. 4705	-0. 0249	1. 8176
IF1111	0. 9012 ***	4. 4936	0. 0348 **	2. 4144	0. 1844	1. 6819
IF1112	1. 7602 ***	8. 2015	-0. 0055 ***	-2. 9143	0. 0723	1. 4729
IF1201	2. 6233 ***	5. 3636	-0. 0384 **	-2. 3468	0. 1565	1. 6132
IF1202	1. 6449 ***	5. 3668	0. 0215 *	1. 6992	0. 0189	1. 4633
IF1203	1. 7514 ***	5. 093	0. 0003	0. 0591	-0. 0071	1. 9132
IF1204	1. 0345 ***	6. 7154	-0. 0063	-1. 1426	0. 0098	1. 5339
IF1205	0. 8503 ***	5. 5637	0. 0034	0. 538	-0. 0204	1. 838
IF1206	0. 6540 ***	3. 7681	0. 0089 ***	3. 7298	0. 1155	1. 332
IF1207	0. 9243 ***	16. 4993	-0. 0053 **	-2. 4457	0. 0244	2. 0086
IF1208	0. 5391 ***	5. 016	0. 0071	1. 4995	0. 0549	1. 3645
IF1209	0. 3131 **	2. 2664	0. 0071 ***	3. 6429	0. 1827	1. 213
IF1210	1. 6325 ***	6. 3006	-0. 0215 **	-2. 423	0. 0743	2. 0249
IF1211	0. 4544 **	2. 1651	0. 0372 **	2. 3189	0. 1565	1. 8639
IF1212	0. 9760 **	7. 0371	-0. 0008	-0. 6938	-0. 0031	1. 6713
IF1301	1. 5725 ***	12. 3031	-0. 0216 ***	-4. 0945	0. 1481	2. 3474
IF1302	1. 2533 ***	6. 813	0. 0044	0. 5236	0. 0289	2. 3321
IF1303	1. 4033 ***	11. 2113	-0. 0043 ***	-3. 0507	0. 059	1. 7306
IF1304	1. 2054 ***	5. 0887	0. 0291 **	2. 1093	0. 1353	1. 7158
IF1305	1. 2996 ***	7. 0607	0. 0079	1. 1357	-0. 0076	1. 701
IF1306	1. 2913 ***	9. 2224	0. 0035 *	1. 8415	0. 0193	1. 6685
IF1307	4. 9824 ***	6. 126	-0. 1081 ***	-4. 7776	0. 2362	1. 075
IF1308	1. 6037 ***	3. 1098	0. 1065 ***	2. 7574	0. 2736	1. 3185
IF1309	2. 6744 ***	4. 7164	-0. 0063	-0. 7659	-0. 0014	1. 1381
IF1310	0. 5483 ***	3. 8202	0. 0402 ***	3. 8509	0. 4016	1. 4565
IF1311	1. 1377 ***	9. 1947	-0. 0049	-0. 8059	-0. 0174	1. 7474
IF1312	0. 2541	1. 0862	0. 0264 ***	4. 3995	0. 2468	1. 5203
IF1401	1. 2230 ***	9. 4861	-0. 0056	-1. 0109	-0. 0041	1. 7948
IF1402	0. 6289 ***	6. 2656	0. 0203 ***	4. 6221	0. 3527	2. 221
IF1403	1. 2703 ***	6. 4306	-0. 0021	-0. 7547	0. 0041	1. 5126
IF1404	1. 0112 ***	7. 0756	0. 0261 ***	3. 7693	0. 1335	2. 0045
IF1405	0. 6802 ***	6. 1393	0. 0207 ***	3. 3916	0. 1665	2. 104

（3）解释期货到期日效应存在性的结果。

①负协方差假设的检验结果。

表4-6给出了负协方差假设的检验结果，可知除了6张期货合约外其他所有期货合约都不满足负协方差这个假设。而在满足负协方差假设的这6张合约中，仅IF1207这一张合约存在期货到期日效应。这一结果说明了在我国股指期货市场上负协方差假设不能有效解释期货到期日效应的存在性。

表4-6　负协方差假设的检验结果

	ω_i	t统计量	ϕ_i	t统计量	$\overline{R}^2$	D. W. 统计量
IF1012	0. 0000	-0. 1731	0. 0011 *	1. 7641	-0. 0003	3. 0841
IF1101	0. 0000	-0. 1500	0. 0034	1. 1513	0. 0264	2. 7359
IF1102	0. 0000	-0. 6443	0. 0034	0. 914	0. 0035	2. 6636
IF1103	0. 0000	0. 0186	-0. 0014	-0. 5739	-0. 004	2. 694
IF1104	0. 0000	-0. 3074	-0. 0033	-0. 6748	-0. 0145	2. 6225
IF1105	0. 0000	-0. 5446	-0. 0099 **	-2. 0971	0. 0777	2. 3328
IF1106	0. 0000	-0. 4222	-0. 0025	-1. 3551	0. 0107	2. 963
IF1107	0. 0000	0. 1420	-0. 0083 *	-1. 9183	0. 0358	2. 4274
IF1108	0. 0000	-0. 0837	-0. 0058	-1. 6493	-0. 0099	2. 8065
IF1109	0. 0000	-0. 3568	-0. 0021	-1. 3056	0. 0077	2. 893
IF1110	0. 0000	-0. 6453	-0. 0055	-1. 5868	0. 0304	3. 1821
IF1111	0. 0000	-0. 0072	-0. 0068	-1. 3763	0. 0156	2. 9941
IF1112	0. 0000	-0. 2939	-0. 002	-1. 227	-0. 0005	2. 0898
IF1201	0. 0000	0. 2271	0. 0133	1. 1297	0. 0876	2. 4006
IF1202	0. 0000	-0. 502	0. 0037	0. 8515	0. 0295	2. 4298
IF1203	0. 0000	-0. 4451	-0. 0021	-1. 0737	0. 0115	2. 541
IF1204	0. 0000	0. 0182	-0. 015	-1. 6192	0. 128	2. 985
IF1205	0. 0000	-0. 0342	0. 0045	0. 5107	-0. 0135	1. 4191
IF1206	0. 0000	-0. 0658	-0. 0023	-1. 1437	0. 0055	2. 8439
IF1207	0. 0000	-0. 6567	-0. 0155 **	-2. 3372	0. 2152	1. 6458
IF1208	0. 0000	-0. 7545	-0. 0162 ***	-2. 6079	0. 0799	2. 8098
IF1209	0. 0000	-0. 1149	0. 0005	0. 276	-0. 0054	2. 6715
IF1210	0. 0000	-0. 1608	-0. 0056	-0. 9811	-0. 0102	3. 0954
IF1211	0. 0000	-0. 3003	-0. 0074	-0. 9074	0. 0056	3. 1503
IF1212	0. 0000	-0. 0373	0. 0014	0. 7171	-0. 0038	2. 4905
IF1301	0. 0000	0. 4416	-0. 0058	-1. 5176	0. 0144	2. 043
IF1302	0. 0001	0. 7346	-0. 0167 **	-2. 1432	0. 0259	1. 9734
IF1303	0. 0000	-0. 1385	0. 0001	0. 3562	-0. 0065	2. 4995
IF1304	0. 0000	-0. 3994	-0. 0046	-1. 4409	-0. 0003	2. 4152

续表

	ω_i	t统计量	ϕ_i	t统计量	$\overline{R}^2$	D. W. 统计量
IF1305	0.0000	-0.0619	0.0088	0.9453	-0.009	2.5568
IF1306	0.0000	-0.13	-0.0015	-0.5908	-0.0013	2.2505
IF1307	0.0000	0.1063	0.0004	0.0746	-0.0268	1.9961
IF1308	0.0000	0.3029	0.0023	0.6188	-0.0188	2.3202
IF1309	0.0000	0.0063	-0.0012	-0.4148	-0.008	2.7607
IF1310	0.0000	0.3135	-0.0103	-1.4072	0.0579	2.8339
IF1311	0.0000	-0.8176	-0.0262	-1.5267	0.1831	2.9458
IF1312	0.0000	-0.0127	0.0015	0.6293	-0.0071	2.4046
IF1401	0.0000	-0.4357	-0.0066	-1.3971	0.0375	1.6418
IF1402	0.0000	-0.2701	-0.0104**	-2.1954	0.1635	2.4795
IF1403	0.0000	-0.0437	-0.0006	-0.2972	-0.0099	3.1463
IF1404	0.0000	-0.1124	0.0094*	1.8594	0.0393	3.0554
IF1405	0.0000	0.1785	-0.0114	-1.2249	0.0306	1.9559

②“最小期货波动率时间”假设的检验结果。

表4－7给出了“最小期货波动率时间”假设的检验结果，可知有15张期货合约的φ_i符号是显著为负的，意味着依据前文的理论这15张期货合约本应该出现到期日效应，IF1201和IF1305这两张合约的φ_i符号是显著为正的，意味着这两张合约应该出现逆转的到期日效应。但是，根据前文的非参数JT统计量检验和普通最小二乘的实证检验结果可知，其与“最小期货波动率时间”假设的检验结果基本不一致。故可知，对于我国的股指期货市场“最小期货波动率时间”假设也不能有效解释期货到期日效应。

表4－7　“最小期货波动率时间”假设的检验结果

	ϖ_i	t统计量	φ_i	t统计量	$\overline{R}^2$	D. W. 统计量
IF1012	-0.0002	-0.1637	5.1372	1.6024	-0.0003	1.8963
IF1101	-0.0016	-0.8289	14.8133	1.0523	0.0264	1.7361
IF1102	0.0007	0.2593	9.2703	1.1676	0.0035	1.806
IF1103	0.0011	0.8938	-1.6631	-1.0993	-0.004	1.9685
IF1104	0.0008	0.4441	-4.3912	-0.5911	-0.0145	1.9458
IF1105	-0.0008	-0.5595	-10.2246**	-2.3329	0.0777	2.1618
IF1106	-0.0008	-0.7945	-6.6771***	-3.6211	0.0107	2.0669
IF1107	0.0008	0.4719	-7.5592	-1.65	0.0358	1.8455
IF1108	-0.0003	-0.1674	-2.4298	-1.5617	-0.0099	1.8041
IF1109	-0.0005	-0.5515	-6.7676	-1.4855	0.0077	2.0286
IF1110	-0.0027	-1.2613	-10.3443*	-1.8794	0.0304	2.1261
IF1111	-0.0002	-0.0664	-6.1902	-1.5018	0.0156	1.9601

续表

	ϖ_i	t统计量	φ_i	t统计量	$\bar{R}^2$	D.W. 统计量
IF1112	-0.0021**	-2.1978	-2.7762	-0.762	-0.0005	2.0886
IF1201	-0.0013	-0.5855	8.2928**	2.53	0.0876	1.9239
IF1202	0.0018	0.8533	15.3157	0.9535	0.0295	2.0836
IF1203	-0.0011	-1.0939	-8.5678***	-2.3951	0.0115	2.1343
IF1204	0.0003	0.1711	-10.0438***	-5.4146	0.128	1.743
IF1205	-0.0002	-0.0817	3.0551	0.7672	-0.0135	1.9045
IF1206	0.0000	-0.0268	-5.2316***	-3.1017	0.0055	2.1729
IF1207	-0.0019	-1.3261	-15.1513***	-3.9355	0.2152	2.1407
IF1208	-0.0024*	-1.7392	-6.3686**	-2.0865	0.0799	2.1165
IF1209	-0.0007	-0.8155	1.7103	0.3301	-0.0054	2.126
IF1210	0.0004	0.1643	-3.0732*	-1.7686	-0.0102	1.9764
IF1211	-0.0003	-0.127	-5.0641*	-1.9788	0.0056	1.8326
IF1212	-0.0006	-0.5984	1.6691	0.9994	-0.0038	2.0864
IF1301	0.0040**	2.0825	-6.8192	-1.633	0.0144	2.298
IF1302	0.0049***	3.1905	-3.4984	-1.5892	0.0259	2.1627
IF1303	0.0004	0.372	0.1909	0.4579	-0.0065	2.0325
IF1304	-0.0024	-1.1861	-5.7054**	-2.2381	-0.0003	1.9555
IF1305	0.0003	0.1516	2.1588**	2.0329	-0.009	1.9919
IF1306	-0.0001	-0.1045	-4.9452	-0.6595	-0.0013	1.9347
IF1307	-0.0039	-1.2571	0.4715	0.0722	-0.0268	1.8935
IF1308	0.0018	0.8187	4.0531	0.5413	-0.0188	1.8663
IF1309	-0.0001	-0.0799	-1.5908	-0.5952	-0.008	1.7554
IF1310	0.0012	0.631	-8.3347***	-3.0829	0.0579	1.6552
IF1311	-0.0017	-1.1545	-8.0194***	-7.6599	0.1831	1.9262
IF1312	0.0004	0.3401	1.8226	1.137	-0.0071	1.757
IF1401	-0.0021	-1.5027	-9.3405*	-1.8	0.0375	1.8447
IF1402	-0.0002	-0.1001	-17.9539***	-2.7495	0.1635	1.9694
IF1403	-0.0016	-1.3899	-0.2394	-0.3228	-0.0099	1.8366
IF1404	0.0008	0.5166	7.0919	1.4705	0.0393	1.9828
IF1405	-0.0003	-0.2153	-5.2470**	-2.3735	0.0306	2.0637

③状态变量假设的检验结果。

表4-8给出了状态变量假设的检验结果。与前人的研究相一致（参见Bessembinder et al.（1996）；Allen and Cruickshank（2002）；Duong and Kalev（2008）），现货波动率系数基本都是正显著的，即现货的波动率可以解释期货的波动率。但是，在加入了现货波动率却对 $TTM_{t,i}$ 系数估计的符号以及显著性基本上没有产生影响。这说明了，现货波动率可以

解释期货波动率，但却不能决定是否存在期货到期日效应。

表 4-8 状态变量假设的检验结果

	η_i	t 统计量	λ_i	t 统计量	κ_i	t 统计量	$\bar{R}^2$	D. W. 统计量
IF1012	1.9242***	3.6597	0.0017	0.2993	0.0628***	3.3148	0.0448	1.0044
IF1101	0.1336	0.2327	0.0685**	2.6121	0.1612**	2.0545	0.3086	0.9629
IF1102	0.8817***	2.9128	0.0438***	2.7415	0.041	1.421	0.1649	1.2069
IF1103	2.0671***	4.4037	-0.0001	-0.0162	0.1188***	3.6399	0.0396	1.4458
IF1104	0.5013***	5.8833	0.0202***	4.7796	0.1861***	4.4849	0.4434	1.888
IF1105	0.5386***	6.0341	0.0119***	2.7108	0.0254	0.881	0.1104	1.8237
IF1106	-1.033***	-2.7586	0.0331***	5.2466	0.2191***	5.6541	0.2497	1.9106
IF1107	0.5640***	4.9543	0.0047	0.9891	0.1306***	3.6816	0.2388	1.6866
IF1108	1.1025***	3.508	-0.014	-1.2509	0.1533**	2.4301	0.2724	1.2483
IF1109	0.5574***	3.2155	0.0039**	2.0287	0.1318***	3.1332	0.243	1.4219
IF1110	1.4664***	5.4493	-0.0044	-0.5627	0.0600*	1.8599	0.0326	1.9337
IF1111	0.7343***	4.2175	0.0373***	2.7664	0.0635	1.4915	0.2883	1.8602
IF1012	1.9242***	3.6597	0.0017	0.2993	0.0628***	3.3148	0.0448	1.0044
IF1112	1.4693***	6.8863	-0.0045**	-2.3621	0.1132***	3.847	0.2036	1.5152
IF1201	2.2920***	4.2396	-0.0313*	-1.8268	0.0660***	3.0707	0.1879	1.6157
IF1202	1.5567***	5.5883	0.014	1.0653	0.0677***	5.1148	0.0495	1.4808
IF1203	1.4198***	4.283	0.0013	0.3088	0.1115***	5.4967	0.0544	1.9696
IF1204	0.9063***	4.9047	-0.0061	-0.9569	0.0755***	2.9358	0.1573	1.2345
IF1205	0.7935***	4.716	0.0029	0.4301	0.0510**	2.0528	-0.005	1.6782
IF1206	0.5799***	3.768	0.0074***	3.4608	0.1017***	4.453	0.1881	1.4132
IF1207	0.8658***	15.4689	-0.0048*	-1.8866	0.0411***	3.2072	0.0504	1.9541
IF1208	0.4880***	4.3192	0.0079*	1.8082	0.0441	1.5945	0.111	1.5012
IF1209	0.3851***	4.3384	0.0053***	4.3439	0.0477***	2.7611	0.2525	1.3804
IF1210	1.3578***	9.8677	-0.0218***	-3.8484	0.1521***	4.0029	0.5362	2.0303
IF1211	0.2744*	1.8342	0.0236***	3.4775	0.3163***	3.9375	0.6831	1.587
IF1112	1.4693***	6.8863	-0.0045**	-2.3621	0.1132***	3.847	0.2036	1.5152
IF1212	0.7987***	7.93	-0.0005	-0.4603	0.1251***	4.0715	0.2553	1.4689
IF1301	1.4157***	9.3865	-0.0206***	-3.6214	0.0619***	3.651	0.3378	1.8132
IF1302	1.1788***	6.41	0.0008	0.1034	0.0769***	3.4248	0.0912	2.0059
IF1303	1.2299***	8.9389	-0.0038***	-2.8173	0.0910***	3.1497	0.2848	1.4961
IF1304	1.1477***	5.728	0.0234**	2.1723	0.0916***	6.7028	0.4458	1.3536
IF1305	1.1835***	7.6881	0.0034	0.6139	0.1143***	4.1703	0.293	1.5127
IF1306	1.1042***	8.3893	0.0033*	1.8604	0.0989***	6.959	0.2612	1.4183
IF1307	4.6468***	5.1688	-0.1018***	-4.2413	0.0605**	2.5825	0.2346	1.217

续表

	η_i	t统计量	λ_i	t统计量	κ_i	t统计量	$\overline{R}^2$	D. W. 统计量
IF1308	1.7855 ***	4.7168	0.0687 **	2.6977	0.1355 ***	3.7927	0.3419	1.1915
IF1309	2.4630 ***	4.3522	−0.0067	−0.8162	0.1017 ***	4.0243	0.0513	1.28
IF1310	0.4893 ***	3.3499	0.0385 ***	3.3189	0.0583 *	1.8134	0.3849	1.2
IF1311	1.0388 ***	6.6521	−0.0045	−0.6545	0.0795 *	2.0362	0.0253	1.3883
IF1212	0.7987 ***	7.93	−0.0005	−0.4603	0.1251 ***	4.0715	0.2553	1.4689
IF1312	0.15	0.607	0.0267 ***	4.2531	0.0769 *	1.7477	0.2634	1.4915
IF1401	0.9916 ***	7.3897	−0.0015	−0.2592	0.1706 ***	3.1052	0.2026	1.6856
IF1402	0.5585 ***	5.5706	0.0210 ***	4.5168	0.0543 **	2.674	0.4142	2.1081
IF1403	1.1403 ***	5.6763	−0.0016	−0.5562	0.0830 ***	5.0086	0.0922	1.4239
IF1404	0.7962 ***	6.3277	0.0274 ***	5.9526	0.1550 ***	3.0806	0.4653	2.2351
IF1405	0.5290 ***	4.5589	0.0221 ***	2.9155	0.1509 ***	4.2667	0.3273	1.6084

（4）稳健性检验。

为了确保前文估计结果的稳健性，本文在此处对期货到期日效应的最小二乘估计结果加入了期货合约的交易量和持仓量，以检验在加入了这两个期货关键变量后前文的估计结果是否是稳健的。具体见下式：

$$rv_{t,i} = \mu_i + \partial_i TTM_{t,i} + \delta_i Vol_{t,i} + \gamma_i Openint_{t,i} + \varepsilon_{t,i}, i = 1, 2, \cdots, 42 \quad (4-6)$$

其中，$Vol_{t,i}$和 $Openint_{t,i}$分别是第 i 张期货合约第 t 个交易日的交易量和持仓量。

进一步，本文在此处还对期货的到期日效应是否关于股票现货市场的流动性稳健进行了进一步研究。具体见下式：

$$rv_{t,i} = \tau_i + \psi_i TTM_{t,i} + \theta_i Liq_{t,i} + \varepsilon_{t,i}, i = 1, 2, \cdots, 42 \quad (4-7)$$

其中，$Liq_{t,i}$是沪深 300 指数在 t 天的流动性指标。在此处，本文根据 Amihud（2002）使用 $Liq_{t,i} = |\Delta S_t| / cash\_vol_t$ 来计算股指的流动性，其中 $cash\_vol_t$ 是股指现货 t 天的交易量。

关于式（4－6）的稳健性检验结果见表4－9。由表4－9 结果可知，有 32 张期货合约的波动率与其交易量存在显著的正向关系，只有 2 张期货合约的交易量对其波动率产生显著的负向影响。有 28 张合约，期货的持仓量对期货合约波动率产生了显著的负向影响。进一步对于所有合约来说，$TTM_{t,i}$估计系数的符号及其显著性几乎没有发生变化，这说明了本文前面所做的期货到期日效应的最小二乘估计关于期货交易量与持仓量是稳健的。

表 4－9　　稳健性检验结果

	μ_i	t 统计量	∂_i	t 统计量	δ_i	t 统计量	γ_i	t 统计量	$\overline{R}^2$	D. W. 统计量
IF1012	2.0924 ***	4.889	0.002	0.4062	0.0169 ***	3.3963	−0.0001	−0.2139	0.2031	1.044
IF1101	0.6953 **	2.1649	0.0596 ***	2.9252	0.0218 ***	4.2812	−0.1749 ***	−3.7412	0.3938	1.4683
IF1102	0.8768 ***	4.7248	0.0516 ***	4.1678	0.0176 ***	6.2166	−0.1406 ***	−4.2837	0.5293	1.3565

续表

	μ_i	t 统计量	∂_i	t 统计量	δ_i	t 统计量	γ_i	t 统计量	$\overline{R}^2$	D.W. 统计量
IF1103	2.399***	5.9003	-0.0005	-0.1507	0.0575**	2.5792	-0.0018***	-2.8109	0.0382	1.445
IF1104	0.6046***	8.7051	0.0263***	5.7478	0.0075*	1.958	-0.0393	-1.5985	0.2568	2.2502
IF1105	0.5161***	5.6451	0.0151***	3.0861	0.0094***	8.0321	-0.0511***	-6.6975	0.4499	1.5031
IF1106	-1.0038***	-2.8157	0.0376***	5.8093	-0.0582**	-2.4018	0.0015***	2.6408	0.1913	1.9519
IF1107	0.7464***	10.0005	0.0038	1.062	0.0080***	3.9609	-0.0382***	-3.38	0.2805	2.191
IF1108	1.3827***	5.7453	-0.0156*	-1.9709	0.0167***	4.3043	-0.0853***	-4.8197	0.5619	1.5082
IF1109	0.7018***	3.0719	0.0045**	2.0723	-0.0172**	-2.0273	0.0006**	2.3459	0.099	1.5363
IF1110	1.6125***	5.9838	-0.0035	-0.3602	0.0112***	2.9012	-0.0721***	-2.7472	0.2866	1.7855
IF1111	0.9012***	4.7576	0.0348**	2.4151	0.0111***	5.7623	-0.0812***	-4.1994	0.2886	1.6036
IF1112	1.7608***	10.3743	-0.0055***	-3.3446	0.0114	1.2809	-0.0004	-1.6015	0.096	1.5044
IF1201	2.6233***	5.9807	-0.0384***	-2.5722	0.0071**	2.3474	-0.0595***	-3.8483	0.2599	1.3674
IF1202	1.6449***	4.8337	0.0215	1.6684	0.0060*	1.978	-0.0166	-0.541	0.2091	1.6286
IF1203	1.7514***	5.175	0.0003	0.0596	-0.0028	-0.4121	0.0000	0.1901	-0.0195	1.9195
IF1204	1.0345***	13.0083	-0.0063**	-2.2248	0.0048***	7.6458	-0.0220***	-6.7237	0.5744	1.9985
IF1205	0.8503***	10.0583	0.0034	0.5988	0.0065***	4.6478	-0.0500***	-5.5243	0.3744	1.4774
IF1206	0.6540***	3.8349	0.0089***	3.8332	0.0096*	1.9101	-0.0002	-1.5338	0.1186	1.3417
IF1207	0.9243***	15.0972	-0.0053*	-1.8081	0.0016**	2.1884	-0.0141***	-3.1832	0.1222	1.8274
IF1208	0.5394***	5.7933	0.0071	1.4719	0.0026***	3.9265	-0.0170***	-5.3101	0.207	1.1996
IF1209	0.3131**	2.3363	0.0071***	3.7305	-0.0002	-0.085	0.0000	0.3369	0.1781	1.226
IF1210	1.6325***	7.7423	-0.0215***	-2.6057	0.0027	1.4665	-0.0106	-0.9699	0.1691	1.8326
IF1211	0.4544***	3.5	0.0372***	3.1724	0.0045***	4.5184	-0.0396***	-4.5059	0.3061	2.148
IF1212	0.976***	7.3276	-0.0008	-0.7052	0.0019	1.3915	-0.0001	-1.2724	-0.0062	1.6375
IF1301	1.5725***	11.352	-0.0216***	-3.6514	0.0026***	4.3556	-0.0174***	-3.4232	0.3066	2.0596
IF1302	1.2533***	7.8604	0.0044	0.5188	0.0030***	3.163	-0.0237*	-1.9382	0.3383	1.9256
IF1303	1.4033***	10.9087	-0.0043***	-3.0775	0.0012	0.824	0.000	-0.6676	0.048	1.7088
IF1304	1.2054***	5.309	0.0291*	1.9721	0.0023**	2.4347	-0.0238*	-1.9677	0.1982	1.7014
IF1305	1.2996***	9.1201	0.0079	1.2244	0.0042***	10.5219	-0.0502***	-5.8477	0.424	1.9243
IF1306	1.2913***	9.844	0.0035*	1.9214	0.0006	0.8018	-0.0154*	-1.9473	0.0574	1.7114
IF1307	4.9824***	9.0911	-0.1081***	-6.0652	0.0068***	3.9527	-0.0226**	-2.2387	0.6837	1.1564
IF1308	1.6037***	3.7951	0.1065***	3.2003	0.0077***	4.5254	-0.0967***	-3.4421	0.4331	1.3978
IF1309	2.6744***	3.8626	-0.0063	-0.6296	0.0067	1.1841	-0.107	-1.3933	0.0919	0.9551
IF1310	0.5483***	4.6556	0.0402***	5.1344	0.0023***	4.4459	-0.0123**	-2.1999	0.524	1.6718
IF1311	1.1377***	17.3702	-0.0049	-1.3542	0.0028***	5.0045	-0.0225***	-3.9834	0.4915	2.1198
IF1312	0.2541	1.2384	0.0264***	4.8997	0.0027**	2.3156	-0.0083	-0.5907	0.2927	1.5884
IF1401	1.2230***	12.7466	-0.0056	-1.1654	0.0023***	5.004	-0.0071**	-2.5122	0.3344	2.0394

续表

	μ_i	t统计量	∂_i	t统计量	δ_i	t统计量	γ_i	t统计量	$\overline{R}^2$	D. W. 统计量
IF1402	0.6289***	6.4993	0.0203***	4.5523	0.0015***	2.9291	-0.0150***	-3.467	0.4386	2.01
IF1403	1.2703***	15.1443	-0.0021	-1.5087	0.0026***	6.3804	-0.0168***	-3.5086	0.327	1.9192
IF1404	1.0112***	8.0989	0.0261***	3.0139	0.0030***	3.2335	-0.0202***	-2.8522	0.3841	1.7435
IF1405	0.6802***	10.0068	0.0207***	4.3168	0.0025***	5.2854	-0.0183***	-4.079	0.391	2.2022

关于式（4-7）的稳健性检验结果见表4-10。由表4-10结果可知，只有19张期货合约的波动率与现货市场的流动性存在着显著性的关系。对于所有合约来说，在加入了现货市场的流动性指标后，$TTM_{t,i}$估计系数的符号及其显著性几乎没有发生变化。这进一步说明了本文前面所做的期货到期日效应的最小二乘估计关于现货市场流动性是稳健的。

表4-10　　期货到期日效应关于现货市场流动性的稳健性检验结果

	τ_i	t统计量	ψ_i	t统计量	θ_i	t统计量	$\overline{R}^2$	D. W. 统计量
IF1012	2.0924***	3.7103	0.002	0.3512	0.0016**	2.5882	0.0172	0.9724
IF1101	0.6953***	2.9514	0.0596***	4.4759	0.1087***	2.9546	0.5196	1.4212
IF1102	0.8768***	3.3366	0.0516***	3.7554	0.0037	0.4718	0.2115	1.2809
IF1103	2.3990***	4.903	-0.0005	-0.1223	0.0016	0.8819	-0.0077	1.3672
IF1104	0.6046***	6.1286	0.0263***	5.4513	0.0072	1.618	0.2327	2.1775
IF1105	0.5161***	4.7443	0.0151**	2.577	-0.0027	-0.4772	0.1696	1.6149
IF1106	-3.3491	-1.4063	0.0788**	1.9332	0.0182	1.3276	0.0327	2.0463
IF1107	0.7464***	6.6238	0.0038	0.91	0.0033	1.5675	-0.0286	2.0927
IF1108	1.3827***	3.1453	-0.0156	-1.1575	0.0127***	3.2508	0.0718	1.2027
IF1109	0.7018***	2.8817	0.0045*	1.9422	0.0014***	2.8695	0.1198	1.3231
IF1110	1.6125***	6.6822	-0.0035	-0.4698	0.0004	0.0867	-0.0541	1.8169
IF1111	0.9012***	5.9094	0.0348***	3.0589	-0.0141**	-2.5241	0.2847	1.7518
IF1112	-0.101	-0.0553	0.0297	0.8782	-0.0009	-0.4238	-0.0082	2.0356
IF1201	2.6233***	5.4322	-0.0384**	-2.3921	0.0061	0.6563	0.1383	1.6379
IF1202	1.6449***	5.6996	0.0215*	1.8343	-0.0213***	-2.7622	0.0704	1.6045
IF1203	1.7514***	5.3534	0.0003	0.0609	0.0012***	2.8001	0.0134	1.927
IF1204	1.0345***	6.7248	-0.0063	-1.1571	0.0066	0.723	-0.0108	1.5195
IF1205	0.8503***	5.6333	0.0034	0.5387	0.0032	0.8151	-0.0448	1.8169
IF1206	0.6540***	3.9045	0.0089***	3.8096	0.0008	1.456	0.1319	1.3803
IF1207	0.9243***	17.965	-0.0053**	-2.2926	0.0223**	2.0931	0.0312	2.0202
IF1208	0.5394***	5.1585	0.0071	1.6183	-0.0061	-1.0437	0.0449	1.457
IF1209	0.3131**	2.2705	0.0071***	3.6487	0.0001	0.3159	0.1773	1.2062
IF1210	1.6325***	6.2889	-0.0215**	-2.416	0.0006	0.0494	0.0486	2.0231

续表

	τ_i	t 统计量	ψ_i	t 统计量	θ_i	t 统计量	$\bar{R}^2$	D. W. 统计量
IF1211	0. 4544 ***	4. 5604	0. 0372 ***	5. 1824	0. 1022 ***	6. 5854	0. 6143	2. 6491
IF1212	0. 9760 ***	7. 2268	−0. 0008	−0. 6961	0. 0008 *	1. 9699	0. 0402	1. 6414
IF1301	1. 5725 ***	11. 627	−0. 0216 ***	−3. 624	0. 0224	0. 4167	0. 1349	2. 2206
IF1302	1. 2533 ***	6. 3889	0. 0044	0. 4856	0. 0116	0. 8106	−0. 0531	2. 2548
IF1303	1. 4033 ***	10. 4964	−0. 0043 ***	−3. 1979	0. 0014 ***	2. 9694	0. 1592	1. 6607
IF1304	1. 2054 ***	4. 6604	0. 0291 *	1. 9794	0. 0367	0. 8182	0. 1391	1. 5451
IF1305	1. 2996 ***	6. 1171	0. 0079	1. 1517	0. 0601 ***	6. 6181	0. 243	1. 4398
IF1306	1. 2913 ***	9. 0049	0. 0035 *	1. 7865	0. 0034 *	1. 8865	0. 0185	1. 6059
IF1307	4. 9824 ***	6. 3699	−0. 1081 ***	−5. 0785	−0. 1233	−0. 9617	0. 226	1. 1409
IF1308	1. 6037 ***	3. 0677	0. 1065 ***	2. 7378	0. 0382	0. 51	0. 2548	1. 2662
IF1309	2. 6744 ***	4. 7098	−0. 0063	−0. 7651	0. 0010	0. 0625	−0. 0113	1. 1365
IF1310	0. 5483 ***	4. 6823	0. 0402 ***	4. 661	0. 0470 ***	5. 1864	0. 5085	1. 4073
IF1311	1. 1377 ***	7. 7828	−0. 0049	−0. 8199	0. 0188	1. 683	0. 0257	1. 616
IF1312	0. 2541	1. 1034	0. 0264 ***	4. 6065	0. 0026 **	2. 4764	0. 2645	1. 5602
IF1401	1. 2230 ***	10. 8925	−0. 0056	−1. 1009	0. 0023 ***	3. 2058	0. 2052	1. 6935
IF1402	0. 6289 ***	6. 5658	0. 0203 ***	4. 7509	0. 0010 ***	2. 9123	0. 4248	2. 047
IF1403	1. 2703 ***	6. 4112	−0. 0021	−0. 7437	0. 0016 ***	3. 8848	0. 0857	1. 3992
IF1404	1. 0112 ***	7. 6106	0. 0261 ***	5. 2969	0. 0032 **	2. 4816	0. 3219	2. 0277
IF1405	0. 6802 ***	5. 6978	0. 0207 ***	3. 1339	0. 0011	1. 6371	0. 1897	1. 9889

5. 总结

通过对这 42 张期货合约的实证结果进行分析可知沪深 300 股指期货其并没有存在显著的到期日效应，而且在某一部分合约中出现了逆转的到期日效应，且各类解释性方法不能有效解释我国沪深 300 股指期货到期日效应存在与否的原因。

同时通过 MATLAB 来对这一问题进行分析处理研究，可知 MATLAB 在处理大量的数据以及估计大量的方程是有明显的优势的。其软件自身不但会有大量已有的金融统计、模型估计方法，并且能通过各种简单的语法来构造一些新的统计量、新的模型估计方法来处理一些已有函数不能解决的问题。且在运行速度和大量数据的导入导出方面是其他很多界面化经济学软件所不能比拟的。

七、考核与评价方式

（1）课前由每个小组针对启发思考题搜集相关资料，在课堂上针对启发思考题进行讨论，并以小组为单位汇报本组对中国期货市场运行情况及其到期日效应的理解。

（2）各组结合自身实际和案例示例代码进行中国期货市场到期日效应的检验，并在课堂上以小组为单位汇报编程实证研究成果。

八、实施成效

（1）本案例通过对于中国期货市场到期日效应的研究，令同学们深刻认识到期货到期日效应对于我国股票市场波动的影响，以及防范化解金融风险的重大意义。同时，也启发了学生思考如何采取相应的应对措施有效地控制市场风险，进而推动期货在我国市场上健康、稳定、持续地发展。

（2）本案例带领同学用 MATLAB 研究到期日效应的检验方法、存在性方法和稳健性检验方法，使得同学们可以运用 MATLAB 解决实际金融问题。

（3）我国期货市场正在蓬勃发展，期货市场的金融创新和改革亦被提上日程，现阶段期货行业正在尝试改革监管制度、扩展产品种类以及创新业务领域。本案例立足于中国期货市场的实际情况，将加深同学们对中国金融体系的认识，极大激发博士生“深耕中国资本市场高质量发展学问，讲好中国故事”的金融报国决心。

案例 5：数字经济背景下的钢铁企业数字化转型

——“高级公司金融”课程思政教学案例

王汀汀
（中央财经大学金融学院教授）

一、基本信息

课程名称：高级公司金融
授课对象：金融专硕
知 识 点：数字化转型与企业发展
主讲教师：王汀汀

二、教学目标

（一）知识目标

了解数字中国的政策背景，全面理解党的二十大报告中提出的“推动数字经济和实体经济的深度融合，实现产业的数字化发展和转型”政策目标，围绕企业数字化行为，探讨“企业如何实施数字化转型”“数字化转型对实体经济的影响”“数字化转型对实体经济影响的机制”。

（二）能力目标

通过案例的引入，配合课堂讨论与课外研究、调研，从理论和实践两个层面掌握企业数字化转型的理论基础、数字化对企业创新行为及经营绩效的影响机制与路径，数字化对企业绩效的影响效果评价。在这个过程中，培养同学们的分析能力，特别是案例分析的能力以及案例论文写作的能力，并积累运用实证分析方法、案例分析法、调查研究法解决金融实践问题的经验与能力。

（三）育人目标

从理论层面和实践层面解读企业数字化在促进经济结构转型升级、助力经济高质量发展、形成新质生产力方面的积极作用，帮助学生更好地理解“数字中国”的概念内涵，领会党的二十大报告提出的数字经济和实体经济融合发展的目标。

三、教学重点与难点

企业数字化转型是经济结构与产业结构转型升级和经济高质量发展的微观基础，也是公司金融决策特别是投资决策的延伸。在本案例的教学过程中，重点内容是梳理数字中国相关的政策体系，并构建企业数字化转型相关的理论基础。其次，分析钢铁行业数字化转型的动因，数字化转型的路径，数字化转型对企业经营绩效影响的机制分析与效果评价。

本案例分析的难点在于对数字化转型影响企业经营绩效的机制与效果进行评价。数字化转型对企业的影响是全面而长期的，同时也需要对数字化的成本效益进行权衡，在分析过程中，综合运用案例研究法、财务分析法、对比分析法从财务绩效和非财务绩效两个角度进行研究分析，并利用熵权 Topsis 法构建企业经营绩效的综合评价体系，通过横纵向对比，探究企业在数字化转型前后经营绩效的变化情况。

四、课程思政案例介绍

（一）案例背景

伴随着信息技术的飞速发展，工业领域正迎来以应用人工智能为特征的第四次工业革命，数字经济时代也随之到来。数字经济不仅是我国建设现代化经济体的重要引擎，更是当今时代各国竞争的重点领域，在全球范围内发展迅速，未来将有望推动全球资源要素重组、全球经济结构重塑，进而改变全球竞争格局。根据党的十九大报告，我国经济已从高速增长阶段转入高质量发展阶段，企业作为我国社会经济发展中的微观主体，不仅是我国高质量发展的关键，也是创新发展的重要驱动因素。站在时代的岔路口，如何利用信息技术改造传统产业，如何将企业发展融入数字经济时代的浪潮提高企业经营绩效，已经成为每个实体企业迫切要解决的问题。当前，已经有越来越多的实体企业积极推行了数字化转型战略，借助数字化技术推动产业升级优化，从而提高企业的竞争力。

数字化转型的推行，一方面源于政策的支持，我国对数字经济的重视程度较高，早在 2015 年便提出“数字中国”的概念，党的十九届四中全会更是将数字要素列为生产要素的一种，希望能够以数据作为关键要素，推动我国产业的数字化发展和转型。此后，我国陆续颁布了《国家数字经济创新发展试验区实施方案》《中小企业数字转型指南》等政策，党的二十大报告也提出要推动数字经济和实体经济的深度融合，将我国数字经济产业打造成为具有国际竞争优势的产业集群。各类政策的推出为我国企业数字化转型提供了良好的发展环境和政策支持，有利于激发企业数字化转型的热情。许多企业将数字化转型列为了其“十四五”发展规划的重要战略，意在通过信息技术与企业原有业务的融合，摆脱企业原有的生产方式，实现生产技术的革命性突破、生产要素的高效配置组合、产业的深度升级和转型，培育企业的“新质生产力”。数字化转型的核心不仅体现在新一代技术的运用层面，而是“技术 + 管理”的相辅相成，涉及企业的生产、管理、运营、战略等多个方面，是一项系统性工程。此外，企业数字化转型的实践也离不开技术进步的支持，数字技术的发展和应用是企业开展数字化转型的技术前提，信息基础设施建设、数据共享平台搭建、移动应用和协作系统的研发等为企业的数字化转型奠定基础，助力企业搭建智能化管理服务系统，提升运营管理效率，降低企业运营成本，实现企业经营的数智化。因此，企业需要抓住数字化转型的机遇，重视内部数字技术的创新与研发，灵活运用智慧系统，实现企业跨越式发展。

制造业是我国的重要经济命脉，是立国之本，作为重要的基础原材料产业，钢铁工业是中国制造业的重要组成部分。在钢铁行业步入高质量发展阶段背景下，企业的数字化、智能化水平已逐渐成为衡量企业竞争力的重要指标之一，因为各大钢企都将数字化转型作为企业未来成长中的重要发展战略。2022 年工信部、发改委等部门联合发布了《关于促进钢铁工业高质量发展的指导意见》，旨在推动钢铁工业向智能化、绿色化、高端化方向转型升级，其中明确提出，到 2025 年，钢铁行业关键工序数控化率要达到 80% 左右，生产设备数字化率达到 55%，这都为钢铁行业的数字化转型提供了前所未有的机遇。此外，改革开放以来，我国钢铁行业经历了几十年的飞速发展，各类生产线均装配了完整的计算机控制系统和大量精密的自动化控制系统，在助力企业自动化生产的同时又可以产生、搜集大量精准可得的数据，为钢企快速实现数字化转型提供了底层基础。同时，我国钢铁企业不仅具有数字化转型的良好基础，其对数字技术的需求也是极为迫切的。随着钢铁生产技术日益成熟，钢企的生产技术趋向同质化，生产技术方面带来的比较优势逐渐减少，当钢铁生产的物理定律达到极限时，企业也更希望能够通过数字手段来打破对物理世界的认识。此外，钢铁产业作为典型的周期性行业，与宏观经济增速关系密切，在我国经济进入高质量发展新阶段的背景下，宏观经济增速放缓，钢铁行业下游主要需求市场建筑业发展进入平台期，钢铁需求增速也趋于平缓，钢铁企业正面临产能过剩等困境。同时，随着我国制造业的逐步转型升级，新质生产力培育进程加快，未来下游制造业需求将不断增加，新能源汽车、高端装备等行业钢材需求将会逐步取代建筑用钢。但是和建筑用钢相比，制造业用钢种类繁多，加工过程更加精细化，对钢铁企业的生产技术也有更高的要求。因此，钢企迫切需要推动自身数字化转型，为钢铁生产安上“智慧大脑”，实现精细化生产，支撑降本增效、创新发展、提升竞争力。

（二）案例企业基本情况

宝山钢铁股份有限公司（简称“宝钢股份”）是全球领先的现代化钢铁生产企业，也是“世界 500 强企业”中国宝武钢铁集团有限公司的核心企业，公司成立于 2000 年 2 月，同年 12 月在上海证券交易所上市，实际控制人为国务院国资委，前身为新中国的钢铁联合企业宝山钢铁（集团）公司。宝钢股份主要业务涉及钢铁制造、信息科技、炭材和金融等，其中钢铁制造业务主要在宝山基地、青山基地、东山基地和梅山基地开展；信息科技业务运营主体上海宝信软件股份有限公司为 A 股上市企业。在经营方面，宝钢股份建立了以高端板材为核心的产品结构，产品技术含量和附加值较高，具备较强的竞争优势。

在钢铁行业去产能、提高行业集中度的背景下，宝钢股份持续推动钢铁行业重组合并，经过 20 余年的发展壮大，公司已经成为我国钢铁行业的龙头企业，形成了宝山基地、青山基地、梅山基地和东山基地四大生产基地布局。2022 年公司钢材产量 4984 万吨，位居国内第一，保持世界前列，规模优势显著，经营业绩国内领先。

宝钢股份信息化和数字化转型之路开启较早，在30年前便已经开始使用了企业资源计划系统（ERP）和制造执行系统（MES），拥有高起点的建设和深厚的积累，并且当许多企业还未厘清“工业4.0”概念之时，宝钢股份便已经开始从战略的眼光去尝试探索，有策略、有步骤地持续投入建设，积累了成熟的转型经验和丰富的成果，实现了公司价值的全面提升。2020年宝钢股份的宝山基地获评“灯塔工厂”荣誉，宝钢股份下属公司宝信软件更是国内钢铁智能化的龙头企业，公司在数字化转型领域堪称业内典范。因此，将宝钢股份作为本文的案例研究对象，分析其数字化转型的路径实践，总结其数字化转型的成功经验，可以为其他钢铁企业的数字化转型提供借鉴，具备较高的研究价值。

（三）宝钢股份数字化转型的路径

自2015年起，宝钢股份开始了数字化转型的进程，并将智慧制造作为重要的战略任务来推进。公司希望借助数字化生产技术来赋能钢铁生产制造，打造了一系列智慧车间，涵盖研发、采购、制造、营销、物流和服务等核心环节。宝钢在数字化转型的过程中打破了传统企业的运营方式，紧密结合公司多基地一体化的特点，以数据互联为纽带，构建了一个覆盖公司全业务、生产全要素、运行全流程的动态智能管理系统，实现了钢铁制造的自动化和智能化，生产决策的智慧化和动态化，从而形成了宝钢在钢铁行业中独特的竞争优势。

1. 生产端车间装备智能化，生产制造集约化

钢铁企业具有重资产特点，同时生产流程复杂、工序繁多，每个工序间都需要精准的把控和对接，对设备、人员技术要求较高，因而具备先进高效的生产设备是钢铁企业竞争力的直接体现。鉴于此，钢铁企业首先推进制造环节的数字化转型，其效果往往最为直接和突出。宝钢股份在生产环节也是积极推进数字化转型实践，从“工序协同优化”出发，再到“生产集约智能管理”，从点到面，实现生产端数字化、智能化的改造升级。

2. 销售端：变革商业模式，推进智慧化营销

得益于公司生产端智能制造的快速进步所提供的生产技术支持和运行管理统一化，宝钢股份的营销系统也顺利打通了销售和生产部门之间的壁垒，实现了产品从研发、生产到仓储、运输各环节的可视化，可以实时监控各节点库存情况，及时进行库存预警提醒，有效提高了公司供应链的透明度和周转率。目前宝钢股份销售端积极拥抱电商发展浪潮，打造多个公司专属电商品牌，有效拓展了公司服务的边界，借助公司打造的智慧营销系统，实现公司和用户之间的无缝衔接和产线协同，助力供需双方的价值共创。

3. 管理端：建立大数据平台，实现精细化管理

2017年，宝钢股份与武钢联合重组后形成了宝山、青山、东山和梅山四大生产制造基地，为了有效发挥各基地的协同效用，宝钢股份提出了“一公司多基地”管理模式，希望能够按照同一标准整合各基地的资源，充分发挥各基地比较优势，实现集团利益最大化。因此，宝钢股份从信息化入手，推进多个生产基地研发、采购、营销的统一，从而提高各

基地间互联互通水平，提高公司管理能力。

（四）数字化转型对宝钢股份经营绩效的影响

1. 对财务绩效的影响

盈利能力是指企业获取利润的能力，是评价企业经营情况的重要指标，通常用一定时期内的收益数额和水平作为分析指标。我国钢铁行业具有重资产、低附加值、低行业集中度等特点，对上下游企业的议价能力均较弱，利润主要来源于钢铁产品生产过程中所收取的“加工费”。因此，本案例引导从宝钢股份主营业务利润水平、期间费用管理水平，以及净资产收益率三个维度去衡量宝钢股份的盈利能力。

偿债能力关系到企业能否稳定长远地发展。本案例引导学生分别从短期偿债能力和长期偿债能力两方面出发，选取了流动比率和速动比率两个指标分析宝钢股份短期偿债能力变化情况，用资产负债率来衡量公司长期偿债能力的变化趋势。

营运能力主要用来衡量企业营运资产的周转效率，评价企业对现有资产的利用率和资产流动性。宝钢股份在数字化转型的过程中，构建覆盖产研销全流程的一体化系统，对产业链进行升级改造，实现了整个供应链条的协同发展。因此，为了评价数字化转型对宝钢股份营运资产管理效率的影响，本案例引导学生从存货周转率、应收账款周转率、固定资产周转率以及总资产周转率这四个指标来分析数字化对营运能力的影响（见图5-1）。

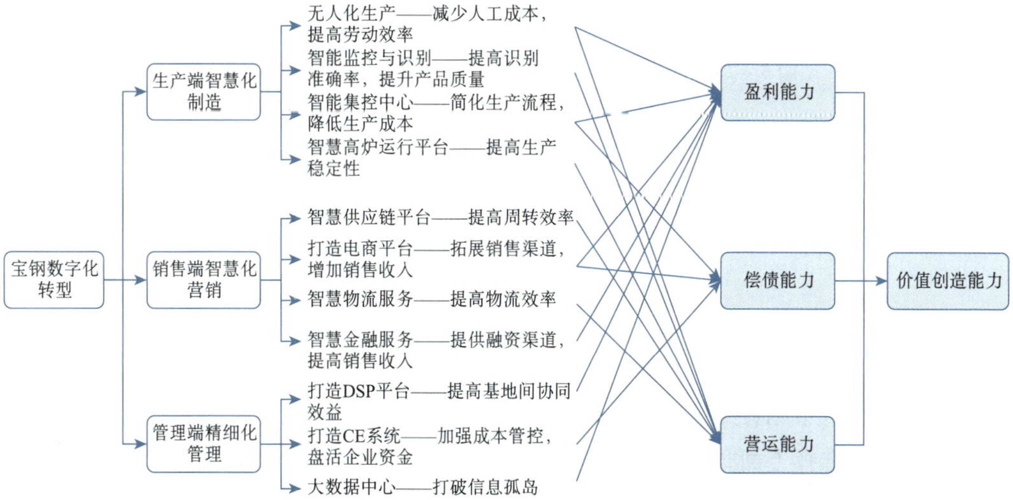

图5-1 宝钢股份数字化转型财务维度的效果影响路径

宝钢股份的数字化转型带动了企业生产全流程的变革和升级，对研发、生产、销售、配送等环节均产生了显著的影响，企业生产效率和生产能力得到明显提高，进而也促进了企业价值创造能力的提升。通过对盈利能力、偿债能力和营运能力的分析，从企业财务的视角分析了各类指标的变化情况，为了进一步评估宝钢股份数字化转型所带来的财务绩效表现，同学还可以选取一些指标（比如EVA）来对宝钢股份整体的价值创造能力进行分析。

2. 对非财务绩效的影响

企业数字化转型所带来的成果，除了直接体现在企业财务报表之中，还体现在企业创新能力、学习成长、客户满意度、环境绩效等非财务视角之中。因此，在分析宝钢股份数字化转型对于企业经营绩效的影响时，在财务绩效分析之外还需要关注企业的非财务绩效表现。本案例根据宝钢股份所在行业的特点并参考其他学者的相关研究内容，引导学生选择研发创新、内部管理、客户服务和生态环保四个维度来分析宝钢股份数字化转型的非财务绩效（见图 5－2）。

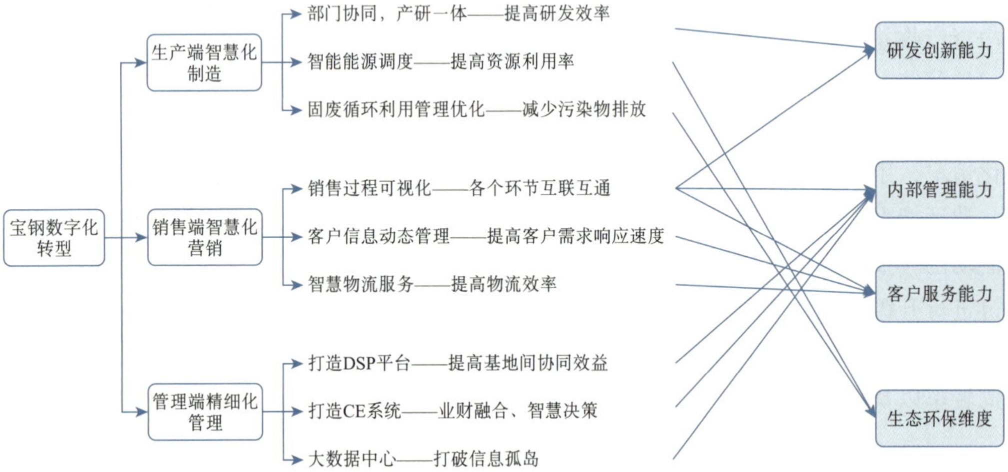

图 5－2　宝钢股份数字化转型非财务维度的效果影响路径

3. 基于熵权 Topsis 法的经营绩效分析

通过对宝钢股份财务绩效和非财务绩效与同行业企业的横向对比分析，同学们对宝钢股份数字化转型的成果有了一定的认识。在此基础上，本案例将引导同学进一步纵向分析宝钢股份数字化转型前后的综合经营绩效表现情况，以便对宝钢股份自身的数字化转型成效有更加全面客观的认识。因此，从前述分析维度出发，选取宝钢股份及同行业企业作为样本对象，通过计算分析各指标权重得到样本主体综合得分，最后对主体进行排序，从而得到宝钢股份在数字化转型期间各维度能力的变化情况。

在评价方法选择方面，学术界常用的有 AHP 层次分析法、熵权法、因子分析法、主成分法等，其中熵权法适用范围最广，并且对于含有时间跨度的绩效分析包容性较大，客观性较强。但是，熵权法的计算过程相对简单，评价结果也较为粗糙。Topsis 法是一种常见的评价方法，该方法可以最大限度利用原始数据中所蕴含的信息内容，精准计算各主体和最优、最劣组合之间的距离。而熵权 Topsis 方法同时具备了熵权法和 Topsis 的优点，既可以保证评价模型的客观性，又可以提高模型测算结果的合理性，目前已有较多学者在研究中采用该方法，如殷培伟等（2023）运用熵权 Topsis 方法构建了国家中心城市经济高质量发展综合指数，因此，在案例中将借鉴相关学者的研究成果，采用熵权 Topsis 法构建企业综合经营绩效评估体系。

五、教学方法与手段

本案例的内容比较丰富，在教学方面，将案例的相关问题拆解，分配到各个课堂小组，由各小组进行课堂汇报，并设计延伸思考和小组报告。

课堂小组报告主要针对案例中的事实，要求同学从政策和实践层面对案例中的相关问题进行分析。本案例涉及拟定的课堂汇报顺序包括：

（1）企业数字化转型的政策背景

（2）宝钢股份数字化发展路径选择

（3）宝钢股份数字化对企业财务绩效的影响

（4）宝钢股份数字化对企业非财务绩效的影响

（5）宝钢股份数字化对企业综合绩效的影响

课外延伸部分，主要是提出问题，要求同学分组进行深入研究和讨论，主要为与案例相关的专题探讨，老师和同学们一起从理论上构建数字化转型对企业经营绩效影响的逻辑框架，并对数实融合政策进行评价，提出优化建议。初步拟定的选题包括：数字经济与实体经济融合的障碍与风险、数字化对企业创新的影响、数字化影响企业绩效的长效机制、数字化转型产业政策优化等。

六、教学实施过程

本案例可以作为专门的案例讨论课来进行，课程时间建议控制在100分钟以内，具体安排如下：

（一）课前准备

提前一周将案例和分组讨论选题发给学生阅读，要求学生在了解案例始末后，结合实际数据进行分析。将学生分成学习小组，每组人数控制在8～10人，每组选择一个视角，整理小组观点并准备发言。

（二）课中计划

（1）课堂前言与案例回顾：5～10分钟。

（2）小组讨论：20分钟。

学习小组内部围绕启发思考题进行讨论，随后推选出一位代表对小组的讨论结果进行展示。

（3）小组代表发言：30分钟。

小组代表展示所在学习小组讨论成果，每组 6 分钟。

（4）进一步讨论：20 分钟。

针对其他小组发言的内容，鼓励学生提出疑惑并互相讨论。

（5）教师点评与答疑：15 分钟。

针对学生讨论内容，解答存疑问题，并对课堂内容进行总结与点评。

（三）课后延伸

根据课堂所讲内容，请学生从上文提到的备选题目中选择本小组感兴趣的方向，结合课堂案例或其他相关资料进行深入分析，学习成果以报告形式呈现。

七、考核与评价方式

在金融专硕《高级公司金融》课程的教学过程中，案例教学是重要的环节，与案例相关的考核评价在学生综合成绩评定中也具有相应的权重。

案例教学部分考核与评价遵循如下基本思路：首先，将学习态度和学习习惯纳入考核范围和评价体系；其次，将课程思政内容纳入评价体系，通过案例中对学生的思想道德素质提出更高的要求，实现价值引领与知识传授的融合。

在操作上，案例教学的考核评价主要采用如下方法：

（1）强化过程考核，增加案例在过程考核中的权重。目前本课程平时成绩的比重为 50%，其中案例与报告占平时成绩的比重为 60%。

（2）多维度的评价体系和多元化的评价主体。本门课程注重学生的应用能力培养，对学生的考核不局限于认知理解，还需要考查应用、分析、综合能力，因此对案例分析和研究报告评分中注重分析思路、文字表达、创新性、建议的针对性等。同时，在未来的案例教学中，拟开展小组互评，组内互评，提高学生参与的积极性。

八、实施效果

课程思政教学案例基于应用类实践课程的特点，将价值引领与知识传授相融合，通过梳理数字化相关政策，分析典型企业的数字化实践，与学生一起全面地认识数字中国的政策框架体系，领会数字经济与实体经济融合的政策内涵，客观、具体地理解数字化对企业经营绩效的影响，进而对高质量发展和新质生产力提升起到促进作用。

在案例的延伸方面，通过本案例的教学和研讨，也有助于教师和同学对企业数字化转型中的相关问题作出理性、客观的思考和判断。

案例 6：大型建筑企业风险管理与财务战略

——“管理会计理论与实务”课程思政教学案例

刘俊勇
（中央财经大学会计学院教授）

一、基本信息

课程名称：管理会计理论与实务
授课对象：会计专硕
知 识 点：风险管理、财务管理（选用《公司战略与风险管理》教材）
主讲教师：刘俊勇

二、教学目标

为培养德才兼备的卓越财务人才，结合课程的教学目标设定，即对一个道德核心、五大专业能力和两大基本素质的培养要求，在教学理念上不断探索和实践，将思想政治教育与会计和财务的教学有机融合，全面提升学生的道德水平。在教学研究及教学实践中，对课程思政建设逐步形成了遵循“两性一度”打造金课的标准，提出了以“价值引领、交叉前沿、三位一体”的教学指导思想，以增强学生的实践感悟，内化学生的价值认知，落实立德树人根本任务，将价值塑造、知识传授和能力培养融为一体，实现“三全”育人。本案例具体的教学目标如下：

（一）知识目标

学习风险管理体系和财务管理体系常见的构成制度有哪些，制度之间有什么关系；学习企业的风险管理体系和财务管理体系是如何联动应对风险，帮助企业战略落地的；学习针对具体的某类风险，企业的两大制度具体是如何发挥作用来进行风险识别、分析和应对的（知识传授）。

（二）能力目标

能够运用所学知识分析企业面临的风险，并提出相应的风险管理和财务战略建议；培养学生的风险识别、分析和应对能力，以及财务战略制定和执行能力（能力培养）。

（三）育人目标

培养学生的风险管理意识和责任感，引导学生树立正确的职业道德和价值观；增强学生的团队合作精神和沟通能力，提高学生的综合素质（价值塑造）。

三、教学重点与难点

风险管理和财务战略是公司战略管理的重要环节，在疫情背景以及H公司的海外业务布局的复杂背景下，研究其风险管理体系和财务管理体系如何联动来管理和应对风险并提出改进建议。

四、课程思政案例介绍

（一）案例简介

2021年4月的一个傍晚，H公司的财务资金部副部长彭松还未下班。就在这天，公司2021年度财务工作会刚刚结束，参会的其他同事无不松了一口气，收拾东西快步往家赶。但是彭松却轻松不起来，一直若有所思。在工作会上，总会计师刘明对过去两年财务系统的各项工作进行了总结，充分肯定了财务系统这两年在制度改革以及防范风险等方面取得的成就，这些成就有力地支撑了集团公司的持续高质量发展。但值得注意的是，在未来，面对世界百年未有之大变局和新冠疫情全球大流行交织影响，公司的发展将会面临更加复杂的形势和更加严峻的挑战。如何更好地应对这些风险，深入对标世界一流，成为了集团公司下一步发展的关键问题，也是财务系统下一步工作的重点。

彭松回顾过去，感慨万千。彭松所在的H公司是一家主营化学工程建设的中央特大型企业，是国内化学工程建设领域的领军者和排头兵。为响应国家“一带一路”和“人类命运共同体”的号召，H公司积极落实“走出去”，先后赴海外多个国家和地区承揽工程、开拓业务，积极的财务战略使得H公司实现了收入的高速增长，目前已经形成了深耕国内建设业务、积极布局海外工程业务的良好发展局面。然而，2019年的新冠疫情使得公司业务面临的风险因素明显增多，对公司的风险管控能力提出了更高要求。彭松所在的财务资金部先后推进财务制度改革，并与法律合规部、运营管理部通力合作，持续完善风险管理体系，推动财务战略向稳健转型，使公司业务在疫情的冲击之下仍能稳步发展。

未来，面临着愈加复杂的形势，公司如何在已有体系的基础上进一步完善全面防范风险的管理体系，更好地落实以稳为先、稳中求进的财务战略，进而助力H公司达成“建设世界一流企业”的目标？彭松陷入了沉思。

1. 案例背景

（1）公司概况：H公司成立于2008年9月，于2010年1月在上海证券交易所成功上市。2014年7月H公司被纳入上证公司治理板块成分股。公司是一家集研发、投资、勘察、设计、采购、建造和运营一体化的知识密集型企业，业务领域主要包括建筑工程（化学工程、基础设施、环境治理）、实业和现代服务业业务。

（2）主要业务：H公司业务覆盖建筑工程、环境治理、工艺工程技术开发、勘察、设计及服务，是我国工业工程领域内资质最为齐全、功能最为完备、业务链最为完整的国际工程公司，也是知识技术密集的国家知识产权示范企业。

H公司具有非常大的境外业务规模，境外营业收入占比在2018～2021年分别为37.33%、26.87%、22.19%、20.60%（见图6－1），境外营业利润占比在2018～2021年分别为30.02%、24.59%、26.98%、19.80%（见图6－2）。

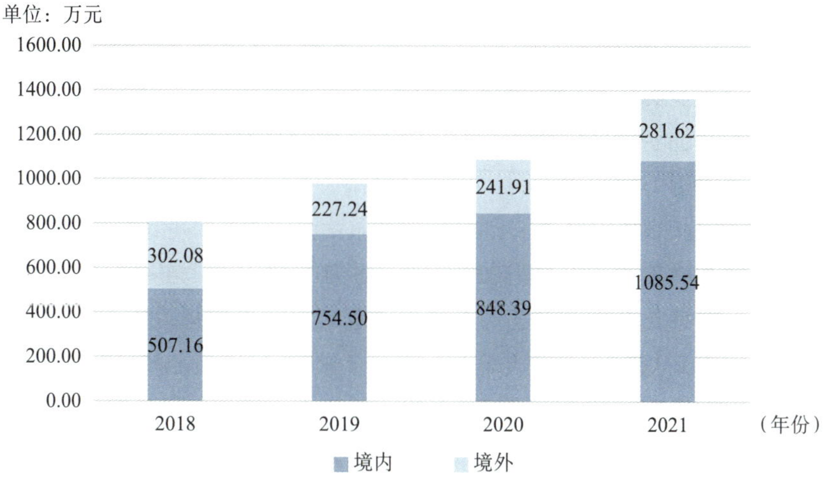

图6－1　H公司2018～2021年按地区营业收入

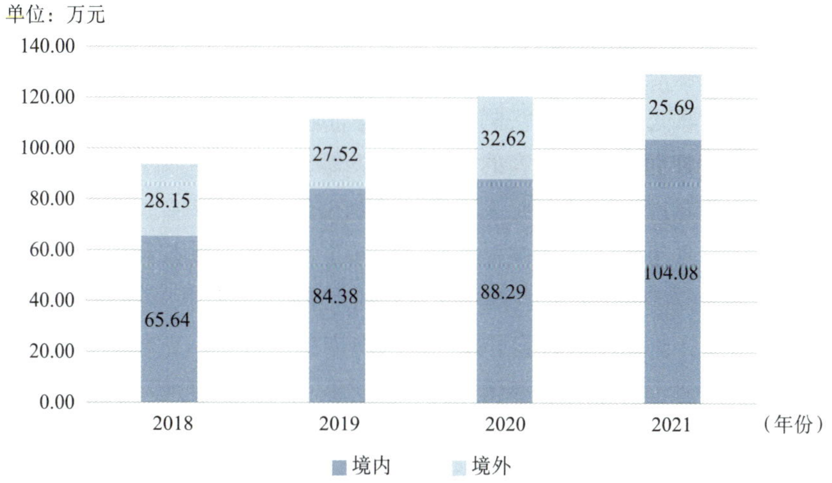

图6－2　H公司2018～2021年按地区营业利润

H公司经营业务遍及全国除西藏自治区、台湾省外的所有省、自治区、直辖市和特别行政区，在国内工程承包市场特别是化工、石油化工工程承包市场居于领先地位，为我国化工及石油化工行业的发展作出了突出贡献。化工、石油化工工程承包市场司还积极实施“走出去”战略，大力拓展国外市场，在南亚、东南亚、中东、非洲等地建设了大量优质工程。

（3）部门介绍：H公司涉及风险管理和财务战略制定的部门，包括法律合规部、财务资金部和运营管理部的简要介绍如下（见表6－1）。

表 6－1　部门简介

部门	简介
法律合规部	负责组织开展依法治企工作，负责合规综合管理、合同综合管理、法律纠纷案件管理处置等，以及牵头开展内部控制体系建设和风险管理等工作。
财务资金部	负责财务与会计管理工作的职能部门，具体涵盖会计管理及财务管理等财会管理工作。
运营管理部	围绕集团战略管控模式变革要求，以提升项目管理能力和执行效益为目标，以提供增值服务为核心，以强化风险防控为重点持续推进工程项目精细化管理。

2. 风险识别

当今国际局势不断变化、新冠疫情持续反复。为了更好地管理风险，H 公司的财务资金部牵头，对公司目前面临的风险进行了分析，总结出的主要风险包括战略层、经营层、运营层三个层级。

（1）战略层风险。

①国际化战略加大海外布局的风险：

作为我国“一带一路”倡议的坚实拥护者，H 公司将其海外业务以“三年五年规划、十年三十年愿景目标”为中长期发展战略目标，强力开拓海外市场。然而，业主所在国的宏观经济、产业政策、法律事务、公共卫生形势均会为集团带来经营风险。当下新冠疫情暴发这一公共卫生问题，不仅会影响 H 公司境外业务的供应链、资金链的稳定，在疫情之下外国政府办事效率降低也会影响产业政策，境外合作伙伴的资金压力也会增加他们违约失信的可能，从而为 H 公司带来更高的法律风险，等等。

②产融结合的风险：

在新冠疫情这一“黑天鹅”事件发生后，众多企业的营运、盈利能力受到影响，在投放信贷支持过程中，资信情况较差的供应商失信的可能性增加，公司的信贷风险也会由于传导效应而大大增加；此外疫情影响了投资者的情绪和市场信心，为金融市场的发展带来更多不可控因素，H 公司金融业务的市场风险、杠杆风险、管理风险、内部交易等道德风险在疫情之下会被显著放大。

③疫情下相关产业政策带来的风险：

H 公司在以市场为导向，向海外拓展新材料、新能源、传统化工项目市场的过程中，需要在战略上注意产业政策风险。目前，加拿大等东道国及沿线国家的疫情蔓延且情况反复，疫情通过各种机制极大程度地影响了政府及有关部门的办事效率与产业政策决策。

（2）经营层风险。

①项目管理风险：

疫情蔓延之下，工程项目的供应链、资金链管控，分包商管理与劳工管理等风险被相应放大。首先，疫情下全球项目投资放缓，境外工程项目面临资金困境，部分项目业主因资金问题推进项目缓慢，甚至不能全额支付进度款。其次，因上下游企业复工复产受到了疫情影响，工程项目供应链不能同频共振，导致项目进度缓慢、工期延期，进一步导致人力资源不足，劳工等动迁过程中存在薪资支付、实名制管理等引起的管控风险。

②法律风险：

疫情蔓延下企业的复工复产延误，极大程度影响了上下游企业和项目业主的营运、盈利甚至资信能力。而H公司的国际工程项目作为主营业务之一，其业务较多涉及保函、合同。这使得集团在承接境外总包项目过程中，被担保人无法兑现条款而触发索赔条件、业主失信延期支付款项的可能性大大增加。

③财务核算风险：

海外疫情相比于国内更加难以控制，因此集团海外项目的传统会计核算业务由此遭到的冲击更大。比如，疫情下复工复产较难，线上远程财务核算已成为常态，这不利于集团熟悉一些实操层面的要求（发票申购、注册手续、项目预算和成本执行水平等），由此增加了会计核算工作不合规的风险。

（3）运营层风险。

①生产调度风险：

疫情为集团在生产计划管理、生产资源管理等工作过程中带来相应的风险。疫情带来的复工复产难题延误了项目进度，这进一步使公司经常会面对延误引发的各种计划外人力调度需求，相关人员很可能在紧急情况下未能做出最有效益的资源调度决定。若集团的生产调度不合理，会带来各种机会成本和不必要的损失，甚至引发纠纷和争议。

②实业管理风险：

由于疫情无常反复，集团的在营实业项目（尤其是海外项目）受到疫情发展的影响而时有供应链、资金链非计划断裂的情况，甚至是非计划停工。在紧急情况下，项目负责人可能会临时采取备选方案以及时止损，在疫情背景下工程项目的质量安全等潜在风险会大大增加。

③财务运行与财务管控风险：

从区域角度来看，中国国内疫情较为稳定且管控力度较大，并未对公司造成较大影响，而集团近年来以加快海外布局为重要战略目标，因此本案例主要针对海外财务情况来分析公司当前的财务风险。

- 财务运行：不确定性增加

国外疫情反复给集团的财务决算、税务申报、审计工作带来挑战，线上开展影响了集团财务运行工作的节奏。此外，一些对外的商务谈判及现场检查（如税务局检查）等重要财务工作，在疫情期间受到的重视程度降低，上述工作的协调落实、执行效果、整改反馈情况较以往变差。

- 财务管控：管控复杂性增加

H公司主要的财务管控风险事项集中在项目施工中和竣工期，多发生于合同与工程进度控制等活动中。本案例按照财务风险要素，将集团的财务管控风险分为五类。

外汇管理风险：在新冠疫情之下市场避险情绪增加，疫情冲击之下金融市场的波动对人民币汇率产生较大影响，加之美联储强势加息抑制通胀，引起人民币大幅贬值。H公司的海外工程项目合同计算主要以美元、人民币等硬通货为结算币种，这使得集团在疫情之下面临的汇兑损失风险大大增加。

税务管理风险：疫情危机的暴发对于集团在税务管理上仍然形成考验。海外工程项目的东道国受疫情的影响，经济下行，可能采取提高税收等政策决策。

资金管理风险：疫情的暴发加大了H公司的资金管理风险。一是流动资金方面，疫情阻碍了交通物流，设备等材料进不来、产品叠加订单减少等原因出不去，各项用工和防疫成本也随之增加，致使通过营运回笼资金变难；二是信贷融资方面，疫情引起的资金压力可能影响其短期融资能力，放贷面临的信用违约风险也会有所增加。

成本管理风险：采购成本方面，一是疫情之下经济环境较为低迷、物资紧缺，原材料价格受经济环境影响而上涨；二是物流运输由于防疫病毒消杀、疫情高风险地区静默管控等因素而受到阻碍，为了防止物流延误，公司的运输费用也因此增加。

管理费用方面，受防疫政策影响，疫情防控、隔离、检测费用从无到有；订柜订舱方面，机票价格高于疫情前4~10倍；疫情下工程项目因供应链断裂等原因进度延误，后期的施工不连续会导致人工降效，进而增加各种项目执行和管控成本。

信用管理风险：该风险主要体现为，若项目的业主资信较差，尤其是在疫情蔓延导致全球经济放缓的背景之下，许多企业盈利状况堪忧，更可能在面对取费、手续、合同条款后续变更等事项时，与集团发生争议，从而延误项目结算与付款，致使集团权益受损。

- 现有体系

发展环境越是严峻复杂，企业越是应该健全各方面制度，完善治理体系。为应对疫情影响，H公司在风险管理方面不断建立完善风险管理体系及财务管理体系，在风险应对方面动态化调整制定合适的财务战略，利用“四位一体”综合管理模式使得两大体系协同联动，得以共同发挥作用战胜风险挑战。

3. 风险管理体系：三道防线

全面风险管理体系搭建并落地的一大核心是内部控制机制，内控制度的设计与执行是风险管理体系切实发挥作用的抓手。2013年1月，COSO管理委员会与国际内部审计师协会（IIA）正式提出了内部控制的“三道防线”风险管理模型，得到了社会各界的广泛认可和接受。H公司的风险管理体系主要由法律合规部牵头建立和完善。

H公司在日常经营过程中严格执行风险管理“三道防线”模型，并将其与COSO内控框架紧密结合，通过各个部门之间的协调作用、强强联合，有效构建起了资源共享、信息互通的科学风险防范体系（见图6-3）。

（1）第一道防线：业务部门。

“三道防线”风险管理模型中的第一道防线由前台业务部门构成，是最为重要的防线。一方面，业务部门是企业各项作业的直接执行者，其不仅需要完成价值创造全流程，同时还需要对接市场客户及上游供应商，能够快速获取一手信息对市场做出反应。另一方面，业务部门作为企业运营管理的主体以及创造价值的前线，其存在的风险点往往多而复杂。H公司以化学工程建设项目为主营业务，该业务在公司总收入中占比达到了65%~70%，

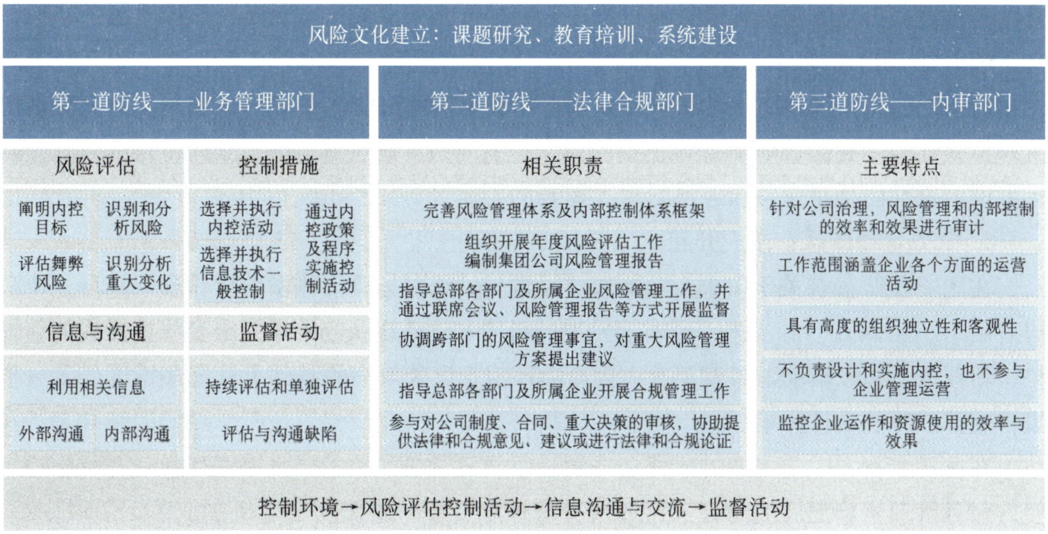

图6－3　H公司“三道防线”全面风险管理体系

然而工程建设项目具有开发周期长、资金投入大、高度专业化以及参与方众多等特征，各个特点叠加使得H公司的业务端也成为了风险的源头端。

针对上述问题，H公司秉持着“管业务就要管风险”的原则，积极压实各业务部门在风险监测、报告、处置等工作中的主体责任地位。第一，H公司不断优化以各业务部门牵头的纵向监测机制，要求各业务部门每月开展重大风险排查，对于排查发现的重大风险，构建所属企业—各业务部门—风险管理牵头部门的信息报送机制；第二，H公司要求各业务部门每月跟踪重大风险事件处置情况，及时协调各方资源指导督促企业化解重大风险，直至完全解除重大风险。

（2）第二道防线：法律合规部门。

第二道防线由风险管理、内控合规等职能部门构成，通过对控制和风险持续监控，确保第一道防线设计和实施的控制及风险管理流程是恰当的并且按照预期运行，侧重强调监督功能。H公司从自身企业需求管理出发，通过规划、组织、制度、机制和文化的全方位系统建设，积极探索并建立了符合公司实际的“四位一体”综合管控体系，即以风险防控为导向、以合规要求为底线、以内控建设为抓手、以法律思维为底层链接的全面风险一体化综合管理。

H公司将风险、合规、法务、内控四项工作统一纳入法律合规部协调管理，通过实现组织职能统一、工作机制统一、评价机制统一、管理制度统一，切实推进“四位一体”综合管控体系。在管理层的指导下，法律合规部这一风险管理牵头部门充分发挥统筹协调作用，与业务部门紧密合作。一方面从业务开展全价值链流程出发，对业务各个环节的风险进行全面识别与梳理，结合自身在风险方面的专业知识制定公司风险管理主要制度，并协助业务部门制定风险应对策略；另一方面，法律合规部在业务部活动开展过程中持续监控业务部在各作业环节所设计、执行的控制有效性，及时识别提示管控漏洞、排查风险，并有针对性地提出整改建议，通过纠正管控偏差尽可能减少损失，不断提升管理水平。

（3）第三道防线：内部审计部门。

内审部门作为风险防控的第三道防线，相较于前两道防线最大的区别是其具有更高的组织独立性与客观性，既不参与企业的日常运营管理，也完全不参与内控的设计和实施，可以说内审部门是企业各项经济活动“监督的再监督”。

4. 财务管理体系：多面开花

在国资委颁布《关于中央企业加快建设世界一流财务管理体系的指导意见》后，H公司立足于“十四五”和未来一段时期发展的机遇和挑战以及当下国资央企改革发展的新形势、新任务，积极推动财务变革，在提高会计信息反映效率的基础上打造多维度经营分析报告支撑战略、支持决策。

在此背景下，H公司的财务资金部和运营管理部通力合作，不断完善财务管理体系，使得财务管理牢牢把握战略方向，加快实现理念变革、组织变革、机制变革、手段变革，进一步完善、深化财会管理职能建设，推动财务管理从单一核算型向价值创造型转变，努力打造“世界一流企业财务管理体系”。

（1）核心制度体系。

集团的财务制度由三个基本制度财务制度构成。《财务制度管理办法》是集团财务制度的总领文件，统筹规定整个财务制度的撰写、发布、培训和宣传推广。为支撑财务与会计平行运行的财会管理模式，在《财务制度管理办法》之下细分为《财务管理基本制度》和《会计管理基本制度》。

（2）全面预算管理体系。

随着H公司财务信息化工作的推进，在数字化转型的背景下，2020年年初H公司着力构建体系科学、制度规范、流程高效的全面预算管理体系，确定了预算管理信息化转型的建设总目标是以信息化为工具建立战略价值导向的智能型预算管理系统（见图6－4）。预算管理单位遍布集团公司、二级企业、三级及以下企业，预算决策机构、预算管理机构和预算责任中心，完成企业预算编制、预算审核、预算控制、预算调整、预算分析、预算考核等预算工作。

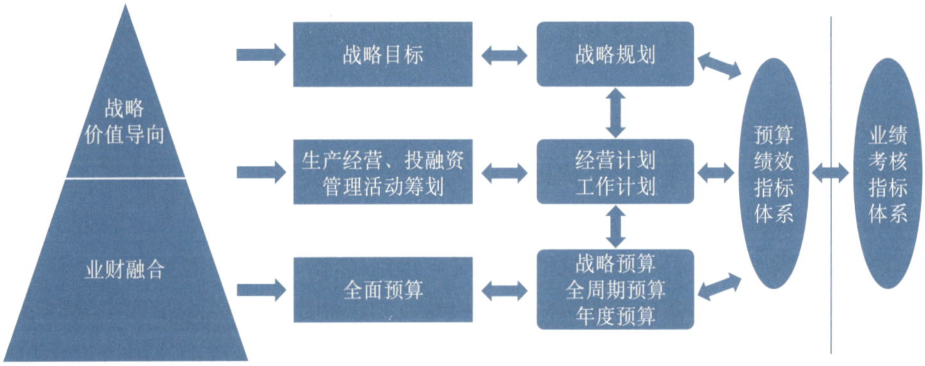

图6－4　战略价值导向的全面预算管理体系框架

H 公司全面预算管理的步骤包括编制与审批，H 公司整体的年度预算编制与审批分为“三上三下”。“一上一下”为匡算和审批主要指标，“二上二下”为预报和审批绩效指标预算，“三上三下”为拟定和审批全面预算草案；执行与控制，预算责任中心根据上级审批分解后下达的各类预算，制定或调整各类计划，并将各类计划横向分解到具体责任人，纵向分解到季、月度，各级预算管理办公室及组成部门履行对预算执行情况进行监控的职责；调整与分析，当企业经营环境发生重大变化时，分级调整年度预算，并对预算执行情况进行监测分析；预算考核，对企业绩效指标预算完成情况进行考核。

H 公司对全面预算管理进一步进行改革提升，形成了基于战略价值导向的“5376”全面预算管理体系（见图 6－5）。

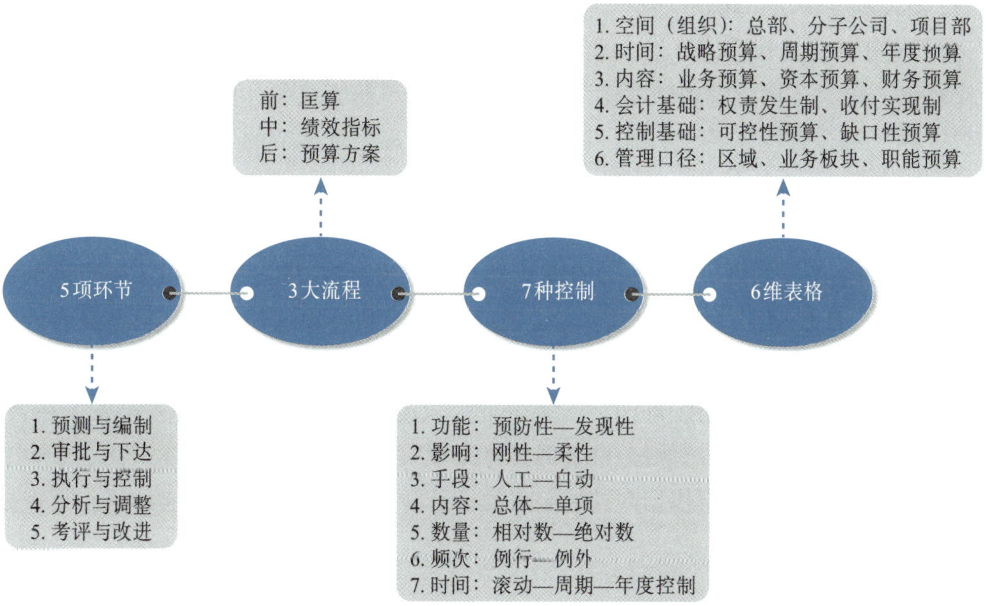

图 6－5 “5376”全面预算管理体系

（3）精细化管理体系。

为深入贯彻“国企改革三年行动”“对标世界一流管理提升行动”工作要求，2018 年 H 公司开始推进全面精细化管理体系，以成本管控为核心，提高项目管理集约化水平，对关键要素的后台管控建立全过程控制、全员参与、可考核的成本管理，有效提升精益管理能力，切实增强企业核心竞争力。

H 公司以《集团总部全面精细化管理手册汇编（2021 版）》为纲领性文件，按照职能部门和业务工作情况细分了 18 项精细化管理手册（见图 6－6），规范各部门、各企业各项工作流程、工作步骤、工作任务、工作要求的落实情况，加强内部全过程管控，切实推动全面精细化管理工作落地见效；在实施落实的基础上，集团公司同步对部署落实情况、工作组织情况、管理提升情况进行全面督查，对普遍存在的问题和困难进行汇总，组织完善优化相关流程，对好经验、好做法、好建议进行整理和全面推广，及时完善《全面精细化管理手册汇编》。

精细化管理体系		
董事会、监事会	运营管理	法律合规
办公室	市场开发及大客户	党群工作
战略改革	安全质量环保	行政事务
财务资金	党委巡视工作	资产管理
人力资源	纪检工作	国际事务
科技与数字化	考核审计工作	投资业务

图 6－6　精细化管理体系

5. 两大制度联动：珠联璧合

为了更好地应对风险，H 公司将风险管理体系和财务管理制度体系有机融合，构建“金字塔型”的财务风险管理制度建设模式，以管理手册为统领，嵌入风险防控节点，以“四位一体”综合管控体系为基础，将重点业务领域和关键环节的风险防控要求有机融入现有各业务制度，建立分级分类财务风险管控机制，有效防范化解重大风险。

H 公司通过以风险管理为导向的“四位一体”综合管控体系建设，在分类施策的同时，统筹协调组织、制度、机制、文化等保障措施，为财务战略管理提供了强有力的保障（见图 6－7）。H 公司法律合规部将风险、法务、内控和合规这四个既有联系又有区别的职能构建成一个立体的体系，利用内控体系建设将风险管理部门与财务资金部门进行直接联系。作为风险管理牵头组织部门，法律合规部从内控制度从内控五要素出发，在合规、风险、法务的共同帮助下，对财务资金部具体风险项目进行细化，将成本费用、资金、外汇、税务、信用等风险要素依据内控控制点的设计全盘融入全面风险管理体系，形成二者之间的联动平台。

图 6－7　H 公司“四位一体”体系

具体来看，H 公司财务资金部每月需上报重要业务风险，并将不同业务风险进行分类，提出制定风险管理执法策略书以针对性制定具体应对策略。法律合规部则对上报的重要风险提出建议，协助不断完善财务内控设计并持续监督财务内控执行，打造出了“你中有我，我中有你”的风险动态管控机制。

6. 风险管理与财务战略：稳健转型，厚积避险待薄发

H 公司作为建筑央企，海外工程业务规模较大。疫情暴发之前，H 公司通过投融资等积极的财务战略扩张业务板块，实现了收入的高速增长。然而，新冠疫情的影响使得 H 公司海外业务受到极大的影响，成本费用显著增加，资金回流速度降低。为了积极应对疫情之下的财务风险，H 公司从财务资金部的重点管理工作出发，利用专业化的管理手段与管控模式，建立起了公司财务风险管理体系来应对风险，实现了财务战略由积极到稳健的转型。

在具体财务风险管理流程方面，H 公司的风险管理可以分为四大步骤。首先，由前端财务人员通过详细梳理各业务流程环节的风险点，进行集团公司整体的风险全面识别。其次，H 公司财务人员根据基于历史情况的客观分析结合专业性支撑下的主观判断，确认风险发生的可能性高低及对公司产生不利影响的程度大小，根据综合评估结果将风险分类为三大级别。随后，财务部门详细讨论各风险产生的原因，在此基础上针对性地制定风险管理解决方案并加以实施。最后，财务资金部门、法律合规部门及内审部门进行监督和评价，及时发现风险管理漏洞，提出相应的完善改进建议。H 公司风险管理流程如下（见图 6－8）。

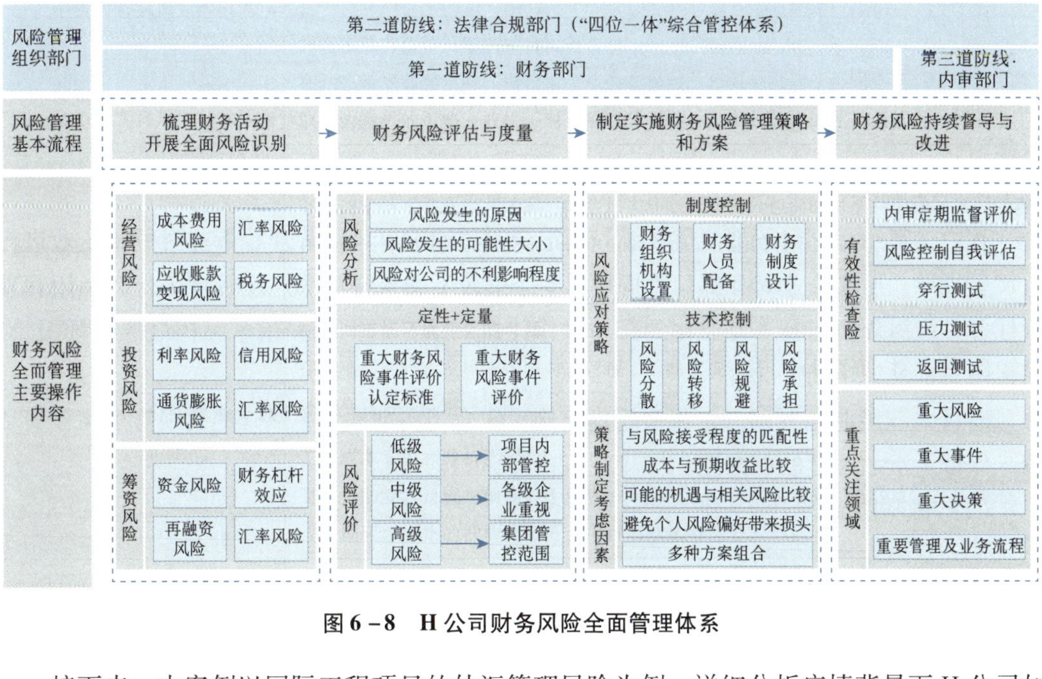

图 6－8　H 公司财务风险全面管理体系

接下来，本案例以国际工程项目的外汇管理风险为例，详细分析疫情背景下 H 公司如何对该类风险进行精细化管控并制定具体的职能财务战略。

2019～2022 年，全球疫情仍在持续，世界经济复苏动力不足，外汇市场大幅波动，外部环境更趋复杂严峻和不确定，外汇汇率波动区间扩大、波动频率增加，国际外汇通道也受到了冲击。因此，H 公司面临着较大的汇率风险，如何保证境外外汇资金安全，有效应对境外监管是一个紧迫的任务。H 公司外汇风险管理过程从如下四个层面展开。

（1）制度层面。

H 公司按照国资委加强境外国有资产监管工作部署，针对汇率风险的管理制定了相应的内部管理规章制度，以确保汇率风险管理有规可循，依规而作。相关制度具体为《国际财务管理》制度。

此外，针对新冠疫情的影响，H 公司也针对海外业务制定了从集团整体、子公司到具体项目的三级应对方案，对可能出现的外汇风险进行严密防控。

（2）组织层面。

组织设计上，H 公司集团总部发挥“统筹、引领、管理、支撑（服务）和重点管控海外重大项目”的管理职能，形成集团总部、所属单位和各级海外机构“三级联动”的管理架构（见图 6－9），打造价值创造和风险管控为主线的国际化财务管理体系，全力夯实集团国际业务财务管理基础。

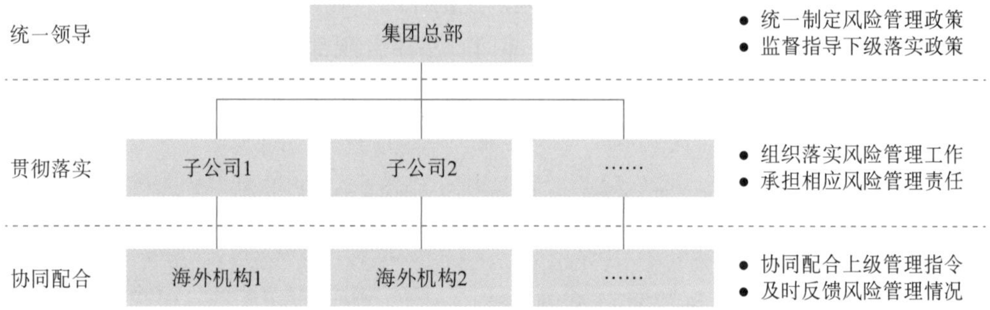

图 6－9　H 公司“三级联动”管理架构

其中，集团总部财务部门负责统一制定全集团的汇率风险管理政策并对所属企业进行监督和指导；所属企业财务部门负责组织本企业及下属企业汇率风险管理工作并承担管理责任；各级海外机构开展专业化的交易操作，按照结汇购汇相关指令寻找最佳市场报价，向集团总部反馈市场情况等。

通过“三级联动”的外汇风险管理架构，H 公司实现了汇率风险的集中管理和分层负责，保证了汇率风险的可控性。

（3）机制层面。

①外汇风险预警机制：

在贸易便利化与业务真实性合规性审核并重的外汇管理新形势下，外汇风险日益多样化和隐蔽化，仅依靠传统的外汇业务管理和监督手段难以满足新形势下外汇风险管理的要求。此外，新冠疫情的冲击也加大了外汇风险的防控难度。因此，H 公司借助集团信息化建设的成果设计了外汇风险预警机制对外汇风险进行识别、实时预警和应对。具体表现为集团在国际工程项目的关键环节，如项目投标、项目结算等环节针对外汇风险嵌入关键控制点，结合相应的汇率风险预警指标进行实时监测和及时预警。

②外汇风险管理体系：

- 收集初始信息：梳理外汇风险指标和清单

H 公司针对国际工程项目可能出现的外汇风险，由财务资金部牵头组织各业务部门收集、反馈业务中可能存在外汇风险的环节和风险类别，结合国内外宏观经济政策及运行情况、化学工程行业特点、市场环境的变化、公司业务运营、法律法规等进行分析和汇总，梳理了国际工程项目外汇风险管理过程中的风险管理指标和风险管理清单。

• 风险评估：辨识、分析和评价外汇风险

外汇风险辨识：H 公司组织各业务部门对国际工程项目的各个流程环节进行了详细的分析和梳理，总结出不同业务环节可能出现的外汇风险如下（见表 6－2）。

表 6－2　外汇风险辨识

项目生命周期	风险清单	风险指标
项目投标阶段	合同汇率选择不合理	现金流差异、利润差异、汇率差异、汇率损失等
项目执行阶段	币种波动	现金流差异、利润差异、汇率差异、汇率损失等
	结算币种不匹配	现金流差异、利润差异等
项目结算阶段	币种波动	现金流差异、利润差异、汇率差异、汇率损失等
	结算币种不匹配	现金流差异、利润差异等
报表编制过程也会出现汇兑损益导致的汇率风险		

外汇风险分析：H 公司针对投标、执行和结算阶段可能出现的外汇风险进行了具体的分析和描述（见表 6－3）。

表 6－3　外汇风险分析

项目生命周期	风险分析
项目投标阶段	**合同汇率选择不合理** 合同汇率选择不合理会导致在项目进程中公司以高于合同汇率的价格进行购汇，或低于合同汇率的价格结汇。由于结售汇价格与预期存在差异，导致企业实际现金流及收益与预期出现差异。现金流的波动可能会影响企业的生产、销售和投融资决策，增加企业的成本费用，减少现金的回流，给企业带来较大的经济风险。因此，该风险属于影响重大、应给予重点管控的外汇风险。
项目执行阶段	**币种波动** 新冠疫情对国内外经济基本面产生了较大的影响且疫情在境内外发展存在错位，这也造成了全球经济和金融市场具有较大的不确定性，加大了汇率的波动幅度。如果当地币种自身波动较大，这会直接导致企业留存的当地币价值波动，结售汇时汇率与预期汇率产生较大的差距，也应对此类风险进行重点关注。
项目执行阶段	**结算币种不匹配** 结算币种不匹配会导致在项目执行过程中付款币种与收款币种不匹配，一方面可能导致不必要的换汇行为，增加财务费用；另一方面可能导致留存较多外汇资金，项目资金受汇率波动影响较大。该风险可能会导致项目现金流波动和成本费用增加，带来一定的交易风险和经济风险。因此，该风险也属于影响重大、应给予重点管控的外汇风险。

续表

<table>
<tr><th>项目生命周期</th><th>风险分析</th></tr>
<tr><td>项目结算阶段</td><td>同项目执行阶段</td></tr>
<tr><td colspan="2">汇兑损益
公司在编制报表的过程中，由于需要将海外业务的财务状况由当地货币转换为报表本位币，因此可能会产生一些汇兑损益。但由于这部分损益仅为账面损益，不涉及企业实际的现金流动，因此，这部分风险不是管理的重点，给予适当关注即可。</td></tr>
</table>

外汇风险评价：新冠疫情的影响加大了外汇风险给公司财务状况带来的冲击，主要表现在影响公司的现金流及利润等。

一方面，在项目进程中，上述风险影响公司项目的未来现金流，主要来源于未来以外币计量即将形成的收入或成本产生的风险敞口，影响企业未来现金流入或流出金额，严重时甚至影响项目的正常进行；另一方面，账面形成以外币计量的资产或负债科目在期末重估时，重估汇率与入账汇率之间形成的差额导致的汇率风险，该种风险来源于已确认的以外币计量的资产或负债科目，主要为外币货币性项目；汇兑差额直接计入利润表中的汇兑损益科目，影响利润数据。

- 风险精细化管理方案：外汇管理战略

为了有效应对疫情冲击下国际工程面临的外汇风险，H 公司采用稳健的外汇管理战略并针对项目开展的各个环节，制定了具体措施和行动方案，对外汇风险进行了更加精细的管控。公司将项目开展的各个关键环节中可能出现的风险都纳入各个业务流程内部控制体系的风险关键控制点中，通过风险管理的“三道防线”层层防控，并针对不同环节不同类型的风险制定了精细严密的财务风险管理措施，积极应对外汇风险，尽可能减少外汇波动对现金流和利润造成的影响（见表 6－4）。

表 6－4　　外汇风险管理方案

项目生命周期	管理方式	财务战略
项目投标阶段	加强调查，谨慎评估	第一，加强对业主资信和经营状况的调查，避免与资信不良、资金困难的业主发生经济往来；第二，深入理解、分析招标文件，尤其是评估其中的先决条件是否能够满足；第三，了解项目所在国外汇管制情况，对于有外汇管制的国家，尽量减少当地留存的资金量、提前规划资金汇出路径、谨慎评估项目风险；第四，规划项目收支币种结构，优先采取收入、支出币种匹配策略；第五，将外汇风险管理作为设计融资方案的重要考虑因素，融资币种应主要考虑与收款币种匹配，而非与付款币种匹配；第六，谨慎制定项目合同汇率，可参考市场上各货币对各期限远期汇率值或其他合理值，依据预期收款时点，以收款金额为权重计算项目周期内加权平均汇率，根据收款币种的历史波动情况增加不同程度的安全垫，合理测算项目报价；第七，结合全面预算管理体系对项目做好预算编制和分析工作。

续表

项目生命周期	管理方式	财务战略
合同签约阶段	增加条款，合理结算	第一，争取在合同中设置固定汇率结算或者汇率补偿条款等，将外汇风险转移或部分转移给业主；第二，合理安排结算方式，要求预付款和按月结算进度款，对于没有预付款或进度款结算周期过长的项目应谨慎评估风险。
项目执行阶段	密切关注，精细控制	第一，密切关注项目所在国外汇政策、外汇形势变化，防范所在国对购汇或资金汇出的突然限制；第二，持续关注当地币存量，定期测算当地币支出量，对于超出支出量的当地币，应尽快兑换为国际货币或结汇回国；第三，加强项目结算，缩短结算周期，加大收款力度，提高资金周转效率；第四，提高项目现金流收支的预测精度，合理安排外币收付币种及期限结构，减少币种错配规模，在项目利润之外，尽量保持各阶段外币收支基本平衡；第五，若发生汇率或物价的大幅波动，应积极与业主协商，寻求补偿；第六，结合精细化管理体系对海外项目的成本费用进行严格管理和精细控制。
项目结算阶段	同项目执行阶段	

除上述自然对冲措施外，H公司还采用了套期工具对冲汇率风险。

风险解决方案：监督与改进

H公司与各个业务部门和各下属企业密切配合，解释沟通，定期组织自查并反馈改进，集团财务部进行评估并及时提供相应的督导措施。

（4）管理层面。

在日常管理中，H公司也下发了一系列外汇风险管理相关的通知和制度，包括外汇风险管理办法、检查办法和财经纪律办法等，要求进行及时的传达和学习。

其他风险（税务管理风险、资金管理风险、成本管理风险和信用管理风险）的管理过程类似。

尾声：

2022年4月，H公司在总会计师刘明的带领下召开2022年度财务工作会。在会议中，财务资金部负责人贾冰对一年以来财务资金部的工作成果进行了详细的介绍与回顾，其他负责人对汇报进行了细致的点评，其他参会员工也进行了热烈的讨论，争前恐后地发表自己的观点。

听完大家的发言后，刘明感慨地说道："2021年是很有意义的一年，是中国共产党成立100周年，是'十四五'规划开局之年，也是全面建成小康社会、开启全面建设社会主义现代化国家新征程的关键之年。可以说，在外部经济发展受汛情疫情、供给短缺、转型压力显现等多重冲击，内部面对集团公司高质量发展需要、自身改革向纵深推进的多重影响下，财务系统收获这些成绩实属不易。尤其是这一年，集团建立了分级分类财务风险管控机制，对重大财务风险及重要业务流程进行风险评估，开展重大财务风险动态监测，建立起三级风险预警机制，层层压实责任，筑牢了财务风险防范各层级堡垒。同时，集团还将财务风险管理与财务监督检查有机结合，促进年度稽查、专项检查向全面财务风险管理迈进，深入开展财务资金专项整治、税务风险检查等工作，较好地控制了财务风险发生。未来，我们应当勇创新、敢转型，在精细防范风险的基础上推动财务管理向价值创造型转变，也要加快推进财务数字化建设，为公司未来的发展决策提供更加有力的支持。”

听完主要领导的发言，大家陷入了思考。生于忧患当未雨绸缪，风险管理作为企业行稳致远的关键一环，变局中引来管理者和所有者更多目光。如何提升风险的动态监测能力、实时预警能力、应急处置能力，在风险沉于水下之际辨识之、在风险破土露芽之时发现之、在风险黑云压城之前解决之，是企业管理者的时代课题。

H 公司作为国内化学工程建设领域的领军者和排头兵，未来在“走出去”的过程中会面临着更加复杂的形势，如何更好地对风险进行精细化管理，制定和实施更有针对性的财务战略以防范风险，H 公司还有很长的路要走……

（二）启发思考题

（1）H 公司为何要推进风险管理制度和财务战略的转型？

（2）H 公司在“走出去”的过程中面临着什么风险？何种风险与 H 公司的实际经营过程关联性最强？

（3）H 公司的风险管理体系和财务管理体系包含哪些内容？二者是如何联动发挥作用的？

（4）H 公司的外汇风险的管理过程是怎样的？以此为启发，你是否能够分析出 H 公司税务风险、资金风险、成本风险和信用风险等风险的管理过程？

（5）H 公司目前涉及的五大财务风险的管理体系有何不足？你有何优化建议？

（6）请你谈一谈在未来形势更加复杂的情况下，企业如何更好地应对风险、进行战略管理？

（三）案例讨论的准备工作

为了有效实现本案例目标，学生应该具备下列相关知识背景：

1. 理论背景

（1）COSO《企业风险管理》框架：学生应了解 COSO《企业风险管理》框架的基本内容，具体包括 5 要素和 20 原则的具体内容，新框架的主要变化和特征，对企业风险管理的指导意义等。

（2）管理会计应用指引第 700 号——风险管理：学生应了解《管理会计应用指引第 700 号——风险管理》框架的基本内容。

（3）风险管理“三道防线”模型：学生应了解风险管理“三道防线”模型的基本内容，具体包括“三道防线”各自的含义、作用以及联系等。

（4）全面预算管理：学生应了解全面预算管理的概念、本质和构成，提前学习标杆企业进行全面预算管理的实践案例以加深理解。

（5）精细化管理：学生应了解精细化管理的概念，提前学习标杆企业进行精细化管理的实践案例以加深理解。

2. 行业背景

学生应提前了解化工行业相关的行业背景。

化工行业产业链中，化学工程处于产业链的中游，主要对应于化工企业的厂房建设和设备采购投资。目前，上游基础化工、石油化工和煤化工行业盈利持续改善和民营企业投资动力增强的趋势，持续利好化学工程行业。

目前，在环境保护及安全生产监管趋严的双重政策高压下，行业整合速度将明显加快，化工行业发展循环经济已逐渐成为共识，也是我国经济社会发展的一项重大战略决策。在环保形势日益严峻的背景下，我国正大力推广可持续发展的战略思想，推广绿色化工与循环化工的生产理念。

化工行业具有行业进入门槛高，背靠大型资源企业居多的特点，行业集中度高，聚集效应明显，竞争较为激烈。

3. 制度背景

学生应提前了解我国风险管理相关政策与指引。

2020 年新冠疫情的暴发对企业的生产和运营造成了很大的影响。因此，如何恰当应对风险尤其是新冠疫情背景下的财务风险成为了一个重要的命题。目前，风险管理已经形成了“将风险管理融入业务活动”的整合风险管理理念。2022 年，国资委颁布《关于中央企业加快建设世界一流财务管理体系的指导意见》，明确提出要突出“支撑战略、支撑决策、服务业务、创造价值、防抗风险”功能作用，着力推动四个变革，重点强化五项职能，持续完善五大体系。在 2022 年 5 月份召开的中央政治局会议上，中共中央也明确提出“三性”“三稳”“三要”并结合疫情提出了七个风险点，要求作为微观主体的企业在冲击下稳住步调，积极应对风险。在这种情况下，如何建立好全面防范风险的管理体系，落实好以稳为先、稳中求进的财务战略，实现财务战略由积极到稳健的转型成为了各大企业的重点工作。

（四）理论依据及分析

（1）H 公司为何要推进风险管理制度和财务战略的转型？

H 公司主营业务为化学工程业务且在海外大规模布局。疫情暴发之前，H 公司持续采取积极的财务战略，通过大规模投融资不断扩张业务版图，业务得到了高速的发展。

然而，疫情的暴发使得 H 公司海外项目进度滞后，造成了人员滞留、机器设备运输受阻等后果，成本费用显著增加，资金回流减慢，对 H 公司的正常经营产生了较大的影响。尤其 H 公司的国际工程项目是受疫情影响最显著的业务板块，显著受到外汇管理风险、税务管理风险、资金管理风险、成本管理风险和信用管理风险五大财务风险的影响。原有的较为激进的风险管理和财务管理战略难以适应当前业务发展的实际需要。

为了更加有效地管控财务风险，确保 H 公司尽可能少地受到疫情等不利外部因素的冲击，保证其生产经营过程的正常进行，H公司积极推进风险管理制度和财务战略的转型，由积极到稳健，以实现疫情冲击下公司的持续发展。

（2）H公司在“走出去”的过程中面临着什么风险？何种风险与H公司的实际经营过程关联性最强？

H公司在“走出去”的过程中面临的风险包括战略层、经营层、运营层三个层级。

其中，战略层风险主要与公司整体的战略布局相关，主要包括国际化战略加大海外布局的风险，该风险形成的原因是H公司大力开拓海外市场的过程中会受到业主国宏观经济、产业政策等一系列因素的影响，带来较大的经营风险；产融结合的风险，该风险形成的原因是H公司的供应商具有失信的可能性，给公司带来较大的信贷风险，疫情的影响也为金融市场的发展带来了诸多不可控因素；疫情下相关产业政策带来的风险，该风险形成的原因是疫情影响造成业主国产业政策多变，给公司带来较大的风险。

经营层风险主要与公司整体的经营过程有关，主要包括项目管理风险，该风险形成的原因是疫情导致项目工程进度放缓、资金不足，公司的境外项目管控难度增大；法律风险，该风险形成的原因是疫情导致H公司的国际工程项目出现进度延误等问题，一系列复杂的合同及保函等可能会触发违规条款从而带来法律风险；财务核算风险，该风险形成的原因是海外项目的会计核算难度加大，可能存在不合规的现象。

运营层风险主要与公司实际的具体经营过程有关，主要包括生产调度风险，该风险形成的原因是疫情导致公司生产调度的难度加大，可能会面临各种额外的调度需求带来的风险；实业管理风险，该风险形成的原因是疫情导致公司的项目可能会出现资金以及原材料供应方面的问题，增大了质量安全等潜在风险；财务运行与财务管控风险，该风险形成的原因是疫情导致公司财务的不确定性增加，财务管控复杂性加大，尤其是外汇管理风险、税务管理风险、资金管理风险、成本管理风险和信用管理风险是公司面临的主要五大财务风险。

很显然，运营层风险中的财务运行与财务管控风险和H公司的实际经营过程关联性最强，因为他们与公司的实际经营过程直接相关，这些风险会直接影响工程项目的顺利推进，从而对公司的生产经营产生直接影响。

（3）H公司的风险管理体系和财务管理体系包含哪些内容？二者是如何联动发挥作用的？

H公司的风险管理体系主要指的是“三道防线”。第一道防线由前台业务部门构成，是最为重要的防线。因为业务部门是企业各项作业的直接执行者，其不仅需要完成价值创造全流程，同时还需要对接市场客户及上游供应商，能够快速获取一手信息对市场做出反应，因此，其存在的风险点往往多而复杂。业务部门作为第一道防线可以及时追踪并排查重大风险，做好防范和应对。第二道防线由风险管理、内控合规等职能部门构成，主要负责对风险持续监控，确保第一道防线设计和实施的控制及风险管理流程是恰当的并且是按照预期运行的。因为仅仅依靠业务部门进行重大风险的追踪、排查和应对是不够的，还需要风险管理、内控合规等职能部门参与将重大风险的管控与制度、内控体系以及合规管理的结合进行实时监控。第三道防线由内部审计部门构成，相较于前两道防线最大的区别即其具有更高的组织独立性与客观性，既不参与企业的日常运营管理，也完全不参与内控的设计和实施，是企业各项经济活动“监督的再监督”，即对第一道、第二道防线履行风险管理职责的效果进行事中事后监督，以为公司全面风险管理提供改进和建议，保证风险控制在合理范围内。

H 公司财务管理体系主要包括全面预算管理体系和精细化管理体系。H 公司的全面预算管理体系的建设总目标是以信息化为工具建立战略价值导向的智能型预算管理系统，具体流程包括编制与审批、执行与控制、调整与分析、预算考核等。该体系的主要亮点是形成了基于战略价值导向的“5376”全面预算管理体系，有利于更好地引领战略落地、划清主体责任并实现联动管控。H 公司精细化管理体系的建立旨在以成本管控为核心，提高项目管理集约化水平，对关键要素的后台管控建立全过程控制、全员参与、可考核的管理体系，有效提升精益管理能力，切实增强企业核心竞争力。H 公司以《集团总部全面精细化管理手册汇编（2021 版）》为纲领性文件，按照职能部门和业务工作情况细分了 18 项精细化管理手册并不断规范和修正，组织完善优化相关流程，有利于有效地控制成本并构建良性管理生态。

将二者实现联动的为“四位一体”综合管控体系。“四位一体”综合管控体系是 H 公司全面风险管理的核心组织体系，同样也是 H 公司财务风险管理工作开展的中心。“四位一体”综合管控体系，以风险防控为导向、以合规要求为底线、以内控建设为抓手、以法律思维为底层链接，在法律合规部的统筹协调下，与财务资金部、内审部共同落实企业财务风险管理。其中内控体系的建立为财务风险管理在各部门之间的联动作用点，其以财务业务流程为核心，通过在财务活动全流程各环节加入关键风险控制点，H 公司将风险防控切实融入至企业财务活动中，并压实了各方责任。法务侧重于在企业日常经营过程中对依法治企意识的宣贯及管理。合规关注企业对外部法规、内部财务规章制度等合规义务的遵守，防范越线产生的合规风险。在“四位一体”综合管控体系的指引下，统筹公司内部财务资金部门、内审部门的配合，H 公司打造形成了闭环的财务风险管控体系，基本覆盖了财务风险的全面管控。

（4）H 公司的外汇风险的管理过程是怎样的？以此为启发你是否能够分析出 H 公司的税务风险、资金风险、成本风险和信用风险等风险的管理过程？

H 公司针对外汇风险的管理主要包括制度层面、组织层面、机制层面和管理层面四个方面。其中，制度层面主要是制定了《国际财务管理》制度，其中的部分细则对外汇风险的管理做出了详细的规定，保证风险管理过程有章可循。并且，针对新冠疫情的影响，H 公司也针对海外业务制定了从集团整体、子公司到具体项目的三级应对方案，对可能出现的外汇风险进行严密防控。

组织层面，H 公司形成集团总部、所属单位和各级海外机构“三级联动”的管理架构，每一级承担风险管理的不同职责，实现了汇率风险的集中管理和分层负责，保证了汇率风险的可控性。

机制层面，H 公司借助集团信息化建设的成果设计了外汇风险预警机制对外汇风险进行识别、实时预警和应对，在关键业务环节嵌入关键控制点进行实时监测和预警。同时，H 公司的外汇风险管理体系包括四步，第一步是收集初始信息，梳理外汇风险指标和清单；第二步是风险评估，辨识、分析和评价外汇风险，按照项目生命周期的不同环节进行梳理，评价不同类型的风险对公司的影响范围和影响程度；第三步是制定风险精细化管理方案，将项目开展的各个关键环节中可能出现的风险都纳入各个业务流程内部控制体系的风险关键控制点中，通过风险管理的“三道防线”层层防控；第四步是对方案进行不断的监督与改进。

管理层面，H 公司也下发了一系列外汇风险管理相关的通知和制度，包括外汇风险管理办法、检查办法和财经纪律办法等，要求进行及时的传达和学习。

而针对税务风险、资金风险、成本风险和信用风险，H 公司的管理过程依然包括制度层面、组织层面、机制层面和管理层面四个方面，各个方面的流程机制等类似，只是在具体的项目生命周期不同阶段涉及的具体风险和管理方案不同。

税务风险涉及的风险及管理如表 6 -5、表 6 -6 和表 6 -7 所示。

表 6 -5　　税务风险辨识

项目生命周期	环节	风险清单	风险指标
项目招投标、合同谈判签订阶段	项目前期	税务人员不了解项目所在国的税收政策环境	税务人员是否提前介入境外项目的税收政策调查
	项目投标阶段	1. 投标报价的项目税费测算 2. 双边税收协定优惠政策	1. 投标报价的项目税费测算是否充分 2. 是否考虑税收协定优惠政策
	合同税务条款拟定	1. 未明确业主、总包方及承包商的各自需承担的税费，纳税义务责任不清 2. 对于合同中的“免税条款”未明确定义。	1. 是否明确业主、总包方及承包商的各自需承担的税费 2. 是否明确定义合同中的“免税条款”
	合同拆分	为了减少在境外所得税费支出，通常会将境外 EPC 合同拆分为项目所在国在岸部分和离岸部分，但是可能出现合同拆分不合理导致的税务风险	合同拆分的合理性评估
	特殊风险	常设机构及居民身份的认定期限引发的涉税风险	是否明确常设机构及居民身份的认定期限
项目执行阶段	流转税涉税风险		
	企业所得税涉税风险		
	个人所得税涉税风险		
	出口退税涉税风险		
	纳税申报及税务实践方面的风险		
	境外税收优惠政策享受的风险		

续表

项目生命周期	环节	风险清单	风险指标
项目关闭阶段	利润汇回税务风险		
	预缴税款返还风险		
	注销税务登记风险		
	剩余物资设备处置税收筹划		
	税务清算审计		

表6-6　　税务风险分析

项目生命周期	环节	风险分析
项目招投标、合同谈判签订阶段	项目前期	**税务人员不了解项目所在国的税收政策环境** 财务人员未提前介入，对项目所在国的有关税收法规解读不足、把握不准，没有深入了解当地税收政策及税务实践，税务影响成本的理念缺乏。
	项目投标阶段	**投标报价中对项目税费测算不充分** 有项目将中国境内的借款利息计入成本，但因合同发生在中国，单据均为中文，不被当地税务机关认可，不能进行税前抵扣，导致税费成本的增加。
		双边税收协定优惠政策考虑不充分 如我国与项目所在国没有双边税收协定，则面临双重征税的风险，即使有，也应注意各国优惠税率差异，如果忽视了差异，可能会造成不必要的税务损失。
	合同税务条款拟定	**未明确业主、总包方及承包商的各自需承担的税费，纳税义务责任不清，对于合同中的“免税条款”未明确定义** 境外工程项目在谈签免税或退税条款时，常会遇到“免除在某国境内的所有税费”等未明确定义的条款，但这类条款在工程后期很可能无法兑现，直接导致项目风险发生时难以应对或发生纠纷的被动局面。
	合同拆分	**合同拆分不合理导致的税务风险** 有的国家可能并不认可合同拆分行为，认为人为的拆分是避税行为；有的国家即使允许税务上的拆分，但业主出于管控合同质量考虑，需要承包商与业主进行事前沟通，尽量在招标阶段与业主达成共识。由于离岸部分不需要在所在地交税，因此离岸和在岸合同金额的划分往往会引起东道国税务机关的特别关注。
	特殊风险	**忽视常设机构及居民身份的认定期限引发的涉税风险** 境外工程建设项目外派人员的工作期限，有必要根据双边协定中的期限来合理安排，否则，可能承担更多的纳税义务，也可能面临税收追罚风险。
项目执行阶段	流转税涉税风险	**各个国家对于流转税的名称不同**
		国外开具发票的程序和规定与国内不同 国外发票并非从税务机关领用，大多是自行设计发票格式。如果取得发票不合规、自行设计的发票格式得不到当地税务机关的认可，将存在补缴税款增加税务成本的风险。
		有些国家是开票时即按10%缴纳增值税，不存在抵扣问题 有些国家实行类似于我国的增值税抵扣模式。例如俄罗斯，如果对方提供给我们的发票，在我们进行认证之前，对方公司已经注销，那么取得的发票就是无效的，这部分增值税税额将无法抵扣。

续表

项目生命周期	环节	风险分析
项目执行阶段	企业所得税涉税风险	**境外部分成本费用无法税前扣除风险** 例如，项目成本中的材料采购费用很多发生在中国境内，未在项目所在国预先办理审批、公证手续，当地税务机关不允许税前扣除。同样，中方管理、劳务人员的工资薪酬及相关成本费用，可能存在境外工资、境内发放的现象。
		国内企业所得税汇算清缴时，在对综合抵免法和分国抵免法的选择上没有根据企业实际情况进行具体分析，而是盲目选择 这种情况造成境外亏损及境外已缴所得税未得到充分抵免，造成税款的提前占用增加企业资金压力，甚至可能造成某些国别的亏损最终无法抵免的风险。
	个人所得税涉税风险	由于在所在国发放工资需要缴纳较高的个人所得税，部分项目未在项目所在国进行个税申报并列支成本，由此造成境外利润虚高，多缴纳企业所得税，同时存在境外查补个人所得税的税务风险。同时，部分境外项目列支职工工资，在国内、国外均未代扣代缴个人所得税，存在税款查补风险。
	出口退税涉税风险	出口退税中，存在发票开具错误风险、单证备案风险、征税风险等。
	纳税申报及税务实践方面的风险	不能准确、清楚了解项目所在地的税法规定，合规开展日常税务工作。
	境外税收优惠政策享受的风险	有的税收优惠可能仅仅是动议或者建议，造成企业在享受税收优惠时面临较大的不确定性。此外，在企业申请税收优惠时，需要向当地税务部门提交相当多的审批资料，需要经历较为复杂的审批流程。
项目关闭阶段	利润汇回税务风险	
	预缴税款返还风险	
	注销税务登记风险	
	剩余物资设备处置税收筹划	
	税务清算审计	

表 6－7　　税务风险管理方案

项目生命周期	管理方式	财务战略
项目招投标、合同谈判签订阶段	了解项目所在地的税制和税务筹划空间	1. 研读国家税务总局官方发布的《中国居民赴×××投资指南》、中国与所在国签订的《双边税收协定》；与所在国四大会计师事务所联系，事先获得一些免费的税法资料，了解获取所在国最新税法法规的途径和网站。 2. 财务负责人赴项目所在国实地调研，与当地会计师事务所、四大会计师事务所当面交流，必要时可选择聘用事务所提供税务咨询服务。

续表

项目生命周期	管理方式	财务战略
项目招投标、合同谈判签订阶段	尽量精确地测算税负，使投标价格更加科学	1. 考虑如何设立当地组织架构及对应的合同签订模式 如根据工期长短，是否选择当地注册，注册类型为子公司还是分公司；合同按整个EPC签订，还是拆成离岸和在岸两个合同，离岸和在岸合同金额如何划分等。 2. 流转税 考虑流转税是否能够抵扣、具体抵扣条件，是否存在免征流转税空间，如施工机具可否通过临时进口再复出口的方式减免流转税。 3. 所得税 企业所得税方面，应综合考虑当地组织架构和合同架构因素；个税筹划方面，考虑境内外工资发放形成的个税征收差异和境内外劳务成本对企业所得税的影响，综合判断企业税负。
	仔细审查合同税费条款，在项目谈判中争取税收优惠	1. 工程承包合同对税负承担的相关条款中，业主和承包商双方各自需要承担哪些税金是商业谈判中必不可少的事项，对于项目所在国税费，应尽可能地转嫁给业主，最终在合同条款中对双方的纳税义务予以明示。 2. 商业谈判前对所在地税收环境进行充分了解，如所在国税法存在针对承包商的税收优惠，尽可能向业主争取，并在合同中明确项目享受的优惠政策范围、税种、金额、时间等关键性条款。
	合同的拆分	在商业谈判时不可避免地会遇到跨境、跨主体提供综合服务的情况。不同国别、不同业务、不同主体间涉税规定存在较大差异，税收筹划空间较大，承包商应积极与业主友好协商，通过拆分合同（离岸和在岸）的方式达到节税目的。
项目执行阶段	加强与业主及税务机关的沟通，尽量由业主及总包方出面协调税务工作	处理好国内外发票差异的影响，根据项目所在国要求，自行设计供应商发票格式，明确其中税款的计算和扣缴。对进项税抵扣及增值税退税问题，要在与供应商签订业务合同时明确约定增值税无法抵扣和退税的补偿条款，督促供应商增强税务合规性，以降低流转税损失风险。
	按照项目实际核算成本，充分利用税前法定扣除项目，降低企业应纳税所得额	在项目所在国申报所得税时需要税前列支的设计、材料采购等国内发生的费用，应该及时取得国内纳税凭证，获得当地税务部门认定，使成本得以顺利扣除，不可贸然将手续不全的费用税前列支，避免反避税调查和处罚风险。
	采购管理	在所在国进行物资采购以及日常经营活动时，应按照当地规定取得依法合规的票据；物资设备报关进口时，应取得所在国海关提供的合法清关资料，以确保在计算所得税前能够依法扣除。
	管理费用税前列支	海外项目对公司总部收取的管理费用要慎重列支，避免无法税前列支进行纳税调整。通过转移定价文件、备案审批方式，取得主管机关认可，争取最大限度的税前扣除。
	所得税抵免	在企业所得税汇算清缴，境外所得税额抵免办法的选择上，企业一定要综合考虑境外项目的经营状况、项目所在国的分布及所在国的所得税税率水平，通过测算两种办法的抵免效果，科学地选择对公司更为有利的抵免办法。

续表

项目生命周期	管理方式	财务战略
项目执行阶段	合理控制境外工程人员居住或工作时间。	
	利用税收优惠政策降低名义工资。	
	经营运行分析	开展经营运行分析，制订税务风险相关的应对措施，做到有的放矢，真正在事前化解税务风险。自查中要检查数据是否准确、票据管理是否严格、明确列出年度税务风险点以及相应的防范建议。
项目关闭阶段	利润汇回税务风险	涉及境外利润汇回国内的税务筹划。各企业应综合考虑利润转回的形式、境外转回国内或者转至其他中转地区再转回国内的税率差异，选择最佳的节税方式将境外利润汇回国内。
	预缴税款返还风险	对项目前期缴纳的税款，要了解政策，积极准备，确保取得税款返还。
	注销税务登记风险	处理好税务检查，及时办理税务登记注销工作。
	剩余物资设备处置税收筹划	项目在退出阶段要对项目剩余物资设备进行处置，这必然涉及缴纳相关税收的测算和比较。
	税务清算审计	项目结束，审计清算是涉及税务的审计风险。

资金风险涉及的风险及管理如表6－8、表6－9和表6－10所示。

表6－8　　资金风险辨识

项目生命周期	环节	风险清单	风险指标
项目招投标、合同谈判签订阶段	项目前期	资金管理人员不了解项目所在国的金融体系环境	资金管理人员是否提前介入境外项目的金融体系调查
	合同条款拟定	合同条款对未来情形覆盖不全	1. 是否明确业主、总包方及承包商的各自需承担的履约内容 2. 是否明确定义合同中涉及资金的收付时间、币种、方式、附加费用以及出现特定情况下处理方式
	特殊风险	特定不利法律体系和交易习惯	是否明确调查法律体系和交易习惯
项目执行阶段	所需物资市场价格波动导致资金缺口的垫付风险		
	对手方信用问题导致的收款风险		
	银行等第三方信用问题或其他原因导致的收款风险		
	应收账款难以收款或票据难以承兑的风险		
	经济司法系统不利于催收的风险		
项目关闭阶段	部分海外地区银行自身信用风险		
	政策变更风险		
	政局动荡与社会动乱导致存款损失风险		
	经济恶化催生地区系统性金融资金风险		
	存管银行内部管控失效风险		
项目结束后	金融市场价格波动风险与内部管理风险		

表6－9　　资金风险分析

项目生命周期	环节	风险分析
项目招投标、合同谈判签订阶段	项目前期	**资金管理人员不了解项目所在国的金融体系环境** 财务人员缺乏资金管理的理念或者未提前介入，对项目所在国的有关资金法规解读不足、把握不准，同时也没有深入了解当地相关政策及实践
	合同条款拟定	**未明确业主、总包方及承包商的各自需承担的履约内容、合同中涉及资金的收付时间、币种、方式、附加费用以及出现特定情况下处理方式** 集团海外业务多，各地法律体系和交易习惯有所差别，叠加语言条文的差异，极易造成合同中对现金流的规定有所疏漏，从而在实质上改变所收付现金流的波动性与时间分布，导致集团签订的合同难以达到资金预算的效果，并直接使得财务预算偏离计划，影响公司经营的节奏与效益
	特殊风险	**特定不利法律体系和交易习惯** 境外工程建设项目受当地管辖，可能存在特定地区的独特法律体系不利于我方，或地区独有的商业交易习惯不同于国际通行做法的情况
项目执行阶段	所需物资市场价格波动导致资金缺口的垫付风险	**工程建设阶段先行垫付资金购置工程物资** 工程建设阶段需先行垫付资金购置工程物资，存在物资市场价格上涨或其他原因导致的资金缺口。H公司是大型工程公司，履约物资种类多、准备时间长、进度相对缓慢，且工程履约需长期持续投入大量原材料。海外工程建设业务所需原料面临当地及国际市场的价格波动，从而将带来现金支出超标、履约成本上升，加大集团现金流面临的压力
	对手方信用问题导致的收款风险	**分期收款或到期一次收款对方因各种原因未支付款项** 建筑工程领域由于先期投入大、建设周期长、建成项目变现性和流动性差，对合同对手方的及时付款、足额付款依赖度较其他行业更高
	银行等第三方信用问题导致的收款风险	
	应收账款难以收回或票据难以承兑的风险	工程款暂以应收账款或票据支付后，应收账款难以收款或票据难以承兑
	经济司法系统不利于催收的风险	海外工程业务还面临当地法律体系保障相对薄弱、经济司法系统不健全、信用评估机制不透明等问题，极易加剧收款风险，需要重点管控
项目关闭阶段	部分海外地区银行自身信用风险	
	政策变更风险	
	政局动荡与社会骚乱导致存款损失风险	
	经济恶化催生地区系统性金融资金风险	
	存管银行内部管控失效风险	
项目结束后	金融市场价格波动风险与内部管理风险	

表 6-10 资金风险管理方案

项目生命周期	管理方式	财务战略
项目招投标、合同谈判签订阶段	提前进行尽职调查	摸清对手方资信和经营状况，尽量避免与资信不良、资金困难的对手方签约
	明确双方权责归属	1. 深入理解、分析招标文件，尤其是留意其中归属于我方的权利与义务，结合当地法律和习俗实际情况选择恰当的表述 2. 根据过往海外工程项目经验总结出项目签约时在资金方面的实质条款清单，对每笔签约依据清单逐一明确其中各项的权责归属，坚决杜绝表述不清、搁置规定的情况发生
	争取有利合同条款	1. 资金收付时间 尽量提前工程项目收款时间，或者进行供应链管理，延长工程物料的付款时间 2. 资金收付安排 要求客户预付款或者按月结算工程进度款 3. 资金收付方式 尽量明确以现金一次性支付，选择当地信用条件好的银行或通过国际银行，将完成付款转账所需的增量成本转移给对手方 4. 资金收付币种 考虑外汇资金影响，匹配收入与支出币种，选择价值稳定、波动小的币种，必要时考虑直接以人民币计价
	制定有效保障措施	针对各项目的具体情况，设置切实可行的抵押条款或资金补偿条款，在资金风险发生时兜底损失，最小化公司的资金风险
项目执行阶段	密切关注政治局势	1. 对于局势不稳的地区，尽量采取境内结算，当地少留资金，以确保资金安全 2. 仔细了解项目所在地汇款的条件和相关规定，按照当地政府的规定进行前期准备工作，以实现正规途径下的汇款通畅 3. 因为外汇管制或国家政策的变化增加兑换次数时，与业主方积极友好地沟通，商议出双方接受的兑换汇率，以最大可能地争取汇兑收益
	关注物料价格变动	密切关注项目所需物资材料市场的价格变动，防范价格上升带来的履约成本超标风险，必要时运用期货等手段进行保值和对冲风险
	精细管控成本费用	在项目执行的全过程落实好公司的全面预算管理和精细化管理等成本费用管控手段，避免无效资源浪费，提高资金利用效率
项目关闭阶段	积极推进项目结算	积极推进项目的结算收款工作，通过缩短结算周期、加大收款力度等方式，提高回款速度，以提升资金周转效率
	关注对方经营动向	密切关注付款方经营动向与安排，防范对方信用能力的逐步恶化。如果对方出现信用能力恶化的迹象，及时要求对方提前付款或者提供抵押
	合理运用金融工具	选择合理的金融工具进行现金管理，并将现金存储在系统风险较低的银行中，防止现金的价值下降或灭失
	制定无法收款预案	1. 指派项目人员积极与高层管理人员沟通，要求业主尽快支付拖欠的工程款并加快进度审批 2. 必要时可向法院提起诉讼，利用法律的强制手段要求工程款拖欠一方及时还款，尽量挽回公司损失 3. 在今后的合作过程中，指派专员或特定机构加强监督款项收支

成本风险涉及的风险及管理如表6－11、表6－12和表6－13所示。

表6－11　成本风险辨识

<table>
<tr><th>项目生命周期</th><th>环节</th><th>风险清单</th><th>风险指标</th></tr>
<tr><td rowspan="2">项目招投标、合同谈判签订阶段</td><td>项目投标阶段</td><td>1. 为追求业务量盲目增加新合同签约额
2. 客户及分包商质量难控制</td><td>1. 客户及分包商的经营能力、融资能力、资信情况
2. 项目可行性分析（如：利润率、投资回报率、资本回收期、内含报酬率等财务指标以及敏感性分析）</td></tr>
<tr><td>合同条款拟定</td><td>1. 缺少对市场环境变化的考量
2. 工程成本测算和分析不到位</td><td>1. 合同成本费用条款评审
2. 项目盈利性指标</td></tr>
<tr><td rowspan="4">项目执行阶段</td><td colspan="2">材料价格、人工成本波动风险</td><td>1. 项目盈利性指标</td></tr>
<tr><td colspan="2">工程材料、工程设备周转不及时风险</td><td rowspan="2">1. 项目是否按照预算推进
2. 项目资源配置情况是否出现重大变化</td></tr>
<tr><td colspan="2">人员配备不合理风险</td></tr>
<tr><td colspan="2">项目进度滞后风险</td><td>1. 是否按照进度时间表推进
2. 项目投资回收期有无重大变化</td></tr>
</table>

表6－12　成本风险分析

项目生命周期	环节	风险分析
项目招投标、合同谈判签订阶段	项目投标阶段	**为追求业务量盲目增加新合同签约额** 在开拓市场和客户时，项目组可能会在集团及公司要求的新合同签约额的压力下采取较为激进的策略，放松了对于项目盈利性、投资收益率或项目回款时间的要求。
		客户及分包商质量难控制 客户的资信水平和经营情况可能会加大坏账风险；分包商的水平及选择标准可能存在良莠不齐的现象，在确定分包单位承担的工程量和结算工程款项条款时可能出现分包成本过高、对分包单位预付备料款和工程款等情况，导致项目整体成本偏高。
	合同税务条款拟定	**缺少对市场环境变化的考量** 在对项目的收入及成本预测时，忽视了某些宏观经济、行业政策、技术进步或市场环境变化带来的潜在风险。
		工程成本测算和分析不到位 对项目的收入及成本预测过于乐观，导致项目对于宏观经济、行业政策、技术进步或市场环境变化的抵抗性极低，项目前期敏感性分析不到位。
项目执行阶段	材料价格、人工成本波动风险	工程材料价格和人工成本方面可能存在超预算预期的特别风险发生，如自疫情暴发以来国际航班和防疫要求等不确定事项的出现对于海外工程项目的成本管控持续加压。
	工程材料、工程设备周转不及时风险	境外工程项目在工程材料、机器设备运输上环节更多、耗时更长，尤其在疫情之下，因物流受阻、清关延长、疫情防控影响，施工所需物料物资未及时送到，导致项目进度滞后严重。
	人员配备不合理风险	境外工程项目需要国内专业技术人员往返，人员配置方面的执行难度更大，受疫情防控影响，施工所需人力无法及时达到现场，导致项目进度滞后严重。
	项目进度滞后风险	项目进度滞后会导致人工成本提升明显，机器设备的机会成本增加，工程材料的价格波动风险提高。

表 6－13　成本风险管理方案

项目生命周期	管理方式	财务战略
项目招投标、合同谈判签订阶段	落实项目精细化管理	1. 从综合管理、采购管理、工程分包、成本管理、实业项目建设等方面展开精细化管理，针对每个项目的工程材料管理、机器设备运行、人员配置和项目推进表等方面制定相应的管理策划书或框架性指导文件。 2. 将精细化管理纳入分子公司、项目部的年度绩效考核，加大考核奖罚力度，以“检查＋考核”的方式落实项目精细化管理，持续提升精细化管理执行力。
	实施责任成本预算管理	1. 建立责任成本预算管理机制，发布集团级“两定额三标准”，为责任成本预算编制提供有力的支撑，为项目实施各阶段提供控制红线。 2. 在项目开工前六个月内编制责任成本预算书，签订项目管理目标责任书，明确各层级的成本责任。 3. 将责任成本预算与绩效考核结合，对不利的成本差异进行问责并追责到人，提升项目成本管控的效果。
	加强分包管理	**1. 分包商的选择**：（1）选择国内有一定实力、信誉较好的分包商出国，强化分包队伍管理效能监察；（2）严格分包方准入审批，规范分包招标竞价、合同审批、分包方考核评价，从源头杜绝非法分包、挂靠。 **2. 分包工程款的确定**：（1）按照项目确定总成本目标的方式倒推确定分包工程价款，并按照确定项目总成本的定额和分包单位承担的工程量，确定分包工程的项目相关费用；（2）严格按照规定拨付和结算工程款，项目部按照合同规定的工程价款结算方式对分包单位完成的合格工程量按月或按工序进行验工计价、结算工程款，不得对分包单位预付备料款和工程款。
	打造集中采购平台	1. 打造化学云采平台进行集中采购，成立集中采购领导小组和集中采购管理中心，实现“业务公开、过程受控、全程在案、永久追溯”的阳光采购。 2. 预估项目施工过程中需要的物资和物料资源，通过公开招标及公开询价极大地降低信息不对称程度，更快速更高效地筛选出质量、价格最优的供应商。 3. 制定框架合同提前确定订单、敲定价格，减少项目部一单一招的采购方式。
项目执行阶段	落实项目精细化管理	1. 加强项目过程管控，组织分层级进行精细化管理检查，实时监控项目进度和成本费用支出情况。 2. 以“四不两直”方式开展精细化管理专项检查，覆盖公司旗下所有生产型企业、所有工程项目，企业、分子公司、项目三级自检和互检相结合，加大追责问责工作力度。
	实施责任成本预算管理	1. 按月开展经济活动分析，跟踪分析责任成本预算书的实际执行情况。 2. 持续加大二次经营工作力度，加大二次经营奖励力度，奖罚及时，充分调动和挖掘相关人员主动性和积极性。 3. 利用信息化手段防范亏损，实现了工程项目成本管理标准化、流程化、信息化，实时更新项目成本，实现亏损项目的自动预警和动态监控。
	采购管理	1. 与供应商建立长期合作关系，避免短时间内物资价格的大幅上涨，降低采购成本、节约时间。 2. 可以适当增加在项目所在国的采购占比，动态监控集采平台与项目所在国相关工程材料和物资的价格变动情况。
	经营运行分析	开展经营运行分析，制订成本费用风险相关的应对措施，真正在事前化解税务风险，同时明确列出各层级识别的成本费用风险点以及相应的防范建议，在不同层级之间互相交流探讨应对方案。

信用风险贯穿整个项目生命周期，在此不再赘述。

（5）H 公司目前涉及的五大财务风险的管理体系有何不足？你有何优化建议？

虽然从对财务风险初始信息搜集与风险识别、财务风险评估与度量，到财务风险应对策略制定、后期持续跟踪督导，H 公司均建立了规范的制度流程以合理应对内外部财务风险。

但目前普遍仍然存在以下三点改进之处：第一，各维度财务风险的预警指标体系尚待完善，预警仅停留在指标层面且指标较为单一，对风险模型的研究不够深入；第二，风险防范数字化推进程度尚且不足，财会管理数智化平台仅限于数据的输入和存储，未能最大化发挥其风险管控的效用；第三，统一管理与专岗专责职权事权有待平衡，财务资金部统一负责全集团财务风险管理，海外财务管理岗负责境外项目的财务管理工作，职能重叠，尚需明确权责，提升管理效率。

H 公司风险管控的改进方案总体来说包括以下三方面：完善集团风险预警指标体系设计，深入研究税务等政策以搭建预警模型；推进数字化转型，利用大数据等信息技术，促进财务风险管理控制的精细化；在加强联动的同时明确财务风险管理权责的分配，通过业财融合加强财务引领。具体的改进方案如表 6－14 所示，部分方案在案例的基础上有所延伸。

表 6－14　体系改进方案

	不足	改进
外汇风险管理	目前的系统侧重于数据输入和统计报送，难以实现对外汇风险的实时监测、自动预警和大数据分析等功能	构建“控制＋分析＋监测”的三核驱动模型
	对外汇风险的预警指标主要是单一指标	可采用干扰－信号比率的倒数作为权重（干扰－信号比率超过 1 时不可充当预警指标），并确定合成指标的临界值
	财务资金部设有海外财务管理岗，该岗位人员业务压力较大，且存在部分职能重合的情况，降低了管理的效率和效果	在海外财务管理岗设置人员专门负责外汇风险的管理
税务风险管理	税收政策解读不深入，理解不全面	优化税收人力资源配置，重视税收风险管理意识、文化、人才、环境等方面的基础建设
	税务风险管理数字化程度不足 税收风险预警机制不健全	全面实现“信息管税”事先进行风险预警、过程及时识别风险点，全程实时管控执行
资金风险管理	现金管理与风险防范数字化待推进	通过量化指标打造“数据＋技术＋管理”三擎驱动、以财务智能化为核心的先进数字化财务云平台模型
	资金风险预警指标体系尚待完善	构建主动拦截、事前防范的资金风险预警体系
	统一管理与专岗专责职权事权有待平衡	区分岗位职能集中管理资金风险

续表

	不足	改进
成本风险管理	现有报告体系与信息不能完全满足集团各层级的管理需求，落实精细化的闭环管理存在一定的障碍	建立通用的报告模板和核算口径，实现标准化、规范化管理
	大多数的预警指标单纯从财务数据出发，并未完全覆盖或涉及反映管理问题的非财务指标	将企业管理报告分为战略层、经营层和业务层，针对成本费用风险落实到各个层次实现协同管理
	会计核算与财务共享信息化系统建设联动效果差，无法及时有效地进行成本管控	将闭环管理、问题跟进的理念落实到每一份决策支持报告中
信用风险管理	缺乏独立的信用风险预警指标体系	“基本面 + 冲击面”信用风险预警
	信息清单的设计，风险识别评估过程的量化指标、权重、临界值设计，信用风险控制活动中的关键控制点等等都尚待建立和明确	设计“从维度到观测点”的指标体系；搭建“技术 – 信用 – 应用”三级模型

（6）请你谈一谈在未来形势更加复杂的情况下，企业如何更好地应对风险、进行战略管理？

近年来，国际化竞争逐渐加剧，国际形势日趋复杂，这些都对企业做好全面风险管理提出了更高的要求。目前，我国部分企业仍然存在风险意识淡薄、全面风险管理组织职能体系不完善以及全面风险管理制度和流程不健全等问题。

为了更好地进行全面风险管理，首先，企业要提高全员的风险意识，树立现代风险管理理念。具体要做到把企业面临的风险和其中存在的机遇进行全面系统的分析，对风险有充分的认识并且让企业的全体员工都能够参与到风险的管理过程中，认识到自身工作与风险管理之间存在着必然的联系。其次，企业要建立全面风险管理组织体系，明确全面风险管理责任框架。建议企业设置风险管理委员会、风险管理小组和专门的风险管理部门并对各个部门的职责进行明确划分，将具体工作落实到具体部门并渗透到企业各项业务和操作环节的全过程。再次，要建立风险事件库，收集风险管理初始信息。企业建立风险事件库可以帮助其对风险事件进行分析，整理风险管理信息，对关键事件进行解析并分析其成因、危害情况以及应对方案，形成经验与教训的整理，以便日后借鉴。最后，要构建全面的风险管理流程。企业要积极参考其他先进企业的经验，将全面预算管理、精细化管理以及“三道防线”等纳入风险管理和财务管理体系中并根据企业的实际情况进行调整，以更加有效地识别、分析和应对风险。

五、教学方法与手段

（一）讨论方式

分小组讨论。可使用头脑风暴法和团体列名法。组长控制好时间，可先安排个人独立准备 10 分钟，再进行讨论。同时安排好小组成员记录。

（二）课堂讨论总结

分组汇报讨论结果。可采用团体列名法，即后发言的小组不得重复先发言小组的观点。

（三）信息化教学平台使用（可选）

1. 组建微信群或 QQ 群

课前将案例资料发送到群中，课堂小组讨论结果拍照上传至群中，师生可在群中发言互动。

2. 使用云班课 App

下载注册班课，教师在资源区中提前上传案例资料和相关知识。在活动区建立分组活动，各小组将讨论结果拍照上传该区域。分组汇报时，其他小组成员可在手机上查看该组研讨成果，小组之间可以互评。

六、教学实施过程

（一）问题清单及提问顺序、资料发放顺序

本案例讨论题目依次为：

（1）H 公司为何要推进风险管理制度和财务战略的转型？

（2）H 公司在“走出去”的过程中面临着什么风险？何种风险与 H 公司的实际经营过程关联性最强？

（3）H 公司的风险管理体系和财务管理体系包含哪些内容？二者是如何联动发挥作用的？

（4）H 公司的外汇风险的管理过程是怎样的？以此为启发，你是否能够分析出 H 公司税务风险、资金风险、成本风险和信用风险等风险的管理过程？

（5）H 公司目前涉及的五大财务风险的管理体系有何不足？你有何优化建议？

（6）请你谈一谈在未来形势更加复杂的情况下，企业如何更好地应对风险、进行战略管理？

本案例的参考资料及其索引，在讲授有关知识点之后一次性布置给学生。

（二）课时分配

1. 知识点讲解 90 分钟

教师重点讲解：COSO《企业风险管理》框架、《管理会计应用指引第 700 号——风险管理》、风险管理“三道防线”模型、全面预算管理以及精细化管理的相关内容。

2. 小组内部讨论 45 分钟

组长分配任务和时间，比如，将问题分配至各位组员；各位组员分头准备 25 分钟；组员分别汇报，其他组员补充完善，共 25 分钟；组长安排好小组记录，并控制好研讨时间。

3. 分组汇报及点评 30 分钟有两种选择方式

方法一：选一个小组全面汇报，其他小组补充完善。具体操作：第一个发言小组 10 分钟，第二个发言的小组不得重复前面的观点，只能讲新观点。依此类推。

方法二：将问题分解到每个小组并分别汇报，其他小组进行补充完善。

4. 教师总结 15 分钟

七、考核与评价方式

教学效果评价是课程评价的重要部分，根据现代教育思想和教学观念，本课程主要聚焦于以下三种评价维度和操作方式——诊断性评价、形成性评价和总结性评价，三者恰好构成了一个动态的评价体系，并将思政元素融入考核体系中。诊断性评价根据学生的前期学习表现来评价教学效果，形成性评价根据学生的课堂表现和课后作业来评价教学效果；总结性评价根据学生的期末考试成绩来评价教学效果。在评价的权重上，总结性评价（期末案例分析考试）占总成绩的 50%，诊断性评价和形成性评价（包括考勤、作业、平时测验、案例分析等）占总成绩的 50%。通过三种评价手段的综合运用，强化思政元素在考核环节的体现，便于教师及时了解教学中取得的成绩和存在的问题，不断调整或改进教学工作，最终达到课程与教学的目标要求。

八、实施成效

《管理会计理论与实务》课程评价成绩优秀，教学成果也十分优异。

（一）学生评价

作为课程教学的直接实施对象，学生的评价是评判课程的教学成效不可缺少的一部分，尤其是在以下几个方面：（1）教学内容是否清晰易懂；（2）教学方式是否丰富多样；（3）交流互动是否有效；（4）教师言行举止是否积极向上。

经过课程内容的丰富与调整，同学们对本课程的满意度进一步得到了提升。同时，案例式的教学方法和云班课平台的综合运用，让本课程的教学成果十分优秀，得到了同学们的肯定与赞扬。

（二）人才培养

经历了思政教学的改革与创新之后，学生们能够从课程中获得更多的知识和经验。一方面，同学们能够将管理会计的思想结合企业的具体情况进行分析，关注管理会计在实践中的具体问题；另一方面，同学们也能够利用行业分析、商业模式分析、绩效管理等理论知识来解决管理会计的现实问题，将理论与实践相结合。

案例 7：科技褪去，金融当家
——蚂蚁集团上市的“暂停键”

——“商业伦理与会计职业道德”
课程思政教学案例

郑登津
（中央财经大学会计学院副教授）

一、基本信息

课程名称：商业伦理与会计职业道德

授课对象：会计硕士

知 识 点：《商业伦理与会计职业道德》，陈汉文、韩洪灵，第三章：数字时代下的商业伦理

主讲教师：郑登津

二、教学目标

为培养德才兼备的卓越财务人才，结合课程的教学目标设定，即对一个道德核心、五大专业能力和两大基本素质的培养要求，在教学理念上不断探索和实践，将思想政治教育与会计和财务的教学有机融合，全面提升学生的道德水平。在教学研究及教学实践中，对课程思政建设逐步形成了遵循“两性一度”打造金课的标准，提出了以“价值引领、交叉前沿、三位一体”的教学指导思想，以增强学生的实践感悟，内化学生的价值认知，落实立德树人根本任务，将价值塑造、知识传授和能力培养融为一体，实现“三全”育人。本案例具体的教学目标如下。

（一）知识目标

让学生学习“数字时代下商业伦理”相关知识和理论，了解我国企业目前的“数字时代下商业伦理”状况；学习数字金融商业伦理违背的原因及经济后果，传授商业伦理和会计职业道德的基本理论和知识点（知识传授）。

（二）能力目标

让学生学会甄别数字时代下商业伦理，从更深的角度理解数字金融，培养学生从伦理的角度分析数字经济（能力培养）。

（三）育人目标

让学生掌握资本市场的最新动态，从社会热点中学习理论知识，理解数字时代下商业伦理问题的危害及对中国资本市场健康发展的影响，并对自身的职业发展和职业道德提供启发思考，帮助学术学生树立正确的价值观（价值塑造）。

三、教学重点与难点

在分析蚂蚁集团 IPO 被叫停的深层原因时，不能只看到表面的相关事件，而要从这些事件入手深入探究，明确这些现象背后更深层次的影响因素，从监管政策的变化趋势和蚂蚁集团自身的业务风险两个方面进行深入分析。

四、课程思政案例介绍

（一）案例简介

2003 年，放弃了当英语老师这个理想的马云带领着团队一头扎进了杭州西湖边的一所房子里，开始没日没夜地搞研发。当年 5 月，在 SARS 病毒来袭、线下购物遭受巨大冲击的情况下，马云的团队正式推出了中国的 eBay——淘宝网。但是对于当时这个初出茅庐的购物网站，用户仍然缺乏信任，尤其是远程交易风险难以保障，于是为了提高用户流量，淘宝在同年 10 月推出了支付宝，提供“担保交易模式”。

最初的支付宝只是单纯为淘宝服务的工具，但是马云却在思考，能否将它拆分出来，做成一个独立的产品呢？此时是 2004 年，时值中国加入 WTO 第三年，中国银行业监督管理委员会才刚刚设立 1 年，中国还没有建立完整的金融监管体系，第三方支付还处于没有被纳入监管的灰色地带，可以说做这件事情承担着极大的风险。马云再三思量过后，仍然决定要去做这个“第一人”，于是当年 12 月支付宝顺利从淘宝网分拆，成为一个独立的第三方支付平台，而这就是后来庞大的蚂蚁集团的起家之地。

2005 年 5 月，支付宝开始向网络电商平台开放交易支付接口，用户大量增加，到 2006 年年底时商户已经达到 30 万家。2007 年，支付宝的业务模式逐渐完善，开始为客户提供标准化行业解决方案并收取服务费用。同时，支付宝与建设银行、中国银行进行联合，与部分境外电商网站达成合作，使支付宝会员可以使用人民币在境外实现网上购物。2008～2009 年，得益于智能手机的普及，支付宝推出了移动端 App，与五大国有银行及 15 家全国性银行达成了网上支付业务的合作。

2010 年，支付宝用户数量在不断攀升中已经突破 3 亿，但由于过分追求规模扩张，产生了支付成功率下降等问题。在内忧外患之际，彭蕾接替邵晓锋上任支付宝 CEO，采取了一系列改革措施，包括与中国银行联合推出基于“绑定－验证－代扣”的创新产品——快捷支付，将支付成功率提高到 90% 以上，解决了之前因为快速扩张产生的用户体验感下降的问题，成为其发展历程中的又一个转折点。

2011 年，马云在未通知外资股东的情况下，顶着巨大压力将支付宝从阿里巴巴中剥离，使之变成内资企业。同年5月，已是内资企业的支付宝获得了央行颁发的第一张《支付业务许可证》，成为有了“牌照”的第三方支付平台。

2012年5月，支付宝获得第二张支付牌照——基金第三方支付牌照。从此，支付宝不再只是简单的支付工具，开始大刀阔斧进军金融领域。

2013年，支付宝与天弘基金合作推出了基金产品余额宝，同时推出移动端“支付宝钱包”，推广二维码技术，搭建起了互联网与金融的桥梁。此时，阿里巴巴宣布要以支付宝为主体筹建小微金融服务集团，为小微企业和个人消费者提供数字金融服务，落实普惠金融。2014年，支付宝旗下的网商银行获得证监会批复，于是10月，在整合了支付宝、余额宝、招财宝、网商银行等业务之后，小微金融服务集团正式成立，定名为蚂蚁金融服务集团，寓意“小存小贷”“服务小微”，蚂蚁金服的时代正式到来。12月，花呗上线，给用户带来“这月买、下月还”的贷款服务和分期购买商品的选择，将成交转化率提升了40%左右。

2015年，阿里巴巴和蚂蚁金服完成重组，蚂蚁金服接管了全部的中小企业贷款业务与相关资产，并继续在金融领域大力开拓，相继上线了芝麻信用、借呗、蚂蚁聚宝等新业务板块。9月，蚂蚁金服启动“互联网推进器计划”，表示要与金融机构加大合作，利用互联网技术和数据优势为金融服务行业提供创新契机，促进金融机构向“新金融”进行升级转型。2016年，蚂蚁金服的金融服务业务已经较为完善，由一家支付公司转变成了互联网金融集团，用“科技服务金融”的理念进行了一场颠覆。

2017年开始，蚂蚁金服在稳定国内市场的同时开始逐步向海外扩张，力争将支付业务和金融服务遍布全球。通过收购和战略合作的方式，蚂蚁金服逐步在泰国、韩国、新加坡、中国香港、马来西亚、菲律宾、巴基斯坦等邻近国家和地区建立起了本地版的电子支付平台，并收购了英国跨境支付公司万里汇。截至2020年，蚂蚁金服在境外打造了9个当地版本的“支付宝”，形成了全球“1+9”的布局，境内外合计用户已经超过10亿。

在扩张全球支付业务的同时，蚂蚁金服也在丰富自身业务体系，积极承担社会责任。2018年，蚂蚁金服与阿里巴巴联合收购了外卖平台“饿了么”，同年，同中国人保以及其他战略伙伴宣布要充分利用数字化技术，赋能运营转型与商业模式创新。2019年，针对用户隐私问题，支付宝发布“生物识别用户隐私与安全保护倡议”，并呼吁同行业企业加入，共同规范行业标准、保护用户个人信息。同时，支付宝的蚂蚁森林项目获得联合国颁发的2019年地球卫士奖的“激励和行动”奖项，得到广泛认可。

经过16年的发展，当初的小公司已经成长为“巨型”蚂蚁，而此时它也开始了去金融化的步伐，开始努力摘掉头顶的“金”字，向“科”字迈进。2020年7月，其名称变更为蚂蚁科技集团股份有限公司，强调自己服务型数字平台的本质。市场上对这次名称变更总结出两点原因：一是《金融控股公司监督管理试行办法》出台在即，金融业务监管越发严格，蚂蚁未来业务的发展可能会受到制约；二是当前科技股估值普遍偏高，蚂蚁可能在为上市做准备。果然，7月20日，蚂蚁集团就宣布了在上交所科创板和港交所的IPO计划。

在蚂蚁集团逐渐发展壮大的过程中，关于其上市的传闻一直未断，而蚂蚁也早就开始了为上市进行的布局谋划。一方面，在 2016 年时将蚂蚁金服从有限责任公司改制成为股份有限公司，使其满足股权结构稳定这一 A 股上市条件。另一方面，其不断强调自身的科技属性，削弱金融属性，规避越来越严的金融监管约束的同时，也能在资本市场获得更高的估值。

2018 年时，证监会在系统工作会议中提到要对上市制度进行改革，增强其包容性和适应性，加大对新技术、新产业、新业态、新模式的支持力度，以更好地服务国家战略，建设现代化经济体系。当时就有专业人士分析，这可能意味着未来 A 股将致力于培育一批自己的“独角兽”科技公司。时至 2020 年，全球科技股出现罕见的大牛市，国内阿里巴巴、腾讯等公司的股价较年初均有较大涨幅。前有政策东风，后有市场环境东风，作为金融科技公司的蚂蚁集团如果能在此时上市，无疑能够获得更高的估值及市场资金的追捧。于是，蚂蚁集团终于在此时启动了筹谋已久的上市计划。

那么，蚂蚁集团的归宿会是哪里呢？首先，能否像阿里巴巴、拼多多一样“远渡重洋”？根据我国金融监管要求，第三方支付需满足境内股东条件，这就导致蚂蚁集团无法像其他公司一样采用“VIE 架构”，而非 VIE 架构要在美股上市困难重重，因此，这条路基本被否决。其次，能否聚焦国内市场？根据我国主板和中小板发行条件，发行人在最近 3 个会计年度净利润均需为正且累计超过人民币 3000 万元，而蚂蚁集团 2018 年的扣非后净利润为负，直接被这一硬性要求拦在了门外。但是，国内市场还有科创板可以选择，科创板主要服务于符合国家发展战略、突破关键核心技术、市场认可度高的科创企业，实行市场化询价原则，股价变动限制也较主板更为宽松，似乎更适合号称科技服务企业的蚂蚁集团。再次，是否也能考虑实施了 IPO 新规的港交所呢？港交所在 2018 年 4 月宣布允许同股不同权和尚未盈利的公司上市，其后小米、美团等独角兽企业纷纷选择了赴港上市。最后，蚂蚁集团选定了科创板和港股同步上市，这意味着可以获得更大规模的融资，同时也能引入境外战略投资者，推动海外发展战略。

2020 年 7 月 20 日，蚂蚁集团正式宣布启动上市，消息一出，迅速点燃了资本市场。此时业内人员对蚂蚁集团的保守估值达 2000 亿美元，如果其成功登陆科创板，将成为中国市值最大的公司之一，甚至可能改变 A 股市场的格局。同时，蚂蚁内部 P7 以上的高管都拥有公司的股票激励，一旦蚂蚁集团成功上市，他们也至少能成为千万富豪。于是，蚂蚁集团上市的消息由内而外掀起了一场狂欢热潮。

蚂蚁集团此次 IPO 拥有“最强投行阵容”保驾护航，上交所科创板 IPO 由中金公司、中信建投、中信证券、华泰联合、申万宏源和中银证券担任联席主承销商，港股 IPO 则由中金公司、花旗集团、摩根大通和摩根士丹利保荐。8 月 25 日，蚂蚁集团正式向证监会提交 A + H 股 IPO 申请，并向上交所和香港联交所递交上市招股申请文件。

8 月 30 日，蚂蚁集团收到了上交所的首次问询，问题涵盖股权结构、员工激励、业务模式、合规风险、数据安全、同业竞争等方面。一周过后，蚂蚁集团对上交所提出的 6 大类 21 个问题进行回复，其中着重强调了蚂蚁集团相对于阿里巴巴的独立性。根据招股说明书披露的股权结构，阿里巴巴持股 32.65%，杭州君瀚和杭州君澳两个有限合伙企业分别持股29.86%、20.66%，而马云作为实际控制人的杭州云铂是这两个有限合伙企业的普通合伙人和执行事务合伙人，因此，马云是发行人的实际控制人。蚂蚁集团在回复中表示，基于公司章程设置，马云并不控制阿里巴巴集团，其与阿里巴巴并非同一实控人。同时，蚂蚁集团也强调其与阿里巴巴属于战略协同，但各自独立开展业务，自身并不依赖于阿里巴巴。

9月7日，蚂蚁集团接受第二轮问询，此次问询主要落在监管政策变化对公司业务模式的影响上。2020年以来，最高法修改民间借贷最高利率、金融控股公司准入规定、商业银行互联网贷款管理办法等，都将对蚂蚁集团现有的多个重点业务产生巨大影响。蚂蚁集团在9月9日答复称，以上监管政策的变化可能增加公司的合规成本和难度，但总体来看不会对公司的持续经营能力造成重大不利影响。

9月18日，科创板上市委员会同意蚂蚁集团发行上市，此时距离其递交招股书仅过去25天。9月25日，蚂蚁集团通过支付宝发行五只战略配售基金，最低1元起购，开售后创造了2分钟10亿元、1小时102亿元的销售速度，有效认购户数总计达1359.7万户，单只基金认购户数均在180万户以上，取得了十分优异的成绩。10月16日，证监会允许蚂蚁赴港股上市。10月21日，证监会正式通过蚂蚁科创板IPO注册，之后的定价发行等程序也都按部就班进行。10月29日，开始了蚂蚁集团新股的网上网下申购。11月1日，蚂蚁打新，公布网上摇号中签结果。一切都在稳步推进，蚂蚁集团的上市似乎已是板上钉钉的事情，这栋“摩天大厦”，似乎要在一片祥和和欢呼声中高高建起。

就在大家都准备好了迎来这场资本市场的狂欢时，上交所发布的一则紧急通告却为蚂蚁集团的上市之路按下了暂停键。11月3日，距离确定的上市日期只剩2天时，上交所突然发布公告，暂缓蚂蚁集团科创板上市。

消息一出，引起了轩然大波，市场上对于蚂蚁集团上市被叫停的原因众说纷纭，主要聚焦于两个事件。第一件是马云在2020年10月24日召开的第二届外滩金融峰会上发表讲话，对中国当前的金融发展状况和监管体系大胆发言：“中国不是金融系统性风险，而是缺乏金融生态系统的风险”“银行延续的还是抵押和担保的当铺思想，这不可能支持未来30年世界发展对金融的需求，金融应该创新，用大数据为基础的信用体系来取代当铺思想”“监管部门管的能力很强，但监的能力不够，支持发展的力度不够”。马云的话一石激起千层浪，有人质疑他对国家监管和传统金融“大放厥词”，也有人认为这几点值得相关部门重视与反思。10月31日，国务院金融委召开专题会议，提出“既要鼓励创新、弘扬企业家精神，也要加强监管，依法将金融活动全面纳入监管，有效防范风险。”这之后的3天里，《金融时报》接连转载刊发多篇和金融创新与风险相关的文章。

第二件事就是2020年11月2日，中国人民银行、证监会、银保监会及国家外汇管理局对蚂蚁集团实际控制人马云、董事长井贤栋、总裁胡晓明进行了联合约谈。也正是在这一天，银监会发布了《网络小额贷款业务管理暂行办法（征求意见稿）》，从市场准入、业务范围、经营管理等多个方面对网络小额贷款业务做出了规定。网络小贷业务正是蚂蚁集团的主营业务之一，然而其中的多项规定蚂蚁集团却并不符合，例如文中规定网络小贷公司的非标准化融资余额不得超过净资产1倍，标准化融资余额不得超过净资产4倍，单笔联合贷款中的出资比例不得低于30%，而这些蚂蚁集团均未达标，这意味着基于监管的要求，蚂蚁集团可能要在将来对自身业务进行重大调整。

11月3日晚上8点半，上交所发布关于暂缓蚂蚁集团科创板上市的公告，其中写道："近日，发生你公司实际控制人及董事长、总经理被有关部门联合进行监管约谈，你公司也报告所处的金融科技监管环境发生变化等重大事项，该重大事项可能导致你公司不符合发行上市条件或者信息披露要求。"一小时后，蚂蚁集团也在港交所公告，暂缓H股同步上市的步伐。随后蚂蚁集团于11月6日启动退款程序，将前述已募集的资金退回，将投资者认购的股份注销。

蚂蚁集团的上市之路在万众期待之中隆重开启，然而"摩天大厦"还未建起，又在接连不断的风波和愈演愈烈的质疑声中被无情按下了"暂停键"。狂欢落幕，无疑使得众多员工和投资者实现"财富自由"的梦想破碎，但这也正反映了我国在金融科技领域监管方面开始的改革与强化，为蚂蚁集团和其他金融科技企业敲响了警钟。在今后逐渐完善与趋严的监管环境中，金融科技企业要找准自身的定位，积极配合监管要求，强化风险管控，真正发挥助力经济、普惠民生的作用，才能获得更加长远的发展。

（二）启发思考题

（1）蚂蚁集团的商业模式是什么样的？其所在行业有何独特性？

（2）科创板的IPO审核制度是什么样的？蚂蚁集团为什么选择科创板上市？

（3）结合招股说明书及其他资料，分析蚂蚁集团的信息披露存在的问题以及带来的风险。

（4）蚂蚁集团IPO被暂停的深层原因是什么？这对蚂蚁集团及其利益相关方产生了什么样的影响？

（5）结合背景，谈谈本次事件对同类型的其他企业、监管机构及资本市场的投资者有何启示。

（三）分析思路

本案例以蚂蚁集团科创板IPO被叫停为背景，梳理了金融科技行业监管情况、科创板IPO规则、蚂蚁集团的发展历程以及其IPO从公告到被叫停的事件全过程。结合蚂蚁集团的商业模式、所在行业特性、股权结构、信息披露等方面的问题，分析蚂蚁集团IPO被叫停的深层原因，并进一步分析对其自身和利益相关方带来的影响。最后，根据事件背景及以上分析，提出对同类型的其他企业、监管机构及资本市场投资者的启示与建议。

（四）理论依据及分析

1. 商业模式与独特性

蚂蚁集团的商业模式是什么样的？其所在行业有何独特性？

（1）蚂蚁集团的商业模式。

蚂蚁集团在招股说明书中将收入分为数字支付与商家服务、数字金融科技平台（包括微贷科技平台、理财科技平台、保险科技平台）以及创新业务及其他这三大板块列式，其当前的 App 产品主要进行数字支付和数字金融科技服务，而创新业务则主要包括区块链和数据库服务。

数字支付服务是蚂蚁集团的起家业务，支付宝 App 为消费者及商家创造安全可信赖的支付交易界面，按照交易金额的一定百分比向商家收取交易服务费。蚂蚁集团也在不断充实支付宝的功能，以满足用户对于不同类型的交易和使用体验的需求。为了增强消费者及商家之间的信任，蚂蚁开发了自有的信用服务——芝麻分，用以衡量个人的履约意愿及履约能力。考虑到消费者和商家日益复杂的金融需求，蚂蚁为用户提供了全面的数字钱包解决方案，涵盖多种先进的数字支付功能，以及可以迅速、顺畅获取的数字金融服务和数字生活服务。如今蚂蚁集团是阿里巴巴集团旗下淘宝、天猫和 1688 等购物平台的主要支付服务提供商，与亚洲、欧洲及非洲的本地电子钱包建立了战略合作关系。

数字金融科技平台是以支付业务积累的大量长期用户为基础搭建起来的，蚂蚁集团利用自身强大的用户数据和技术优势，与合作的金融机构在资金、牌照方面的优势相结合，搭建起理财、微贷和保险三类科技平台。蚂蚁集团与约 170 家资产管理公司合作搭建了余额宝、余利宝和大理财等理财科技平台，为用户提供多种不同的风险及收益属性的产品，以满足日益增长的多元化理财需求。蚂蚁集团借助数据分析等科技优势提供理财产品风险评估、用户风险偏好评估、个性化理财建议等服务，根据促成的资产管理规模，从资管合作伙伴处获得技术服务费。微贷科技平台以花呗、借呗为主，面向消费者和小微企业，蚂蚁集团在这一平台中充当中间撮合人的角色，向用户发放贷款及收取利息的是合作的持牌金融机构，而蚂蚁提供创新产品的开发、客户触达、智能商业决策与动态风险管理解决方案等服务。金融机构合作伙伴则基于蚂蚁的微贷科技平台促成的信贷规模，向蚂蚁集团支付技术服务费。而在保险科技平台中，蚂蚁集团与保险公司进行合作，为保险机构提供大规模、低成本的获客，共同合作推出健康险、相互宝等低门槛的创新型保险产品，保险公司合作伙伴主要基于蚂蚁保险平台促成的保费及分摊金额，向蚂蚁集团支付技术服务费。在各类平台中，蚂蚁集团均不对各类理财、保险、信贷产品承担风险，主要运营均交由背后的金融机构运作，蚂蚁仅收取技术服务费，提供技术支持，为这些产品赋能。阿里生态圈及外部关系如图 7－1 所示。

蚂蚁集团最新兴的创新业务主要依托于数据库和区块链技术。蚂蚁集团的数据库 Ocean Base 支撑了支付宝、网商银行等关键领域的各种挑战，帮助提升处理效率、降低存储成本。如今蚂蚁集团已经将 Ocean Base 独立运作，并被山东移动、深圳公积金等单位引入应用。蚂蚁的区块链服务其依托的蚂蚁链（BaaS）可以追踪记录业务流程、提高业务流程的透明度和可追溯性，从而降低监督成本，增强交易双方之间的信任。其区块链服务具有高性能、高可靠性和高容错性等特点，有助于互联网时代金融业以及实业的发展。蚂蚁

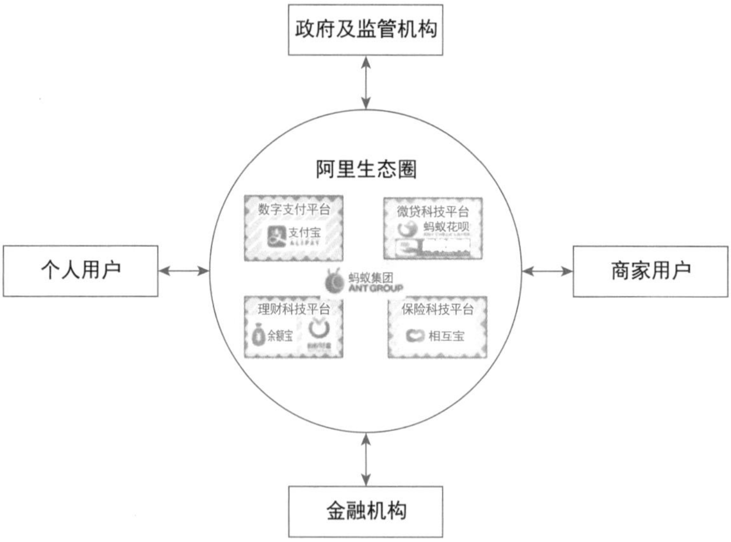

图 7－1　阿里生态圈及外部关系

资料来源：根据恒大研究院信息整理。

集团的数据库服务和区块链服务已经在最近几年对外开放，为蚂蚁集团带来了盈利，同时一些其他的技术平台也在打造过程中。这些技术可直接与政府部门接轨，并帮助蚂蚁集团打造金融科技大生态，建立起服务政府和国家战略的基础设施。

从蚂蚁集团的发展历程来看，不同于传统金融机构先打造产品再吸引客户群的发展模式，蚂蚁集团一直善于挖掘市场需求，再针对这些需求推出产品。从最开始为了服务淘宝产生的支付宝，到后来为了满足用户各种需求出现的余额宝、花呗、借呗等产品，都填补了某些用户需求的空缺，成为一个个“爆款”，为蚂蚁集团赢得了庞大的客户群体。而蚂蚁集团借此积累了大量的用户数据，在此基础上开始采取平台开放战略，将产品和业务向金融机构开放，利用和金融机构的优势互补搭建了微贷、理财和保险的金融科技平台，开展数字金融科技服务。随后，蚂蚁集团不断加大技术方面的创新投入，通过数据库、区块链等技术服务政府和国家战略，打造金融科技大生态，构筑了自己独特的生态圈，并形成技术闭环。与此同时，蚂蚁集团以其掌握的数据和技术为根基，将这套模式横向复制到海外，逐步实现国际化战略。至此，蚂蚁集团形成产品、平台、生态三位一体的商业模式。

（2）蚂蚁集团所在行业的独特性。

蚂蚁集团的企业定位为金融科技企业（见图 7－2）。金融科技（FinTech）指金融和信息技术的融合产业。科技类初创企业及金融行业新进入者利用各类科技手段对传统金融行业所提供的产品及服务进行革新，提升金融服务效率，因此可以认为金融科技是外向内升级金融服务行业。金融科技是比“互联网金融”范围更大的概念，不是简单的“互联网上做金融”，应用的技术不仅仅是互联网，大数据、智能数据分析、人工智能、区块链的前沿技术均是金融科技的应用基础。

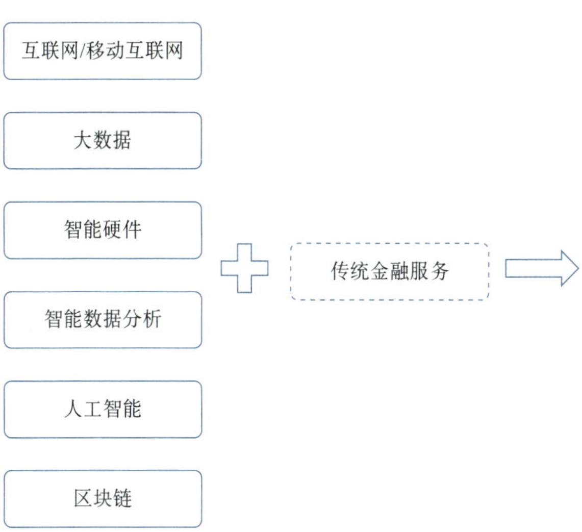

图7-2　金融科技构想

资料来源：根据36Kr-FinTech行业研报整理。

作为我国较为新兴的行业，金融科技行业具有以下几点独特性：

①超前性：日益激烈的行业竞争会驱动相关企业不断推出创新的产品和服务，企业要在产品研发和技术投入上做出超前行动，通过不断创新来维持并提高自己的核心竞争力和市场地位，才能摆脱跟随战略，从行业中脱颖而出。

②动态性：行业内技术、产品、服务在不断更新，行业监管法规复杂且在不断发展，客户需求也在不断变化。而由于金融产品自身的复杂性，创新产品的过程中会产生时差，需要保持处于动态调整之中。

③高风险性：金融科技创新的风险流动会双向传导，对企业主体与市场均产生影响，相对大多数其他行业来说风险较高。

④层次性：金融科技行业的创新具有层次性，初级的创新只是改变产品的组合和渠道终端，在目前行业进行转型升级的阶段，企业需要对产品进行深度的创新，即改变其原有的属性，使产品发生本质上的改变。

⑤外部性：从研发、生产到产品，金融科技创新都会产生相应的外部效应，并且根据其产生的社会价值，可分为正、负两种外部效应。

近年来，随着金融科技行业的蓬勃发展，国家对该行业也越来越重视。基于该行业的独特性，国家在鼓励创新的同时也逐渐完善监管体系，加强对该行业的监管，力求以合规为底线，达到鼓励创新和防控风险的平衡。

2. IPO审核制度

科创板的IPO审核制度是什么样的？蚂蚁集团为什么选择科创板上市？

（1）科创板的IPO审核制度。

科创板实行注册制的上市制度，基本原则为：证券交易所负责发行上市审核，证监会负责股票的发行注册，并由证监会对上交所的审核工作进行监督。基本流程如下（见图7－3）。

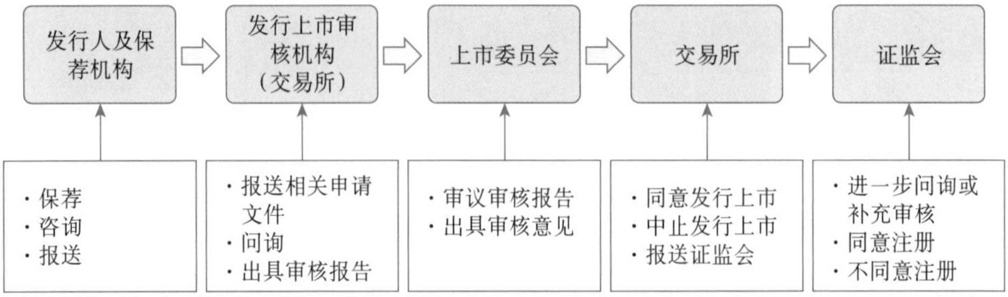

图7－3　科创板股票发行上市基本流程

资料来源：《上海证券交易所科创板股票发行上市审核规则》。

首先，发行人委托保荐人向证券交易所提交申请文件，证券交易所专门的发行上市审核机构需在5个工作日内做出是否受理的决定。若不受理，发行人可在之后提请复审；若受理，则需要在20个工作日内对发行人进行首轮审核问询，并根据其回复情况判断是否需要继续审核问询。

其次，发行上市审核机构出具审核报告，并提交上市委员会审议，上市委员会就审议事项发表意见，做出同意或不同意发行上市的意见，交易所根据上市委员会的意见做出同意发行上市或中止发行上市审核的决定。

最后，交易所向证监会报送审核意见，证监会可以要求交易所进一步问询或者补充审核，若无特殊事项，则证监会同意发行注册。

与主板、中小板的上市制度相比，科创板在审核流程中将证券交易所的角色放大，赋予其对发行人资质进行审核的权力。而从上市条件来看，科创板的准入规则也更加具有包容性，不仅在资产、盈利、流动性等方面放宽了要求，也为在境外注册的红筹企业和具有特殊表决权安排的企业提供了境内上市的机会。因此，科创板并不单纯依靠监管机构对于上市企业的审核和判断做决定，而是在关注相关发行和上市条件的基础上强化了信息披露监管，更重视发行人、中介机构上市申请文件及所披露信息的充分性、一致性和可理解性，让市场上的投资者能够依据获得的信息对发行人做出准确的价值判断。

（2）蚂蚁集团选择科创板的原因。

蚂蚁集团在多种上市选择之中，基于各种因素综合考量，最终选定了科创板和港股同步上市。首先，由于中美关系紧张，中概股指数整体下跌，且由于自身业务的特殊性，蚂蚁集团无法采用“VIE”架构，非“VIE”架构很难适应美股市场的强监管，因此美股上市并不是一个好的选择。其次，国内的主板市场和中小板市场对上市公司的要求较严格，蚂蚁集团不符合连续3年净利润为正的要求，被挡在门外。此时，实行注册制的科创板为蚂蚁集团提供了另一选择，其优势体现在以下几个方面：

①审核周期短：根据科创板规定，上交所自受理公司的上市申请后3个月内要出具是否同意上市的决定，审核问询的时间总计不超过3个月，因此审核环节最长6个月，而主

板上市审核至少要1年时间。审核周期较短，能够让蚂蚁集团抓住当前利好的政策和市场环境，尽快完成上市。

②上市条件宽松：主板市场对于公司业绩、股权结构方面要求较严格，科创板上市条件更有包容性，以市值为中心设置5套上市标准，可以满足在关键领域通过持续研发投入已突破核心技术或取得阶段性成果、拥有良好发展前景，但财务表现不一的各类科创企业上市需求。科创板允许存在未弥补亏损、未盈利企业上市，不再对无形资产占比进行限制；允许存在表决权差异安排等特殊治理结构的企业上市，并予以必要的规范约束。在相关发行上市标准的把握上，也考虑科创企业的特点和合理诉求。比如，为适应科创企业吸引人才、保持管理层和核心技术团队稳定需求，允许企业存在上市前制定、上市后实施的期权激励和员工持股计划；针对科创企业股权结构变动和业务整合较为频繁的特点，放宽对实际控制人变更、主营业务变化、董事和高管重大变化期限的限制。

③定价方式：科创板首次公开发行股票建立了以机构投资者为参与主体的市场化询价定价机制，取消直接定价方式。主承销商会在询价阶段向网下投资者提供价值投资研究报告，投资者依照自己的判断给出拟申购价格，发行人和主承销商根据初步询价搜集的拟申购价格和拟申购数量信息，协商确定合理的超额认购倍数和发行价格。对于蚂蚁集团这种被公众投资者十分看好、发行之前便万众瞩目的企业，这种询价制度可以将市场的期望值转化为更高的定价，帮助其募集到更多资金。

④交易制度：科创板的交易制度将股价变动适当放宽限制至20%，且新股上市后的前5个交易日不设涨跌幅限制，对于蚂蚁来说，其拥有较高的市场预期和较高的市值评价，这样的规则可以发挥市场的功能，保障市场的流动性，有利于引导中长期资金入市，引导价值投资。

⑤估值较高：主板上市的市盈率不高，一般不超过23倍市盈率发行定价，股票发行溢价较低，上市难以募集到更多资金。科创板公司往往能以较高市盈率发行，基本在40～50倍，可以使蚂蚁集团在资本市场募集到更多资金。

⑥符合公司战略定位：蚂蚁集团在努力走向“科”字，将自身定位为高科技企业，而科创板正是主要服务于符合国家战略、突破关键核心技术、市场认可度高的科技创新企业，这正符合蚂蚁集团的战略定位。

⑦鼓励股权激励：科创板扩展了股权激励的比例上限和对象范围，增强了股权激励价格条款的灵活性，鼓励公司高级管理人员核心技术人员参与新股发售，可以把公司利益与管理层、核心技术团队的利益紧密联系，激发创新潜能。

3. 问题与风险

结合招股说明书及其他资料，分析蚂蚁集团信息披露存在的问题以及带来的风险。

蚂蚁集团的招股书洋洋洒洒500余页，向投资者描绘了一幅上市后的宏伟蓝图，然而结合其财务报表等其他资料进行分析，发现其对于一些较为核心的问题，例如表外业务、关联方交易等，却存在信息披露不完整或刻意模糊的现象，这会影响投资者的判断，从而带来极大的风险。

（1）表外业务。

蚂蚁集团的资产证券化业务（ABS）占比较大，但其微贷科技平台促成的贷款主要由其合作的金融机构发放，形成了表外业务。图中展示了蚂蚁集团的 ABS 业务模式（见图 7－4）：蚂蚁金服通过和德邦证券合作，将花呗、借呗平台向商家和用户的贷款打包，包装成 ABS 产品，在资本市场上发售，将从认购人那里募集到的资金再借给微贷平台用户，新的贷款再包装成新的 ABS 产品用以募集资金。如此循环往复，蚂蚁集团就能实现以小撬大，利用较少的初始资金撬动万亿级信贷。

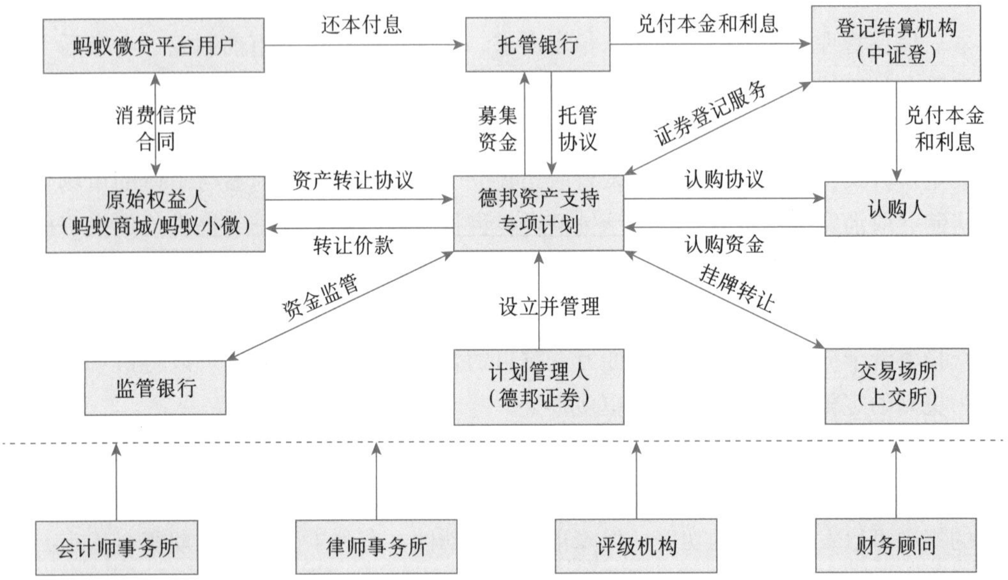

图 7－4　蚂蚁集团的资产证券化业务模式

蚂蚁集团的平台促成的信贷余额中，由其自身直接出资提供的信贷额占比较小。截至 2020 年 6 月 30 日，蚂蚁集团的信贷余额达到 21537 亿元之多，其中消费信贷占比 80% 以上，达到 17320 亿元，但由蚂蚁集团旗下公司直接提供信贷服务的表内贷款只有 431 亿元，占比仅 2% 左右，其余都是由合作金融机构进行实际放款或已实现资产证券化的部分。蚂蚁集团利用金融资产转移等会计准则，仅保留部分继续涉入资产和继续涉入负债，这代表蚂蚁集团的巨额信贷只有约 2% 的部分会被记录在自身的财务报表中，其余部分作为表外业务，并没有得到详细说明和风险提示。从信息披露的角度看，蚂蚁集团，通过将 ABS 表外化减少其对资产负债率的影响，容易让投资者低估其财务杠杆，忽略 ABS 业务带来的风险。

（2）模糊定位。

无论是在蚂蚁集团日常营销还是招股说明书中的信息披露，“信任”“普惠”以及“创新”是其开展业务时着重强调的词语，通过反复强调自己在技术创新方面为用户提供的便捷化服务，不断强化蚂蚁集团是一家科技公司的印象。而在蚂蚁集团的营业收入构成比例中，公司数字金融科技平台的收入在公司营业收入的比例从 2019 年开始已经超过

50%，在2020年前半年更是占比63.39%，已经超过了蚂蚁集团旗下支付宝作为支付平台获得的数字支付与商家服务的收入，可见蚂蚁集团并不像其宣传的那样是一家“去金融化”的科技公司，本质上更是一家金融企业。其公开资料中没有进行针对性的行业披露，主营业务收入构成又与其行业定位不符，这样的模糊定位让其游走在监管边缘开展业务，带来了极大的风险。

（3）关联方交易。

蚂蚁集团的招股说明书中提到，公司向金融机构提供数字金融科技平台收取的服务费创造了企业大部分的收入，在2019年度及2020年1~6月的收入中分别占比56.20%和63.39%，并且这部分收入预计将成为公司未来增长的重要驱动因素。在与蚂蚁集团合作互惠的金融机构客户中，包括其自身持股占比51%的天弘基金，也就是余额宝的发行公司，蚂蚁集团却未在包括招股说明书在内的任何公开信息中披露关于向旗下天弘基金收取技术服务费的具体金额或该部分收益在总收入中的占比。蚂蚁集团与自己控股子公司天弘基金的相关交易本涉嫌重大关联方交易，披露不充分会让投资者无法准确预知监管环境或天弘基金的变动会对蚂蚁集团造成的影响，从而带来极大的迷惑与不确定性，同时也对蚂蚁集团的经营独立性产生质疑。

4. 原因与影响

蚂蚁集团IPO被暂停的深层原因是什么？这对蚂蚁集团及其利益相关方产生了什么样的影响？

（1）蚂蚁集团IPO被暂停的原因。

马云在峰会上的发言和蚂蚁集团高层被约谈是蚂蚁集团被暂缓上市的两个直接导火索，然而这两个事件背后展现出的深层原因是蚂蚁集团面临的宏观政策环境的变化和其自身业务模式带来的巨大风险。

- 政策规定

11月2日发布的《网络小额贷款业务管理暂行办法（征求意见稿）》从市场准入、业务范围、经营管理等多方面对网络小额贷款业务进行规定，其中多项内容可能会对蚂蚁集团的现有业务产生重大影响：

①网络小额贷款业务会被纳入现有的监管体系下，由相应监督管理部门对业务开展过程中规范性与风险进行批准与审查。这意味着蚂蚁集团主营业务中的小微贷款业务将会被加强监管，之前通过强化科技、去金融化规避金融监管的时代不复存在，这将会对蚂蚁集团未来的发展产生极大影响。

②小贷公司不能跨省开展网络小额贷款业务，除非获得相应监管机构即银保监会的批准。蚂蚁集团旗下目前有两家专门开展网络小额贷款业务的公司：重庆市蚂蚁商诚小额贷款有限公司和重庆市蚂蚁小微小额贷款有限公司，注册地均在重庆，而业务早已拓展到全球范围内，之后这两家公司开展跨省业务将面临一定困难，需要先取得批准。

③经营网络小额贷款的公司的注册资本不低于10亿元，开展跨省业务的小贷公司其注册资本不低于100亿元。蚂蚁集团旗下经营网络小额贷款的重庆市蚂蚁商城小额贷款有

限公司存在跨省业务，但其注册资本只有40亿元，不满足不低于100亿元的要求。

④网络小额贷款对单个自然人的贷款余额不超过30万元且不超过其最近三年1/3的年均收入，而对其他单个组织或者法人的贷款余额应不超过100万元。这项对贷款余额的最高要求限制了蚂蚁集团以后开展微贷业务的规模，对其主营业务产生了冲击。

⑤在单笔联合贷款中网络小贷公司的出资比例不能低于30%。根据蚂蚁集团招股说明书中的披露，2017年至2020年6月末蚂蚁集团下属子公司发放的自营贷款余额占微贷平台促成的全部信贷余额的比例分别为3.96%、3.13%、1.86%和1.68%，总体来看只占2%，而如果要整体达到30%的出资比要求，蚂蚁集团自身的出资至少要达到6461亿元。可见，蚂蚁集团的联合贷款出资比例远远达不到监管新规的要求，在今后其小贷业务规模可能面临着急剧缩水。

⑥在对外融资的杠杆率方面，小额贷款公司通过银行借款、股东借款等非标准化融资形式融入资金的余额不得超过其净资产的1倍；通过发行债券、资产证券化产品等标准化债权类资产形式融入资金的余额不得超过其净资产的4倍。截至2020年6月30日，蚂蚁集团旗下两家小贷公司蚂蚁商诚、蚂蚁小贷的净资产分别为182.4亿元、175.9亿元，合计358.3亿元。蚂蚁集团根据自身出资形成的信贷规模测算的表内杠杆只有1.2倍，但考虑表外ABS业务后就增加至7.93倍，如果将合作金融机构出资在内的整体信贷规模考虑进来，杠杆倍数达到约60倍，远远高于监管要求的4倍，杠杆风险极高。

⑦在《暂行管理办法》实施前已经开展业务的网络小贷公司应在一年内对相关业务进行整改，同时还应对现有跨省业务在3年内完成整改以取得相应资质。今后的一段时间内，蚂蚁集团将要对其业务进行大规模的整改，以符合监管要求，才能够继续发展。

由此可见，《暂行管理办法》的发布极大地影响了蚂蚁集团的经营环境，可能会对其持续盈利能力和持续经营能力产生重大影响，影响蚂蚁集团的估值。《科创板首次公开发行股票注册管理办法（试行）》第二十七条规定“中国证监会做出注册决定后、发行人股票上市交易前，发现可能影响本次发行的重大事项的，中国证监会可以要求发行人暂缓或者暂停发行、上市”，因此证监会认为金融科技监管环境的变化以及蚂蚁集团高层被约谈的事项可能对蚂蚁集团业务结构和盈利模式产生重大影响，属于上市前发生的重大事项，遂给出暂缓上市的要求。

- 自身业务风险

①信贷规模过大：截至2020年6月30日，由蚂蚁集团微贷科技平台促成的信贷规模共计21537亿元，消费信贷占比达80%，有17320亿元。这其中只有2%的贷款是蚂蚁集团自身通过旗下的小贷公司（蚂蚁商诚与蚂蚁小微）发放的，其余98%基本都来自从合作金融机构吸收并进一步打包出售给消费者的ABS产品。

蚂蚁集团的消费信贷规模巨大，占比较重，而次级贷款人还款能力的不确定性带来了较大的风险。蚂蚁集团自身出资比例极低，而是通过资产证券化的方式实现循环放贷和联合贷款，这种模式产生了极高的财务杠杆，隐藏着巨大风险，一旦面临系统性金融风险或出现大面积违约，可能导致“多米诺骨牌”效应，给金融市场带来极大的波动。

②体量过大：蚂蚁集团掌握阿里巴巴集团旗下淘宝、天猫等购物网站的支付业务，同时又与大量金融机构合作搭建了花呗、借呗、余额宝等金融科技平台，相关产品已经广泛渗透进人们的日常生活中，有很大的影响力。据《第一金融网》研究，仅支付宝应用就链接了超过 8000 万商家和超过 2000 个金融机构合作伙伴，在中国有超过 10 亿的用户。

这样大的体量和影响力背后也隐藏了较大的风险。一方面，蚂蚁集团掌控大量个人、企业数据，可以很容易形成相关业务交易流通环节网络分析，加之重大关联方阿里巴巴集团的资源支持，很容易形成垄断。另一方面，其广泛的覆盖面和影响力会使市场难以承担其违约风险，一旦蚂蚁集团旗下相关产品信用风险升级、基础资产出现大量违约，将会波及证券、银行、信托、资管等诸多领域，对微贷平台用户的日常生活也会造成巨大的影响，具有引发巨大社会系统性风险的潜在隐患。《金融时报》在 11 月 1 日刊登的《大型互联网企业进入金融领域的潜在风险与监管》一文中直接指出：大型互联网企业“大而不能倒”，由于大型互联网企业在用户、客户以及业务等方面具有传统行业难以比肩的覆盖范围和影响力，一旦出现金融风险可迅速引发全社会的系统性风险。

③经营实质界定模糊：科创板的发行条件要求发行人“拥有关键核心技术，科技创新能力突出，主要依靠核心技术开展生产经营，具有稳定的商业模式”，而蚂蚁集团选择科创板上市，并且在 IPO 启动前特意更名为“蚂蚁科技集团”，也是将自己定位为科技创新企业。但是结合招股说明书披露的信息及前期监管的内容来看，蚂蚁集团的主营业务收入占比中创新业务及其他占比不到 1%，其技术围绕金融业务开展，是利用科技辅助金融，所以其经济实质并不属于科技集团，存在经营实质界定模糊的问题。

一方面，这会让蚂蚁集团规避掉一部分金融监管，例如其开展的微贷、相互宝等业务在此前仍处于监管规范不完善地带，存在一定监管风险。当监管态度发生变化，蚂蚁集团也会面临经营环境的重大变化，可能会在持续经营能力方面受影响。另一方面，刻意模糊的定位可能让蚂蚁集团此次 IPO 存在估值偏高的风险。蚂蚁集团 IPO 的发行价定为 A 股 68.80 元/股、H 股 80.00 港元/股，按此计算总市值为 3130 亿美元，动态市盈率高达 96.48 倍，而这个估值其实与它到底是“蚂蚁金服”还是“蚂蚁科技”有很大的关系，如果定位为一家放贷为主的金融公司，蚂蚁集团的估值不会达到这么高。

④信息披露不完善：注册制下，主管机构只会对发行人的发行条件和信息披露等进行审查，不会对公司的前景、价值做出判断，投资者需要自己依靠收集到的信息进行价值判断。而基于第 3 题的分析，可以看到蚂蚁集团在表外业务、业务性质、关联方交易等方面的信息披露不够完善，可能会让投资者忽略重要风险信息，形成一定误导，使投资者做出不够准确的判断，从而蒙受损失。

⑤合作方承担风险：根据蚂蚁集团的业务模式，其通过与合作机构之间的专业化分工，巧妙地让合作机构去面对现行体系下金融的监管职责，自己则处于几乎无风险地带并赚取各类金融服务的丰厚收益，将风险转移给了合作的金融机构。而合作机构由于无法掌

握底层资产的详细数据以及风险控制等关键信息，对信贷中最核心的风险控制部分失去把控，几乎单方面承担了全部风险。一旦出现系统性金融风险或用户大规模违约等状况，蚂蚁集团可以以自己是一家科技公司，主要提供技术和数据支持实现全身而退，承担损失的却是合作金融机构和投资者。

同时，与蚂蚁集团合作的金融机构大多为中小型金融机构、地方银行等，部分机构可能在信用动态风险管理的技术上还不够完善，存在依赖蚂蚁集团的现象，这存在着极大的风险。如果蚂蚁集团相关技术无法及时跟进或遭遇漏洞，无疑会给合作方带来极大的冲击。

⑥消费观念引导：从蚂蚁集团推出的产品可以看出，花呗和借呗利用其较低的使用门槛和隐藏高利率的手段，为绝大多数低龄且经济能力有限的用户群体提供了类似信用卡的服务，但这并不利于帮助这些用户树立正确的消费观念。这些产品的宣传在一定程度上鼓吹消费主义，且利用大数据算法来任意调节用户借款额度，存在利用用户尚未成熟的消费观念来为自身牟利的嫌疑，在价值观上可能有所偏颇。

（2）蚂蚁集团 IPO 被暂停产生的影响。

- 对蚂蚁集团自身产生的影响

①蚂蚁集团无法得到上市涨停板的期权收益。

②重新上市时间待定，影响蚂蚁集团的战略规划。

③为相关金融监管政策实施的第一例，蚂蚁集团将会受到更严格的监管，未来发展会受到一定限制，需要重新审视自身的业务模式及实质，在相关规划上做出调整。

④相关监管政策的实施会影响蚂蚁集团的估值，进而影响集团的筹资计划。

⑤打新资金的退回对已经成立的基金带来一定影响，增加其近期的财务压力。

- 对其他利益相关者产生的影响

①公司内部人员：根据蚂蚁集团的股权结构，如果能成功上市，公司的股东、高管以及获得股权激励的员工都将获得巨大的收益，而蚂蚁集团上市之路的暂停，也将他们实现“财富自由”的时间待定。

②相关企业：蚂蚁集团被暂停上市后，阿里巴巴等相关企业的股价出现波动。

③合作方：合作机构承担风险，蚂蚁集团获利的盈利模式告终，合作金融机构摆脱了承担全部风险却获利仅半的困境，国家进一步收紧网络小贷利率和杠杆率，会使得金融行业有步骤有计划的改革和升级。

④对手公司：蚂蚁集团暂缓上市给予整个互联网金融行业的其他从业者一记警示，也影响了类似对手公司上市的进程。就在蚂蚁集团被暂停上市之后不久，11 月 10 日马化腾便卸任了财付通的负责人。京东数科、腾讯金融科技等企业均放缓了上市的步伐，做出进一步的改进。

⑤投资机构：无法获得上市涨停板的收益，相关战略规划需要重新调整。

⑥投资者：投资者无法参与此次 IPO，但从蚂蚁集团上市背后的潜在风险来看，实际上进一步保护了投资者的利益。

5. 案例启示

结合背景，谈谈此次事件对同类型的其他企业、监管机构及资本市场的投资者有何启示。

（1）对同类型其他企业的启示。

①关注外部风险：蚂蚁集团之前的微贷、相互宝以及一系列个人消费贷款及小微企业贷款都处于监管的空白地带，但随着银保监会《网络小额贷款业务管理暂行办法（征求意见稿)》的发布，对于网络小贷企业在具体业务内容、联合贷款中的出资比例等都有了更严格的明文规定，这就使以前此类企业在监管空白中的野蛮生长必须停止，势必会对公司的经营业绩产生较大的负面影响。同时对于类似的互联网金融企业而言，他们所掌握的大量个人数据、企业数据，在未来都有可能出于对隐私的保护和防垄断的考虑，由政府及相关部门出台一些限制措施，届时也将会对企业整体业务的开展产生重大的影响，因此，要加强对外部风险的关注和防范。

②完善信息披露：蚂蚁集团招股说明书中对于重大关联方交易、表外业务披露等方面披露不够完善，给投资者决策带来了困扰，同时也涉嫌违反科创板关于首次公开募股企业相关信息披露的规定，这也可能是导致其无法成功上市的原因之一。因此同行业其他企业要对投资者和监管部门重点关注的问题实事求是地完整披露，不要妄图靠选择性披露和含糊其词蒙混过关。同时对于自身企业经营的业务实质也要有充分的认识，不能因为想要躲避监管或力求更好的筹资结果而模糊相关信息。

③加强风险控制：蚂蚁集团通过金融业务获得高额收益，却没有过多考虑为合作方等利益相关方带来的巨大风险，以及对资本市场和整个社会产生的经济影响。蚂蚁集团暂缓上市给予行业内其他企业以警醒：互联网公司在开展金融服务业务时不能一味以创新为由而忽略金融风险，互联网金融的发展仍需稳步推进并保持审慎，在考虑自身业务扩张和效益提升的同时，要加强风险控制，承担起自身应当履行的社会责任。

（2）对监管机构的启示。

此次蚂蚁集团的上市事件，有利于监管机构进一步加强对类似的金融科技公司的解读和管理。对于我国金融行业监管层而言，过去没有指名道姓点出的互联网金融可能引发的金融风险已经被公开指出并热烈讨论，下一步针对互联网企业的金融业务的整改以及对其风险监管亟待解决。监管机构要逐步建立完善的监管体系，加强对该行业内资产证券化业务、杠杆率等方面的管理，控制潜在的系统性金融风险，保障金融市场的健康发展。

（3）对投资者的启示。

投资者应当具备相关专业知识和辨别能力，能够对上市企业的投资价值做出理性判断，而不是为了短线炒作盲目投资。在投资股票时，应当更多关注公司本身的情况，对其商业模式、股权结构、财务状况、经营环境等方面进行深入分析，理性看待新股的投资价值及风险。如果只是依靠片面信息盲目“炒新”，可能会面临较大的风险。

五、教学方法与手段

近年来坚持致力于会计人才培养模式改革，全面重塑会计人才培养体系。《商业伦理与会计职业道德》课程作为我校会计学院硕士研究生的必修课程，在研究生思政建设中起到举足轻重的作用。课程总目标是立足于现代经济活动实践和案例，结合经济环境的制度特征，让会计专业的研究生认识和理解商业伦理和职业道德在未来职业发展中的重要作用，将价值塑造、知识传授和能力培养紧密融合，培养德才兼备的高素质、综合型、复合型卓越财会人才。具体目标分解如下（见图 7－5）：（1）坚持一个道德核心：贯彻立德树人，将思想政治教育有机融入课堂教学全过程；（2）培养学生的五大专业能力：商业伦理理论理解力、商业伦理问题分析力、会计职业道德认知力、会计造假问题判断力、会计职业道德实践力；（3）体现两大基本素质："从会计内部看世界" 和 "跳出会计看世界"。

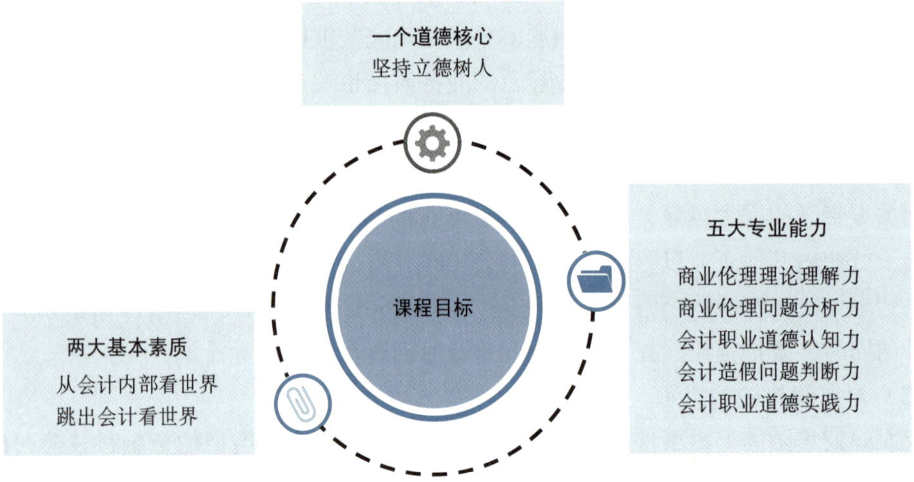

图 7－5　《商业伦理与会计职业道德》的课程目标

（一）课程思政建设的指导思想

为培养德才兼备的卓越财务人才，结合课程的教学目标设定，课程思政建设逐步形成了遵循"两性一度"打造金课的标准，提出了以"价值引领、交叉前沿、三位一体"的教学指导思想（见图 7－6）。

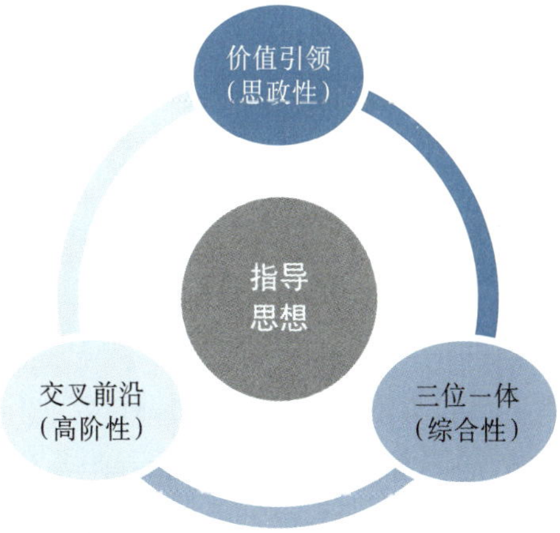

图7－6　《商业伦理与会计职业道德》课程思政建设指导思想

（二）课程思政建设的创新模式

基于教学探索与实践，结合课程指导思想，本课程的思政建设策略主要体现在三个方面：第一是针对会计学院研究生的特点而探索并开发的课程思政建设的“二三四”模式（见图7－7），即双体互动、三重解释、四项融入；第二是体现“思政性、专业性与趣味性并重”的复合培养模式；第三是以“一个道德核心、五大专业能力培养和两大基本素质”为目标导向的教学内容设计。任课教师采用线上和线下相结合、综合运用多案例教学、启发式教学、抛锚式教学、协作式教学等多种教学方法，逐渐转变学生的学习方式，培养自主学习能力和科学探索精神（见图7－8）。

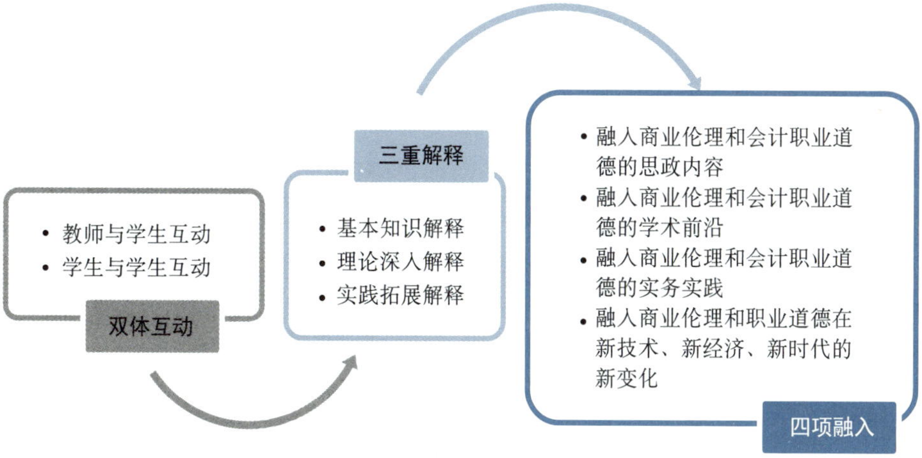

图7－7　《商业伦理与会计职业道德》课程思政建设的“二三四”模式

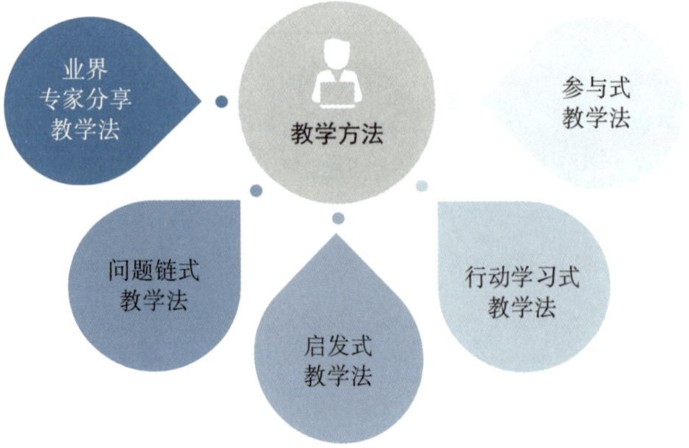

图 7 - 8 《商业伦理与会计职业道德》课程思政建设的教学方法

（三）课程思政建设的方法和手段

本课程综合运用多种方法来具体实施课程思政建设的“二三四”模式，即根据“三重解释”的学科教学特点，创设“双体互动”和“四项融入”的学习情境，通过业界专家分享教学法、问题链式教学法、启发式教学法、行动学习式教学法和参与式教学法，促进学生对《商业伦理与会计职业道德》知识、理论和实践的积极内化。

（四）课程思政建设融入教学的过程

课程思政建设的“二三四”模式的理论内核可以转换为可行的实践方式，特别要充分对接五种能力的培养，据此设计《商业伦理与会计职业道德》课程思政建设的教学过程，积极将课程思政建设目标融入课程教学过程（见图 7 - 9）。

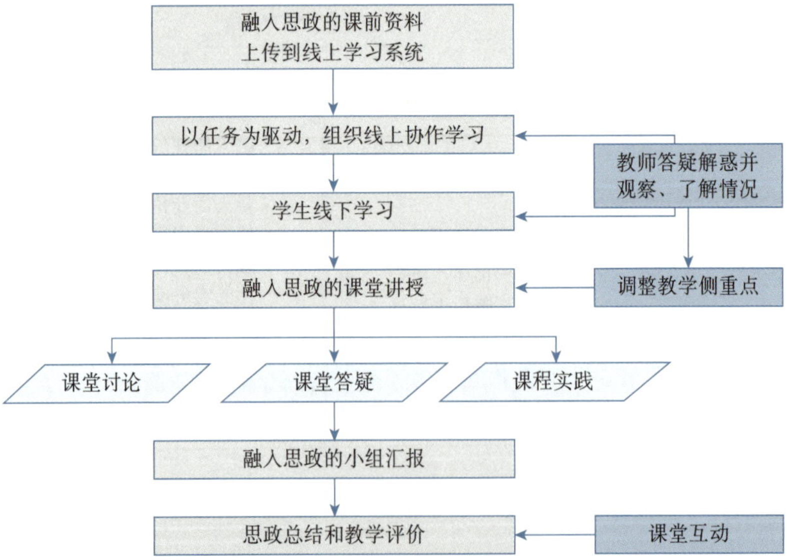

图 7 - 9 《商业伦理与会计职业道德》课程思政建设的教学过程

六、教学实施过程

本案例可以作为专门的案例讨论课来进行。如下是按照时间进度提供的课堂计划建议，仅供参考。

（1）整个案例课的课堂时间控制在 80～90 分钟。

（2）课前计划：提出思考题，请学生在课前完成案例的阅读，查找相关资料，形成自己的见解。

（3）课中计划：开场（5 分钟）——案例概述（10 分钟）——进入分析讨论互动环节（40 分钟）。

（4）各小组进行成果汇报，并进行归纳总结（25 分钟）。

（5）老师对相关方法进行总结和要点详解（10 分钟）。

（6）课后计划：请同学结合课堂讨论，进一步对所学的知识进行总结提炼和拓展，形成文件进行提交。同时，请同学课下对事件的后续进展进行关注，继续发现值得研究的问题。

七、考核与评价方式

教学效果评价是课程评价的重要部分，根据现代教育思想和教学观念，本课程主要聚焦于以下三种评价维度和操作方式——诊断性评价、形成性评价和总结性评价，三者恰好构成了一个动态的评价体系，并将思政元素融入考核体系中。

诊断性评价根据学生的前期学习表现来评价教学效果，形成性评价根据学生的课堂表现和课后作业来评价教学效果；总结性评价根据学生的期末考试成绩来评价教学效果。在评价的权重上，总结性评价（期末案例分析考试）占总成绩的 50%，诊断性评价和形成性评价（包括考勤、作业、平时测验、案例分析等）占总成绩的 50%。

通过三种评价手段的综合运用，强化思政元素在考核环节的体现，便于教师及时了解教学中取得的成绩和存在的问题，不断调整或改进教学工作，最终达到课程与教学的目标要求。

八、实施成效

《商业伦理与会计职业道德》课程评价成绩优秀，改革效果较好。

（一）学生评价

学生作为课程与教学的直接实施对象，虽然还不具备理论水平和专业眼光，但依然具有评价教师的能力，特别是在与自己的直观体验关系密切的几个指标上：（1）课堂表达的易懂性；（2）兴趣需求的契合度；（3）互动交流的有效性；（4）教学手段的丰富性；（5）教师言行举止是否积极向上（思政元素）。

经过课程的教学创新改革，本课程的学生评价进一步得到提升，体验式案例教学，互嵌式课程思政，让本课程的教学效果优秀，学生对课程的满意度大大提高，对案例教学的赞扬评价和正能量价值观的传授（本课程在“我感受到教师的价值取向是培养热爱祖国……乐于奉献的好公民”的得分接近满分）是对教师的充分肯定。

（二）课程建设（见表 7－1）

表 7－1　　　　课程建设成果

序号	类别	年度	成果名称
1	一流专业和课程	2019 年	财务管理北京市一流专业、北京市专业实践教学体系建设课程
2		2020 年	中央财经大学一流本科培育课程、中央财经大学“精彩一课”示范课
3		2021 年	财务管理国家一流专业
4	教学获奖奖项	2022 年至今	北京市高等教育教学成果二等奖、北京高校优质课程、北京高校优质课件、中央财经大学优秀教学成果奖、中央财经大学高等教育教学成果奖
5	课程思政建设	2022 年	北京市高校本科课程思政示范课程、入选新华网新华思政课程、中央财经大学本科课程思政示范课程团队 北京高等学校优秀专业课（公共课）主讲教师
6	教改项目	2022 年	北京市高等教育“本科教学改革创新项目”（重点项目）
		2018 年至今	中央财经大学教改项目 4 项（重点 1 项）
7	教改论文	2022 年至今	教改论文《财经类专业课程思政建设从何处着眼》刊发在 2024 年 1 月 15 日《中国教育报》；《财经类课程思政教学改革探索与实践：以〈财务管理学〉为例》刊发在 2022 年《财务与会计》，并被评为 2022 年度优秀论文
8	线上 MOOC	2023 年	在学堂在线正式上线
9	教材建设	2022 年至今	《公司金融》，人民邮电出版社；《高级财务管理》，北京大学出版社
10	案例资源库	2018 年至今	20 篇精选公司“财务思政＋”案例
11	视频资源库	2018 年至今	20 个“财务思维＋”科研知识点视频 30 个毕业生“财务思享＋”经验分享视频

（三）人才培养

经过课程的思政教学创新改革，学生的成长得到了质变，课程主讲人及团队成员不仅多次指导学生获得北京市本科优秀毕业论文，与本科生合作研究的多篇论文发表于学术期刊，发表于《管理世界》《会计研究》《金融研究》《管理评论》《会计与经济研究》《财务研究》等会计财务领域的主流 CSSCI 期刊；“财务思政+”话题论文发表在《中央财经大学学报》和英文 SSCI 期刊 Emerging Market Finance and Trade。通过课程学习和实践，积极把论文写在祖国大地上，并获得了中国证券协会、中证中小投资者服务中心、财政部会计资格评价中心、赣州市相关部门的批示和感谢信。

（四）团队发展（见表7－2）

表7－2　　团队发展成果

序号	项目	年度	成果名称
1	“传－帮－带”之教学比赛	2013年	北京市第八届青年教师教学基本功比赛最受学生欢迎奖、综合二等奖、最佳教案奖
2		2019年	北京市第十一届青年教师教学基本功比赛一等奖、最佳教案奖和最佳教学回顾奖 北京市第十一届青年教师教学基本功比赛优秀指导教师奖
3		2021～2024年	北京市第十二届青年教师教学基本功比赛优秀指导教师奖 第一届北京高校教师教学创新大赛二等奖 第二届北京高校教师教学创新大赛二等奖 第四届北京高校教师教学创新大赛三等奖
4	“传－帮－带”之课程思政教学团队	2021年	北京市高校课程思政示范课程、教学团队 北京市课程思政教学名师
5	“传－帮－带”之教学名师和学者	2018年至今	北京市青年教学名师、北京市青年师德先锋 北京市教学名师奖、北京市优秀教师奖、北京高等学校优秀专业课（公共课）主讲教师 教育部某国家级学者称号
6	“传－帮－带”之本科论文优秀指导老师	2018年至今	北京市本科优秀毕业论文指导老师（5篇）

案例8：调研农村脱贫攻坚，助力乡村振兴

——“社会保障前沿问题研究”课程思政教学案例

刘 钧
（中央财经大学保险学院教授）

一、基本信息

课程名称：社会保障前沿问题研究

授课对象：劳动与社会保障硕士或博士研究生、保险学硕士研究生、保险专业硕士研究生

知 识 点：社会保障、社会救助、基本养老保险、基本医疗保险、农业保险

主讲教师：刘钧

二、教学目标

（一）知识目标

掌握社会保障制度及其社会保障相关保障项目，了解社会保障制度在我国现实社会的实践。

（二）能力目标

提高学生职业能力、实践能力和创新能力，提高学生分析问题和解决问题的能力，提高学生写作调查报告的能力。

（三）育人目标

增强学生的责任感、使命感，培养具有胸怀祖国和人民的专业人才，增强学生报效祖国的理想和信念，培养全面发展的专业人才。

三、教学重点与难点

（一）教学的重点

本案例教学的重点是社会保障制度、社会保障体系的相关保障项目，主要包括社会保障的相关措施，社会保障制度的实施等。

（二）教学的难点

本案例教学的难点是社会保障各构成项目实施中面临的问题，理解社会保障制度实施

中存在问题的复杂性，以及解决问题的难度等。

四、课程思政案例介绍[①]

（一）背景介绍

为了深入了解农村脱贫攻坚、推进乡村振兴的情况，中央财经大学保险学院研究生乡村振兴服务站的调研团队以河北省承德市丰宁满族自治县天桥镇下山嘴村为调查研究的对象，进行了为期3天的调研，希望能够以“解剖麻雀”的方式揭示我国农村脱贫攻坚、实现乡村振兴发展的情况。

本案例以入户调查、调查问卷获得的数据为依据，根据调查问卷反映的实际情况，总结了农村推进乡村振兴战略取得的积极成效。调查显示，当地农村居民的收入来源具有多元性，居民能够在宽敞的环境中安居乐业地生活，当地居民大多享有基本养老保险、基本医疗保险、社会救助、子女上学费用减免等方面的保障。在调研的过程中，调查团队还发现了推进农村脱贫攻坚、实现乡村振兴的过程中存在的一些问题，并针对存在的问题提出了解决问题的对策建议。

2017年，党的十九大报告将实施乡村振兴战略列入决胜全面建成小康社会需要坚定实施的七大战略之一。2018年，中共中央、国务院发布的《关于实施乡村振兴战略的意见》指出，实施乡村振兴战略是全面建设社会主义现代化国家的重大历史任务。[②] 2020年年底，我国实现全面脱贫目标，乡村振兴进入了新的发展阶段。2022年，党的二十大报告再次强调，要全面推进乡村振兴，将农村作为重点任务。2023年2月13日，中共中央、国务院发布的《关于做好2023年全面推进乡村振兴重点工作的意见》指出，要拓宽农民增收致富渠道，强化政策保障和体制机制的创新，加快建设宜居、宜业的和美乡村。[③]

为了进一步了解农村脱贫攻坚、乡村振兴战略的实施情况，中央财经大学保险学院研究生乡村振兴服务站的调研团队以河北省承德市丰宁满族自治县天桥镇下山嘴村为调查的对象，开展了为期3天的调研活动。希望可以通过“解剖麻雀”的方式，深入了解我国农村脱贫攻坚、实施振兴战略的情况。

本案例通过入户调查、填写调查问卷的方式，收集下山嘴村人口、收入、支出等方面的情况，总结了下山嘴村乡村振兴战略取得的积极成效。调查显示，当地居民享有基本养老保险、基本医疗保险、社会救助等保障，居民安居乐业、生活幸福。调查还发现，在推

---

① 案例由刘钧、王维、郭丽军老师带领学生完成，学生有郝明雪、李一帆、唐来乐、闫思琪。

② 2018年1月2日，中共中央、国务院发布的《中共中央 国务院关于实施乡村振兴战略的意见》，https：//www. gov. cn/zhengce/2018 －02/04/content_5263807. htm.

③ 中共中央 国务院.《中共中央 国务院关于做好2023年全面推进乡村振兴重点工作的意见》［EB/OL］. https：//www. gov. cn/zhengce/2023 －02/13/content_5741370. htm. 2023 －02 －13.

进乡村振兴战略、实现脱贫攻坚的过程中还存在一些问题，并提出了解决问题的对策建议。

（二）调查问卷的发放

本次调研活动主要在河北省承德市丰宁满族自治县天桥镇下山嘴村①进行。下山嘴村由一个中心村（即下山嘴中心村）和 4 个自然村（鹿马沟、榆树沟、宋家店和天桥西沟）组成，共有 9 个居民组，拥有家庭 399 户，共有居民 1262 人。

为了了解下山嘴村村民脱贫后的生活状况，调查团队的师生选取下山嘴村（中心村）、鹿马沟村、宋家店村、天桥西沟村进行了为期 3 天的入户访谈、调查。

本次调查共涉及 144 户。其中，有效问卷涉及的户数为 139 户，涉及人口为 476 人。其中，下山嘴村（中心村）调查了 64 户，涉及人口 202 人；宋家店村调查了 29 户，涉及人口 105 人；鹿马沟村调查了 25 户，涉及人口 78 人；天桥西沟村调查了 21 户，涉及人口 91 人。调查问卷结构及其分布见表 8－1。

表 8－1　　下山嘴村调查问卷结构及其分布

村名	户数（户）	人数（人）
下山嘴（中心村）	64	202
宋家店	29	105
鹿马沟	25	78
天桥西沟	21	91
合计	139	476

（三）下山嘴村的基本情况

1. 村民的年龄分布构成

分析被调查人口的总体年龄及其构成、各村人口的年龄分布及其构成，可以了解各村的人口特点和发展趋势。分析调查数据显示，该地区的年龄分布情况见表 8－2。

表 8－2　　下山嘴村人口年龄占比情况

村名	16 周岁以下或大学	劳动年龄人口	60 周岁及其以上人口
下山嘴（中心村）	23.27%	45.05%	31.68%
宋家店	27.62%	47.62%	24.76%
鹿马沟	23.08%	52.56%	24.36%
天桥西沟	24.18%	52.75%	23.08%
全村各项占比	24.37%	48.32%	27.31%
全国人口结构	18.2%	62.0%	19.8%

① 为了将下山嘴村与下山嘴中心村区别开来，本案例将下山嘴中心村用括号标注出来，以示区别。

（1）16 周岁以下或者上大学的人口占比相对较高。16 周岁以下或者正在上大学人口占被调查总人口的比例为 24.37%。其中，鹿马沟最低，仅为 23.08%；宋家店最高，为 27.62%。同 2022 年全国占比 18.2%①的水平相比，下山嘴村 16 周岁以下或者上大学的人口占比高 6.17 个百分点。这一数据说明，下山嘴村的人口年龄构成比较年轻。

（2）劳动年龄人口占比相对较低。劳动年龄人口占被调查总人口的比例比较低，仅为 48.32%。其中，占比最高的为天桥西沟村，占比为 52.75%；占比最低的为下山嘴村（中心村），占比为 45.05%。同 2022 年全国占比 62.0%②的水平相比，下山嘴村劳动年龄人口占比相对较低，低于全国平均水平 13.68 个百分点。

（3）60 周岁及其以上人口占比相对较高。60 周岁及其以上人口占被调查总人口的比例比较高，达到了 27.31% 的水平。其中，占比最低的为天桥西沟村，占比为 23.08%；占比最高的为下山嘴村（中心村），占比为 31.68%。同 2022 年全国占比 19.8%③的水平相比，下山嘴村 60 周岁及其以上人口占比相对较高，高出全国占比 7.51 个百分点。这一比例从一定程度上说明，下山嘴村老年人口占比比较高或者留守老人比较多。

2. 家庭年均收入和人均收入情况

下山嘴村家庭年均收入和人均收入情况如表 8 - 3 所示。

表 8 - 3　家庭年均收入和人均收入情况　单位：元

村名	家庭年均收入	人均月收入
下山嘴（中心村）	35460.94	936.26
宋家店	26302.07	605.37
鹿马沟	27625.92	737.87
天桥西沟	41913.95	806.04
全村人均收入	33115.83	805.87
全国农村平均收入	—	1677.75

（1）家庭年均收入情况。

从总体来看，下山嘴村家庭年均收入为 33115.83 元。从各村的收入情况来看，家庭年均收入最高的村为天桥西沟，家庭年均收入为 41913.95 元；最低的村为宋家店，家庭年均收入为 26302.06 元。

（2）人均月收入情况。

从总体来看，下山嘴村人均月收入为 805.87 元，与 2022 年全国农村人均月收入 1677.75 元④相比，下山嘴村人均月收入低于全国农村人均月收入 51.97%。从各村的收入

①②③　王萍萍．人口总量略有下降 城镇化水平继续提高［EB/OL］．http：//www.stats.gov.cn/xxgk/jd/sjjd2020/202301/t20230118_1892285.html，2023 - 01 - 18.

④　国家统计局．中华人民共和国 2022 年国民经济和社会发展统计公报［R］．http：//www.stats.gov.cn/sj/zxfb/202302/t20230228_1919011.html.

情况来看，人均月收入最高的村为下山嘴村（中心村），人均月收入为 936. 26 元；最低的村为宋家店，人均月收入为 605. 37 元。

3. 家庭教育和医疗费用支出的情况

在家庭人均支出方面，很多村民反映，说不清楚。但是，在教育、医疗费用支出方面，村民却可以如数家珍地说清楚，其费用支出情况如表 8－4 所示。

表 8－4　家庭年均医疗费用支出和子女上学费用支出　单位：元

村名	家庭年均医疗费用支出	家庭年均子女上学教育费用支出
下山嘴村（中心村）	5098. 75	4653. 13
宋家店	2206. 90	4562. 07
鹿马沟	9412. 00	5784. 00
天桥西沟	9086. 76	5861. 90
全村平均支出	5873. 68	5020. 14

（1）家庭年均医疗费用支出的情况。

从整体来看，下山嘴村的家庭年均医疗费用支出达到 5873. 68 元，占家庭年均收入的 16. 6%。从各村的情况来看，鹿马沟的家庭年均医疗费用支出最高，年均达到 9412. 00 元；宋家店的家庭年均医疗费用支出最低，年均为 2206. 90 元。

（2）家庭年均子女上学教育费用支出的情况。

从整体来看，下山嘴村的家庭年均子女上学教育费用支出为 5020. 14 元，占家庭年均收入的 14. 2%。从各村的情况来看，天桥西沟的家庭年均子女上学教育支出最高，家庭年均子女上学教育支出为 5861. 90 元，比全村平均教育支出多支出 16. 77%；宋家店的家庭年均子女上学教育支出最低，为 4562. 07 元，比全村平均教育支出少支出 9. 12%。

4. 家庭收入状况分布的情况

通过走访调查，调研团队获得了有关特殊贫困户、建档立卡户和一般户的整体分布情况和各村的分布情况（见图 8－1 和表 8－5）。

（1）家庭收入状况分布的整体情况。

特殊贫困户占被调查户数的比例为 37. 41%，特殊贫困户占比比较高；建档立卡户占被调查户数的比例为 38. 13%，建档立卡户占比也比较高；一般户占被调查户数的比例为 23. 02%，一般户占比比较低；还有两户未作回答，占比 1. 44%。

（2）家庭收入状况分布的构成情况。

在特殊贫困户中，占比最高的村为鹿马沟，占比达到 40. 00%，比全村整体占比高 2. 59 个百分点，由此也可以看出，鹿马沟的贫困问题比较重；占比最低的村为天桥西沟，占比达到 33. 33%，比全村整体水平低 4. 08 个百分点，由此可以看出，天桥西沟的贫困问题相对较轻。

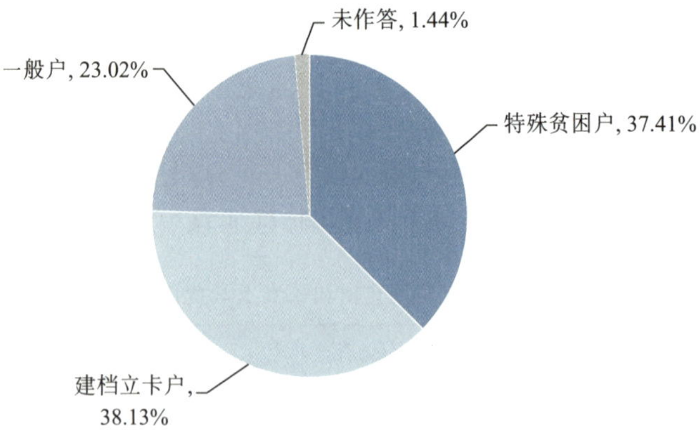

图 8－1　下山嘴村家庭收入状况分布情况

表 8－5　家庭收入状况分布情况及其结构构成

村名	特殊贫困（户）	建档立卡（户）	一般户（户）	未作回答（户）	总计（户）	特殊贫困户占比	建档立卡户占比	一般户占比
下山嘴（中心村）	25	21	16	2	64	39.06%	32.81%	25.00%
宋家店	10	12	7	0	29	34.48%	41.38%	24.14%
鹿马沟	10	12	3	0	25	40.00%	48.00%	12.00%
天桥西沟	7	8	6	0	21	33.33%	38.10%	28.57%
总计/占比	52	53	32	2	139	37.41%	38.13%	23.02%

在建档立卡户中，占比最高的村是鹿马沟，占比达到 48%，比全村整体水平高 9.87 个百分点；占比最低的村是下山嘴（中心村），占比达到 32.81%，比全村整体水平低 5.32 个百分点。

在一般户中，占比最高的村是天桥西沟，达到 28.57%，比全村整体水平高 5.55 个百分点；占比最低的村是鹿马沟，达到 12.00%，比全村整体水平低 11.02 个百分点。

（四）下山嘴村乡村振兴的积极成果

通过入户访谈、填写调查问卷，调查显示，脱贫攻坚、推进乡村振兴的成果显著，主要表现在以下几个方面。

1. 家庭居住环境宽敞、整洁，居民安居乐业

村民的居住环境比较好，庭院整洁、美观，房前屋后看不到垃圾。整洁的居住环境得益于当地村委会实行“门前三包”的政策，即包卫生、包绿化、包秩序。调查团队发现，按照当地的传统习俗，居民通常把“衣食住行”中的“住”排在首位。良好的人居环境不仅有利于提升居民的获得感与幸福感，也有利于提升整体的村容、村貌。

2. 家庭收入来源多元化

从问卷数据来看，下山嘴村村民的家庭收入来源多种多样，不仅有打工收入、土地收入，而且还有光伏补贴、最低生活保障金、双女户补贴、公益岗收入、畜牧养殖收入等，下面分别介绍。

（1）农民的外出打工收入。

农村居民外出打工可以获得比较高的收入，这部分收入也是农村家庭主要的收入来源。从收入的金额来看，打工收入占被调查人口收入的占比最高，占被调查村民收入总额的比例为69.72%（见图8－2）。[①]

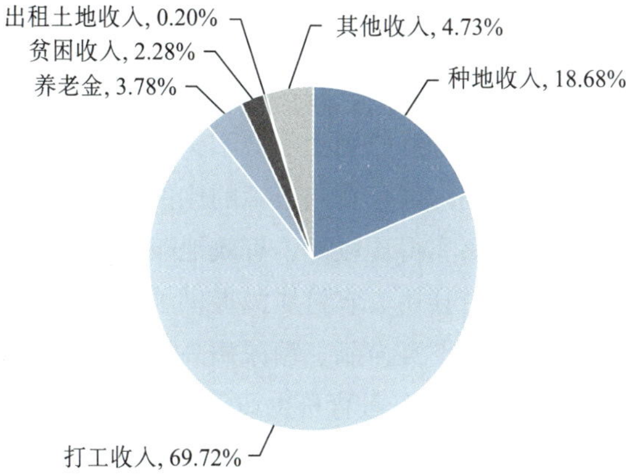

图8－2　下山嘴村村民收入来源占比构成

（2）农民的土地收入。

土地收入的种类比较多，土地收入占被调查村民收入总额的比例为18.68%（见图8－2），土地收入主要有以下几种：①土地种植收入。土地是农村居民赖以维持生活的基本保障，土地收入是农民收入的主要来源。②出租土地收入。出租土地收入得益于下山嘴村大力发展集体经济，当地正在探索实施"公司＋村集体经济组织＋农户"的乡村振兴利益联结机制，这一措施使农村居民可以出租土地获得收入。③土地务工收入。在"公司＋村集体经济组织＋农户"的乡村振兴利益联动机制中，村集体负责流转土地、种植、管理，公司提供苗、肥、技术、包销，利用现有35个冷棚育苗，种植有机蔬菜、紫薯、紫土豆等，下山嘴村共流转土地300余亩，带动农民务工50余人，人均年务工收入为3万元。例如，利用64个冷棚种植麒麟瓜，流转土地共计30亩，吸纳务工人员30～40人，预计收益15万元，人均务工收入为5000元。此外，村集体的8个暖棚也已经流转，带动务工3人，人均务工收入为5000元。

（3）农民的其他收入。

光伏、公益岗位等其他收入在总收入中所占的比重为4.73%（见图8－2）。

3. 老人享有基本养老金的比例比较高

在被调查者中，60周岁及其以上人口中享有基本养老金的比例为80%，60周岁及其以上农村居民每月可以获得120～150元的基本养老金。此外，高龄老人、患病老人还享受最低生活保障金，每人每月255元。

---

① 打工收入的占比＝被调查户的打工收入/被调查户的全部收入。

4. 下山嘴村居民全部参加了城乡居民基本医疗保险

在被调查者中，老年人全部参加了城乡居民基本医疗保险。近年来，各级财政持续加大对城乡居民基本医疗保险的投入力度。2016～2023 年，河北省城乡居民基本医疗保险财政补助标准由原来的每人每年 420 元提高到每人每年 640 元，低保户每人每年需要交纳基本医疗保险费 35 元，一般户、建档立卡户每人每年需要交纳基本医疗保险费 75 元，就可以参加城乡居民基本医疗保险，减轻了村民参加基本医疗保险的经济压力。

目前，河北省基本医疗保险规定如下：特殊贫困户到一级医疗卫生机构就诊，基本医疗保险保障范围内医疗费用报销的比例原则上不低于 90%；非特殊贫困户到一级医疗卫生机构就诊，基本医疗保险保障范围内医疗费用报销的比例原则上不低于 60%。

经过入户调查发现，该政策落实得比较好，有效地减轻了参加城乡居民基本医疗保险居民的就医负担。除此之外，丰宁县还为农村居民提供了慢性病家庭医生签约服务，在一定程度上缓解了当地老年人高血压、高血脂、糖尿病高发等方面的就医问题。

5. 下山嘴村居民子女入学享受义务教育资助政策

在义务教育阶段，76.98% 的被调查家庭子女可以享受“两免一补”的政策，即免除学杂费、免除书本费、发放生活费补助；其余的 23.02% 的被调查家庭，可以享受“两免”的政策。

普通高中教育阶段，77.7% 的被调查家庭子女可以享受“三免一助”的政策，即免学费、免住宿费、免书本费、发放国家助学金，有效地减轻了农村居民子女接受教育带来的经济负担。

（五）下山嘴村乡村振兴存在的问题

1. 下山嘴村居民对返贫的危机感比较强烈

本次调查中，居民有“返贫危机感”评价的占比达到 46.76%，认为“没有返贫危机”评价的占比为 51.08%，未作评价的占比为 2.16%（见图 8－3）。虽然下山嘴村脱贫攻坚已经取得积极的成果，但是依然接近一半的居民具有“返贫危机感”。

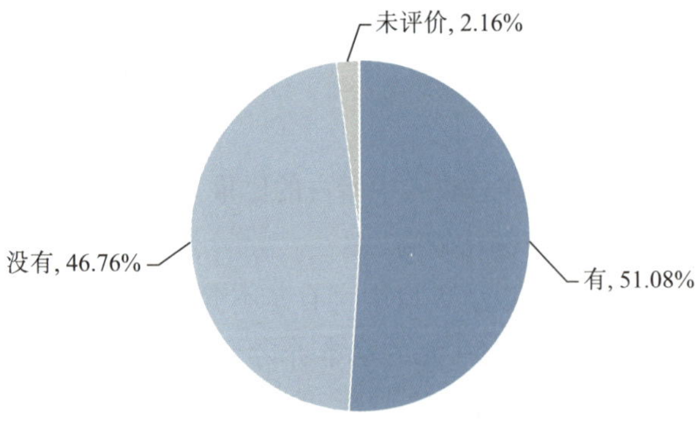

图 8－3　“返评危机感”评价统计结果

如果进一步分析当地村民产生“返贫危机感”的原因，主要有以下几个方面（见表8－6）。

表8－6　　村民致贫原因统计

原因	人口多	孩子多	患病	高龄	贫困户
比例	15.11%	15.83%	45.32%	20.14%	3.60%
户数（户）	21	22	63	28	5

（1）患病带来的致贫风险。

被调查居民认为，患病会导致贫困的户数占被调查总户数的比例为45.32%。居民患病需要治疗，治疗需要到医院。有些中、老年疾病需要长期吃药，而城乡居民基本医疗保险报销的医疗费用有限，“患病”已经成为当地村民产生“返贫危机感”的第一大原因。

（2）高龄带来的养老金支付增加的致贫风险。

在“高龄”这一选项中，有28户选择了“高龄”导致贫困这一选项，占被调查总户数的比例为20.14%，“高龄”成为当地村民产生“返贫危机感”的第二大原因。

（3）孩子多、带来养育成本增加的致贫风险。

在“孩子多”这一选项中，有22户家庭选择了“孩子多”会导致返贫，占被调查总户数的比例为15.83%。这一比例说明，“孩子多”也是农村居民致贫的主要原因之一。

（4）人口多带来的费用支出增加的致贫风险。

在“人口多”这一选项中，有21户选择了“人口多”，占被调查总户数的比例为15.11%。这一比例说明，人口多也是农村居民致贫的主要原因之一。

2. 下山嘴村居民对政府扶持的期望比较高

在入户调查中，许多正值中年、身体健康状况良好的村民却想要成为特殊贫困户。在“对政府的期望”的选项中，有47户选择了“无期望”，占被调查总户数的比例为33.81%；2户未对该题作答；有90户选择了“有期望”，占被调查户数的比例为64.75%。这一占比表明，该村居民对政府扶持的期望比较高，依赖性比较强。对于村民的期望，调查问卷设置为多个选项，以139份问卷作为总体，其统计结果见表8－7。

表8－7　　村民对政府期望类型占比统计

期望	多发养老金	多报医疗费	希望就业	希望打井	其他
比例	25.90%	27.34%	10.79%	16.55%	5.76%
户数（户）	36	38	15	23	8

（1）期望政府“多报销医疗费”的占比最高。

期望政府“多报销医疗费”的户数占“对政府有期望”户数的比例为27.34%。许多村民认为，城乡居民基本医疗保险报销的比例比较低，希望多报销医疗费用，以减轻医疗费用负担。

（2）期望政府“多发养老金”的占比居于第二位。

期望政府“多发养老金”的户数占“对政府有期望”户数的比例为25.90%。许多村民认为，基本养老金不够花，希望能够获得更多的基本养老金。

（3）期望政府能够帮助“打井”的占比居于第三位。

期望政府帮助“打井”的户数占“对政府有期望”户数的比例为16.55%。许多村民认为，村里经常干旱，严重影响收成，希望政府能够帮助打井。在本次调查中，调查团队目睹了干旱给农民收成带来的不利影响，也感受到了农民对“打井”的期待。由于下山嘴村所处的地势比较高，打井的成本大多在1万元以上，许多村民没钱打井，期望政府能够帮助“打井”。

（4）期望政府帮助“就业”的占比居于第四位。

期望政府帮助“就业”的户数占“对政府有期望”户数的比例为10.79%。许多村民反映，新冠疫情暴发以前，在农闲的时候，可以去附近的城镇做一些工，可以增加家庭收入。但是，新冠疫情暴发后，村民普遍感到就业困难，希望政府在就业方面能够提供更多的帮助。

3. 下山嘴村居民的土地收入不稳定

农村居民的土地收入受到气候等自然因素的影响比较大，依然以“靠天吃饭”为主。例如，干旱、冰雹等自然因素都会影响农村居民的收入。期望“打井”家庭的村落分布及其占比如表8-8所示。在希望“打井”的23户中，2户来自下山嘴村（中心村），占被调查总户数的比例为3.12%；6户来自宋家店村，占被调查总户数的比例为20.69%；5户来自鹿马沟村，占被调查总户数的比例为20%；9户来自天桥西沟村，占被调查总户数的比例为42.86%。

表8-8　　期望“打井”家庭的村落分布及其占比

村名	下山嘴村（中心村）	宋家店	鹿马沟	天桥西沟
期望打井户数（户）	2	6	5	9
总户数（户）	64	29	25	21
比例	3.12%	20.69%	20.00%	42.86%

从表8-8可以看出，下山嘴村（中心村）水资源相对充足，农作物长势也相对较好，仅有个别农民反映水流小、排队用水等待时间长等问题。相比之下，宋家店、鹿马沟、天桥西沟缺水比较严重，均不同程度地存在缺水的问题。其中，天桥西沟反映缺水问题的户数最多。调研团队在入户调查中也发现，天桥西沟地里的土已经开裂，玉米长得只有半米高，相比之下，长势比较好的玉米已经比成年人还高。同时，因为干旱，天桥西沟地里玉米的叶子已经打卷。该浇水的时候缺水，农村居民的收成受到很大影响。另外，天桥西沟的村民还反映，生活用水也因干旱受到较大影响。

4. 下山嘴村老人的收入比较低，村民的医疗费用支出比较高

调研团队发现，60周岁及其以上年龄老人的基本养老金每月有120~150元。相对于老人的生活费用支出来说，每月120~150元的基本养老金收入明显偏低。同时，当地居民普遍患有糖尿病、高血压等慢性病，需要长期花费医疗费用，这些医疗费用支出已经超

过了他们获得的基本养老金。在农村家庭中，外出务工的子女大多反哺父母、赡养老人，改善了老年人的养老生活。

5. 下山嘴村居民子女接受高中、大学教育的费用支出比较多

下山嘴村居民子女接受教育家庭年均收入和子女教育家庭年均支出如表 8 -9 所示。在“子女教育费用支出”的选项中，下山嘴村（中心村）有 22 户，宋家店有 12 户，鹿马沟有 10 户，天桥西沟有 11 户回答了这个选项。这些家庭的年均子女教育费用支出为 12687. 27 元，占这些家庭年均收入的 25. 68%。其中，鹿马沟村的家庭年均子女教育支出最多，年均支出达到 14460 元，年均支出占家庭年均收入的比例为 46. 64%，超过全村平均水平 20. 96 个百分点；天桥西沟村的家庭年均子女教育支出最少，年均支出达到 11190. 91 元，低于全村平均水平 5. 78 个百分点。

表 8 -9　子女接受教育家庭年均收入和子女教育家庭年均支出

村名	户数（户）	年均支出（元）	家庭年均收入（元）	年均支出/家庭年均收入
下山嘴（中心村）	22	13536. 36	58310. 91	23. 21%
宋家店	12	11025. 00	42136. 00	26. 17%
鹿马沟	10	14460. 00	31004. 40	46. 64%
天桥西沟	11	11190. 91	56262. 27	19. 90%
全村整体水平	55	12687. 27	49407. 29	25. 68%

（六）解决下山嘴村乡村振兴中存在问题的对策建议

有效地解决下山嘴村乡村振兴存在的问题，是实现脱贫攻坚、助力乡村振兴的重要举措。对此，可以采取以下几个方面的措施，希望能为实现脱贫攻坚、助力乡村振兴提供政策指导。

1. 增加农民的打工收入，改变农民返贫的心理预期

增加农村居民打工收入，可以改变农村居民返贫的心理预期，可以采取以下措施。

（1）采取措施，有计划、有组织地安排农民外出打工。

打工收入是农村居民收入的主要来源。组织年富力强、具有劳动能力的农村居民外出打工，可以增加农村居民的收入。政府管理部门可以采取措施，有计划、有组织地安排农村居民外出打工，以帮助农村居民获得更多的收入。

（2）创造公益岗位，增加农民的收入。

政府管理部门可以根据农村居民的就业需要，创造出一些公益性的就业岗位，让村民增加收入。例如，保安、绿化、环卫等工作，扩大农村居民的收入来源。农村居民可以在本村实现就近就业。

（3）建立防止农村居民返贫的监测机制和帮扶机制。

建立、健全防止农村居民返贫的监测和帮扶机制，可以及时了解农村居民的收入变化情况，可以做到精准帮扶。对此，可以做到以下几点：①建立农村居民家庭情况档案。对于居民家庭收入、身体状况、子女数量、子女入学等信息进行登记，并及时更新，做到实

时监测。②对于患病、上学、子女数量多、人口多等特殊家庭给予重点关注，防止村民因为患病、子女上学等原因返贫。③建立针对特殊家庭的帮扶机制，如纳入贫困救助范围、给予补助等办法，给予可能返贫家庭及时的帮助。

2. 激发农民劳动的积极性，改变过度依赖政府的意识

农村居民要摒弃“等、靠、要”的思想意识，激发农民依靠自己的双手创造社会财富。针对农民对政府扶持依赖性强等方面的问题，应当做好以下工作。

（1）扶贫先扶志。

改变农村居民羡慕享有最低生活保障人群的思想观念，鼓励他们通过劳动获得更多的收入。针对农村居民因为能够获得最低生活保障救助而产生的“保贫”的思想，可以建立针对享受最低生活保障人群的动态退出监测机制。采取及时更新的动态监测指标来评估农村居民是否应当享受特殊贫困户的补助，对于不具备特殊贫困条件的人员，应当及时退出最低生活保障的救助；对于具备条件的居民，应当纳入特殊贫困户保障的范围。

（2）帮助农民树立劳动致富的信心。

鼓励农民树立正确的劳动观念，激励农村居民凭借劳动致富的信心，对此可以做好以下工作：①帮助农村居民树立劳动致富的观念，激发农民产生劳动致富的想法。例如，引导农民饲养鸡、牛、羊等家禽牲畜，增加农民收入。②树立劳动致富的典型，并给予一定的奖励。让农民能够以劳动致富的村民为榜样，树立劳动致富光荣的信念。③形成劳动致富光荣的社会风气，以改变“人人想当贫困户”的社会风气。

（3）组建各种帮扶团队。

充分发掘村内、村外资源，帮助农民劳动致富，对此，可以做好以下工作：①联系企业、社会组织等，鼓励他们到农村交流、合作，给农民提供劳动致富的机会。②通过支教、志愿服务等方式，为农村居民的子女辅导功课，帮助他们获得更多的知识、技能，以增强农村家庭子女的就业能力。③帮助农民联系城镇就业机会，如保安、绿化、护工、钟点工等，以提高农民收入。

3. 改变“靠天吃饭”的现状，稳定农民的土地收入

种地收入是农村居民的重要收入来源之一，下山嘴村居民以种植小麦、玉米为主，对自然环境、气候的依赖性比较强。要改变“靠天吃饭”的局面，需要做好以下工作。

（1）解决农村干旱、缺水等方面的问题。

建议从农村居民的实际需要出发，了解农民的灌溉用水需求以及现有的供水情况，在缺水的村落适当地安排打井的资金投入，以缓解因干旱、缺水等带来的农作物减产、绝收等问题，改变农民“靠天吃饭”、收入不稳定的问题。

（2）引导农民种植经济价值较高的作物。

尽管农村集体组织已经开始种植经济价值较高的作物（如花菜、茄子、麒麟瓜、苍术、中药材等），但是这部分收入在农村居民的土地收入中占比较低，大部分土地仍然以种植小麦、玉米为主，有待于进一步扩大经济价值较高作物的种植面积，以增加农村居民的收入，对此，可以做好以下工作：①政府、企业、社会组织等，可以帮助农村修建大

棚，引导农民种植经济价值高的作物。采用修建大棚的方式种植农作物，一方面可以缓解农作物生长过程中遭受自然灾害导致减产的风险，另一方面可以解决农民的收入问题。②村集体组织修建大棚、种植经济价值高的作物，雇佣农民工工作，可以增加农民收入。③引导农民种植中药材等，以增加农民收入。

（3）鼓励农村居民投保农业保险的相关险种。

农业保险可以保障农村居民的收入不会因自然灾害等原因造成较大的损失。政府补贴、积极引导，可以鼓励农村居民投保农业保险的相关险种，以稳定农民的收入。

4. 增加农村老人的收入，降低医疗费用支出，提高农村老人生活质量

采取综合性措施，包括提高农村老人的基本养老金待遇、降低医疗费用支出、为农村老人提供照护服务等，改善农村老人的生活质量，让农村老人能够老有所养，颐养天年。对此，可以采取以下措施。

（1）提高城乡居民基本养老保险的保障水平。

针对农村老人反映的基本养老金仅有 120 ~ 150 元，难以满足基本生活需要的问题，有关管理部门应当考虑增加农村居民的基本养老金，以解决他们老有所养的问题。

（2）降低农村老人的医疗费用支出。

针对农民居民医疗负担较重的问题，可以做好以下几个方面的工作：①加强慢性病综合防控的宣传教育。针对下山嘴村中老年人高血压、糖尿病等慢性病多发的情况，应当加强对村民预防疾病的宣传、教育，解决村民慢性病高发等方面的问题。②加强健康保健教育，防止小病拖成大病。针对农村居民有病不治疗、拖成大病的问题，应当加强健康、保健教育和管理，以防止小病拖成大病，支付更多的医疗费用。③提高城乡居民基本医疗保险的报销比例，减轻农村老人的医疗费用负担。在调查中，调查团队的成员发现，特殊贫困人口基本医疗保险报销的比例为 90%，建档立卡户、一般户人口基本医疗保险报销的比例为 60%。针对一些农村居民反映基本医疗保险报销比例偏低的问题，可以采取提高非特殊贫困人口基本医疗保险报销比例等措施，以减轻他们的医疗费用负担。④简化农村居民就医报销流程或协助报销，缓解农民不住院就无法报销药费等方面的问题。

（3）提供相应的照护补贴。

针对农村瘫痪在床的老人，政府有关管理部门可以提供相应的照护补贴，让瘫痪老人支付得起护工的费用，减轻瘫痪老人的家庭负担。

（4）建立老人的相互帮扶机制。

针对当地青壮年劳动力少、老年人占比相对较高的状况，可以建立老人之间的相互帮扶机制，采取鼓励低龄老人照顾高龄老人的方式，以解决高龄老人的照护问题。

（5）激励农民投保商业医疗保险。

政府、农村集体组织可以采取补贴等办法，激励农村居民投保商业医疗保险，通过风险转移的方式减轻农民的大病负担，减轻农村居民支付不起自费药等方面的问题。

5. 降低农民子女高中、大学教育的费用支出

政府、学校、社会组织等应当多方协作，从学费减免、入学住宿、餐饮补贴等方面，

降低农民子女上高中、大学的教育费用支出，可以采取减免、补贴等多样化的措施，为农民的子女提供资金和物质方面的帮助，降低农民在子女接受高中、大学教育等方面的费用支出，提高他们参与人力资本投资的积极性，为我国的经济发展输送人才，促进经济的可持续发展。

五、教学方法与手段

通过案例讲解如何进行社会保障制度实施的社会调查，如何整理调查问卷，如何完成调查报告的写作。

六、教学实施过程

本案例教学实施的步骤如下。

（1）讲授有关社会保障制度的基础知识，讲授社会保障制度在我国实施的现实状况（4 课时）。

（2）讲授社会调查的相关知识（2 课时）。讲授如何进行社会调查、如何搜集相关问题、如何整理调查问卷、如何写作调查报告等（4 课时）。

（3）讲授本案例（4 课时）。

（4）让学生确定需要调查的问题，编写调查问卷，并进行课堂评价（2 课时）。

七、考核与评价方式

学生成绩包括平时成绩和期末成绩。其中，平时成绩占总成绩的 40%，期末成绩占总成绩的 60%。

（1）平时成绩。平时成绩包括考勤（占 50%）和作业（50%）。其中，作业为设计调查问卷。学生完成调查选题和调查问卷的情况计入平时成绩，这部分成绩占学生平时成绩的 50%，占学生总成绩的 20%。

（2）期末成绩。期末成绩以写作调查报告或论文为主，占总成绩的 60%。

八、实施成效

通过社会保障案例教学，增强学生对我国现实社会的了解，激发学生的责任感和使命感，激发学生的爱国热情，促使学生立志将热血和青春奉献给祖国和人民。

附件

承德市丰宁满族自治县天桥镇下山嘴村乡村振兴调查问卷

1. 您家有______口人？

2. 您家有______人在家里种地，您家有______亩地，每年收入有______元；您家有______人外出打工，外出打工的年收入有______元；您家地的出租收入______元；您家还有其他收入______元。您家年收入总共______元。

3. 您家有______个老人，有养老金吗？每月养老金______元；养老年费用支出大约有______元。

4. 您家有______个孩子，□有/□无 正在上学的孩子。

有______个孩子在上小学，教育的年费用支出情况为______元；有______个孩子在初中，教育的年费用支出情况为______元；有______个孩子在高中，教育的年费用支出情况为______元；有______个孩子在大学（包括大专），教育的年费用支出情况为______元。

5. 您家是否参加基本医疗保险；您家每年交纳基本医疗保险费______元。

□是　　□否

6. 您家曾经是贫困户、建档立卡户，还是一般户？如果是，请画√号。

□贫困户　　□建档立卡户　　□一般户

7. 在脱贫前，您家是因为什么原因致贫的？

8. 政府采取了哪些措施帮助您家脱贫？

9. 您对现在的生活满意吗？

□满意　　□一般　　□不满意

10. 您觉得，您的家庭有可能返贫吗？

□有　　□没有

11. 您觉得，您家可能返贫的主要原因是什么？

12. 您觉得，应该如何防止家庭返贫？（政府、村集体、家庭方面）

政府层面的措施：

村集体层面的措施：

家庭层面的措施：

问卷到此结束，感谢您的支持与配合！

参考文献

[1] 中共中央 国务院. 国家乡村振兴战略规划（2018—2022年）[R]. https://www.gov.cn/zhengce/2018-09/26/content_5325534.htm，2018-09-26.

［2］中共中央 国务院．中共中央 国务院关于实施乡村振兴战略的意见［EB/OL］．https：//www. gov. cn/zhengce/2018 －02/04/content_5263807. htm，2018 －01 －02.

［3］中共中央 国务院．中共中央 国务院关于做好2023 年全面推进乡村振兴重点工作的意见［EB/OL］．https：//www. gov. cn/zhengce/2023 －02/13/content_5741370. htm. 2023 －02 －13.

［4］王萍萍．人口总量略有下降 城镇化水平继续提高［EB/OL］．http：//www. stats. gov. cn/xxgk/jd/sjjd2020/202301/t20230118_1892285. html，2023 －01 －18.

［5］国家统计局．中华人民共和国2022 年国民经济和社会发展统计公报［R］．http：//www. stats. gov. cn/sj/zxfb/202302/t20230228_1919011. html，2023 －02 －28.

案例9：国任在肩，护佑信息高速路

——“专业英语（精算）”课程思政教学案例

郑　敏

（中央财经大学保险学院副教授）

一、基本信息

课程名称：专业英语（精算）
授课对象：精算研究生一年级
知 识 点：网络安全风险与网络安全保险
主讲教师：郑敏

二、教学目标

（一）知识目标

（1）学会英语表达网络安全风险的类型和特征，了解网络安全风险对个人、企业乃至国家安全的潜在影响。

（2）掌握网络安全保险的英语定义、功能、承保模式及保障范围，以及网络安全保险在不同领域的应用。

（3）学习我国在网络安全方面的政策和法规，以及这些政策如何促进网络安全保险的规范健康发展。

（二）能力目标

（1）能够分析英语的网络安全保险案例，识别和评估网络安全风险，并提出相应的风险管理策略。

（2）培养批判性思维能力，通过案例分析，识别网络安全保险的优势和不足，并提出改进方案。

（3）提高解决问题的能力，通过小组讨论和案例研究，熟悉英语的表达方式，同时学习如何站在政策制定者或承保者的角度思考问题，提出创新的解决方案。

（三）育人目标

（1）通过案例学习，培养学生的社会责任感，使他们认识到保护网络安全不仅是技术问题，也是社会责任。

（2）通过教学活动，激发学生的网络安全意识，使他们意识到网络安全对个人生活和国家安全的重要性。

（3）通过案例分析和小组讨论，培养学生的团队合作精神和沟通能力，以及在多学科背景下综合分析问题的能力。

三、教学重点与难点

（一）教学重点

（1）网络安全基础知识：英语表达网络安全的基本概念、风险类型及其对个人和组织的影响。

（2）网络安全保险的内涵与功能：深入讲解网络安全保险的英语定义、作用和保障范围，使学生理解保险在网络安全风险管理中的重要性。

（3）案例分析能力：通过实际案例，训练学生分析网络安全风险和保险产品设计的能力，强调理论与实践的结合。

（4）政策与法规理解：重点讲解我国网络安全相关的政策和法规，帮助学生理解这些政策如何影响网络安全保险的发展和实施。

（5）风险评估与管理：教授学生如何在英语环境下评估网络安全风险，包括风险识别、量化和控制策略。

（二）教学难点

（1）网络安全风险的复杂性：网络安全风险相应英语表达的多样性可能使学生难以全面理解网络安全风险的内涵，需要通过案例和实践来加深认识。

（2）保险产品定制化：网络安全保险产品的个性化定制涉及复杂的英语表达，这对学生来说是一大挑战。

（3）跨学科知识整合：网络安全保险涉及法律、技术、经济等多个领域的英语表达，学生需要能够整合这些跨学科的知识来解决问题。

（4）技术更新的快速性：网络安全领域的英语词汇更新迅速，学生需要不断学习，这对教学内容的时效性提出挑战。

四、课程思政案例介绍

当今时代，随着信息技术不断更新迭代，网络攻击的知识门槛与金钱成本也不断下降，黑客攻击、信息泄露等等网络安全事件屡见不鲜。无论是个人、企业，还是整个国家，都时刻面临着种种网络风险的威胁。为了更好地维护自身的信息财富与安全，网络安全保险的保障作用逐渐受到人们的关注。

国任财产保险股份有限公司（简称“国任保险”）作为国内早期参与网络安全保险研究的少数保险公司之一，率先提出了“防护＋保险＋服务”的网络安全保险模式。网络安全问题层出不穷，国任保险提出的意见和方式为每位用户带来安心和守护。

（一）引言

1. 无处不在的网络安全风险

与传统的物理风险相比，网络安全风险在涉及的资产、风险类型、所采用的处理方法以及可能造成的损失等诸多方面都截然不同（见图9-1）。它是在网络环境下，由于黑客攻击、恶意软件、计算机病毒、木马等原因导致信息泄露、数据被篡改、系统服务中断、网络资产遭到攻击或破坏的安全威胁或隐患。

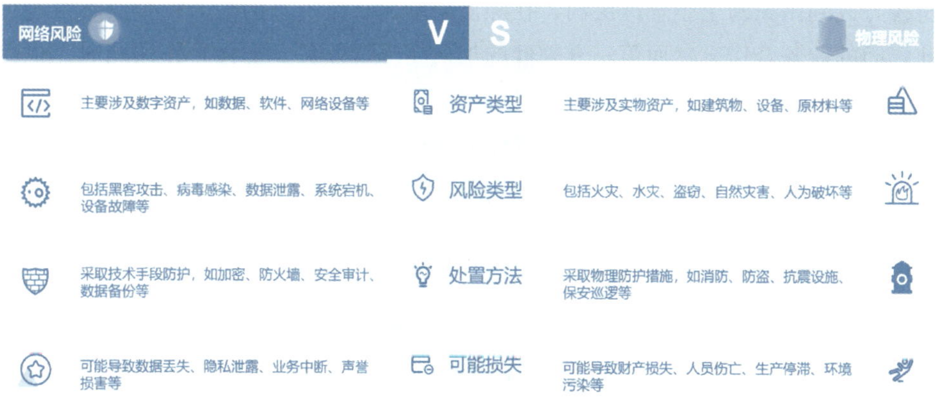

图9-1　网络风险与物理风险的对比

随着互联网的发展，网络安全风险已经无所不及地渗透到我们生活和工作的各个细节中，从日常生活的小事，如个人隐私泄露和金融信息被盗，到国家安全层面的重大威胁，如网络攻击对基础设施、政府机构和国家机密的影响。无论是在个人层面还是国家层面，网络安全风险都不容忽视。我们需要时刻保持警惕，并采取相关的安全措施来防范这些风险的影响。

（1）个人面临的网络安全风险。

前几年新冠疫情大面积暴发时，大部分人的足迹局限于家中。学生通过网络上课、职工借助网络办公、闲暇时经由网络娱乐……网络在此期间发挥的作用堪称无可替代。然而，由于人们对于VPN等网络工具的频繁使用，不怀好意的潜在分子也通过对其进行攻击，获得一些黑色或灰色收入。与此同时，网络社交频率的突然上升也使潜在分子有机会通过社交以及网络钓鱼等手段，获得相应收益。不熟悉网络操作、粗心大意的部分群体，往往由于不慎点击链接、泄露验证码、陷入网络赌博陷阱等原因，遭到网络诈骗或泄露个人信息，造成难以预期的严重后果。

（2）企业面临的网络安全风险。

企业遭遇网络安全风险则更为频繁，受到的损失也更为巨大，往往远超预计。据McAfee估计，网络事件每年造成的全球经济损失在4450亿～6080亿美元，占全球GDP的0.59%～0.8%。就中国而言，平均每年在网络安全领域的损失高达600亿美元。近几年，云计算技术与移动科技迅速普及，大大降低了网络攻击的准入门槛，网络诈骗、勒索以及数据泄露事件成为网络安全事件的主要组成。

2023 年 1 月和 5 月 T－Mobile 接连遭受黑客攻击，大量客户的数据被泄露，不但损失达数亿美元，而且失去了客户的信任。在我国互联网金融全面铺开的当下，线上化交易已成为我国企业的高频率日常，伴随而来的是“AI 诈骗”案件越发增加。2023 年 4 月，福州市某科技公司法人代表郭先生，在与好友视频聊天时，被对方以借用账户转账为由，10 分钟内骗走了 430 万元。事后才发现，视频中的好友其实是骗子利用 AI 换脸和拟声技术伪造的。

（3）国家面临的网络安全风险。

将视野放到国家乃至于全球层面，在经济全球化日益推进的今天，企业不可避免地存在彼此之间的业务合作。然而第三方软件的加入在丰富业务、加强合作的同时，也存在着不小的安全隐患。网络攻击常常借助第三方漏洞为跳板，向目标发起进攻。大名鼎鼎的 SolarWinds 攻击事件就是一个非常有代表性的例子。2020 年的 12 月，网络犯罪分子以网络监控工具 SolarWinds Orion 为媒介，进行供应链的网络攻击，在全球范围内激起巨大波澜，其严重性与破坏程度在网络攻击历史上是非常罕见的。受害方包括多家大型跨国企业，美国政府机构的运行也遭受了严重打击。即使网络公司很快就发布了针对性补丁，但是由于种种疏漏和受到病毒感染的服务器难以完全清除，这次网络攻击至今仍在持续进行。这次举世震惊的网络安全事件使人们前所未有地认识到了网络攻击能造成巨大影响。然而由于网络应用的日益广泛，其危害性远不止于网络危险，更威胁到了现实的生产活动、关键的基础设施建设以及能源等重大领域，值得我们给予重视。

2. 日渐完善的网络安全政策

为了应对网络安全日益严峻的形势，各国对网络安全的监管要求逐渐提升。我国在大力推进信息基础设施建设和互联网普及应用的背景下，各行各业的数字化进入快车道，国家对网络安全的重视程度日益加深，政策环境与相关法规日渐完善。尽管在部分领域距世界最前沿仍有差距，但差距正在肉眼可见地缩小。

自 2016 年以来，我国陆续发布了一系列法律法规及指引文件（见表 9－1），规格之高、频率之快，可以看出我国对网络安全环境的重视以及为构建一个干净、健康的网络环境所持的决心。随着政策措施的不断出台，在面临网络安全风险时，除了传统的以技术手段对抗技术入侵的方法，还有《关于促进网络安全保险规范健康发展的意见》（见图 9－2）的指引，推动网络安全保险的实施，在关注灾前预防的同时，也注重灾后降灾减损的措施。

表 9－1　2016 年之后我国颁布的关于网络安全风险的相关法律法规或政策

发布时间	法律法规或政策	颁布机构
2016 年 11 月 7 日	《中华人民共和国网络安全法》	第十二届全国人民代表大会常务委员会第二十四次会议通过
2019 年 10 月 26 日	《中华人民共和国密码法》	第十三届全国人民代表大会常务委员会第十四次会议通过
2021 年 6 月 10 日	《中华人民共和国数据安全法》	第十三届全国人民代表大会常务委员会第二十九次会议通过
2021 年 7 月 30 日	《关键信息基础设施安全保护条例》	中华人民共和国国务院令
2021 年 8 月 20 日	《中华人民共和国个人信息保护法》	第十三届全国人民代表大会常务委员会第三十次会议通过

续表

发布时间	法律法规或政策	颁布机构
2021年12月28日	《“十四五”国家信息化规划》	中央网络安全和信息化委员会
2022年9月28日	《网络安全保险服务规范》	上海银保监局指导上海市保险同业公会
2023年2月27日	《数字中国建设整体布局规划》	中共中央 国务院
2023年7月2日	《关于促进网络安全保险规范健康发展的意见》	工业和信息化部 国家金融监督管理总局

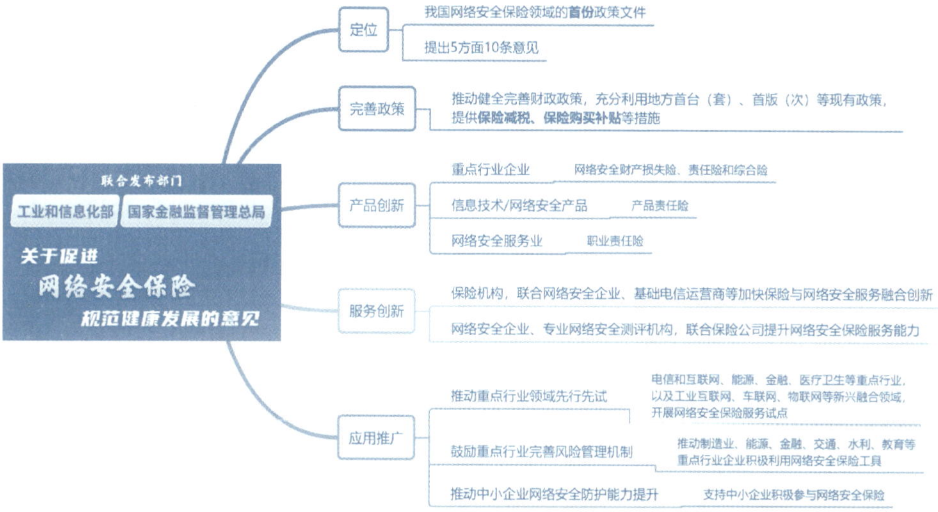

图9-2 《关于促进网络安全保险规范健康发展的意见》的思维导图

3. 发展中的网络安全保险市场

目前，全球行业内还没有对网络安全保险形成统一的定义。美国国土安全局将网络安全保险定义为“承保网络系统及其运行的风险，降低企业因数据泄露、网络损坏和业务中断等事故而损失的保险”。欧洲网络与信息安全局对网络安全保险的定义则是“以承保与网络空间风险（包括赔偿责任、财产损失和盗窃、数据损坏、网络中断收入损失和计算机故障或网站污染）等相关的风险损失为目的的保险合同”。概而言之，网络安全保险就是通过保险合同对网络安全风险进行缓解或转移（见图9-3）。

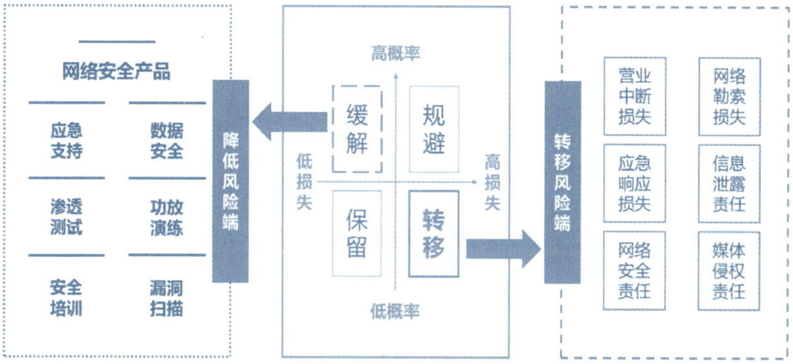

图9-3 网络安全保险的功能

网络安全保险作为商业保险，属于一揽子保单，它的保险标的既包括有形财产（如企业计算机及其系统、经营数据等），也包括无形财产（如企业声誉）。网络安全保险的承保范围相对较为广泛（见图9－4），既有第一方损失（如营业收入损失）的保障部分，也有第三方责任的赔偿部分以及其他费用。

图9－4　网络安全保险保障的保障范围

我国网络保险市场与发达国家相比发展较晚，目前仍在起步阶段，处于高增速、大扩张时期。根据《网络安全保险研究报告》统计，2021年保费规模约为7080万元，较2020年增长3.2倍以上，最高保额超过4亿元；2022年保费规模约为1.4亿元，较上一年实现翻倍增长。中资、外资等保险公司也积极布局中国网络安全保险市场，截至2022年，已有58家保险公司在中国境内经营网络安全保险产品，其中中资保险公司为29家，约占一半。由此可见，我国网络安全保险具有广阔的市场和保费潜力，在未来有很大的发展空间。

（二）国任“敢于担当、勤勉尽责”

国任保险作为国内早期参与网络安全保险研究的少数保险公司之一，目前主要在北京、上海、广东、深圳、湖北、浙江等国内主要经济城市大力发展网络安全保险业务。国任以“敢于担当、勤勉尽责”为行为准则，担网络安全之任，尽网络安全保护之责。2020年至2023年10月累计承保网络安全保险保单1690187件，累计承保金额2027151.34万元，累计出单含税保费4222.48万元。

国任保险目前开发在售的有针对性的网络安全保险产品共8款：网络安全责任保险、通信网络安全账户资金损失保险、云计算服务责任保险、计算机信息系统质量安全责任保险、人工智能系统责任保险、软件首版次质量安全责任保险、网络安全财产保险、网络安全保险（普惠版）。同时，根据市场需求变化，国任保险在不断地深入研究与探索在网络安全领域中的新机遇与新发展。

国任保险于2019年正式开始探索网络安全保险解决方案，积极学习市场先进案例、开展同业交流（见图9－5），并对接官方渠道，推动我国网络安全保险发展。2020年，在工信部网络安全局、电子一所的牵头指导下，国任保险参与了《我国网络安全保险产业发展白皮书》的编制工作，并于2021年12月10日面向全国正式发布。同时，国任保险加入信安标委WG7工作组，牵头编制的《网络安全保险核保评估指标》于2021年通过专家初审，牵头编制的《网络安全保险应用指南》于2022年3月被列入国标需求。2023年8月，《信息安全技术网络安全保险应用指南》国标已通过专家评审，目前正处于面向社会公开征求意见的阶段。

图9－5　国任保险参加“网络安全产业融合创新发展峰会”

国任保险也积极与网络安全相关部门合作，进行网络安全保险事业的开拓创新。公司加入了网信办下属的网络空间安全协会，成为首家入会的保险公司，并在中央网信办的指导下完成了题为《关于网络安全保险推进网络安全产业发展的建议》的行业研究报告，推动国家网络安全保险试点工作的开展。国任保险还与国家互联网应急中心（CNCERT）签署了战略合作协议，与其联合研究开发在智慧城市以及车联网领域的网络安全保险创新模式。国任保险还于2021年年底与天融信建立战略合作伙伴关系，并于2022年启动联合研究关于数据的定价体系的工作。

（三）国任案例描述与分析

1. 网络安全保险承保模式

（1）模式：面对网络安全产品残余风险转移。

案例：国任保险与网络安全服务公司合作，开展“网络安全保险＋服务”模式。目前，国任保险先后与北京某科技公司、杭州某科技公司、武汉某科技公司等知名网络安全服务厂商联合推出针对勒索病毒、数据恢复、数据泄露责任等场景下的“风险监测＋防勒索软件＋保险”服务方案，在为客户提供网络安全风险保险保障的同时，在前端以网络安全服务厂商提供网络安全检测、监控及处置的模式，为客户提供全流程、全方位的网络安全风险保障。

依托于该模式，国任保险已经为23家客户提供了1120万元的风险保障，被保险客户涵盖财务公司、银行、投资管理公司等金融行业企业，地方卫生健康局、医院、保健院等医疗机构，以及医疗技术公司、电子技术公司等高新技术企业。

分析：与网络服务厂商合作的承保模式，是通过保险产品将网络安全产品的残余风险进行转移（见图9－6）。依托于其销售网络安全服务的平台，客户投保或网络安全服务公司向客户赠送网络安全保险。这种模式是在网络安全厂商提供网络安全技术服务的基础上，为客户提供网络安全保险的兜底服务，保障厂商技术服务漏洞或缺陷导致的网络安全事故风险。

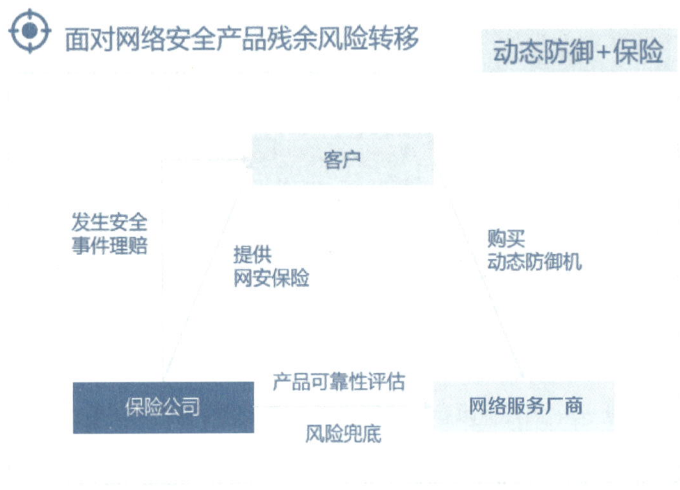

图9－6　面对网络安全产品残余风险转移的承保模式

（2）模式：面向行业企业网络安全风险管理。

①案例一：支付公司案例：

某支付公司主要从事互联网支付业务，日常经营中面临网络支付系统被恶意攻击、网络支付延迟等风险。基于此，国任保险与该支付公司达成战略合作，由国任保险承保该支付公司的支付交易安全，保障该支付公司在为客户提供支付交易的过程中营业中断的损失和延迟支付的风险。自达成战略合作以来，国任保险累计为该支付公司超160万次的支付交易提供风险保障，累计承保金额约1878516.72万元，累计保费超300万元。

②案例二：无人车案例：

国任保险以网络安全为切入点，在无人车系统测试领域率先开展尝试，连续三年为某集团旗下某无人车企业提供人工智能系统责任保险，承保测试车辆在测试过程中因测试系统缺陷、故障或失灵造成使用或操作该投保产品的人员或其他任何人员的人身伤亡或财产损失，为车联网领域提供网络安全保障。

③案例三：托管银行案例：

某大型国有银行资产托管业务的甲方为保证交易安全，防范网络安全风险，强制要求托管银行购买网络安全保险。国任保险连续三年承保该大型国有银行的网络安全保险业务，累计已为该国有银行提供1.24亿元的风险保障，主要承保该国有银行从事资产托管业务过程中因网络安全事故、信息安全事件导致的营业中断损失、网络勒索损失、检测费用、数据恢复费用、网络安全防御费用、法律费用、媒体公关费用、数据信息泄露通知费用、调查费用和指定专业机构及其费用。

分析：以上三个案例均以保险公司为主导，直接向企业提供网络安全保险保障。此种保险模式一般为保险公司承保体量较大企业的情况。保险公司针对该企业面对的网络安全风险成分，采用定制保单的方法与企业签订保险合同。在这种模式下，保险公司经常通过与网络安全服务商合作，为投保企业提供专业的技术服务支撑。由于目前国内投保网络安全保险的企业绝大部分均为跨国企业、国央企等大企业，因此这种模式是目前国内网络安全保险的主流承保模式（见图9-7）。

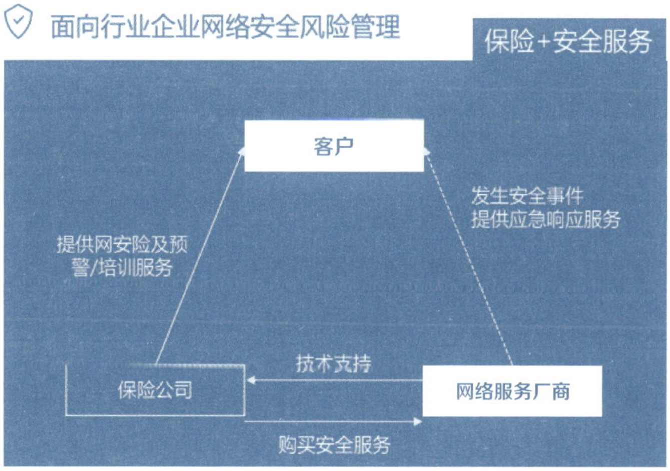

图9-7　面向行业企业网络安全风险管理的承保模式

对于每个网络安全保险合同所提供的保障范围，一般是由国任保险先拟定数种可保风险，然后企业选择某几类风险保障进行投保，国任保险也会综合考虑客户个性化的网络安全风险，选择全部或部分承保，最后再为其厘定风险费率。在上述三个案例中，国任保险所承担的风险主要是第一方损失以及第三方责任。比如在“支付公司案例”中，国任保险主要承保了客户的营业中断损失，属于第一方损失险的保障范围。在“无人车案例”中，无人车智能系统在测试过程中可能造成其他人员的人身伤亡或财产损失，国任保险主要承担第三方责任。在“托管银行案例”中，国任保险承保了营业中断损失、网络勒索损失等第一方损失，以及法律费用、媒体公关费用等第三方责任损失。

2. 网络安全保险业务客户画像（见表9-2）

国任保险公司在承保网络安全保险业务时，通常偏好承保农业、林业、房地产行业等实体产业（见表9－2第1列）。此类企业往往网络化程度较小，尽管许多实体产业公司也在探索“互联网+”模式，它们面对的网络安全风险仍是较为可保的。国任保险曾经承保了某汽车制造公司，助力该企业推进现代化，向绿色经济转型，转变发展方式。该制造企业的主要传统业务涵盖整车研发、制造和销售以及发动机的研发和生产，目前正在积极发展移动出行、汽车生活服务、新营销等新业务，目的在于构建较为全面的产业生态，向智能低碳出行科技公司转型。为转嫁自身的网络安全风险，该公司投保了保单限额为3000万元人民币的网络安全保险，保险责任包括应急响应费用、营业中断损失、数据恢复和硬件维修费用、网络勒索损失、第三方责任和媒体责任等。

表9－2　　　　国任保险对网络安全保险业务的客户画像

偏好承保	可接受	严格禁止
农业	医疗健康机构	征信公司
咨询行业	高等教育机构	大数据公司
林业	通信运营商	游戏公司
非营利组织	电信运营商	婚恋交友网络平台
房地产行业	上市公司	金融投资交易平台
造纸厂	非银行金融机构	数字虚拟币供应商
纺织业	物流运输企业	数字货币交易
批发贸易	能源、电力基础设施	P2P、互联网借贷平台
……	酒店行业	信用卡/支付卡处理

此外，国任保险也会有选择地承保一些可接受的风险（见表9－2第2列）。这些企业往往是因为遭受过损失，或因监管要求、合作方要求等外部因素参与网络安全保险，如电信运营商、上市公司等。对这些企业，保险公司会对其网络安全风险进行鉴定评估，承保可接受范围内的风险。比如，近几年某港口集团股份有限公司部分下级企业遭受网络安全事故，因此该集团重视起了网络安全风险管理，希望转嫁集团自身业务因网络安全事件造成的可能损失，所以该集团向国任保险公司投保了网络安全保险。

对于风险过于频繁、损失难以准确计量的风险，国任保险往往采取敬而远之的态度（见表9－2第3列）。典型的例子包括征信公司、金融投资交易平台、互联网借贷平台、游戏或赌博网站等。这些对象日均受到黑客攻击次数近百万次，造成第三方经济损失或信息泄露规模难以计量。目前来说，国任暂时没有承接此类业务的经济、技术实力，往往采取不承保的解决方式。不过，国外规模较大的一些网络安全保险承保公司已经在这些方面有所突破，可以想象在未来合适的时机，国任也可能会开发出有针对性的相应保险。

（四）由国任状况看我国网络安全保险市场的发展难题

时代潮流浩浩汤汤，飞速向前的互联网信息科技使得网络安全保险的重要性与日俱增。到目前为止，可以看到国任保险虽然在网络安全保险这一领域已经处于优势领头地位，但是距世界前沿水平仍有不小差距。为了促进网络安全保险的快速、健康发展，需要关注以下几个发展瓶颈。

1. 统一行业规范缺失

虽然网络安全保险是一种新型的综合财产险，其中的一部分险种可以参照已有险种的规范（如营业中断险、责任险等），但是我国没有一套统一的网络安全保险规章制度来规范我国众多的网络安全险产品，同时对网络安全保险的定义、保障范围和理赔条件等必要部分缺乏明确规则。我国的保险公司大多借鉴国外的网络安全保险条款来推出自身的产品，本土化程度较差。如果网络安全保险长期欠缺规范的市场环境，那么在未来有畸形发展的可能性。国任保险目前正在与工信部网络安全局、信安标委等国家相关部门合作推动相关进程，牵头编制的《信息安全技术网络安全保险应用指南》国标已于2023年8月通过专家评审，正处于面向社会公开征求意见的阶段。相信在不久的将来，统一的规范标准将会发行。

2. 尚未建立网络安全风险精算数据库

传统险种的承保方案和费率厘定是依靠大量的历史数据去建立精算模型而实现的。而网络安全风险作为一种新型风险，国内保险公司缺少足够的经验数据。一方面，网络技术更新迭代迅速，网络犯罪方式复杂多变，历史数据的参考价值远远不如传统风险的数据。另一方面，遭受黑客攻击的公司可能会基于名誉问题或避免再次受到攻击等原因，掩盖网络安全事故，给包括国任在内的相关保险公司收集损失数据带来了困难，因而建立精算数据库任重而道远。数据量的不足导致定价依据不充分，费率厘定的可靠性较低。因此，包括国任保险在内的诸多保险公司在设计网络安全保险产品的时候多参考国外的网络安全历史数据，在产品研究方面国内多侧重定性分析，对网络安全保险产品价格的定量研究严重不足。

没有完善的风险数据库和精算定价模型，保险公司难以进行风险评估和核保等工作，再加上道德风险和逆选择等因素，保险公司对于网络安全保险整体的承保偏好趋于保守，这使得很多有意向投保的企业被拒之门外。不过目前，国内保险公司正在积极进行数据库的建设。国任保险就于2021年年底与天融信建立了战略合作伙伴关系，并于2022年启动了关于数据的定价体系的联合研究工作。

3. 数据安全使用范围尚未界定

当今的“互联网＋”时代使得数据资料的重要性和使用性双重提升，但数据的可使用部分和数据隐私部分的界限并没有明确规定。网络安全保险保障范围中的第一方损失部分包括了数据损失及泄露。国任保险公司在承保前，会评估客户数据的网络风险，确定其可保性，从而厘定费率；在承保期间，国任保险公司也需要依托互联网平台，掌握客户数据的变动情况。投保人可能会因为自身数据对保险公司的开放而产生不信任和不安全感，所以国内经营网络安全保险的保险公司需要一套规章制度来明确界定客户数据的可使用范围，确保数据的安全问题，增强投保企业的信任。

4. 企业投保意愿仍待提高

我国国人整体的保险意识尚有不足，而网络安全风险源于虚拟的互联网，重大网络安全事件在我国发生较少，更难引起人们对网络安全风险的评估和重视。目前国任保险的网络安全保险业务主要在国家安全领域发展，具有政策性意味；相较而言，商业网络安全保险的扩张仍面临较大困难，尤其中小企业尚未形成防范网络安全风险的意识。即使有一些企业有一些防范的意识，也是通过网络安全厂商的服务来控制风险，这也是国任保险与网络安全厂商合作的原因。另外，我国对于网络安全第三方责任也没有详细地划分界定，这对企业建立网络安全意识也有负面的影响。风险意识的薄弱会体现在需求的不足，这对于网络安全保险市场的发展是致命的。

（五）中国网络安全保险发展建议

1. 营造良好外部环境

面对网络安全保险的困境，一方面，各地相关政府部门可以积极发挥引导作用，为网络安全保险制定一定的优惠政策。比如，对需求方出台保险补偿方案，对中小型企业购置网络安全保险进行补贴、减税等；在目标行业内设立试点企业，刺激市场需求；对供给方的保险公司提供奖励或补贴等，扩大市场供给。另一方面，依据我国的《网络安全法》《数据安全法》和《个人信息保护法》，紧跟工业和信息化部、国家金融监督管理总局出台的《关于促进网络安全保险规范健康发展的意见》，地方政府应完善网络安全保险法律法规。另外，监管部门也要跟进监管政策，监督各个险企良性竞争，保障网络安全市场健康发展。

2. 完善数据服务体系

网络安全保险市场发展困难，很大一部分原因在于存在信息壁垒。一方面，保险公司间应当探索建立数据共享机制，融合保险承保、理赔数据与网络安全风险数据，建立网络安全保险信息共享数据库，为开发风险量化模型和损失测算模型提供基础数据支撑。另一方面，面对网络安全风险事故较少的历史数据，保险公司应当提高数据的使用效率，完善数据管理方式，尽可能多地对数据进行开发和利用。

3. 推动多方合作

国外网络安全保险已经形成了较为成熟的上下游生态：投保前，网络安全公司或保险科技企业对投保企业进行网络安全风险评估，提供风险定价数据，保险公司据此设计承保风险模型；承保时，部分保险公司会联合第三方网络安全服务商，关注客户投保风险的动态变化，并在必要时提供预警和处置措施；理赔时，保险公司依据保单的承保责任履行经济赔付，也会提供专家支持，联合网络安全公司等服务厂商提供应急响应，对网络安全事故开展调查取证、鉴定评估、系统和数据恢复等工作。我国网络安全保险公司在技术能力方面，应当加强与网络安全公司、保险科技企业及风险数据建模公司等专业的互联网技术商合作，通过合作有效解决定价与核保的问题。

五、教学方法与手段

（1）案例教学法：利用国任保险等实际案例，让学生通过真实情境来理解英语表达的特点和规律。

（2）小组讨论：鼓励学生在小组内用英语讨论网络安全风险和保险策略，促进交流和合作学习。

（3）角色扮演：让学生扮演不同角色（如保险公司、企业、政府官员等），以增强对不同视角的理解。

（4）翻转课堂：让学生在课前预习材料，课堂上进行深入讨论和应用练习，提高课堂互动性，加强口语的练习。

六、教学实施过程

（1）案例背景介绍：通过引人入胜的方式，如新闻事件、视频或问题讨论，吸引学生的注意力。

（2）知识传授：使用讲授、多媒体展示等方法，系统地介绍网络安全的英语表述方式和网络安全保险的英语概念。

（3）案例分析：提供国任保险等实际案例，引导学生分析和讨论。

（4）小组合作学习：将学生分成小组，进行案例研究或项目工作。

（5）角色扮演和模拟演练：让学生扮演不同角色，模拟网络安全事件的应对和管理。

（6）互动讨论：在课堂上安排时间进行互动讨论，促进学生之间的思想交流。

（7）课程总结：在课程结束时，总结关键概念和学习成果。

（8）课后跟进：提供额外的学习资源和指导，帮助学生巩固和深化课程内容。

七、考核与评价方式

通过以下考核与评价方式，教师可以更准确地了解学生的学习进度和理解程度，同时学生也可以通过反馈了解自己的优点和需要改进的地方，从而促进教学相长，提高教学质量。

（1）课堂参与度：评估学生在课堂讨论、小组活动和角色扮演中的参与情况。

（2）小组项目：通过小组合作完成的项目，评估学生的团队合作能力、英语表达能力和问题解决能力。

（3）口头报告：要求学生就特定主题进行口头报告，评估其表达能力和对主题的深入理解。

（4）同行与自我评价：在小组项目或讨论中，让学生自我评价和相互评价，培养自我反思的能力并促进相互学习，提高批判性思维。

（5）在线测试和问卷：利用在线平台进行即时反馈的测试，收集学生对课程的意见和建议。

（6）综合评价：结合以上各种评价方式，对学生进行全面的综合评价，确保评价的公正性和全面性。

八、实施成效

（1）通过考试和作业，评估学生英语表达网络安全和保险概念的准确性，让学生对网络安全和网络安全保险的英语表达有较好的把握。

（2）根据学生在案例分析、小组合作和实际操作中的训练，提升学生英语表达、解决问题和创新的能力。

（3）根据学生反馈，提升课程所采用教学方法的有效性。

（4）通过问卷调查、访谈等方式收集学生对课程内容、教学方式和教师表现的意见和建议，提升对课程的满意度。

（5）通过小组项目和同行评价，提升学生的团队合作和协作能力。

参考文献

［1］冯媛．网络安全保险研究报告［EB/OL］．国家工业信息安全发展研究中心，2023 年中国网络和数据安全产业高峰论坛——网络安全保险分论坛，2023，https：//www. xdyanbao. com/doc/9p0qeh1ubp.

［2］国家工业信息安全发展研究中心．我国网络安全保险产业发展白皮书（2021 年）［EB/OL］．2021 年 12 月．https：//www. xdyanbao. com/doc/mm78rsynvd.

［3］亿渡数据．2022 年中国网络安全行业白皮书［EB/OL］．2022 年 8 月．https：//www. xdyanbao. com/doc/8zo2a4zjf8.

［4］中国信息通信研究院．2019 年中国网络安全产业白皮书［EB/OL］．2019 年 9 月．https：//www. xdyanbao. com/doc/a2fsktr6sf.

案例 10：“保”绿水青山，“险”低碳本色

——“资产负债管理Ⅱ”课程思政教学案例

郑苏晋
（中央财经大学保险学院教授）

一、基本信息

课程名称：资产负债管理Ⅱ
授课对象：研究生二年级学生
知 识 点：保险产品与服务、绿色投资
主讲教师：郑苏晋

二、教学目标

（一）知识目标

通过本案例学习，使学生领会我国实现"30 · 60"碳达峰、碳中和目标的紧迫性和必要性，深入思考中小型金融企业在响应"减排降碳"号召中的可行路径。

（二）能力目标

通过本案例，让学生在了解浙商保险"近零碳"车险实现"碳闭环"的运行机制的基础上，学习保险产品如何利用金融科技平台助推"碳中和"、促进"减排降碳"。引导学生发散分析绿色保险目前存在的问题以及未来的改进方案。

（三）育人目标

"绿水青山就是金山银山"是中国特色社会主义所倡导的生态文明理念。通过本案例的学习，意在引导学生深刻认识到保护环境、绿色发展的重要性，将思想价值教育与知识体系教育有机统一，让学生形成正确的绿色发展理念，更好服务于国家绿色发展战略。

三、教学重点与难点

（一）教学重点

带领学生学习近零碳车险的起源、发展，并与其他形式绿色保险进行比较，从而让学生深刻理解绿色保险的本质。

（二）教学难点

本案例的难点在于思考浙商保险"近零碳"车险运营推广方面的现存问题以及可供其他

保险公司借鉴的创新点。如浙商保险“近零碳”车险投保准入门槛设置以及奖励机制设置是否合理？浙商保险“近零碳车险”如何扩大消费群体？如何开发更多消纳碳中和的场景模式？

四、课程思政案例介绍

（一）引言

“实现‘双碳’目标，不是别人让我们做，而是我们自己必须要做”，2022 年习近平总书记在中央政治局集体学习时如是说。“双碳”目标从何而来、深意几何，且待下文寻迹“双碳”目标前世今生。

1. 严峻形势祸起超量排碳，气候挑战加鞭《巴黎协定》

人类活动不仅促进生产力高速发展，同样也在加速着气候变化。现代工业、日常生活产生的过量温室气体，破坏自然中二氧化碳气体“边增长、边消耗”的动态平衡，导致大气中二氧化碳含量持续上升（见图 10－1）。截至 2020 年年底，大气中二氧化碳浓度已达到 413.2PPM，而在工业化之前，全球大气二氧化碳平均浓度保持在 278PPM 左右。那么二氧化碳浓度上升会有什么样的影响呢？

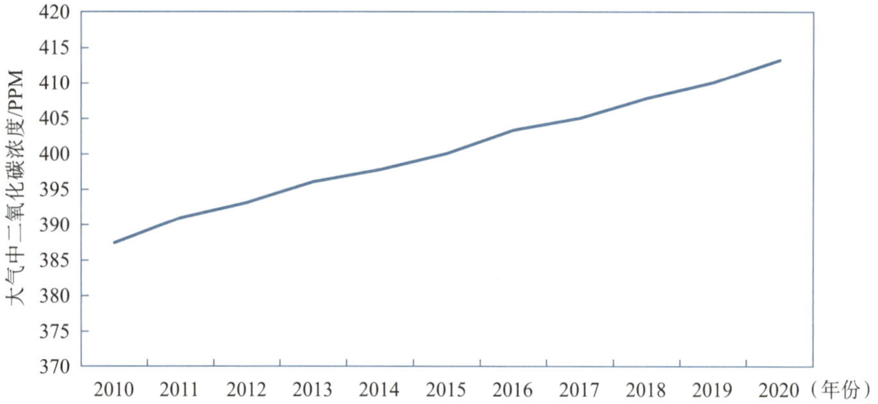

图 10－1　全球大气中二氧化碳浓度（PPM）

虽然我们无法亲身回到工业化之前体会世界的变化，但研究表明，二氧化碳浓度上升带来的温室效应导致 2020 年全球平均气温较工业化前上升 1.2 摄氏度[①]。全球气温升高将导致两极冰川融化，海平面上升，首当其冲的是海拔较低国家，其国土会被海洋蚕食；如果全球气温上升 4 摄氏度，不仅会产生 40 多个岛屿国家被淹没的风险[②]，还会引起海水倒

① 中国气象局 .2020 年全球气候状况报告发布气候变化指标和影响恶化［EB/OL］. 2021－4－22. https：//www.cma.gov.cn/2011xwzx/2011xqxxw/2011xqxyw/202104/t20210422_575674.html.

② 中国科学院 . 全球温室效应［EB/OL］. 2014－8－25. https：//www.cas.cn/kxcb/kpwz/201408/t201408 25_4191468.shtml.

灌、土地盐碱化，危害沿海地区居民的生命财产安全。

此外，全球气候变暖导致极端天气频发，全球多地气温不断突破历史高（低）纪录，出现极端降水、极端干旱等情况（见表 10－1）。而气候变化也对各地农业活动造成了巨大影响，威胁着世界粮食安全。

表 10－1　　2020 年与 2021 年极端天气事件

时间	极端天气事件
2021 年 6 月 29 日	位于加拿大不列颠哥伦比亚省中南部的利顿镇气温高达 49.6 摄氏度，高出此前加拿大全国气温最高纪录 4.6 摄氏度，次日利顿镇又被大火烧毁。
2021 年 7 月 9 日	美国加利福尼亚州死亡谷的温度达到 54.4 摄氏度，与 2020 年最高温度近似值并列成为至少自 20 世纪 30 年代以来世界上记录的气温最高值。
2021 年 2 月中旬	异常寒冷的天气条件影响了美国中部和墨西哥北部的许多地区。得克萨斯州受到的影响最严重，普遍出现了至少自 1989 年以来的最低温度。
2021 年 7 月中旬	中国河南省遭遇了极端降雨。7 月 20 日，郑州市的 1 小时降雨量达 201.9 毫米，6 小时降雨量为 382 毫米，而这次事件的总降雨量为 720 毫米，超过了其年平均值。降雨引发的骤洪导致超 302 人死亡，造成经济损失达 177 亿美元。
2020 年 1 月～2021 年 8 月	2020 年 1 月至 2021 年 8 月的 20 个月是美国西南部地区有记录以来最干燥的时期。2021 年加拿大的小麦和油菜籽作物产量比 2020 年低 30%～40%。与干旱有关的营养不良危机席卷了印度洋岛屿马达加斯加的部分地区。

为了应对二氧化碳浓度上升所带来的挑战，2015 年 12 月 12 日，第 21 届联合国气候变化大会为这个本就特殊的日子又加上了浓墨重彩的一笔：这一天，《巴黎协定》在会上达成。协定针对 2020 年后全球如何应对气候变化做出统一安排，意在让各国减少温室气体排放。二氧化碳作为主要温室气体之一，其减排行动已箭在弦上。

2. 中国表态尽显“大国担当”，内忧外患激发改革动力

在减少碳排放的大背景下，习近平总书记在第七十五届联合国大会一般性辩论中表示“应对气候变化《巴黎协定》代表了全球绿色低碳转型的大方向，中国将提高国家自主贡献力度，采取更加有力的政策和措施，二氧化碳排放力争于 2030 年前达到峰值，努力争取 2060 年前实现碳中和”。

自豪之余，我们不禁会想，难道中国政府做出这样的决定仅仅是为了高风亮节吗？显然不是，“双碳”目标的提出不仅关系到世界的命运，也是为了解决我国所面临的“内忧外患”：

何为“内忧”？唯有可持续发展问题。自改革开放以来，中国经济飞速发展伴随着能源的不断消耗，2021 年中国能源消费结构如图 10－2 所示。2021 年中国的能源消费结构为煤炭、石油、天然气等化石能源占比 83%，而化石能源的使用会排放大量二氧化碳，据统计，2021 年中国碳排放总量中化石能源燃烧排放占比 84%①。面对如此形势，如果不进

① 国家能源局. 能源多元化并非化石燃料为零［EB/OL］. 2021－11－05. http：//www.nea.gov.cn/2021－11/05/c_1310292740.htm.

行能源结构调整，温室效应对中国的影响将愈演愈烈。此外，化石能源是不可再生能源，为了发展而保持高化石能源比例的能源结构长期来看无异于饮鸩止渴。国家需要从能源结构调整与降碳减排双管齐下，从而实现高质量的可持续发展。

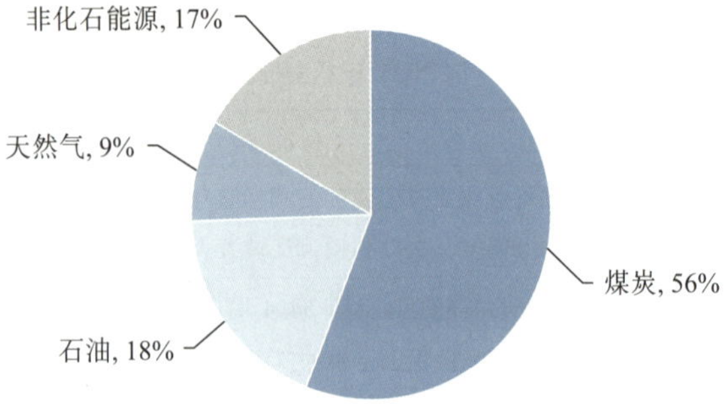

图 10－2　2021 年中国能源消费结构

何为“外患”？这不得不提到国际在碳排放方面对中国施加的压力。2007 年，法国总统希拉克首次提出征收“碳关税”，即根据产品生产过程中排碳数量计征税额，主要以化石能源使用量来衡量。欧盟理事会 2022 年 3 月就碳边境调整机制（CBAM）相关规则达成协议，意味着在过渡期后，2026 年欧盟将正式开征“碳关税”。而中国向外出口的产品以高能耗投入、低附加值的机电产品、农产品、纺织产品等为主（见图 10－3），高新技术产品仅占 25%。根据 2009 年世界银行的研究，如果“碳关税”全面实施，在国际市场上，中国制造可能面临平均 26% 的关税，出口量将下滑 21%。而进出口是拉动中国经济的三驾马车之一，出口下降势必会严重影响中国经济的长远发展。因此为了保住出口经济，中国也应当谋求降碳的策略。

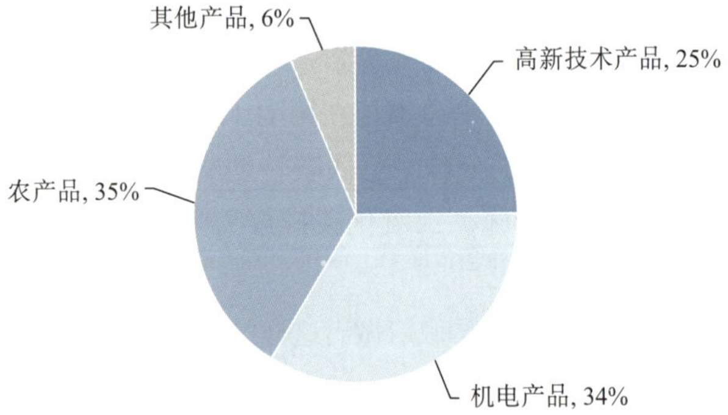

图 10－3　2021 年中国出口产品结构

3. 浙商保险深陷发展困境，另辟蹊径布局绿色金融

浙商保险，作为本案例的主角“近零碳车险”服务的提供者，是一家怎样的公司呢？

2009 年，浙商保险乘着中国保险市场迅速扩张的东风进入大众视野，作为第一家诞生于浙江的全国性财险公司，以浙商冠名，担金融重任。可以说成立之时，浙商保险集合了天时地利，被政府寄予厚望，但实际上，浙商保险的十四载岁月过得并不平静。

（1）事与愿违，业绩平平。

2009 年成立至今，浙商保险年保费收入巅峰只在 2018 年达到 43.98 亿元，且从 2014 年开始，保费增速长期难以突破两位数。在 2020 年保费收入同比大幅下降 24.93% 后，2021、2022 年的保费收入便在 31 亿元左右徘徊。而作为浙商保险支柱业务的车险，自开办以来从未实现盈利。有着这样的业绩，浙商保险在中国众多保险公司中很难脱颖而出。

（2）祸起萧墙，“老鼠仓”案。

浙商保险的公司业绩尚未有起色，上任高管徇私却先东窗事发。2014 年 2 月 ~4 月，刘雄军担任浙商保险传统保险产品投资经理兼资管部副总经理，管理数十亿保险资金，在这期间，他以权谋私，将自行研发的选股模型同时应用于公司账户与私人账户，进行高达 6700 余万元的同向交易以图中饱私囊。此事暴露出浙商保险内部管理制度存在严重疏漏，不免有损公司形象。

（3）飞来横祸，“侨兴”危机。

老鼠仓事件草草落幕后，命途多舛的浙商保险又迎来了下一次考验。原来在 2014 年，浙商保险为侨兴集团旗下两家公司所募集的私募债券提供了担保，但时间来到 2016 年债券需要兑付的时候，债券募集公司表示无力偿还，与此同时屋漏偏逢连夜雨，广发银行惠州分行表示，侨兴集团在募集债券时提供的保函系伪造因而无效，那么这个欠债还钱的“黑锅”就扣在了浙商保险的头上。最终浙商保险因需要为侨兴的违约买单，代为分期赔付本息合计 11.46 亿元的私募债，2016 年公司巨亏 6.49 亿元，偿付能力充足率一度触碰监管红线，直到 2017 年收到浙江交投的增资才脱离危险。这次滑铁卢更是在人们心中蒙上了一层疑惑：浙商保险的经营是否出了大问题？

（4）道阻且长，路在何方？

虽说新的注资给予了浙商保险涅槃重生的机会，但自 2017 年以来其经营业绩却仍鲜有起色。作为一家历经坎坷的中小保险公司，浙商保险亟须谋取突破，拓展业务，以证自身实力，却又苦于自身规模与资源限制，在传统保险业务的市场竞争中难以超越大公司。不禁让人唏嘘：浙商保险，未来应该走向何方？

随着国家推动绿色金融发展的改革之风吹过湖州，在湖州市人民的悉心呵护下，绿色金融的种子在这座城市生根发芽。作为一家生于浙江、长于浙江的企业，浙商保险对于本省的情况有着超过其他保险企业的敏锐度，也嗅到了绿色金融中对它而言所蕴含的机遇，那么这机遇又从何而来呢？

研究浙商保险的股权结构（见图 10－4），不难发现，其股东包括浙江省交通投资集团等多家国有企业，深厚的国资背景使得浙商保险更适合开展响应国家政策的绿色金融业务。对于浙商保险而言，如果在传统的业务上难以与大公司竞争，另辟蹊径开拓新的业务模式也不失为一种破局之法。因此，绿色保险及服务的开发给浙商保险提供了新的发展思路。

浙商保险也确实采取了行动，积极布局绿色保险领域，加大绿色保险发展投入，构建多元绿色保险体系，近年来在湖州当地开展了绿色建筑性能保险、涵盖“电梯绿色零配件

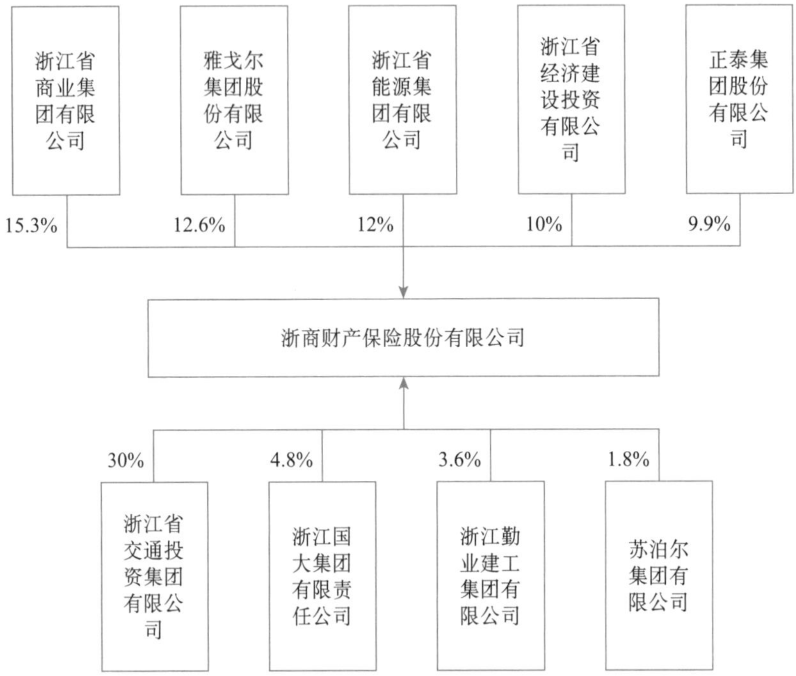

图 10－4　浙商保险股权结构

更换”的电梯安全责任全生命周期保险服务，参与浙江省绿色建材领域保险创新以及湖州市“环责险”标准创新等研究工作。而“近零碳车险”服务则是浙商保险为湖州绿色金融奉上的又一份礼物，这份礼物从构思到送出，背后又蕴含着怎样的故事呢？

（1）故事伊始，试点获批。

2021 年《湖州市国家绿色金融改革创新试验区建设 2021 年推进计划》发布，“近零碳车险”模式创新被列入绿色金融支持“30 · 60”气候行动专项方案，浙商保险获批成为试点机构。此后，南太湖绿色金融与发展研究院与浙商保险开始合作研发“近零碳车险”服务产品。

（2）效益分析，互利共赢。

通过对开展“近零碳车险”的效益进行分析，浙商保险认为，这项服务将会产生互利共赢的效应。在社会效益方面，“近零碳车险”服务响应降碳减排号召，鼓励车主少开车，既能够形成湖州低碳样本，又可以降低交通风险；在商业效益层面，对浙商保险而言，“近零碳车险”能够减少汽车使用，降低公司的车险赔付，提升公司经营效益，并且能够帮助公司获得政府背书，有助于塑造正面的企业形象。

（3）雏形初具，构建平台。

南太湖绿色金融与发展研究院与浙商保险竭诚合作，敲定了“签订‘减排承诺’给予优惠、收集里程数计算碳排放、判断减排承诺是否达标、达标继续承诺”的减排达标机制雏形。但这一切的实现需要依托于一个金融科技平台，这个平台需要实时连接客户与公司，帮助实现业务闭环，还要保证平台使用的便利性。这是之前所提供的车险服务未曾涉及的，一个难题摆在了面前：这个金融科技平台长什么样子呢？

经过苦苦搜寻，支付宝上较为成熟的公益科技平台——蚂蚁森林给予了他们灵感：

蚂蚁森林是什么？它是一个鼓励人人践行绿色行动的互联网公益平台。

蚂蚁森林优势何在？可以总结为以下几点：

（1）数据实时同步，规则简单明了。

蚂蚁森林能够通过支付宝实时获取用户的减碳行为，将相关数据上传后台，让开发者与客户共享数据，为数据的获取与分享提供极大便利；并且设置低碳行为量化指标，各项指标一目了然，便于用户理解平台规则并加以运用（见图 10－5）。

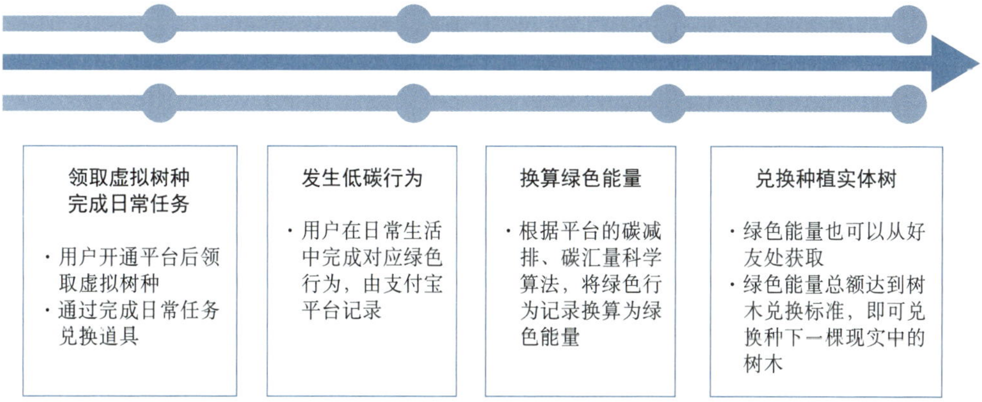

图 10－5　蚂蚁森林运营机制

（2）设置多种玩法，用户参与度高。

除了基础的排名、点赞以外，蚂蚁森林加入了趣味性玩法，例如好友之间能量偷取、兑换道具促进能量成熟或者阻止好友偷取能量，供人们在闲暇时段与好友开展一场简单的“能量攻防战”；又比如收取能量雨游戏，用户既能够收取绿色能量，又能玩游戏放松心情。还有其他拼图小游戏、换装设置等，满足用户多元化偏好，充分提高用户参与度。

（3）建立情感纽带，提供情绪价值。

与所种植的树木建立起情感纽带。首先，每种植一棵树都在为绿化作贡献，会赋予用户以荣誉感。其次，每一棵树背后都凝结着日复一日孜孜不倦地收取能量的努力，所兑换的树木就如同自己的孩子一般。用户通过线上或线下查看树木的生长情况，能够平复心中的牵挂。最后，蚂蚁森林还能够让家人、爱人、朋友同种一棵亲情、爱情、友情树，使得树木具有了象征意义，增进人与人之间情感的同时，也会使用户不会轻易放弃。而这两组机制均能有效增加平台用户的黏性。

浙商保险与南太湖绿色金融与发展研究院通过学习该平台的长处，结合自身思考，成功搭建起“近零碳车险”服务平台。

平台建立后，经过无数次的测试与完善，2021 年 5 月，“近零碳车险”创新服务在湖州南太湖新区正式进入大众视野……

（二）案例描述

1. 近零碳服务承降碳使命，打造新型服务运行模式

在此之前，中国市场上主流的车险增值服务有四种：道路救援服务、车辆安全检测服务、代为驾驶服务、代为送检服务。而随意打开某个车险条款，我们都能看到这四个增值服务，不免有些审美疲劳。浙商保险的“近零碳车险”（见图 10－6）增值服务相比之下着实能够让人眼前一亮。那么它又究竟独到在何处呢？可以从它的运行机制与平台进行探究：

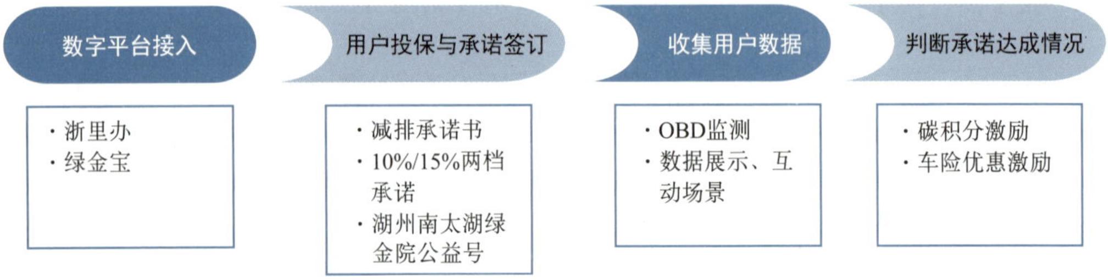

图 10－6 “近零碳车险”服务运营流程

（1）数字平台接入。

浙商保险与南太湖绿色金融与发展研究院合作开发的集减排承诺、数据统计与分析展示、政策激励于一体的金融科技平台，自 2021 年开始试运行。用户通过微信搜索“湖州南太湖绿金院公益号”，进入平台购买“近零碳车险”，同时签订减排承诺书从而获取“近零碳车险”服务。此外，该平台还为用户提供了点赞、排名等互动服务。2022 年起，浙商保险入驻支付宝“浙里办”平台，为“近零碳车险”服务的获取增加了新渠道；同年，“近零碳车险”入驻了湖州市专有的“绿金宝”平台，该平台可以在微信搜索“湖州绿金宝”进入，点击“保险”进入保险超市，再点击“零碳车险”即可进入浙商保险承保以及承诺签订页面（见图 10－7）。

图 10－7 “近零碳车险”多平台投保页面展示

（2）用户投保与承诺签订。

目前该车险仅把湖州市市本级纳入试点范围，对于用户设置了"基准里程在1万千米以内"的准入条件。用户在进入湖州南太湖绿金院公益号后，按图10－8引导签订减排承诺书，并投保车险，即可获取"近零碳车险"服务。其中，减排承诺设置为两档：一档为减少基准里程10%以上，另一档为减少基准里程15%以上。如果投保车辆为燃油车、油电混合车辆，会根据承诺不同获取不同保费优惠，而纯电动车辆可直接享受相应的保费优惠。

图10－8　湖州南太湖绿金院公益号平台投保详细流程

（3）收集用户数据。

投保成功且签订承诺后，保险公司会在被保险人的车辆上安装"车载自动诊断（OBD）"设备，用于收集汽车行驶数据，并在不侵犯个人隐私前提下，记录每天行驶里程数及百千米油耗数据，进而计算得出汽车当日碳排放量①。这些数据除了作为保险公司判

① 碳排放量计算公式：汽车碳排放量计算公式（吨）＝行驶公里数（km）/100＊百公里油耗＊2.37/1000。

断用户承诺是否达成的依据以外，还会展示在数字平台上，供被保险人查看自身碳减排数据，了解碳减排承诺完成进度。

（4）判断承诺达成情况：

保险公司与数字平台会通过被保险人的行驶数据判断客户的承诺达成情况。于保险公司而言，如果被保险人的投保车辆为燃油车、油电混合车辆，达成承诺，会继续给予被保险人以保费优惠，并且次年仍按“减碳承诺”承保；如果被保险人未达成承诺，下一年被保险人所得的优惠将终止。于平台而言，投保平台会根据车主每季度的承诺达成情况向其发放绿色积分，每次发放 50 积分，每年最高发放 200 积分，该积分可在湖州南太湖绿金院公益号中的绿色商城兑换美食代金券、购物代金券、洗车服务券、生活用品实物、多种平台会员等商品；而支付宝平台也会根据被保险人承诺的达成情况，给予独立于投保平台的碳积分奖励，奖励规则为在保险期内每隔 7 天进行一次里程信息判断，如果 7 天内有 1 天行驶距离少于 1 千米，即符合“自愿少开车”要求，将发放 100 碳积分奖励，每 30 天至多发放 500 积分，该积分也可在对应平台兑换实物、优惠和服务。

平台的用户页面与可兑换权益如图 10－9 和图 10－10 所示。

图 10－9　用户页面展示

2. 初期遇冷效果平平无奇，平台引流助力稍显起色

“近零碳车险”在 2021 年正式进入湖州市场，初期只有微信湖州南太湖绿金院公益号这一个投保平台。接到新产品后，浙商保险车险营业部开启了新的车险营销业务，但年终效果差强人意。2021 年年末统计数据显示，平台总用户量仅 1025 户，累计安装 OBD 设备 1025 个。根据 OBD 设备监测及平台数据分析，2021 年的 1025 台车辆投保前年总行驶里程共 890.78 万千米，投保后年总行驶里程降至 740.26 万千米，总行驶里程减少 150.52 万千米，碳排放降幅达 22.67%。

图 10－10　"浙里办"平台可兑换权益展示

2022 年，在浙商保险希望扩大影响范围、积极寻求破局之路时，政府部门看到了"近零碳车险"的减碳优势，向浙商保险伸出橄榄枝，助力其顺利入驻两个新政府平台——"浙里办"和湖州"绿金宝"。"浙里办"是浙江省发改委牵头开发建设的全国首个省级碳普惠应用程序，是浙江省双碳数智平台中的重大应用之一。而浙商保险是唯一一家入驻的保险企业，为平台提供碳减排和绿色出行数据。湖州"绿金宝"是湖州市金融办牵头开发的公益小程序，旨在引导湖州居民低碳出行、绿色消费。有了这两个平台的引流，"近零碳车险"在第二年收获了 9930 个客户，同比增长 868%，促进总行驶里程减少 930 万千米。这两年中，用户平均每人每天同比减少 2.57 千米，碳排放量平均降幅达到 11.01%，这振奋了浙商保险继续发展"近零碳车险"的信心。那么，"近零碳车险"有何创新性，能够吸引政府平台鼎力相助？

（三）案例分析

1. "近零碳车险"创新之处

"近零碳车险"模式的创新性有以下三点：一是引入"碳减排承诺"机制；二是创新"碳减排"互动场景；三是运用"险资"推进项目碳中和。三者相互协作共同推动项目实现"碳闭环"。

首先，减排承诺是实现"碳闭环"的基础。用户参与"近零碳车险"项目前，须在线签订"碳减排承诺"书。浙商保险据此对用户完成承诺进度进行监督，有效督促用户绿色低碳出行。

其次，线上互动是实现“碳闭环”的推手。线上投保方式增加了用户的参与体验度。浙商保险与南太湖绿色金融与发展研究院依托碳减排方法学和大数据、AI 等数字赋能，在手机端打造“近零碳车险”运行平台。通过微信绑定功能，用户可查看平台好友的综合排名，为好友点赞助力。同时，用户的碳减排量转化成的碳积分可在公益平台兑换权益，让用户得到“看得见摸得着”的奖励反馈，进一步激发用户参与碳减排活动的积极性。

最后，保险资金中和碳排放是实现“碳闭环”的保障。用户车辆一年“志愿减碳”后所产生的二氧化碳为“待中和碳”。假如用户在投保后按照承诺减少 10%～15% 的碳排放量，则“待中和碳”占总量的 85%～90%，因此有效中和每年产生的“待中和碳”是实现“碳闭环”的重要保障。

中国保险资产管理业协会执行副会长兼秘书长曹德云表示：“保险资金作为我国资本市场的重要机构投资者、国家重大基础设施建设的重要资金提供者，在引导长期资金参与国家重大工程建设、支持盘活存量资产、服务国家战略方面，发挥着越来越重要的作用。”在促进碳达峰碳中和之路上，保险资金加速向风电、水电、光伏、核电、传统能源节能改造等方向布局。现在浙商保险已与湖州天能循环产业园、长兴煤山浙能产业园进行战略合作，将保险资金投资于产业园绿色项目，通过光伏投产促进碳中和，如 1 兆瓦光伏电站年发电量约为 120 万千瓦时，每年可产生碳减排量 1196. 4 吨。

2. “近零碳车险”的不足之处

“人无完人，金无足赤”。“近零碳车险”作为刚刚起步的新型服务模式，仍存在许多不足。

（1）普及率覆盖有限，扩影响道阻且长。

首先，“近零碳车险”在全省范围内的普及率较低，仅局限于湖州市内的用户，缺少省级政府部门的推广支持；其次，消费者购买意愿不够强烈，由于车载 OBD 设备可以实时监控车主的驾驶情况，收集详细的驾驶行为数据，如行驶里程数、超速行驶、GPS 轨迹回放、长时间怠速、疲劳驾驶等信息，部分消费者会基于隐私问题放弃“近零碳车险”附加的增值服务；最后，各平台的绿色商城可供兑换的商品未能全面考虑消费者需求，缺乏吸引力。因此，如何扩大影响范围、吸引更多客户、提高客户黏性是浙商保险亟待解决的问题。

（2）碳中和任重道远，浙商保道阻且跻。

由前述可知，每年的“待中和碳”占参保汽车碳排放的 85%～90%，即“近零碳车险”达成“零碳”目标的关键在于灵活消纳参保汽车的“待中和碳”量。调研显示，目前浙商保险只是与湖州天能循环产业园和长兴煤山浙能产业园达成战略合作关系，具体投资项目还未落地，也就是说前两年的“待中和碳”仍在空中等待被消弭，消纳碳排放的规划仅刚刚起步。另外，在利用险资进行投资时需要考虑保险资金与融资项目是否契合。车险资金的特点是短期性，而产业园的绿色项目建设往往超出一年期限，车险资金是否能顺利与绿色项目融资需求接轨，资金流转时间的错配是否能保证双方的顺利合作，这些问题都将阻碍“近零碳车险”闭环运作。因此，浙商保险需要开发更多消纳待中和碳的情景模式，确保“近零碳车险”整体机制顺利循环。

（3）欲投保流程不畅，看宣传道阻且右。

2022 年后，“近零碳车险”新增两个政府平台进行宣传，虽有多平台引流，但引流平台和投保平台分裂，引流转换率不高，最终效果难达预期。例如，在支付宝“浙里办”小程序中，有关“近零碳车险”的宣传处于“绿色出行”版块的“自愿少开车”模式中，点进去会在“帮助”中看到“您需为浙商保险‘近零碳’车险投保用户”的提示，但并没有投保跳转链接，也没有与浙商保险公司相关的联系方式。如果这时到浙商保险公司官网寻找“近零碳车险”产品，发现官网页面并没有相关宣传。不熟悉浙商保险的用户可能在这时就打起退堂鼓。所以浙商保险还需要加强对“近零碳车险”的宣传工作，优化投保流程，让潜在客户顺利转化为实际客户。

（4）减碳实力？疫情影响？

中国发展研究基金会 2021 年发布的《新冠疫情对居民出行方式与城市空间格局影响研究》显示，受疫情防控政策的影响，居民出行强度明显降低，并且经历新冠疫情后，居民出行的主动性降低、空间范围缩小、出行时间缩短①。所以可以合理推测“近零碳车险”两年中平均 11.01% 的碳排放量降幅有可能受新冠疫情的影响，实际降碳效果有待对 2022 年之后的数据进行分析。

（四）结论与建议

1. 丰富互动场景内涵，增加客户产品黏性

为了增强用户黏性，可以从改进互动场景入手。当前平台互动场景包括显示“碳减排承诺”完成进度、查看平台好友的排名信息、点赞互动以及碳积分兑换权益，虽然能够为用户增加一定的互动体验，但吸引力不足，参与度也较弱。投保“近零碳车险”后所提供的平台可以借鉴蚂蚁森林的运营模式，增加趣味玩法与互动机制，从而提高用户参与度与黏性。

2. 动态调整兑换权益，增加客户投保动力

“浙里办”平台的权益兑换商城中可兑换的权益类型分为实物类与虚拟类，但其中很多实物需要线下领取，并且对客户吸引力不足，因而剩余过多；而反观一些红包类、公交优惠类的虚拟权益却供不应求。想换的换不到，换到的不想要，兑换权益数量与类型设置的不合理使得兑换服务食之无味，弃之可惜，难以达到吸引投保的效果。

为了增加用户投保动力，可以从调整权益兑换入手。首先，对权益数量进行调整，及时监测权益剩余数量，对剩余数量多的权益数量进行缩减，而对于数量不足的权益数量进行扩增，从而尽量满足客户对心仪权益的兑换需求。其次，由于低碳出行会使用户减少开车，势必也会对用户的出行造成一定的不便，在权益兑换中可以添加“拼车券”“共享单车券”等类似优惠，同时扩大公交优惠券的适用范围，为客户的出行提供便利。

---

① 资料来源：（2021）新冠疫情对居民出行方式与城市空间格局影响研究 . https：//www. cdf. org. cn/cdf2022/qy-bg/9860. htm#content.

3. 加速投资项目落地，拓宽碳中和渠道

当前公司虽与湖州天能循环产业园和长兴煤山浙能产业园达成合作，但两个园区主要产业仅与储能相关，因而一方面要加速该项投资转化为产能，另一方面也需要拓宽投资渠道，而渠道的拓展可以从碳中和实现路径出发进行探索：

基于新能源利用角度，可以增加对于光伏、水力发电站等清洁能源产业的投资；基于能源使用效率的角度，可以增大对节能电器制造、能源梯级利用项目的投资；基于固碳实现角度，可以投资林业碳汇项目提高生物固碳量。

实现碳中和可行路径如图 10 – 11 所示。

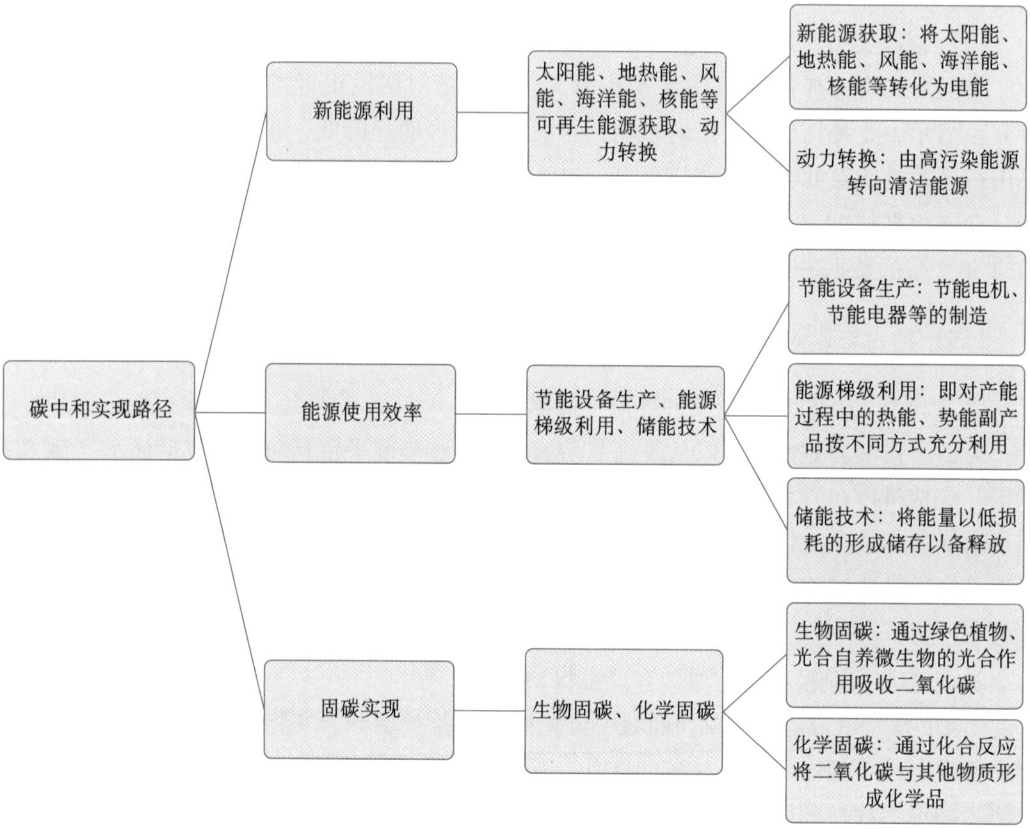

图 10 – 11　实现碳中和可行路径

4. 拓宽宣传渠道，注重隐私保护

当前该服务的宣传渠道仍然过少，难以为公众所了解。为了提高知名度，在公司层面，可以在官网增加相关介绍并提供购买方式，同时在“碳普惠”平台增加投保链接以便用户进行投保；恢复与绿金宝的投保合作，拓展与其他平台的合作，从而更好地引流。在政府层面，应尝试扩大试验区范围。

为了免去客户因担心信息泄露或监视过度产生的后顾之忧，公司可以在与客户签订保密协议的同时，允许客户查看 OBD 所收集的数据，保证数据保护与收集的合法合规，政府也可以出台相应的法律法规，保护客户隐私不受侵犯。

五、教学方法与手段

（一）案例分析法

教师向学生提供真实的案例，让学生通过分析案例来理解概念、原理和解决问题。在本节课中，教师提供浙商保险“近零碳”车险案例，让学生分析这个案例如何体现绿色发展理念，企业在这个案例中承担了哪些社会责任，以及这个案例给我们的启示。

（二）课堂讨论法

教师在案例分析环节和课堂总结环节提出问题或抛出话题，引导学生进行讨论和交流，进而深入思考并分享观点。

（三）小组合作学习

将学生分成小组，让小组成员共同完成一项案例优化方案，并推选代表汇报讨论结果。

（四）资料教学法

教师在课程开始前向学生提供各种形式的学习资料，让学生提前通过阅读、分析、研究资料来培养自学能力、分析能力和批判性思维能力。

六、教学实施过程

（一）导入

课前发放案例材料。推荐教师以《巴黎协定》开场介绍气候变化的严重性，接着引出中国应对气候变化、实现产业升级的必要性，进而展示案例主角——浙商“近零碳车险”。在引导学生解读案例的过程中，教师可采用以问题串连的方式，通过以下问题介绍整个案例：

（1）浙商保险为什么要推出“近零碳”车险，这对公司有哪些益处？

（2）“近零碳”车险的特点有哪些？它是如何使碳排放“近零”的？

（3）除案例中提到的问题外，浙商“近零碳”车险的运营模式目前还存在哪些问题？你有哪些建议？

（二）案例分析

组织学生站在浙商保险公司决策者的角度进行小组讨论，结合浙商保险公司的财务状况和市场地位提出优化方案。

学生以小组为单位阐述浙商保险推出的“近零碳”车险如何体现绿色发展和企业社会责任？

（三）理论阐述

教师讲解绿色发展的内涵、特点和重要意义。分析企业在绿色发展中的社会责任，包括环境保护、资源利用效率等。

七、考核与评价方式

本课程可以采用多种考核方式，具体选择可根据教学目标和学生特点进行灵活调整，以下为可供选择的参考。

（一）课堂表现

包括主动发言情况、小组合作参与度等，可以考查学生的课堂参与度、学习主动性和团队合作能力。

（二）课后作业

要求学生分析一个与课程内容相关的案例，并撰写报告阐述自己的观点和建议。可以考查学生的分析能力、解决问题能力和书面表达能力。

（三）小组展示

将学生分成小组，每个小组负责一个主题的展示。可以考查学生的合作能力、沟通能力和对课程内容的理解程度。

八、实施成效

（一）提高学生的生态文明意识

通过绿色保险案例教学，学生们将深刻理解气候变化对人类社会的威胁，认识到绿色保险在应对气候变化中的重要作用。绿色保险不仅是一种商业模式，更是一种社会责任，可以促进低碳生活方式，保护生态环境。

（二）培养学生的社会责任感

案例教学使学生们意识到，个人行为对环境的影响是巨大的。学生们明白了作为公民的责任和义务，积极参与到绿色行动中，减少碳排放，为构建美丽中国贡献力量。

（三）树立正确的价值观

绿色保险案例教学引导学生树立了正确的价值观。学生们认识到，可持续发展不是一句空话，而是需要每个人付诸实践的行动。要摒弃过度消费、追求物质享受的错误观念，倡导绿色低碳、简约环保的生活方式。

（四）提升学生的创新意识

案例教学可以激发学生们的创新意识。使学生们思考如何将绿色保险与其他领域相结合，创造出更多促进低碳发展的新产品和新服务。他们认识到，创新是应对气候变化的重要途径。

参考文献

［1］浙商保险．2010－2022 年年度报告［R］．https：//www. zsins. com/webDoc/information/infolist. html?id = ndxx.

［2］国务院．2030 年前碳达峰行动方案［EB/OL］．2021－10－24．https：//www. gov. cn/zhengce/content/202110/26/content_5644984. htm? menuid = 104.

［3］湖州市人民政府办公室．湖州市国家绿色金融改革创新试验区建设 2021 年推进计划［EB/OL］．2021－4－18．http：//custom. huzhou. gov. cn/DFS//file/2021/05/17/20210517084412576wkpk3w. pdf.

［4］湖州市发展和改革委员会．湖州市绿色金融发展"十四五"规划［EB/OL］．2021－8－1．http：//custom. huzhou. gov. cn/DFS//file/2021/08/04/2021080.

［5］湖州市人民政府．湖州市国家绿色金融改革创新试验区建设 2022 年推进计划［EB/OL］．2022－4－8．http：//www. huzhou. gov. cn/art/2022/4/8/art_1229622837_59053890. html.

［6］湖州市人民政府办．湖州市碳达峰实施方案［EB/OL］．2023－1－7．http：//www. huzhou. gov. cn/art/2023/1/16/art_1229561844_1669655. html.

［7］中国国家标准化管理委员会．乘用车燃料消耗量评价方法及指标［EB/OL］．2019－12－31．http：//c. gb688. cn/bzgk/gb/showGb? type = online&hcno = A0D5C7C6DE851F1FB293B6CA09C757EB.

案例 11：人人皆可成才、人人尽展其才——职业选择与收入季节性特征

——“高级计量经济学 A1”课程思政教学案例

邓　露

（中央财经大学统计与数学学院教授）

一、基本信息

课程名称：高级计量经济学 A1
授课对象：经济管理类专业研究生
知 识 点：虚拟变量及其应用
主讲教师：邓露

二、教学目标

（一）知识目标

（1）能够理解虚拟变量的取值设定方式，并掌握其在模型中作为截距或斜率时分别代表的含义。熟悉虚拟变量与样条回归、分段回归之间的区别及联系，能够正确选择和应用不同的回归方法。

（2）能够设置虚拟变量以刻画多个类别的定性变量，并理解如何在模型中体现这些类别的差异。掌握同时具有两种或多种特征时的虚拟变量设定方法，能够构建包含交互效应的回归模型。

（3）了解虚拟变量在解决实际问题中的强大功能，能够举一反三，灵活运用虚拟变量。关注虚拟变量在当前研究热点与前沿问题中的应用，掌握相关的最新研究成果。

（二）能力目标

（1）能够将虚拟变量知识灵活应用于多元线性回归模型的构建过程中，深化对模型设定、参数估计与诊断检验的理解。可以在复杂的经济问题中，自主设定虚拟变量，精确刻画不同类别和效应。

（2）能够运用虚拟变量来刻画类别效应、事件响应及季节性等典型经济问题，具备独立设计和实现回归模型的能力。通过对包含虚拟变量的模型参数进行显著性检验，判断和解释上述效应是否真实存在，具备分析和解决复杂经济问题的能力。

（3）学生应具备对实际经济数据进行深入分析的能力，能够通过数据驱动的实证研究得出科学结论。能够运用现代统计软件和编程工具，实现复杂模型的估计和检验，提升数据处理和分析能力。具备跟踪并研究经济学前沿问题的能力，能够独立开展虚拟变量相关研究，提出创新性的解决方案。

（三）育人目标

（1）通过分析中国居民个人收入的增长趋势，展示国家在提高人民生活水平方面的努力和成就。通过案例讲解使学生理解国家发展对个人生活的影响，增强爱国意识，并愿意为国家的繁荣发展贡献自己的力量。

（2）在讲解居民个人收入季节性变化时，强调数据分析的重要性，培养学生严谨的科学态度。通过具体的数据分析案例，展示如何通过科学方法解决实际问题。学生能够掌握基本的数据分析方法，理解科学精神的核心要素，并在实际问题中运用所学知识进行分析和解决。

（3）通过王先生的职业选择和收入案例，引导学生思考自己的职业选择和人生规划。结合习近平总书记的讲话，讨论职业选择的价值观和职业观的重要性。学生能够树立正确的价值观和职业观，理解职业选择应当综合考虑个人兴趣、能力和国家需求，并在职业生涯中积极履行社会责任。

（4）通过居民个人收入季节性变化的案例，详细讲解如何进行数据分析，如何利用数据做出科学决策。鼓励学生进行数据分析实践，培养他们的实际操作能力。学生能够掌握基本的数据分析方法，具备独立进行数据分析和科学决策的能力，并在日常学习和工作中运用这些能力。

三、教学重点与难点

（一）教学重点

1. 二元虚拟变量的设定与改变截距、斜率的作用

虚拟变量的核心作用在于量化定性特征，允许研究者在回归模型中评估这些特征对因变量的影响。在模型中，虚拟变量可以改变截距、斜率或同时改变两者，以反映不同类别之间的差异。此外，虚拟变量还广泛应用于政策效应分析，通过比较政策实施前后的数据变化来衡量政策的影响。

2. 多类别虚拟变量、虚拟变量陷阱

合理设置虚拟变量对于确保模型有效性至关重要。面对多类别的定性因素，研究者需选择一个类别作为参照组，并为其余类别创建 $m-1$ 个虚拟变量，避免完全多重共线性的问题。多个类别虚拟变量可以同时使用，比如同时具有高学历与高收入，或者进出口贸易总额同时存在时期的变化和阶跃式变化。

3. 样条回归、门槛效应

虚拟变量在高级计量经济学课程中的应用包括解决门槛效应和样条回归等。虚拟变量可以帮助研究者探索数据中的非线性关系，如通过样条回归分析不同年龄段对收入的影响和门槛效应等。

（二）教学难点

1. 虚拟变量衡量多个类别与分组回归的区别

存在多个类别时，学生往往认为设定一个虚拟变量就可以解决问题，或者陷入虚拟变量陷阱，又或者不了解为什么不能分组回归而是要设定虚拟变量。针对这些问题，将一一设计案例，通过实际案例向学生展示不同设定方法的区别和能解决的问题之间的差异，让学生自然而然地掌握这一难点问题。

2. 样条回归和截距斜率同时变化的区别

深入理解虚拟变量与样条回归、门槛效应的区别及其在经济模型中的应用，样条回归往往应用于在突变点处连续的情形，难点在于讲解如何通过虚拟变量实现在突变点处连续。通过具体实例和案例分析，展示虚拟变量与样条回归、门槛效应在不同经济问题中的适用性和具体操作方法。

3. 虚拟变量在复杂模型中的作用

探讨虚拟变量在复杂经济模型中表示不同类别差异的机制，如交互效应、回归不连续等。通过理论推导和实证分析帮助学生理解虚拟变量如何在不同类别间有效传递信息。通过多种实际经济问题的模型设定，展示虚拟变量在处理复杂类别间差异时的具体应用方法，加深学生对虚拟变量高级应用的理解。

四、课程思政案例介绍

（一）案例背景与思政资源

居民收入是衡量一个国家经济发展水平和人民生活水平的重要指标。近年来，我国居民收入水平显著提高，这不仅反映了我国经济的快速发展，也体现了人民生活质量的不断提升。根据国家统计局数据显示，2012 年至 2022 年，我国居民人均可支配收入从 16510 元增长到 36883 元，翻了两倍多。这一增长背后，是国家一系列支持经济发展和改善民生的政策措施。习近平总书记多次强调："人民对美好生活的向往，就是我们的奋斗目标。"在党中央的坚强领导下，我国全面建成小康社会取得伟大历史性成就，决战脱贫攻坚取得决定性胜利。这些成就不仅让广大人民群众享受到改革开放的红利，也增强了全社会的信心和凝聚力。同时，国家大力推进创新驱动发展战略，鼓励大众创业、万众创新。随着互联网技术的发展和电商平台的普及，越来越多的人选择通过开设网店等方式进行创业。国家出台了一系列扶持政策，为创业者提供了良好的环境和广阔的空间。这些政策措施不仅激发了大众的创业热情，也为提高居民收入提供了重要渠道。

在这样的背景下，本案例通过分析王先生的职业选择和收入变化之间的关系，以及对王先生开网店收入的季节性特征。不仅展示了虚拟变量在回归分析中的应用，还通过对具体问题的探讨，融入了丰富的思政元素。

习近平总书记强调："劳动是财富的源泉，也是幸福的源泉。"通过分析王先生的职业选择和收入变化，学生可以认识到任何合法职业都是值得尊重的，努力和创新是实现个人价值和社会贡献的关键。国家支持创业和创新的政策背景，展示了经济发展的巨大潜力和人民生活水平的提高，从而激发学生的民族自豪感和爱国热情。

习近平总书记在国家科技创新大会上指出："要善于从数据中发现规律，通过数据分析做出科学决策。"通过王先生的数据分析过程，学生可以学会如何通过科学的数据分析做出职业选择和经济决策，培养严谨的求知态度和坚持不懈的探索精神。同时，通过虚拟变量的应用，学生能理解统计学知识与实际经济问题的联系，增强他们的科学精神和数据分析能力，为未来职业发展打下坚实基础。

（二）思政教育目标

1. 激发爱国情怀

习近平总书记多次强调："人民对美好生活的向往，就是我们的奋斗目标。"多年来，中国共产党始终把为中国人民谋幸福、为中华民族谋复兴作为初心使命，团结带领中国人民为创造自己的美好生活进行了长期艰辛奋斗。2020 年，全面建成小康社会取得伟大历史性成就，决战脱贫攻坚取得决定性胜利。习近平总书记还指出，"人民幸福生活是最大的民生。"党的十八大以来，中国经济取得了巨大的发展成就，居民收入水平不断提高，生活质量显著改善。

教师通过实例展示我国居民收入增长的数据，激发学生的爱国情怀，也让他们在职业选择时更加注重社会责任，树立为国家发展和人民幸福努力奋斗的决心。

2. 培养数据分析与决策能力

在王先生的案例中，通过数据分析职业选择和收入的关系，可以引导学生认识到数据分析在现代经济决策中的重要性。习近平总书记在国家科技创新大会上指出："要善于从数据中发现规律，通过数据分析做出科学决策。"数据分析和决策能力在现代社会中至关重要，无论是个人职业选择还是企业运营，都离不开科学的决策和数据的支持。通过数据分析，能够更好地理解市场变化，做出更加精准的预测和决策。

在分析王先生职业选择和网店销售数据的季节性变化时，教师通过具体的案例分析，展示了如何利用数据进行科学决策。通过数据的可视化和回归模型的应用，让学生理解数据分析在决策过程中的重要性。教师还引导学生进行数据分析练习，培养他们的实际操作能力。学生们通过具体的数据分析案例，掌握了基本的数据分析方法和技能。学生学会了如何利用数据进行科学决策，提高了实际操作能力和数据分析能力。在未来的学习和工作中，这种能力将帮助他们做出更加科学和有效的决策，增强他们在职业竞争中的优势。

3. 培养科学精神

习近平总书记在中共中央政治局第三次集体学习时强调，要在全社会大力弘扬追求真理、勇攀高峰的科学精神。本课程注重虚拟变量的分析方法，使学生深入理解虚拟变量在回归模型中的应用思想，而不是流于表面，只知其一，不知其二。通过王先生案例中的数据分析，培养学生严谨的求知态度和坚持不懈的探索精神。

在分析王先生网店销售数据的季节性变化时，教师强调了科学分析的重要性。通过具体数据分析和回归模型的应用，让学生认识到只有严谨的科学方法才能得出准确的结论。教师还通过实例展示了不考虑季节性因素进行回归分析所导致的误差，从而进一步强调科学精神的重要性。学生们通过具体的数据分析和模型设定，学会了如何用科学的方法解决实际问题。在这个过程中，他们不仅掌握了计量经济学的知识，更培养了严谨的科学态度和求真务实的精神，树立了科学分析问题和解决问题的思维方式。

4. 树立正确的价值观与职业观

习近平总书记在党的十九大报告中指出，“青年兴则国家兴，青年强则国家强。”“要坚定理想信念，志存高远，脚踏实地，自觉把个人的理想追求融入国家和民族的事业中。”结合国家对各行业的需求和发展方向，引导学生树立正确的价值观和职业观。职业选择和价值观的形成对每个人的职业生涯和生活方式有着深远的影响。正确的价值观和职业观不仅影响个人的发展，也关乎社会的和谐与进步。通过王先生的职业选择案例，引导学生讨论职业选择时应考虑的多方面因素，如个人兴趣、能力、社会需求和国家发展。教师通过实例说明，不仅要追求高收入，更要在职业选择中体现个人价值和社会责任。结合国家对各行业的需求和发展方向，引导学生树立正确的价值观和职业观。

习近平总书记曾指出要“开创人人皆可成才、人人尽展其才的生动局面”。通过这个案例，可以帮助学生树立正确的职业观，认识到每种职业都有其独特的社会价值和贡献。学生们在讨论中认识到，职业选择不仅是个人发展的路径，更是对社会和国家的一种责任。他们树立了正确的职业观和价值观，认识到职业选择应与国家需求和社会发展相结合，从而在未来的职业选择中更加注重社会责任和个人价值的实现。通过这样的教学案例，可以培养学生尊重劳动、尊重职业的观念，树立正确的职业价值观，增强他们的职业责任感和社会责任感。

五、教学方法与手段

本案例教学方法与手段如表 11－1 所示。

表 11－1

教学方法	教法	讲授法	通过系统的讲解和演示，向学生传授虚拟变量的相关知识点。
		实验法	在“案例分析”环节通过实体教具开展虚拟变量知识点的教学过程，帮助学生理解概念和原理。
		情景法	在“问题导入”环节合理使用情境，引导学生分析和解决问题。
	学法	主动式学习	学生积极参与学习过程，课前主动预习，课后复习虚拟变量的相关知识点，主动构建知识框架并解决问题。
		合作式学习	“课后讨论”环节，引导学生与同伴合作学习，共同探讨和解决问题，互相学习和支持。

续表

教学手段	①**多媒体工具**。本知识点利用音频、视频等多媒体工具呈现信息和知识，提供丰富的视听学习体验。 ②**移动教学工具**。利用学习通等线上平台辅助教学，充分发挥移动教学优势特点，提高教学效率和质量，改善教学效果。 ③**实体教具**。借助实体教具开展虚拟变量知识点的教学过程，帮助学生更好地进入知识点的学习。 ④**统计软件**。“例题分析”环节，通过统计软件开展辅助教学，向学生展示编程语言的应用魅力。

六、教学实施过程

本案例教学实施过程如表 11－2 所示。

表 11－2

1　知识点引入		
教学内容	教学活动	设计意图
需要解决的问题： 如何根据定性因素的类别设定虚拟变量？ 如何在模型中加入虚拟变量？——变量在模型中的形式？ 虚拟变量的应用——能解决哪些实际问题？	列出要解决的问题，并引出计量研究步骤。	用抛出问题的方式引导学生带着问题去学习，为后面运用案例讲解上述问题做铺垫。 引出计量经济学研究步骤，为后面案例分析中运用该步骤做铺垫。
2　案例分析		
案例背景：王先生大学毕业进入某咨询公司供职。最近公司在网上做一项关于“工作年限决定你的收入吗？”的调查。调查如下： **研究对象：**收入（万元/月）y_t **影响因素：**工作年限（年）x_t **散点图（见图 11－1）：** 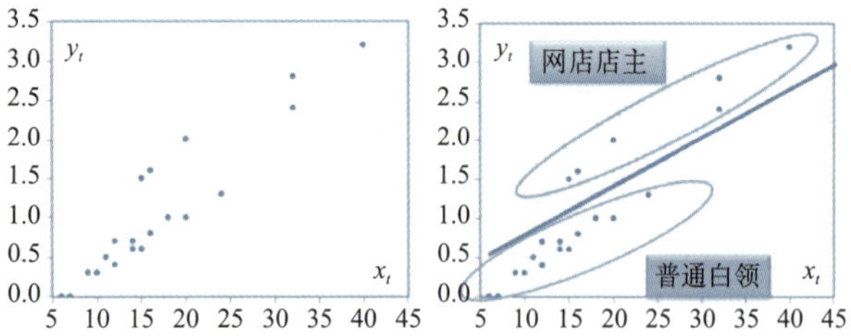 **图 11－1　工作年限与收入水平** 乍看上去工作年限越长，收入越高，二者近似呈线性关系。可是细心的王先生发现，其中一部分自己开网店的人的收入比其他普通白领高一些。这让王先生有点不平衡。王先生对不同的职业选择和收入之间的关系进行了调查和分析。不同职业的选择和收入是否有关系呢？	**介绍案例背景：** 按照计量经济学研究步骤分析问题。 给出散点图 **动画效果：** 展示不同职业之间的收入差别 提出王先生的难题	强调案例的分析步骤正是计量经济学的研究步骤，这样做有助于学生提高解决实际问题的能力。 教会学生在实际生活中如何通过观察散点图，发现定性变量可能存在的影响并改进模型。 提出问题，引起思考（**伏笔 1**）

续表

D＝0 普通白领；D＝1 网店店主 建立回归模型 $y_t = b_0 + b_1 x_t + b_2 D + u_t$， $y_t = \begin{cases} \beta_0 + \beta_1 x_t + u_t & D=0 \\ (\beta_0 + \beta_2) + \beta_1 x_t + u_t & D=1 \end{cases}$ 反映在数学上是截距不同的两条直线。	**提问：** 虚拟变量是什么形式？作用如何？ **板书：** 表示截距不同	在解决王先生的难题时，通过进行模型设定，引出本节要讲的第一个问题。 并为后面讲述改变斜率做铺垫。
得出估计结果如下（见图 11－2）， $\hat{y}_t = -0.3204 + 0.0675x_t + 0.8273D$ （－5.2）（16.9）（11.0） $R^2 = 0.99$，$DW = 2.27$ 由于回归系数 0.8273 显著地不为零，说明不同职业的收入有显著差异，即职业对于收入有显著影响。上述估计结果可以依据 D＝0 或 1 写为两个方程。 $\hat{y}_t = \begin{cases} -0.3204 + 0.0675x_t, & D=0 \\ 0.5069 + 0.0675x_t, & D=1 \end{cases}$ 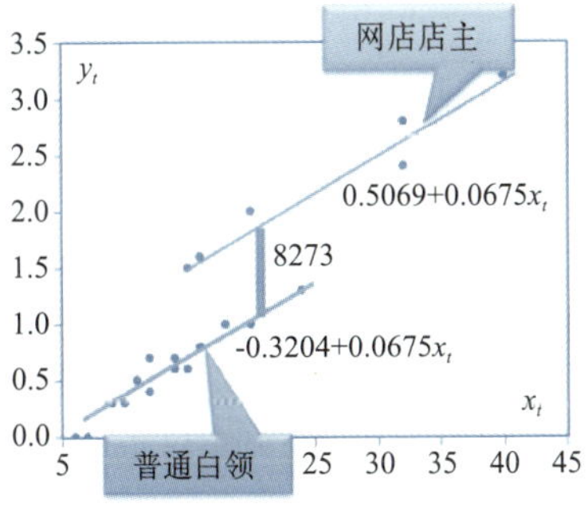 **图 11－2　回归结果** **课后练习：如果设置 D＝0 为网店店主，D＝1 为普通白领，会怎样？** 为零的类别称为基础类别。若虚拟变量取值做上述改变，回归模型的结果会有差异，但是当写成两个方程时，结果和之前完全相同。 当模型不引入虚拟变量“职业类别”时，得到回归方程如下， $\hat{y}_t = -0.5667 + 0.0963x_t$ （－3.5）（11.6） $R^2 = 0.88$，$DW = 1.85$ 比较回归方程，前者的确定系数为 0.99，后者的确定系数仅为 0.88。说明该回归模型中引入虚拟变量非常必要。 在“王先生职业选择和收入”案例中，通过引导学生思考职业选择时，不仅要考虑个人收入和梦想，还要考虑自身能力和国家需求。通过讨论，学生们认识到职业选择不仅是个人发展的路径，更是一种社会责任的体现。 习近平总书记曾指出要“开创人人皆可成才、人人尽展其才的生动局面”。	**动画演示：** 两条回归直线之间的平移关系 **提问：** 如何判断职业是否影响收入？ **总结：**开网店平均每月多收入 8273 元，王先生应该选择开网店。 **布置课后练习** **提问：** 如果不引入虚拟变量直接回归，结果会怎么样？ **提问：**上面的例子中，两类之间的差别是截距不同，还有其他关系吗？ 引导学生结合习近平总书记关于职业选择和个人发展的讲话，强调要树立正确的职业观和价值观，结合自身实际情况，为国家的发展贡献力量。	直观展示虚拟变量如何改变不同类别之间的截距。 更加重要的是，必须通过虚拟变量对应的参数显著性检验来完成。 通过回归结果分析解决之前提出的问题，加强学生对计量经济学的定量分析功能的理解，**呼应伏笔 1**。 布置课后练习，加深对虚拟变量的理解。 通过对比让学生理解引入虚拟变量的重要性。 引出下一节的问题。 这样，学生们在讨论中不仅理解了计量经济学的相关知识，还深化了爱国精神和社会责任感。

续表

案例续：除了研究他人的情况，王先生还基于自己的经验，分析了自己开网店的收入模式。他注意到，网店的销售量和收入在不同季节有着不同的变化趋势（见图11－3）。 **研究对象**：销售量 y_t **影响因素**：时间 *time* 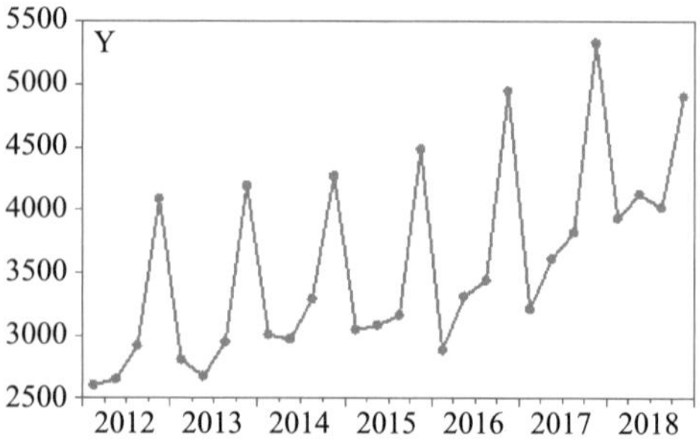 **图11－3　网店收入**	**介绍案例背景** 仍然按照计量研究步骤讲解案例 引导学生观察收入的走势图，发现可能存在的季节性。 提出王先生的第三个问题。 **板书**： 刻画季节性	仍然按照量经济学的研究步骤分析案例，即分析要解决的问题，提出研究对象和影响因素，画出走势图。 教会学生当运用年内数据进行分析时，常常存在季节性。 提出问题，引出本节要讲的第三个知识点。
下面的设定方式正确吗？为什么？ $D=\begin{cases}0，第一季度\\1，第二季度\\2，第三季度\\3，第四季度\end{cases}$ $y_t=\beta_0+\beta_1 t+\beta_2 D+u_t$ 这样的模型能刻画季节性吗？该设定方式虽然四个季度有不同的截距，但是意味着四个季度间的差距是相同的，不同任意变化。对该参数进行显著性检验，若显著表示四个季度均有差别，若不显著表示四个季度无差别。不能刻画某些季度有差别而某些季度相同的情形。 试着与下面设定三个虚拟变量的方式对比。 $D_2=\begin{cases}1，第二季度\\0，其他季度\end{cases}$　$D_3=\begin{cases}1，第三季度\\0，其他季度\end{cases}$　$D_4=\begin{cases}1，第四季度\\0，其他季度\end{cases}$ 建立回归模型 $y_t=\beta_0+\beta_1 t+\beta_2 D_2+\beta_3 D_3+\beta_4 D_4+u_t$ 上述表达式可以写为四个方程： $y_t=\beta_0+\beta_1 t+u_t$，$D_2=0$，$D_3=0$，$D_4=0$，第一季度 $y_t=(\beta_0+\beta_2)+\beta_1 t+u_t$，$D_2=1$，$D_3=0$，$D_4=0$，第二季度 $y_t=(\beta_0+\beta_3)+\beta_1 t+u_t$，$D_2=0$，$D_3=1$，$D_4=0$，第三季度 $y_t=(\beta_0+\beta_4)+\beta_1 t+u_t$，$D_2=0$，$D_3=0$，$D_4=1$，第四季度	**提问和学生互动** 刻画季节性的虚拟变量如何设定？ **提问**： 三个虚拟变量的模型设定是如何刻画季节性的？ 请同学们拿出纸笔练习一下。 **提问**： 为什么没有第一季度？ 模型中的虚拟变量改变的是截距还是斜率？	通过提问先给出一个看上去正确但其实存在问题的设定方法，加深对多个类别定性变量如何设定虚拟变量的理解。并为后面讲解包含序数信息的虚拟变量埋下伏笔（**伏笔3**）。 通过提问为后面讲虚拟变量陷阱做铺垫。 通过对比引出正确的刻画季节性的方式。对为什么这么设定加深认识。 通过改写为四个方程，向学生讲解如何通过虚拟变量和模型设定刻画季节性。

续表

得到估计结果如下， $\hat{y}_t = 2431.20 + 49.00t + 1388.09D_4 + 201.84D_2 + 85.00D_3$ (26.04) (10.81) (13.43) (1.96) (0.83) $R^2 = 0.95$，$DW = 1.2$，$F = 100.4$，$t_{0.025}(28-5) = 2.07$ D_2、D_3 的系数没有显著性，说明第二、第三季度可以归并入基础类别第一季度。于是只考虑加入一个虚拟变量 D_4，把季节因素分为第四季度和第一、第二、第三季度两类。从上式中剔除虚拟变量 D_2、D_3，模型如下（见图 11－4）： $\hat{y}_t = 2515.86 + 49.73t + 1290.91D_4$ (32.03) (10.63) (14.79) $R^2 = 0.94$，$DW = 1.4$，$F = 184.9$，$t_{0.025}(25) = 2.06$ 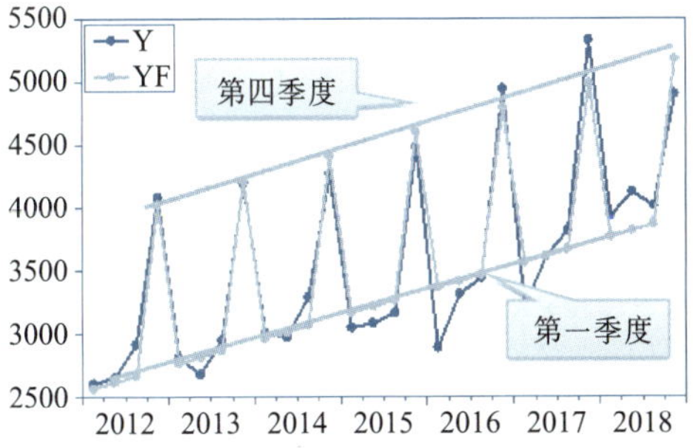 **图 11－4** 这里第一、第二、第三季度为基础类别。说明不同季节的销售量是不同的，季节因素是一个显著的影响因素。	**提问：** 王先生网店销售量是否有季节性？ **总结：**季节性必须通过虚拟变量对应的参数显著性检验来完成。 **总结：**只有第四季度不同，其他三个季度有相同的规律。 **动画演示：** 第四季度和前三个季度销售量的平移关系。 **总结：**第四季度销售量增加 1290 件。可以推测王先生的网店产品以防寒类为主。	再次强调显著性检验的重要性。 让学生认识到建模时需要剔除不显著的变量。 通过两个回归方程的对比加深理解。 帮助学生直观理解虚拟变量可以刻画特定事件前后时间序列截距和斜率的变化。 解决之前提出的问题，不仅能判断收入是否增加，展示计量经济学的定量分析功能。 同时强调科学家精神的重要性，鼓励学生在日常学习和未来工作中保持求真务实的态度，通过科学方法解决问题，为社会进步贡献力量。
虚拟变量陷阱：上面季节性的例子中，能否设定四个虚拟变量？ $D_1 = \begin{cases} 1，第一季度 \\ 0，其他季度 \end{cases}$ $D_2 = \begin{cases} 1，第二季度 \\ 0，其他季度 \end{cases}$ $D_3 = \begin{cases} 1，第三季度 \\ 0，其他季度 \end{cases}$ $D_4 = \begin{cases} 1，第四季度 \\ 0，其他季度 \end{cases}$ $y_t = \beta_0 + \beta_1 t + \beta_2 D_1 + \beta_3 D_2 + \beta_4 D_3 + \beta_5 D_4 + u_t$ 当定性变量含有 m 个类别时，模型不能引入 m 个虚拟变量。最多只能引入 $m-1$ 个虚拟变量，否则当模型中存在截距项时就会产生完全多重共线性，无法估计回归参数。比如，对于季节数据引入 4 个虚拟变量，则必然会有，截距项对应的单位向量等于（D1 + D2 + D3 + D4）。这意味着虚拟变量之间存在完全多重共线性。即虚拟变量陷阱。	**板书：** 需要注意的问题 **提问：** 以这种方式设定虚拟变量和模型可以吗？为什么？ **提问：** 如果没有常数项，可以这么设定吗？ **总结：**当没有常数项时，可以设定 m 个虚拟变量。	在季节性的例子基础上继续深入讲解虚拟变量设定时容易出现的问题。让学生警惕虚拟变量陷阱问题。 回顾之前讲过的线性回归模型的假设条件，加深对列满秩这一条件的理解。 进一步讲解虚拟变量陷阱问题出现的情形。 通过提问，让学生自然而然地加深对虚拟变量问题的理解。

续表

$\begin{bmatrix} 1 & X_{11} & \cdots & X_{1j} & \cdots & X_{1k} \\ 1 & X_{21} & \cdots & X_{2j} & \cdots & X_{2k} \\ \cdots & \cdots & \cdots & \cdots & \cdots & \cdots \\ 1 & X_{T1} & \cdots & X_{Tj} & \cdots & X_{Tk} \end{bmatrix}_{T\times(k+1)}$ **使用虚拟变量与样本分组回归的区别？** 在上面的例子中，如果对各个季节的数据分别进行回归，会极大地减小样本容量，每个季度的样本容量仅为之前的四分之一。而使用虚拟变量样本容量仅减小 4 个。 此外，使用虚拟变量时，可以运用参数虚拟变量对应参数的显著性检验判别是否存在季节差异，简单方便。分组回归时，由于存在不同的方程，难以比较各个季节之间的差异。	**提问：** 上面的例子中使用虚拟变量刻画季节性与对各个季节分别进行回归有什么区别？	更重要地，可以和以往的知识进行融会贯通。 继续运用上面的例子讲解运用虚拟变量时需要注意的问题，使学生知道各种建模方法的优劣，可以使得建模的选择更具有灵活性。
3　课堂总结		
知识要点： （1）虚拟变量用取值 0、1 表示某种特征的有或无，对于 m 个类别应该设置 m－1 个虚拟变量来表示。 （2）掌握截距、斜率不同以及存在季节性时虚拟变量及模型设定问题。 （3）虚拟变量应用于模型中，对其回归系数的估计与检验方法和定量变量相同。应通过 t 检验判别是否存在显著性影响。 （4）深入了解样条回归、门槛效应等前沿方法，理解其与虚拟变量的区别和联系。 （5）关注虚拟变量在经济学前沿研究中的最新应用，增强解决复杂经济问题的能力。	**总结：**上述知识要点也就是计量经济学研究步骤中的“三部曲”。	肯定学生在教学过程中的表现，提高学生在后续教学互动中的热情。 **能力培养：**学会按照计量经济学研究步骤解决实际问题。

七、考核与评价方式

（一）下次课程预习准备

课前布置预习任务，了解案例背景及其实施的经济背景和社会意义。关注近期的经济动态和相关政策。通过线上预习问卷调查和课堂提问了解学生的预习情况，学生能够准确回答预习内容。

（二）课堂参与

观察学生在课堂讨论中的参与情况，特别是关于职业选择与收入、收入季节性变化的讨论。记录学生发言的次数和质量，评估学生的逻辑思维能力和发言的积极性。每位学生在课堂上至少发言一次，并提出建设性意见。

（三）小组作业

学生以小组为单位完成关于居民收入变化和职业选择的报告，其中包括数据分析和政策建议。评估报告的完整性、数据分析的准确性、结论的合理性，评分标准包括内容（40%）、分析（30%）、创新性（20%）和展示效果（10%）。

（四）期末考试

在期末考试中设置与本案例相关的试题，涵盖居民收入的经济学知识、数据分析能力。根据学生的答题情况评估其对知识的掌握程度，试题包括简答题（30%）、数据分析题（40%）和论述题（30%）。

八、实施成效

通过本案例的教学，通过分析国家经济发展和居民收入增长的数据，激发学生们的爱国情怀。学生们纷纷表示，为国家的成就感到自豪，并认识到个人发展与国家繁荣的紧密联系。在课程案例的学习中，学生们表现出更强烈的民族自豪感和责任感，大多都达成了将个人职业发展与国家需求相结合的意识。

培养了学生们追求真理、勇攀科学高峰的精神。学生们表示学会了如何用科学的方法分析问题，通过严谨的数据分析来寻求解决方案。课程学习效果显著，学生们在实际操作中提高了逻辑思维能力和问题解决能力，能够独立进行科学研究和数据分析。

结合国家发展和个人职业规划的讨论，我们帮助学生们树立了正确的价值观和职业观。学生意识到职业选择不仅要基于个人兴趣和能力，还要考虑社会需求和国家发展。课程案例学习使学生们在价值观和职业观上有了显著提升，形成了以服务社会和贡献国家为荣的职业取向。

通过对王先生网店销售数据的分析，学生们掌握了数据分析在经济决策中的重要性，学会了如何从数据中发现规律，运用统计软件和编程工具进行数据分析。课程案例学习极大地提高了学生们的数据分析能力，使其能够在日常学习和工作中应用这些技能，作出科学的决策。这些成效不仅为学生的全面发展提供了有力支持，也为他们未来的职业生涯打下了坚实的基础。

案例12："沙漠"变"绿洲"：赤子城科技的中东出海征途

——"国际商务"课程思政教学案例

蒙　双
（中央财经大学国际经济与贸易学院副教授）

一、基本信息

课程名称：国际商务
授课对象：国际商务专业硕士研究生
知 识 点：《国际商务》中的“国际市场进入与国际化进程”“国际市场竞争战略”等章节
主讲教师：蒙双

二、教学目标

本案例旨在通过引导学生了解赤子城科技在“全球出海热潮”及“一带一路”倡议鼓励中国企业“走出去”的大背景下，如何利用本土化战略在中东市场崭露头角，在全球社交市场竞争中脱颖而出，进而引出 STP 理论、区位选择理论、平台出海战略、本土化战略以及国际市场营销策略等理论知识。通过案例教学，让学生了解数字经济时代中国企业出海的成长故事，增加学生对企业出海和国际大环境的关注意识，使其对中国企业和中国经济发展具有大局意识。

（一）知识目标

通过案例教学，使学生了解在复杂多变的国际市场环境中，企业如何积极发现市场机会并锁定有效细分市场，根据产品和所处市场的不同特点，选择不同的市场营销策略。同时，掌握国际市场营销中的国际市场细分战略、国际竞争优势战略和国际新业务战略等相关理论。需实现的具体知识目标如下：

（1）STP 理论、区位选择理论；

（2）差异化营销策略、顾客驱动型市场营销策略；

（3）本土化战略的定义、内涵以及特征；

（4）数字经济时代跨国公司进入东道国所面临的局外人劣势，以及破解局外人劣势的各种战略；

（5）安索夫矩阵、数字生态理论等国际新业务战略。

（二）能力目标

使学生具有独立认识、系统梳理客观世界发展规律的能力；培养学生认识事物本质的思维能力和将理论知识运用于企业实践的能力及创新思维的能力，分为核心能力和具体能力：

1. 核心能力

（1）了解宏观环境分析模型，学会分析东道国市场环境；

（2）了解本土化战略的内容，学会灵活选择跨国经营战略；

（3）培养学生对事物进行全面分析的能力，能够将理论与实践相结合并拥有创新思维的能力。

2. 具体能力

（1）利用理论模型分析市场，从而发现市场机会并锁定有效细分市场的能力；

（2）学会本土化战略如何具体落实，并且可以达到怎样的效果，企业想达到本土化需要做出哪些努力；

（3）能够结合前沿理论和知识，比如数字经济和 AI，对企业的发展做出预测和规划的能力；

（4）能够将国际新业务战略用于实际，分析企业如何拓展企业边界以实现可持续性发展。

（三）育人目标

（1）坚持不懈用习近平新时代中国特色社会主义思想铸魂育人，深化学生对国家对外开放战略的理解，提升学生的家国情怀和全球使命感，提升学生的国际化视野和跨文化沟通能力、合作能力和冲突管理能力；

（2）让学生充分意识到在习近平新时代中国特色社会主义思想指导和“一带一路”倡议下，中国企业积极创新、不断探索海外市场，对其他企业起到的指导示范作用，帮助学生树立企业成长和国家发展之间相辅相成的大局意识，培养其投身国家经济发展和社会建设的使命感和责任感；

（3）让学生领悟出海对中国企业发挥国际竞争力和国际影响力的重要作用；

（4）让学生们深刻认识到“一带一路”建设根植于历史，但面向未来，并且在不断地实践中逐渐凸显成果，帮助学生树立家国情怀，培养国际视野。

本案例教学目标如表 12－1 所示。

表 12－1　　教学目标

育人目标	
习近平新时代中国特色社会主义思想	（1）坚持不懈用习近平新时代中国特色社会主义思想铸魂育人，深化学生对国家对外开放战略的理解，提升学生的家国情怀和全球使命感，提升学生的国际化视野和跨文化沟通能力、合作能力和冲突管理能力； （2）让学生领悟出海对中国企业发挥国际竞争力和国际影响力的重要作用。
“一带一路”倡议	（1）让学生了解“一带一路”倡议，讲好中国故事，认识到领头的中国出海企业对其他企业的指导示范作用，彰显新时代下大学生的政治素养； （2）让学生们深刻认识到“一带一路”建设根植于历史，但面向未来，并且在不断地实践中逐渐凸显成果，帮助学生树立家国情怀，培养国际视野。

续表

知识目标	
理论知识点	STP理论、区位选择理论
	差异化营销、顾客驱动型营销
	本土化战略
	数字平台、局外人劣势
	安索夫矩阵
	数字生态理论
能力目标	
核心能力	（1）了解宏观环境分析模型，学会分析市场环境； （2）了解本土化战略的内容，学会灵活选择跨国经营战略； （3）培养学生对事物进行全面分析的能力，能够将理论与实践相结合并拥有创新思维的能力。
具体能力	（1）利用理论模型分析市场，从而发现市场机会并锁定有效细分市场的能力； （2）学会本土化战略如何具体落实，并且可以达到怎样的效果，企业想达到本土化需要做出哪些努力； （3）能够结合前沿理论和知识，比如数字经济和AI，对企业的发展做出预测和规划的能力。 （4）能够将国际新业务战略用于实际，分析企业如何拓展企业边界以实现可持续性发展的能力。
素质目标	
实践能力素质	（1）通过案例的阅读，提高学生处理信息的能力和理解思考能力，引导学生树立把握事物本质的意识； （2）对案例设置的问题进行思考，培养总结现象、发现问题、分析问题和解决问题的能力。

三、教学重点与难点

在案例教学中，明确重难点是引导学生深入理解案例精髓、提升教学效果的关键，本案例的重难点如下：

（一）教学重点

（1）STP营销理论的应用：学生需要掌握如何利用市场细分（Segmentation）、目标市场选择（Targeting）和市场定位（Positioning）理论来分析中东市场的外部环境。

（2）区位选择理论：学生需要掌握企业选择东道国市场进行扩张的依据，包括东道国政策、市场因素、创造性资产和国际协定的影响。

（3）平台出海与局外人劣势：学生需要掌握数字经济时代的互联网平台型企业在出海过程中面临的"局外人劣势"，以及如何通过平台出海战略和本土化战略来克服这些挑战。

（4）安索夫增长矩阵与数字生态理论：理解并应用安索夫矩阵来分析企业的市场增长战略，以及数字生态系统的构建和企业生态位的概念。

（二）教学难点

（1）跨文化营销的理解：中东市场的文化特殊性要求学生不仅要理解国际市场营销策略，还要了解如何适应多元文化背景下的市场需求，并设计和实施有效的营销策略。

（2）数字生态系统的构建：理解数字生态系统的复杂性，以及企业如何在其中构建自己的生态位并发挥影响力。

（3）批判性思维的培养：鼓励学生对案例中企业的决策进行批判性分析，提出自己的观点和改进建议。

（4）国际商务环境的复杂性：让学生了解在多变的国际市场环境中，企业如何发现并把握市场机会，以及如何制定有效的市场营销策略。

四、课程思政案例介绍

（一）案例摘要

本案例描述了赤子城科技把握数字经济的全球化机遇，面向开放式社交这一利基市场，将中东市场庞大的社交需求缺口与中国数字经济发展的先发优势对接，取得了亮眼的市场业绩。全球多元社交娱乐需求在数字经济时代得到不断释放与满足，而在世界的角落仍有大量人群未被互联网的福泽所惠及，中东国家森严的宗教束缚使其民众的社交娱乐生活显得贫瘠与冷清。在中东的“沙漠”中开拓“蓝海”，赤子城开发了适应本土需求的音视频社交模式，打造出以视频、语音、游戏、陪伴社交为核心的多元社交产品矩阵，满足个性化社交需求。从中东的单点突破到全球的复制增长，赤子城向全球逾 200 个国家和地区的 13 亿用户提供中国产品，已经成为全球开放式社交行业的领跑者。

（二）案例背景

2024 年 3 月的一天，清晨的阳光笼罩着赤子城科技有限公司（以下简称“赤子城”）的办公室，赤子城中东市场负责人老杨（化名）刚刚结束了为期数月的出差，今天早早来到了公司，他轻轻按下电脑开机键，随着屏幕的亮起，一封未读邮件的图标在屏幕上跳动，附带着一句简短的主题“2023 年度赤子城财务报告”，老杨心中涌起一股好奇和期待，迅速打开了附件，眼睛快速扫过每一个图表、每一个数字，“2023 年赤子城营业收入 33.08 亿元，同比增长 18%；年内净利润 7.61 亿元，同比增长 165%；中东北非市场贡献收入 13.52 亿元，同比增长 30%……”，他嘴角微微上扬，“太好了”。2023 年，在疫情、俄乌战争等多重消极因素的持续影响下，全球经济萎靡不振、市场环境波诡云谲，整个互联网行业哀鸿遍野，阿里巴巴、腾讯等互联网巨头利润均不尽如人意，而赤子城却实现如此强劲增长，在一众巨头中脱颖而出，着实不易。报告中的数据如同一串串珍珠，串联起了老杨当初带领团队开拓中东市场的艰辛过程，他的思绪飘回了那个陌生而充满挑战的市场……

（三）赤子乘势：拓荒中东，沙里淘金

赤子城是中国最早的"工具出海"厂商之一，2013 年成立之初即出海，打造了几款在海外有影响力的工具产品，在这一风口上赚到了钱并积累了数亿的用户数据和流量。但赤子城认为，工具产品很难形成长期的用户黏性，没有留住用户的核心壁垒，会面临空有"下载量"而无"用户"的尴尬，纯粹的工具型业务必然生命周期不长，前途十分有限。

为了寻求突破，赤子城开始撕掉原有标签，逐步"去工具化"，转向社交领域，他们认为社交产品与"人"的连接更加深入，用户黏性更强、商业价值更高、生态也更广阔，公司开始尝试做一些内容型产品，包括音乐、游戏、资讯等，从工具向社交过渡，但尽管他们天马行空地想、小心翼翼地做，还是栽了不少跟头。在这个过程中，赤子城逐渐发现现在开始做熟人社交太难，熟人社交领域除中国的微信以外，其他国家被一个公司的三个产品（WhatsApp、Facebook、Instagram）垄断，可以说熟人社交产品已经进入红海的垄断市场格局；而陌生人社交市场还没有诞生一家巨头公司，处于一个群雄割据的局面，但是发展速度非常快，增长率达到 190%，属于一片蓝海。因此，尚在起步阶段的赤子城果断避开与巨头在熟人社交领域的近身肉搏，选择切入陌生人社交市场，并在这一过程中投资孵化了赤子城的第一款开放式社交产品 MICO。

选定了方向，从何处开始发力又是一大难题。当时国内直播行业的"千播大战"如火如荼，巨头公司烧钱续命，尚在起步阶段的赤子城便果断放弃国内市场，持续发挥自己的全球化基因，寻找合适的海外市场。在市场寻源时，负责市场调研的老杨发现中东这个新兴市场存在特殊的潜力：首先，中东地区有近 5 亿的庞大人口，由于独特的资源优势，中东人均 GDP 在全球遥遥领先，如卡塔尔人均 GDP 甚至高达 8 万美元，位列全球第 5，优越的经济条件使中东人民有很强的付费能力。除了"有钱"，中东还有完善的网络基础设施，中东地区互联网渗透率超 60%，高于世界平均水平，尤其在发达的海湾国家，如沙特和阿联酋等更是高达 99%，是世界上互联网普及率最高的地区。最重要的是，中东是一个年轻且有活力的市场，中东地区 30 岁以下的年轻人群占比高达 70%，但由于森严的宗教制度和相对保守的社会习俗，目前多数穆斯林仍严格遵循教义，过着"寡淡、禁欲"的生活，男女双方不能单独见面，咖啡厅等公共场所男女分区，当地女性甚至没有唱歌的权利，这也让中东线下的社交娱乐方式十分匮乏，抽水烟是当地人为数不多的日常休闲活动之一。在经济发达的沙特，曾将近 40 年没有电影院，直到 2018 年才重新开放了全国第一家电影院。因此，受到极度压抑的中东年轻人对社交娱乐的需求非常旺盛，而互联网则成为其释放旺盛荷尔蒙、消遣时光的理想场地。据 Hootsuite 统计，阿联酋和沙特阿拉伯等中东地区用户，在社交应用上的平均每日使用时长超过 3 小时，远高于全球平均的 2 小时 22 分钟。

海湾六国 2022 年人均 GDP 及增速如图 12－1 所示，海湾六国与世界互联网渗透率对比如图 12－2 所示。在这样的背景下，中东作为需求最为旺盛、消费能力最强的潜力市场之一，赤子城毅然决定加大投资、出海掘金中东，于 2017 年建立了赤子城中东运营中心。

老杨则作为第一位掘金者，受命前往中东开拓市场。

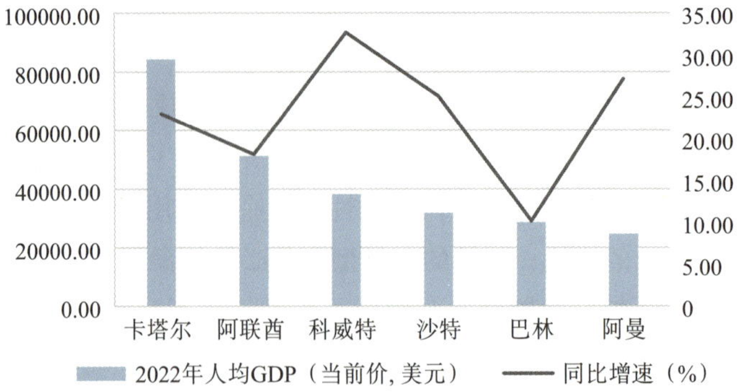

图 12－1　海湾六国 2022 年人均 GDP 及增速

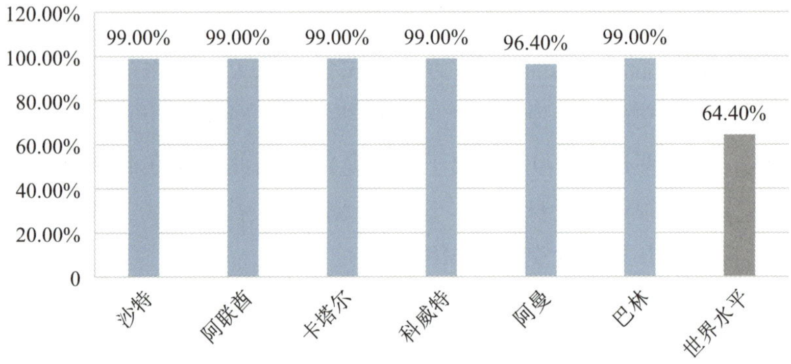

图 12－2　海湾六国与世界互联网渗透率对比

（四）赤子铸剑：切入市场，单点突破

赤子城早在 2014 年就开始孵化第一款社交产品 MICO，早期主要通过广告实现变现，2017 年 MICO 在社交的基础上融入了直播、短视频、游戏等泛娱乐模块，完成“社交＋直播”的转型，由社交业务引流用户，直播等业务负责变现，完成商业闭环。由于具有国际化的基因，且在前期孵化过程基于强社交属性积累了一定规模的用户。因此，MICO 成为赤子城攻克中东市场的第一款主力产品。

1. “夹缝”突破，星辰大海

老杨在调研市场时发现，在 MICO 进入之前，中东市场上没有任何的本土社交产品，主流社交软件只有 Facebook、Instagram、Snapchat 等欧美产品，但这些产品只是将欧美市场上成熟的产品简单翻译后空投到中东，很少做本地化改造。但中东地区神秘的宗教教义、割裂的种族文化以及时不时发生的政治冲突，使当地用户对这种鲜明的美式风格非常不适应。其次，这些产品清一色偏向熟人社交定位，社交模式单一，而相比熟人社交，中东更为“荒漠”的则是陌生人社交，囿于中东宗教信仰和风俗习惯，用户所能触及的社交和娱乐方式极为有限，而人人都存在社交需求，尤其是跟异性交友，传统习俗的存在反而为 MICO 提供了一个社交的突破口。

因此，MICO 决定从固若金汤的社交市场中“见缝插针”，深入挖掘中东用户需求，加大力度打造自身核心竞争优势，在夹缝中寻求突破。MICO 在社交的基础上引入直播、群组、短视频等生态板块，使用 MICO 的用户不仅可以交友，而且可以获得娱乐，以此吸引更多用户进入。同时，对于中东人民而言，直播是一种新型的社交方式，实时互动可以给人身临其境之感，拉近了人与人之间的距离，同时给其带来更加直观的视觉体验，可以使中东年轻人压抑的社交和娱乐需求得到释放。MICO 也通过不断强化匹配算法，向用户精准推送其感兴趣的人和内容。

基于多年拓展海外市场的经验，老杨认为产品是一切的根基，所以他抵达中东后首先做的就是打磨能吸引当地用户的产品，他带领团队在中东当地不断网罗不同领域、不同国家的优质主播和内容创作者，丰富平台的内容生态，使用户可以在 MICO 上看到不同国家、不同职业、不同年龄的人展示自己的才艺和生活。同时，MICO 也在一些主流媒体上投放广告，强调其产品的开放社交属性，如“匹配陌生人聊天”“结识新朋友并和朋友一起在线娱乐”等，广告内容主要展示快速交友和直播场景，视频素材注重展示当地特色的直播间，用户可快速浏览并进入直播间；图片素材则注重强调泛娱乐功能，如展示用户动态社区、短视频功能和快速交友的产品属性；并在投放广告时注重语言、文化、审美上的本土化推广策略。MICO 也会与社交媒体上的小 KOL 合作，小 KOL 一般报价较低，MICO 的产品又属于偏社交类型，很容易受网红推荐影响；在线下，MICO 也会跟当地的酒吧、社区社交能力强的人合作，或是直接在密集社区派发传单，这使 MICO 以较低的成本获取了大量客户。MICO 也联合了中东当地的模特学校、经纪公司等，自主培养网红主播，通过壮大主播队伍，丰富平台特性，保持了平台内容的快速迭代。

为使产品更符合中东当地的语言和使用习惯，MICO 中东版将页面文字更改为以右为起始（见图 12－3），以符合阿拉伯人的阅读习惯；根据当地人喜爱豪车的特点，在产品中表情包、礼物特效等中融入了豪车的元素，深受用户喜爱；并设立专门的产品部门定期收集当地用户需求，根据用户反馈不断更新产品。MICO 团队也会与当地的工会合作，根

图 12－3　MICO 中东版页面文字为以右为起始

据当地文化特点、风俗习惯，结合中东开斋节和热点事件等举办相关活动，制定个性化运营方案。比如，中东地区因为文化保守，适婚青年很难通过线下渠道自由恋爱，2020 年情人节，MICO 举办了一场在线情人节活动，吸引了中东地区众多单身男女在线参加联谊，有些人因此相识并成为情侣。

MICO 在中东组建了当地的运营、市场和客服团队，由于中东社会更为传统，文化、信仰以及人际关系更加复杂，用户之间容易产生纠纷，MICO 会招募专门的阿语客服，要求客服 10 秒内应答、10 句话解答用户核心问题，同时组建线下的 WhatsApp 群维护客户关系；老杨作为中东市场负责人，具有当地生活的丰富经验，既了解当地的人情、文化、习俗，也对互联网有一定的基础认知，因此他每个月会飞往中东各个国家去开发和拜访高级用户。MICO 凭借优质的内容生态，深受中东用户喜爱，成为中东市场的主流社交产品，并逐步确立了“全球开放式社交平台”的定位（见图 12 –4）。

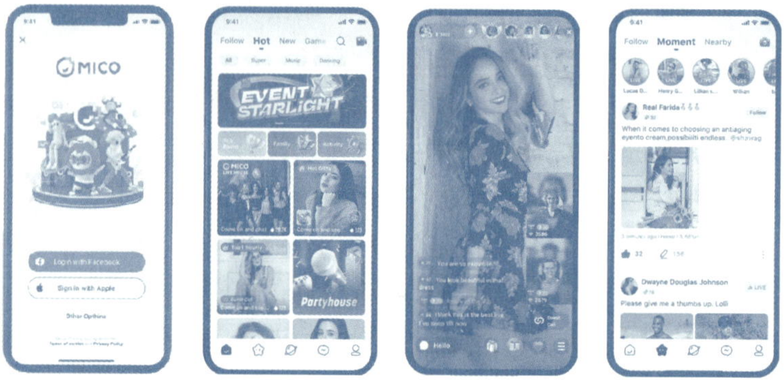

图 12 –4　MICO 产品使用界面

2. 扎实增长，稳中求进

在中东市场，较早进入的 MICO 占据天时地利与人和，释放了中东市场的社交需求，在极短的时间凭借市场初期的流量红利吸引了一大批用户。但老杨逐渐发现中东市场的不同国家间也有很大差别，一些经济相对落后的中东国家，如埃及、叙利亚、伊拉克、也门等地区，用户付费能力较弱，但这些国家人口基数大，获取用户成本低；而沙特、阿联酋等海湾六国的人均 GDP 已经达到了 3 万美金以上，相当于发达国家，这些国家的 ARPU 值（平均每用户收入）比较高，用户付费能力极强，但这些中东富豪却很懒，基本不上班，一般是白天睡觉，晚上通过娱乐消遣时间。因此，老杨来了灵感，MICO 可以对产品进行差异化运营，进一步明确目标受众，沙特、阿联酋等土豪地区的高付费用户才是 MICO 的主要付费用户，海湾六国是需要 MICO 重点开拓和维护的用户市场，主要做直播付费；而在叙利亚等较为贫困的地区，可以主做用户规模和社交氛围。

为了想方设法留住这些海湾国家的土豪并提升用户价值，老杨带领团队制定了一系列的运营策略。首先，他们抓住中东土豪的炫富心态，在 MICO 平台定期举行主播 PK 赛、盛典选举活动，平台上的主播凭借打赏金额多寡决出冠军，由于中东用户具有很强的“家族”观念，这种活动不仅能够证明主播自身的人气，也能够刺激刺中东土豪们彰显自身实力，因此土豪们在打赏自己喜欢的主播时会不遗余力。其次，为了维护高级付费用户在平台上的江湖地位，体现他们的尊荣感，MICO还会根据用户特点策划运营事件，比如在平台上，MICO发现有用户的国家荣誉感很强，且不同国家的"家族"之前会自发PK，为了让他们为自己的国家摇旗呐喊，MICO会举办国家PK赛，通过打赏模式赢得比赛，赢得比赛的国家可以在直播间升起自己国家的国旗，彰显尊贵感，而一场PK赛会有数百万元的打赏金额，平台会获得很高比例的打赏抽成。每到中东的斋月期间，MICO也会针对穆斯林地区提供一些特定的节日元素礼物，提升产品的体验和用户活跃度。通过举办这些活动，MICO的用户黏性和用户价值得到了明显提高。

除了用产品服务用户，老杨还带领团队融入当地社会，努力造福当地民众，履行社会责任（见表12－2）。MICO在中东积极投身慈善事业和公益活动，捐助弱势群体、爱心学校、扶持贫困地区的内容创作者、出资参与灾害事件救援，这为MICO在当地赢得了良好的口碑。同时，MICO在埃及定期举办大型年度盛典，向平台的优质内容创作者、合作机构颁发年度奖项，邀请本土知名艺人、歌手参与表演，使MICO融入中东人民生活中；MICO也与众多知名品牌合作，比如与中东荣耀合作在中东地区联合开展"HONOR for youth"开学季主题活动，用"中国智造"的产品感染当地用户，这些活动大大提升MICO的品牌影响力（见图12－5、图12－6）。

表12－2　　赤子城在中东造福当地民众、践行社会责任

时间	活动名称	活动内容
2018年	救助贫困百姓	中东开斋节期间，MICO组织主播走上埃及街头，赠送500斤羊肉给当地的贫困百姓。
2022年年初	公益教育捐助	赤子城捐助当地公益组织African Hope Center for Education，帮助贫困家庭儿童获得教育机会。
2022年2月	活动收入捐赠	赤子城在埃及首府开罗举办大型年度盛典，活动全部直播收入用于当地慈善事业。
2022年4月	中东斋月公益活动	赤子城与埃及Food Bank合作，在封斋、开斋日向开罗Ezbet Khairallah、吉萨Imbabah等地贫困居民发放300余箱食物、700余份热餐等物资，帮助当地弱势群体改善生活，呼吁各界关注弱势群体。
2022年5月	关注中东癌症儿童	赤子城在中东发起关爱癌症患儿公益活动，在旗下平台上线Charity Room，邀请医生志愿者向用户普及儿童癌症预防措施，号召用户向埃及慈善医院57357 Children Cancer Hospital捐款，惠及当地儿童癌症患者。
2022年5月	捐助非洲难民儿童学校	赤子城联合中建埃及分公司等驻埃中资企业，前往埃及非洲难民儿童学校"非洲希望就学中心"，赠送教材书籍、学习文具、儿童口罩等礼物。
2023年2月	援助地震受灾群体	土耳其、叙利亚两国遭遇强震后，赤子城向当地慈善组织捐款，并在旗下社交平台设立募捐渠道，鼓励全球用户向受灾群众伸出援手。同时，MICO、YoHo开设慈善直播间，及时通报灾情信息、帮助寻人、为灾区祈福等。
2023年4月	中东斋月慈善活动	赤子城旗下平台YoHo发起系列活动，鼓励人们在斋月里传递友善、团结和感恩。其中，主题为"Ramadan Voice"的活动为人们提供平台展示中东特色文化；慈善活动"A Message to Your Heart"鼓励人们在斋月期间表达自我，帮助他人；"Help Cancer Children"主题活动为癌症患儿捐赠玩具及生活用品。

续表

时间	活动名称	活动内容
2024 年 1 月	赤子少年守护计划	赤子城在埃及发起公益活动“赤子少年守护计划”，当地员工到多个城市的贫困地区学校为孩子们送上崭新的鞋子，为需要帮助的孩子购买食物，改善其生活。
2024 年 3 月	支持灾后重建	赤子城旗下 MICO、SUGO 的土耳其团队共同发起线上平台进行灾后重建募捐，用户、创作者等共募集善款 15 万里拉（折合人民币超 3 万元）；团队还前往受灾地区，为当地群众送去善款和慈善物资。

图 12－5　赤子城在中东向贫困居民发放食物

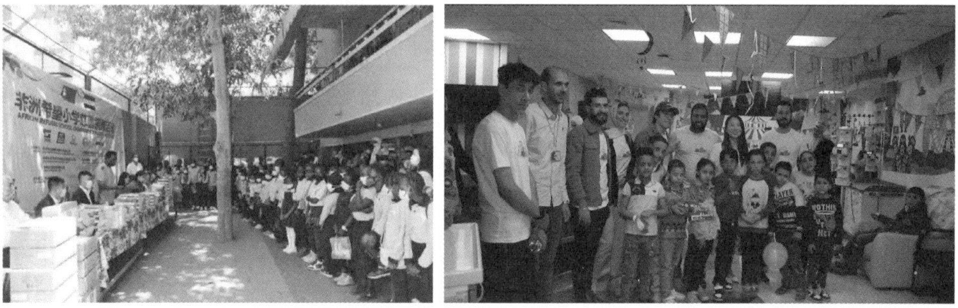

图 12－6　赤子城捐助非洲难民儿童学校（左图）和举办中东斋月慈善活动（右图）

为扩大行业影响力，2022 年 MICO 在埃及举办当地首个在线社交娱乐行业的媒体见面会，通过媒体传递声音，提高当地社会对行业的认知度与接受度，打破部分人对在线社交行业、音视频社交方式、女性内容创作者的固有偏见，为行业发展营造更好的社会和舆论环境，这让公司赢得了当地社会和政府的认可，使 MICO 在 2021 年获得了埃及政府颁发的 001 号行业牌照，这也是截至目前当地颁发的唯一一块行业牌照（见图 12－7）。

通过这些活动，MICO 将用户、内容创作者、合作伙伴、公司团队、当地政府紧密连接起来，在中东市场的品牌影响力不断提升，在中东多国社交应用排行榜上名列前茅，先后进入海湾六国的社交应用畅销榜前 10，曾登顶阿联酋、科威特、阿曼等国家社交应用畅销榜。

图 12－7　赤子城在埃及举办首个在线社交娱乐行业媒体见面会

3. 文化漩涡，业增桎梏

MICO 在中东市场的扩张，并非一帆风顺，在最初进入时，MICO 团队为了快速获取用户，在产品拓客推广上沿用了国内线下相亲交友的方式，但其实在中东公开相亲是大忌，中东大多数国家的未婚男女跟陌生异性搭讪是不被世俗文化所允许的，双方见面往往都是带着家长在很隐私的空间见面。MICO 最初采用的这种拓客模式也给其产品推广产生了一定的冲击，而这归根结底是由文化冲突引起。纵观世界历史，中东一直以来都是一片神奇和复杂的市场，有几十个国家组成的近 5 亿人口规模，不同市场有其不同的特色文化，且同一市场的不同阶段也有不同的文化偏好。中东地区有严谨的宗教制度和相对保守的社会习俗，大约 85% 的人是穆斯林人群，尤其女性无法公开露脸。而 MICO 主打视频社交，使这些穆斯林用户难以适应，部分女性即使在 MICO 平台直播也是蒙着面纱。同时，MICO 在中东的主要市场海湾六国中用户以 35 岁以下的年轻人为主，而"社恐青年"在中东市场也广泛存在，不是每个人都愿意出镜，有些用户可能对声音更有自信，还有些用户觉得声音社交给人压力更小，所以部分年轻人更青睐线上不露脸的社交。同时，MICO 的直播娱乐，很大程度上是主播在平台展示才艺，用户为自己喜欢的主播打赏，在这种模式下大部分用户缺少相互交流的机会。但是根据 MICO 团队在中东多年摸爬滚打的经验发现，中东人特别喜欢与别人聊天，比如用户经常会与 MICO 的客服聊几个小时。因此，视频社交的模式在遍地穆斯林的中东发展到一定程度后，难以继续大展拳脚，其业绩增长也陷入困境。

（五）赤子开疆：另辟蹊径，百花齐放

1. 从"明星单品"到"产品生态"

受宗教等因素影响，庞大的穆斯林人群不愿意使用视频社交，为了突破这一文化壁垒，赤子城则另辟蹊径，依托中东市场本土特色，借助赤子城 MICO 在中东地区运营多年对当地文化、用户喜好、市场环境等的积累，赤子城推出了扎根中东文化、针对中东地区穆斯林人群特点打造的语音社交产品 YoHo（见图 12－8）。YoHo 主打语音房群聊，配有语音房、对战、发起个人活动等功能，将中东人喜欢的线下聚会聊天场景 Majlis 转移到线上，解决了穆斯林人群由于宗教习俗等原因不愿意使用视频社交的问题，降低了

使用门槛，克服了当地许多女性“不能公开露脸”的障碍，打破了中东地区男女线下难以见面同聊的限制。

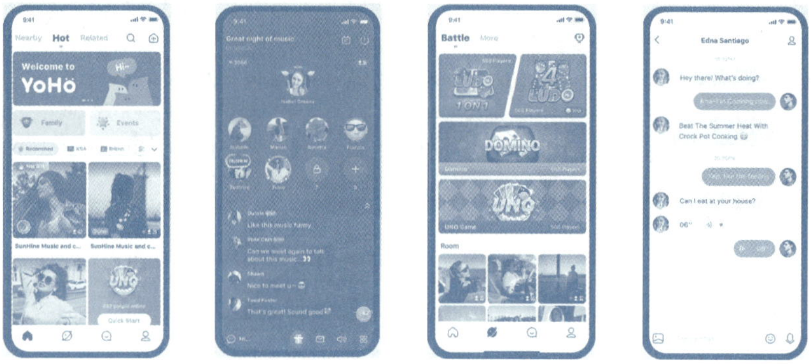

图 12－8　YoHo 产品使用界面

赤子城推出 YoHo 后，通过各种渠道吸引用户，不仅在其他媒体投放视频类广告，使用“想家？下载 YoHo 与您的阿拉伯同胞聊天”等广告词吸引用户；还在斋月期间开设了慈善捐赠直播间，将直播收入捐助至当地慈善合作医院，直播间内志愿者医生普及癌症预防措施等健康常识。YoHo 也加强内容运营的力度，聚焦中东本地化功能持续迭代，通过 YoHo Academy 建立创作者培训机制，生产更符合穆斯林文化的高质量内容，吸引更多用户付费，培育了可持续的内容生态。通过这些活动，使得 YoHo 在当地快速风靡，在 2020 年就成为中东当地领先的语音社交平台。

2. 复制增长，打造吸金矩阵

在打磨产品的过程中，老杨也经常带领团队到各地做用户调研，看还有哪些用户需求没有被满足，他们还可以为用户做哪些改进。在某次与一位当地人聊天时，当地人告诉老杨自己和身边的朋友非常喜欢玩游戏，会在游戏里结识新朋友，每次玩游戏时大家都会带着新的朋友来，游戏中大家会表现出最真实的自己，几局游戏过后大家也会找到与自己真正投缘的朋友。这瞬间让老杨眼前一亮，中东年轻人占比高，且受部落文化影响年轻人偏爱对抗游戏，这也许可以成为赤子城的下一个机会。老杨马上召集团队进行市场调研，结果确实如其所料，中东 2018 年度游戏市场收入规模达 49 亿美元，年复合增长率 23.5%，是目前全球游戏市场增长最快的市场。中东人不仅爱聊天，也爱玩游戏，如果可以将游戏和社交结合起来是否更受欢迎。

目前，赤子城的产品矩阵虽然已经满足了用户看视频直播的需求、聊天的需求，但却无法满足有人喜欢一边玩游戏一边交朋友的需求。老杨也意识到开放式社交的需求是非常细分的，一款产品可能满足了这个群体，但并不一定能满足另一个群体。因此，为满足各细分市场的用户需求及习惯，赤子城决定构建音视频社交产品矩阵，通过产品的差异化，克服市场复杂性，满足不同用户群体的社交需求。在推出 MICO 和 YoHo 后，赤子城在中东地区又推出了基于游戏社交的产品 TopTop（见图 12－9）和主打陪伴社交的产品 SUGO（见图 12－10）。

图 12－9　TopTop 产品使用界面

图 12－10　SUGO 产品使用界面

TopTop 是一款多人游戏社交平台，将游戏和社交融合，在游戏中增加多种互动功能，类似在线的“桌游吧＋水烟馆”，用户可以一边玩游戏，一边自由聊天（见图 12－11）。TopTop 不仅提供经典的中东国民游戏 Ludo、Domino 等，也包含 Candy Boom（消消乐）、你画我猜、UNO 等适合 PK 的快节奏游戏方式，增加用户的游戏社交体验。同时，在本地化推广和市场拓展上，TopTop 在海湾多国上架了阿拉伯语版本 TopTop Lite；在短视频平台 TikTok 上开设官方账号进行宣传，宣传效果最好的视频有上千万播放量；并在线下举办 TopTop 桌游挑战赛等活动，增强用户间的联动。

图 12－11　TopTop 线下桌游挑战赛

SUGO 则是一款主打陪伴社交的产品，为用户寻找在线伴侣，提供交友匹配、语音房、视频通话等功能。

赤子城基于“产品复制”的模式不断延展出更多产品，面向的场景也足够细分，MICO、YoHo、TopTop、SUGO 四个产品分别切入视频、语音、游戏、陪伴社交，通过多元产品矩阵去满足不同市场、不同人群、不同场景的社交需求，赤子城形成了独特的军团模式（见图 12－12）。虽然每一个赛道、每一个市场都有容量上限，但通过“多元产品矩阵”的航母模式，赤子城每款 App 都有成为对应赛道的超级 App 的潜力，一旦有好的苗头可以进行产品与市场的双向复制，本质上就是对不同细分赛道、不同区域市场的饱和式攻击。

图 12－12　赤子城泛娱乐社交产品矩阵

（六）赤子长空：破茧成蝶，志在四海

“努力做参天大树之下的超级灌木丛！”自 2013 年开始，赤子城已经在全球化的道路上航行了十年，脚步遍及一百多个国家和地区。截至 2024 年 3 月，赤子城社交产品累计下载量突破 6.5 亿，第一季度平均月活跃用户数达到 2855 万，这标志着赤子城已经稳居社交出海领域头部，离“全球最大的开放式社交公司”的目标也越来越近。

但老杨深知，社交是一场“无限游戏”，进化之后的赤子城才刚刚破壳，全球社交的万里长空尚待它去飞行。不论是 MICO、YoHo，还是 TopTop、SUGO，乃至整个中国互联网出海军团，目光都不止于中东，真正的战场是全球市场。在持续打开中东、非洲等新兴市场后，赤子城将继续在全球范围内加速“破圈”。

由于企业资源有限，对于如何进行全球化扩张，赤子城面临着两个选项：第一，持续发力中东市场，进一步挖掘这一市场的广阔空间，在垂直细分社交领域打造更丰富的社交产品矩阵，开辟新的增长曲线；第二，积极开疆拓域，加大北美、欧洲等战略级市场的投入力度，寻找战略拐点，以更多市场的成功经验完善其全球社交版图。选择前者，赤子城可以利用在中东市场的品牌优势、本土化能力和技术积累，快速复制产品并进行商业化推广，但目前中东泛娱乐社交赛道的同质化竞争在不断加剧，腾讯、快手、百度等头部互联网企业甚至 Facebook 等全球巨头都在中东布局社交泛娱乐细分赛道，中东已不再是前几年的蓝海市场，赤子城深耕中东的同时需要考虑自己能否与这些巨头的"撒钱式营销"方式相竞争；而选择后者，赤子城会面临成熟度更高、规模更大的市场，用户更活跃，欧美用户更愿意为体验好的产品付费，赤子城有望通过差异化创新或者布局垂直领域实现成功，提升全球品牌形象，但也不得不考虑欧美更高的准入门槛与市场监管、与欧美巨头的竞争以及全新的文化冲突问题。

无论是深耕中东，还是全球扩张，社交出海都非常"重运营"，要做好一个市场，必须要做到经营下沉，在当地有对应的人马，做好本土化的合规经营、市场推广、用户沟通、内容运营、活动运营、商业变现等。

（七）结语：后浪暗涌，赤子城如何一路狂奔？

"咚咚……"助理的敲门声打断了老杨的思绪。老杨起身走到窗前，宛如一位领航者站在船头眺望远方，而"赤子城"就像一艘巨大的航船，在全球市场的海洋中破浪前行。他深知，当今世界形势正遭遇新一轮大变局，"逆全球化"之风正愈演愈烈，全球市场竞争愈加激烈，全球不同市场的互联网治理规则也愈加严格，企业出海将会面临语言文化、宗教习俗、网络治理、生活习惯等诸多更大的挑战，赤子城的全球化征程会更加艰难。但老杨坚信，赤子出海，虽风雨兼程，但必将乘风破浪，要在全球市场培育出自己强大的灌木丛。但目前赤子城到底该走向哪条路？老杨陷入了沉思……

五、启发思考题：

（1）请利用 STP 营销理论分析中东市场的外部环境，并根据区位选择理论分析赤子城选择中东进行市场扩张的依据。

（2）请从国际营销战略的角度出发，分析 MICO 在进军中东市场后，实施了哪些市场营销策略组合使自己快速站稳脚跟？

（3）在数字经济时代，赤子城作为互联网平台型企业出海会面临哪些"局外人劣势"？赤子城是如何破解海外市场"局外人劣势"困局的？

（4）在当前竞争激烈下的全球市场环境下，如果你是老杨，你会如何优化营销策略以应对挑战？

六、教学方法与手段

（一）案例教学法

通过实际的企业案例，如赤子城科技的国际营销战略，让学生在分析具体情境中运用理论知识。案例包含背景信息、挑战、决策点等，以引导学生进行批判性思考和深入讨论。

本案例主要分为四个部分，每部分的案例情景对应相应的教学问题和理论基础，层层递进。教师可以根据自己的教学目的灵活使用本案例。这里提出本案例的分析思路，如图12－13所示。

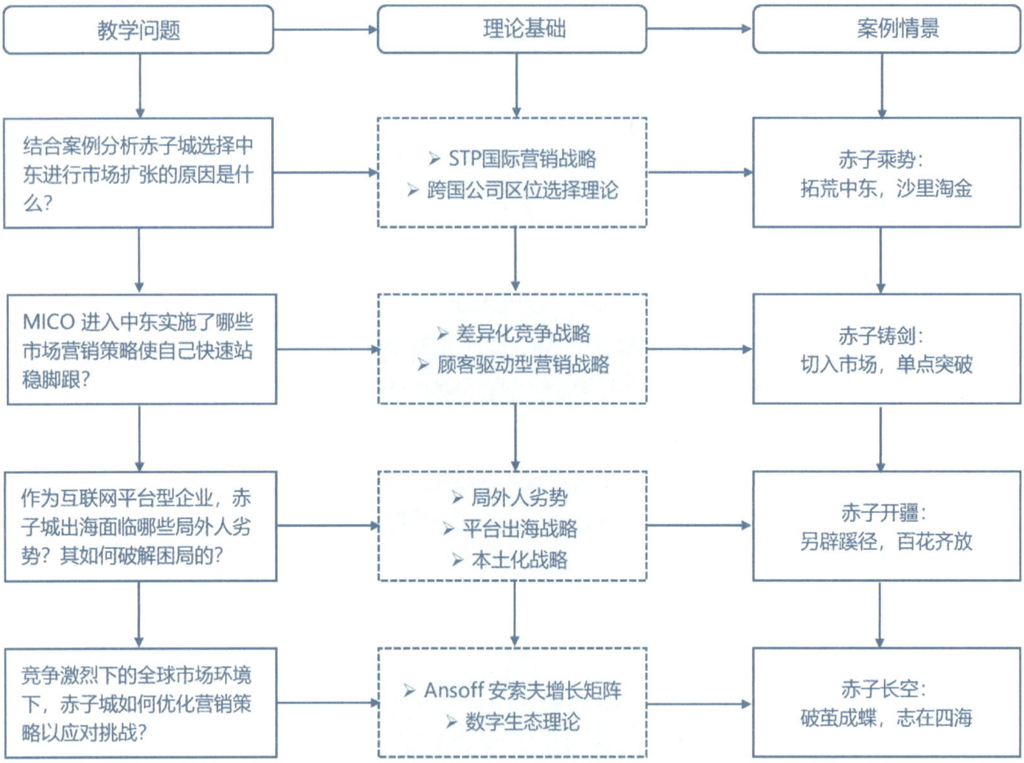

图12－13 案例分析思路

（二）分组讨论法

学生提前被分成小组，每组负责特定的任务或问题。通过小组合作，学生能够共享观点、集思广益，并在小组讨论中提升沟通与协作能力。

（三）互动式教学

在小组展示后进行教师点评，以及课堂中的即兴提问和讨论，与学生进行动态互动。这种方法能够及时解决学生的疑惑，并鼓励学生积极参与课堂活动。

（四）角色扮演与情景模拟

小组讨论时，要求学生融入案例故事，扮演实际的企业角色，模拟实际决策过程，让学生在模拟的商业环境中应用所学知识。

（五）多媒体与视觉辅助

学生展示和教师总结阶段，使用PPT、图表、视频等多媒体工具来辅助教学，增强信息的可视化，帮助学生更好地理解案例情景。

（六）案例总结

小组展示后，老师需对案例做出总结，归纳关键概念、模型和理论，以视觉化的方式呈现教学重点。板书设计应简洁明了，帮助学生捕捉和回顾课堂核心内容。课堂板书示例如图12-14至图12-18所示。

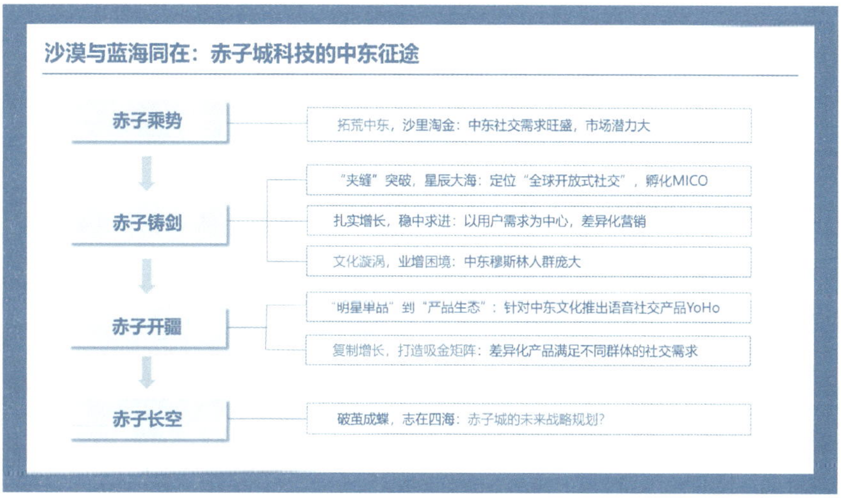

图12-14　板书设计-案例框架梳理

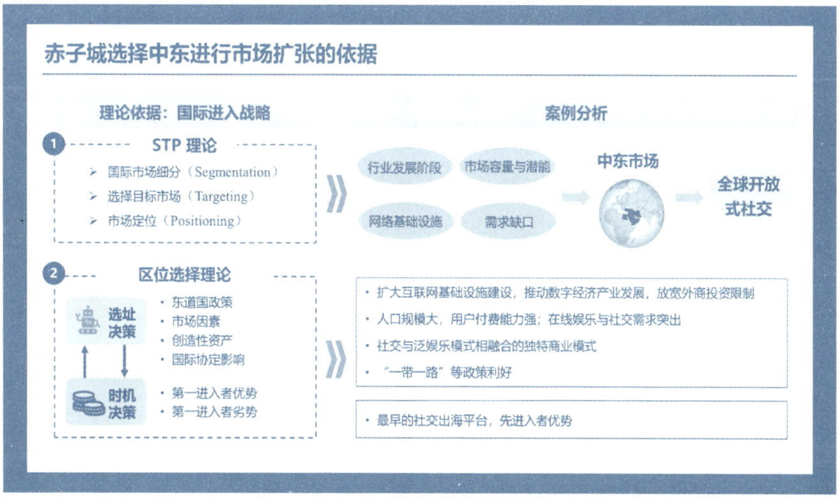

图12-15　板书设计-启发思考题1

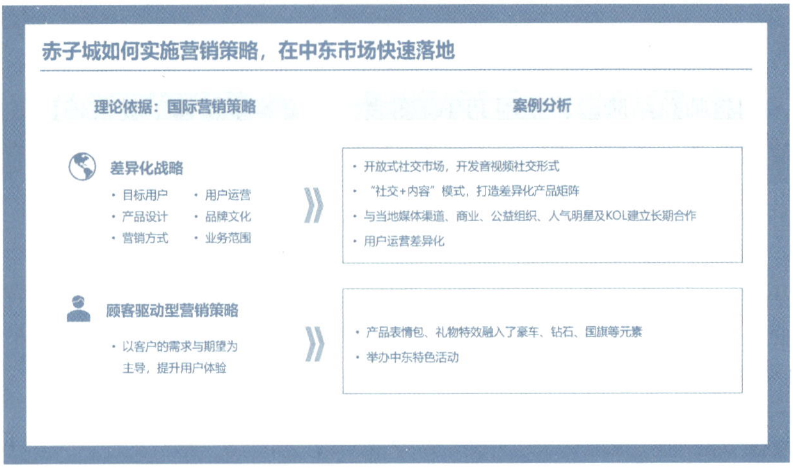

图 12 – 16　板书设计 – 启发思考题 2

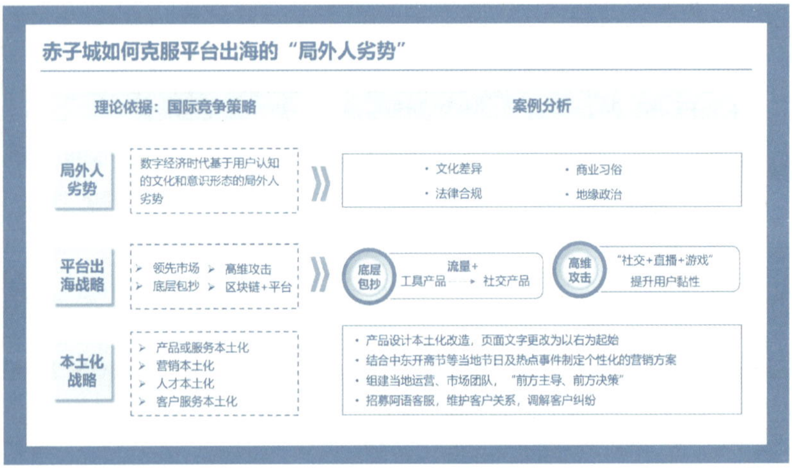

图 12 – 17　板书设计 – 启发思考题 3

图 12 – 18　板书设计 – 启发思考题 4

（七）课后延伸学习

布置课后阅读和研究任务，鼓励学生在课堂之外继续探索相关主题案例，包括阅读额外的文献、进行在线研究或完成实践项目。

六、教学实施过程

本案例作为专门的案例讨论课来学习，下面是课堂案例教学的实施过程，教学时长为45分钟左右。课堂教学过程如表12－3所示。

表12－3　　课堂教学过程

序号	内容	主题及要求	形式	时间
1	课前计划	提前一周发放案例，请学生在课前完成案例的阅读和相关资料查询；把学生分为五组，提前发放思考题，按照分组分配思考题，不同组分析不同的思考题，其余没有思考题的一组准备案例的背景资料和相关背景介绍。	分小组准备	不限
2	课堂阅读	简要的课堂引言后，学生仔细阅读了解案例内容，初步明确案例分析主题。	个人阅读或小组阅读	10分钟
3	小组展示	首先由准备背景资料的小组进行整体的介绍，接着不同小组轮流展示对思考内容的分析。	小组发言	25分钟
4	归纳总结	教师通过互动与提问等形式对案例重点进行总结回顾，再由教师对学生所提及知识点进行总体概括，提出结论，并对学生提出掌握要求与课后任务。	教师归纳总结	10分钟
5	课后计划	整理课堂讨论结果和小组展示观点，深入思考赤子城国际化战略决策的重要性与必要性，并让学生对案例素材进行查找扩充并独立思考对其他公司的启示，以提高学生活学活用、融会贯通能力。	小组完成	不限

七、考核与评价方式

对学生参与该案例学习的考核属于平时成绩，考核成绩占平时成绩的30%。对该案例学习成果的评价与考核体系如下，确保学生在案例学习中的投入和成果得到合理反映。

1. 课前准备与参与度（20%）：小组成员互评

评价标准：小组讨论的组织和参与情况。

2. 课堂表现（30%）

评价标准：学生在小组展示中的发言质量，包括对案例的理解和分析深度；学生在课堂互动和提问中的参与度，包括对其他小组展示的反馈和评论。

3. 小组展示材料（20%）

评价标准：PPT、文档等展示材料的质量。

4. 案例分析报告（30%）

评价标准：小组就课堂讨论情况进行课后提炼总结后形成的案例分析报告的质量。

八、实施成效

（一）教学目标达成情况

（1）知识目标：学生能系统掌握对STP理论、区位选择理论、数字平台、局外人劣势等理论知识，并将这些理论应用于分析其他跨国企业的市场行为。

（2）能力目标：学生能够熟练地将理论知识与跨国公司的企业实践相结合。

（3）育人目标：使学生对国家对外开放战略有更深刻的理解，提升其家国情怀和全球使命感，增强其国际化视野和跨文化沟通能力。

（二）教学实施过程反馈

（1）课前准备：学生普遍完成了案例阅读和相关资料查询，小组分配的思考题准备充分，为课堂讨论打下了良好基础。

（2）课堂阅读与讨论：学生在课堂上积极参与阅读和小组讨论，表现出了对案例内容的深刻理解和分析能力。

（3）小组展示：各小组展示内容准备充分，表达清晰，能够结合案例深入分析问题，展示形式多样，有效促进了知识的交流与分享。

（4）归纳总结：教师的归纳总结帮助学生明确了教学重点，巩固了知识点，并通过提问激发了学生的思考。

（三）学生学习成效

（1）理解与分析：学生对案例的理解深刻，能够准确分析跨国企业的市场战略和营销策略。

（2）应用能力：学生能够将所学理论知识运用于实际案例分析中，展现出良好的知识迁移和应用能力。

（3）创新思维：学生在案例分析中提出了创新的观点和解决方案，表现出了良好的创新思维能力。

（4）团队合作：学生在小组讨论和展示中展现出了良好的团队合作精神，有效促进了知识的共享和深入讨论。

（四）教学方法与手段评价

（1）案例教学法：案例教学法有效地激发了学生的学习兴趣，提高了学生的参与度和学习效果。

（2）小组讨论：小组讨论促进了学生之间的思想交流，提高了学生的批判性思维和解决问题的能力。

（3）互动式教学：教师的互动式教学方法提高了学生的课堂参与度，增强了教学的互动性和实效性。

（五）存在问题与改进方向

（1）时间分配：部分学生反映课堂时间有限，希望有更多的时间进行深入讨论。

（2）案例材料：建议增加更多与课程内容相关的案例材料，以供学生参考和分析。

（3）课后辅导：部分学生希望教师能提供更多的课后辅导和资源，以帮助他们更好地理解和应用知识。

（六）总体评价

本案例的教学取得了良好的成效，学生的知识掌握、能力提升和思维拓展均达到了预期目标。教学方法和手段得到了学生的认可，课堂氛围活跃，教学效果显著。后续将继续优化教学设计，提高教学质量，以满足学生的学习需求。

案例 13：分析中国中车报表，坚定中国制造自信

——“财务会计”课程思政教学案例

窦　超
（中央财经大学商学院副教授）

一、基本信息

课程名称：财务会计
授课对象：工商管理硕士（MBA）
知 识 点：《会计学》第 5 版，赵雪媛主编，第九章 财务报告
主讲教师：窦超

二、教学目标

本案例教学目标如表 13 –1 所示。

表 13 –1　　中国中车案例教学目标

知识目标	能力目标	思政目标	案例内容
掌握资产负债表内涵，了解会计信息质量标准	扩展学生的知识视野，提升学生对专业理论知识的探究能力	了解交通强国、中国制造 2025 等发展战略，提升民族自豪感，坚定制度自信和对中国制造的自信	中国中车为全球轨交行业龙头企业，轨道交通装备业务销售规模连续多年位居全球首位。公司旗下拥有包括悬挂式单轨列车、氢能源有轨电车、复兴号高速动车组等高端技术产品。现有 46 家全资及控股子公司，员工 17 万余人，建设了世界领先的轨道交通装备产品技术平台和制造基地
剖析资产负债表结构	培养学生对会计报表的分析能力	培养诚实守信、坚守底线的职业道德	近 5 年资产规模呈上升趋势，截至 2023 年年底，中国中车会计信息披露的资产总额 47179174 万元，负债总额 27526842 万元
分析资产负债表比率	提升学生解决实际问题能力	培养经世济民、勇挑大梁的精神	2023 年资产负债率为 58.35%，负债总额为 27526842 万元，企业需积极履行偿债义务

三、教学重点与难点

（一）教学重点

资产负债表的概念定义；资产负债表的结构科目；资产负债表的理论基础：会计恒等式（资产 = 负债 + 所有者权益）；以中国中车为例对资产负债表进行解读；资产负债表信息披露质量的标准要求

（二）教学难点

将会计要素、会计信息质量要求以及会计信息披露等内容与迅猛发展的轨道交通制造产业中丰富的经济现象和复杂的业态相结合，深入系统挖掘思政元素并将其融入课程内容，并重构“学生端—教师端—企业端”三管齐下的课程思政教学体系。

四、课程思政案例介绍

“分析中国中车报表，坚定中国制造自信”案例运用在第九章财务报告第一节“资产负债表编制与分析”，在学生扎实掌握会计的基本概念、基本理论及会计核算基本方法的基础之上，本课程通过对中国中车股份有限公司（以下简称“中国中车”）资产负债表的深入剖析，涵盖了资产负债表内涵的深刻理解、结构的细致分析以及比率的科学运算等内容，旨在挖掘并弘扬经世济民的情怀，彰显中国制造的自信，秉持诚实守信的会计职业道德，同时彰显中国特色社会主义制度的优越性，将思政教育元素有机融入其中。

案例中选取的中国中车股份有限公司是中国轨道交通装备第一股，拥有全球规模领先、品种齐全、技术一流的轨道交通装备研发生产设施与核心制造资产，其制造的高速动车组系列产品，已经成为中国向世界展示发展成就的重要名片，充分体现了以中国速度引领世界速度的责任担当。教学中引导学生了解我国高速铁路快速发展，2008 ~2023 年，我国的高速铁路运营里程稳步增长，截至 2023 年年底，中国高铁运营里程达 4. 5 万千米，较 2013 年年末的 1. 0 万千米，翻了近三番，稳居世界第一。预计到 2035 年，中国高铁运营里程将达到 7 万千米。规模的不断扩大充分体现出国家对高铁行业发展的重视，体现了交通强国战略，全国绝大多数的城市都会被高铁线路网覆盖，高铁已经成为我们国家走向世界的名片。在此背景下，中国中车不断以融合全球，超越期待为己任，紧紧抓住“一带一路”和全球轨道交通装备产业大发展等战略机遇，大力实施国际化、多元化、协同化发展战略，全面推进以“转型升级、跨国经营”为主要特征的全球化战略，努力做“中国制造 2025”和“互联网 +”的创新排头兵，努力把中国中车建设成为以轨道交通装备为核心，跨国经营、全球领先的高端装备系统解决方案供应商（见图 13 –1）。

图 13 –1　中国中车核心产品

通过中国中车的案例分析，使学生了解到中国中车近五年资产规模呈上升趋势（见图13－2），截至2023年年底，中国中车会计信息披露的资产总额4718亿元、负债总额2753亿元、营业利润160.26亿元，巨额资产和高额利润引导学生理解交通强国背景下中国政府集中力量办大事的制度优势，增强对中国制造与中国制度的自信。同时，客观、公允的会计信息为政府制定交通发展决策提供了有力支撑。在此基础上，我们激励学生深入探究中国高铁产业的社会责任与可持续发展路径，充分挖掘学生的学习潜力与研究能力，着力提升学生的自主学习能力。通过这一系列举措，旨在为学生后续的深造或职业生涯奠定坚实的专业基础。此外，在不断提升专业能力的同时，我们还注重培养学生经世济民的博大情怀，以及诚实守信、坚守底线的职业道德精神。

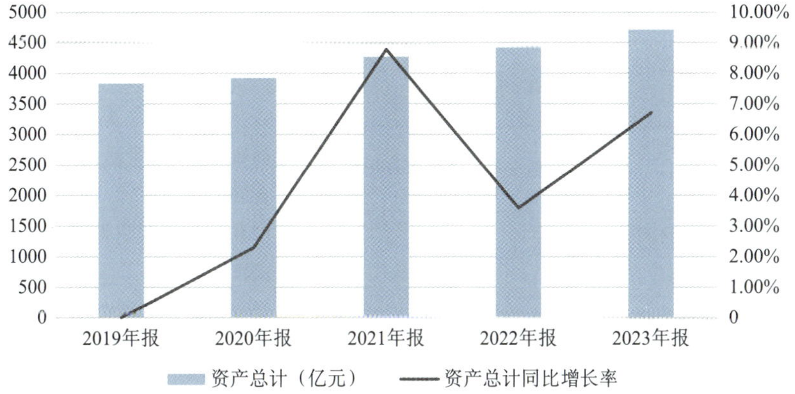

图13－2　中国中车资产变动

中国中车是在中央统一部署牵头下，由中国北车股份有限公司、中国南车股份有限公司合并组建的，承继了中国北车、中国南车的优秀文化，承继了中国轨道交通装备制造业的百年积淀，也承载着中国高铁走向世界的梦想。经过近十年的发展壮大，中国中车现已拥有世界领先的轨道交通装备研发制造平台，高速动车组、大功率机车、铁路货车、城市轨道车辆等产品全面达到世界先进水平，能够适应高温、高湿、高寒、风沙等各类复杂的气候环境条件，以及多样化的个性需求，是全球轨道交通行业实现产品类型全覆盖的企业之一。目前，中国中车产品已经出口全球近百个国家和地区，并逐步从产品出口向技术输出、资本输出和全球化经营转变，全球化经营网络基本形成。对这一企业案例的学习，不仅拓宽了学生的视野，还引导学生聚焦我国交通强国战略，深刻体会集中力量办大事的制度优势，从而增强对制度的自信心。其中，通过对中国中车资金结构的深入分析，特别是债务比率的细致剖析，使学生更加关注中国中车可能面临的财务风险，进而增强学生的责任感和担当意识。而在学习会计报表披露过程的同时，我们着重培养学生的会计报表编制能力，并引导他们深入理解保证会计信息披露质量的一系列原则，尤其是可靠性原则，敦促学生严格遵守会计法规和会计准则，提升会计职业道德和职业素养。此外，通过学习中国中车的财务分析方法，我们旨在提高学生的企业财务分析能力，引导他们积极应对智能化对会计职业带来的挑战，合理规划职业定位，不断提升专业胜任力。在此过程中，我们还注重培养学生的经世济民精神和诚信为本的职业道德，进一步增强他们对中国制造与中国特色社会主义制度的自信，为未来的学习和工作奠定坚实基础。

关注当代学生的兴趣爱好，巧妙融合思政题材于专业教学之中，使学生在潜移默化中接受思政教育的熏陶，这既符合学生的认知发展规律，又贴近学生的认知路径，实现了课程思政教育的“润物细无声”之效。

我们将课程思政的建设目标有机融入教学过程的每一个环节，将学生、教师、企业三方紧密串联，共同构建一个协同育人的思政教学体系。通过此举，旨在培养出既值得信赖、又可靠稳重、更能胜任实际工作的经济管理专业人才。本案例思政元素分析如表 13－2 所示。

表 13－2　　思政元素分析

序号	知识点	思政元素	创新点
1	资产负债表的内涵	民族自豪感、中国制造自信	（1）以中国中车为例，创新课程思政内容创新，激发经世济民情怀，坚定中国制造自信； （2）贯彻课程思政理念，尊重人才培养规律； （3）创新课程思政模式，重构学生—教师—企业三位一体的思政教学体系。
2	资产分析（资产规模与科目结构）	政府扶持、制度优势	
3	负债分析（债务规模与资产负债率）	履行偿债义务、践行责任担当	
4	所有者权益分析（科目结构与产权比率）	国有资本保值增值责任	
5	资产负债表定位与会计信息质量要求	会计职业道德：诚信为本，坚守底线	
6	资产负债表分析	中国中车可持续发展与“双碳”目标实施路径	

引入轨道交通制造企业的经济业务与专题研究内容，旨在使学生全面深入了解高端设备制造行业的独特业务特点，实现业务与财务的深度融合。同时，我们密切关注高铁产业在交通强国发展战略实施过程中所发挥的示范引领作用，着力培育中央财经大学学子兼具经世济民的博大情怀与红色革命基因。

五、教学方法与手段

为践行新时代中国特色社会主义思想，弘扬社会主义核心价值观，我们秉持为党育人、为国育才的宗旨，选取中国中车作为典型案例素材。以轨道交通制造行业的会计问题为切入点，我们着力厚植学生的家国情怀，突出职业道德教育。旨在为党和国家培养出一批信得过、靠得住、用得上的高素质专业人才。为此，我们深入挖掘课程中的思政元素，并将其与课程内容有机融合，重构了“学生—教师—企业”三位一体的思政课程教学体系（见图 13－3、图 13－4）。

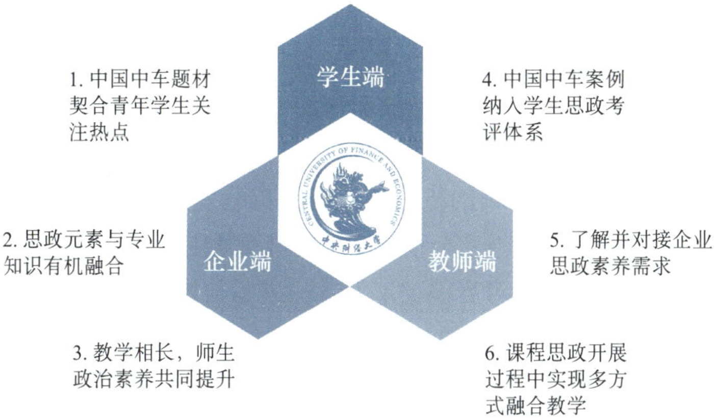

图13-3　思政课程教学体系设计

学生端　　教师端　　企业端

图13-4　思政课程教学体系展示

（一）学生端——尊重学生成长规律，巧妙切入思政题材

在甄选中国中车这一案例时，我们精心捕捉了当代学生的兴趣脉搏与心理轨迹，巧妙融合视频与文字的魅力，既呈现了中国中车蓬勃发展的震撼短视频，又配备了深度剖析的财务报告，引领学生们聚焦我国高铁——这一闪耀中国特色的会计热点。通过细致入微地剖析中国中车的会计报表，我们引导学生们一同见证我国高铁产业的壮阔图景，让民族自豪感与对中国制造的坚定信心在他们心中悄然生根。同时，我们深入解读资本结构与债务压力，让学生们深切感受到轨道交通制造企业肩负的责任与使命，激发他们对企业财务可持续发展的深切关注。在审视报表披露质量的过程中，我们更是将“诚信为本、操守为正、坚持准则、不做假账”的会计职业道德融入其中，引导学生们关注那些难以用货币衡量的安全、健康及环境等企业社会责任元素，让课程内容更加深邃，课堂氛围更加温馨，思政教育更加有力。在这一过程中，学生们在专业学习的海洋中，无形地被思政教育的涓涓细流所浸润，既符合他们的认知规律，又贴近他们的认知曲线。思政教育如同春风化雨，悄然无声地滋养着学生们的心田，实现了“润物细无声”的育人效果。

（二）教师端——提升教师的政治站位，强调高铁科研反哺教学

强化政治引领，深耕教师的政治理论学习土壤，鼓励他们积极参与财政部、审计署、

国家会计学院及中注协等权威机构的政治与专业培训，将专业知识的汲取与政治素养的提升紧密结合，让学习成果助力教师实现自我超越与成长。在此基础上，我们充分发挥团队中教授名师的思政引领与业务导航作用，将科研探索的成果转化为教学实践的助力。以中国中车为鲜活案例，教师们结合最新的科研成果，引领学生们洞悉我国高速铁路兼具公益性与营利性的独特经济属性，深刻剖析高铁经济可持续发展的丰富内涵，从偿债可持续性、经营可持续性、发展可持续性三个维度，对轨道交通制造企业的财务可持续发展进行了深度探索。教师们以身作则，对高铁技术设备的进步与发展保持高度关注与深入研究，引导学生们关注我国高铁产业链发展的道路，培养他们经世济民、勇于担当的广阔情怀。此外，我们还将中国中车思政案例的精髓融入形成式考核体系，围绕中国中车会计报表的编制与分析，组织一系列课堂讨论，开展精彩的小组课堂演讲展示，让学生们提交课后分析报告及心得体会，让思政之光在每一次思考与感悟中熠熠生辉。

（三）企业端——构建实践育人平台，导入企业思政需求

中央财经大学拥有一支规模可观的 MBA 校友群体，他们就职于中国中车等先进制造企业。这一独特资源使我们能够深入了解以中国中车为代表的行业领军企业对学生思想政治素养和业务能力的具体需求，并将这些需求有效融入中国中车的案例分析与研究环节。我们通过业财融合的方式，将思政教育、会计专业教育与企业价值导向紧密结合，形成一体化的教育体系。同时，我们邀请来自中国中车公司的技术专家，他们不仅具备深厚的教育科研背景，还拥有丰富的实践经验，能够有效提升我校的学科建设水平。这些专家作为外聘讲座嘉宾，深度参与学生培养环节，与我们共同推动新时代、新机遇下铁路专业化复合型创新人才的建设。此举不仅拓展了课程思政的范围，还实现了课堂教学与企业需求的有效对接。

六、教学实施过程

（一）教学内容与思政元素的有机融合

资产负债表作为企业最为重要且基础的会计报表，全面反映了企业的资金占用量，即企业的规模状况，同时也揭示了企业资金的来源渠道，涵盖了债务来源与所有者投入。通过深入剖析资产负债表，我们得以洞悉企业资产与债务的结构特征，以及企业所面临的财务风险，从而为各利益相关方提供决策所需的数据支撑。

本课程我们将以中国中车的会计报表为实例，引导学生置身于轨道交通制造行业的广阔背景之中，以中国中车为具体依托，对资产负债表展开细致的解读与分析。在此过程中，我们将着重引导学生关注交通强国的发展战略，增强其对制度的坚定自信与对中国制造的深切信赖。同时，我们也将着重强调会计报表信息质量的重要性，秉持诚实守信、坚

守底线的会计职业道德。

具体而言，我们将从以下几个方面展开：

（1）资产负债表的概念：资产负债表是反映企业在特定日期（如月末、季末、年末）财务状况的报表。

（2）资产负债表的理论基础：会计恒等式“资产 = 负债 + 所有者权益”构成了资产负债表的理论基石。

（3）资产负债表的构成：资产负债表通常采用左右账户式的内部结构，左侧为资产部分，按照流动资产与非流动资产的顺序自上而下排列；右侧则为负债与所有者权益部分，其中负债按照流动负债与非流动负债的顺序自上而下排列。

（4）以中国中车为例的资产负债表解读：我们将深入分析中国中车的资金规模、资金来源、资产的构成特点、负债与所有者权益的比重，以及我国高铁产业链的发展状况，同时探讨轨道交通制造行业所承担的社会责任。

（5）保证资产负债表披露质量的要求：我们将强调资产负债表披露的可靠性、相关性、及时性等质量要求，以此培养学生的诚信为本、操守为正的职业道德观念。

（二）教学设计注重知识点与思政元素的巧妙切入

本课程的学生源自工商管理学科下的多个专业，涵盖金融、会计、财务管理、战略、营销、物流等领域。由于不同专业的学生对本课程的需求存在差异，我们在教学设计上充分考虑了这一特点。会计学和财务管理专业的学生更侧重于经济业务的会计处理过程，而其他专业的学生则更关注经济业务对会计报表的影响，即会计信息的解读与分析。因此，在讲解过程中，我们引导不同专业的学生根据各自的专业背景有所侧重地学习，并在作业安排上体现了这种差异性。

此外，考虑到学生整体年龄较小，思维活跃，对小视频形式的教学内容表现出浓厚的兴趣，我们特别将中国中车的案例以小视频和文字结合的形式呈现。

再者，学生们正处于 MBA 一年级的学习阶段，他们既拥有丰富的职场工作经历，又具备校园学习经历，正值价值观最终定型的关键时期。结合我校的财经行业特色和专业优势，我们以高速铁路发展为背景，以学生乘坐高铁的切身感受为切入点，引入中国中车的案例，深入挖掘其中的思政元素，实现课程思政教育的润物细无声。

通过翻转课堂的教学模式，我们以学生为主体，教师为主导，充分发挥学生的主观能动性。课前，我们要求学生以小组为单位进行中国中车会计报表的阅读与分析，引导学生通过积极思考、提问和案例讨论，促进师生之间的交流与生生之间的交流。这一过程不仅提高了学生的自主探究能力和学习能力，还让他们体会到了探究的乐趣和知识的魅力。同时，这也开阔了学生的视野，锻炼了学生的思维，潜移默化地进行了课程思政教育，增强了学生的制度自信，提升了他们经世济民、堪当大任的家国情怀，并形成了诚实守信、坚守底线的职业素养和职业道德。

（三）教学方法与过程做到思政教育润物细无声

（1）通过提问方式回顾会计恒等式，进而引出资产负债表的相关概念；

（2）详细阐述资产负债表的定义、构成要素及解读方法；

（3）播放中国中车的视频资料，组织学生进行小组讨论；

（4）学生分享交流心得，加深对交通强国发展战略的理解，增强制度自信和对中国制造的信心，培养经世济民的精神；

（5）对中国中车的会计报表进行全面介绍和深入解读；

（6）学生继续小组讨论，通过分析资金规模展现我国集中力量办大事的制度优势，增强制度自信；通过分析负债规模与结构，培养学生的风险意识和责任担当；同时关注所有者权益构成，引导学生关注中小股东的利益，增强学生的社会责任感；

（7）通过提问引出前期所学的会计信息质量要求，如可靠性、及时性等，既复习了知识点，又培养了学生的诚实守信、坚守底线的职业道德；

（8）对本次课程的学习成果进行总结与提升，使学生通过对中国中车资产负债表的解读，既掌握资产负债表的解读方法，又增强制度自信，培养经世济民的精神和诚信为本的职业道德，为后续的学习和工作打下坚实基础。

本案例思政课程教学实践如表 13－3 所示。

表 13－3　　　　思政课程教学实践

教师活动	学生活动	目标达成
教师提问： 什么是会计恒等式？为何恒等？	小组讨论并回答	通过提出问题，引导学生对既往学习内容进行回顾与深思，为资产负债表概念的引入奠定坚实基础
讲解资产负债表的概念定义与结构特征	学生听课并向老师提出疑问	帮助学生理解资产负债表结构框架与功能定位
播放中国中车短视频  教师提问： 1. 我国轨道交通制造业发展规模与社会责任？ 2. 为什么提出交通强国发展战略？	1. 学习小组讨论 2. 小组交流，教师点评  	高铁的蓬勃发展彰显了我国集中力量办大事的制度优势，有效增强了学生的制度自信与民族自豪感

续表

教师活动	学生活动	目标达成
引导学生对中国中车 2023 年度的资产负债表进行解读： 1. 资产的规模与来源 2. 资产的结构与特征 3. 负债和所有者权益的分布状况 	学生小组讨论 小组交流与教师点评 	着力培养学生的资产负债表解读能力，提升其对专业理论知识的探究能力与思考能力；同时，深入理解高铁制造企业所承担的社会责任，切实增强学生的社会责任感
教师进行总结并提出问题，进一步引申至保证会计信息质量的重要性要求，旨在引导学生树立诚实守信、严守职业底线的职业精神	学生谈对诚实守信，坚守底线的职业道德的感悟	培养学生经世济民的情怀和诚信为本的职业道德
教师分专业布置课后作业，对中国中车解读形成研究报告，推荐阅读清单	学生提问，教师答疑 	培养学生自主学习能力和探究能力

（四）中国中车课程思政总结与提升（见图 13－5）

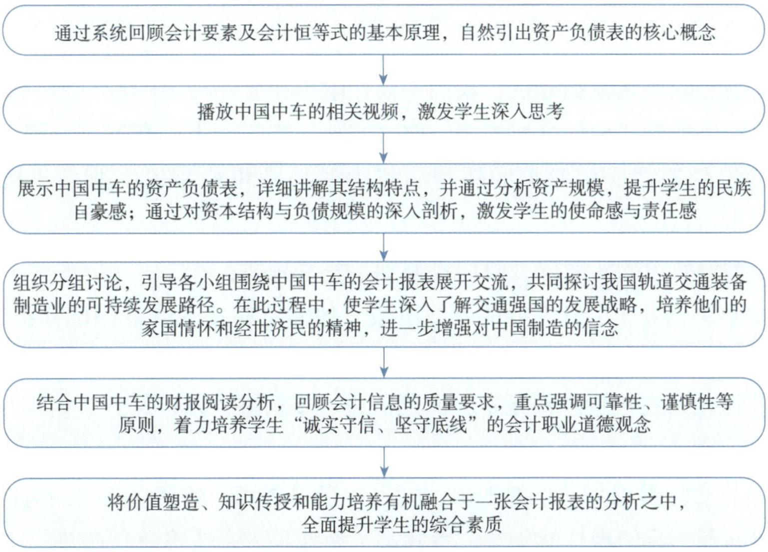

图 13－5　课程思政总结与提升

七、考核与评价方式

本课程采用线上线下深度融合的混合式教学模式，通过多元化的过程考核评价，全面衡量学生的学习成效。评价体系的核心要素包括线上学习视频观看时长、线上检测题的精准解答率、线上师生互动的活跃度、线下书面作业的提交质量，以及期末线上机考的卷面成绩。基于这些要素，我们可以从以下三个维度来综合评估学生的学习效果：

（1）课前预习的深度：通过线上学习视频的观看时长来直观反映。这一环节不仅检验了学生对新知识的初步探索，更是他们自主学习能力的体现。

（2）课堂参与的广度与深度：涵盖出勤情况、点名回答的即时反应、讨论中的积极贡献等多个方面。在案例分析与讨论中，我们细致观察学生对知识的掌握程度与价值取向，及时给予精准的点评与积极的引导，激发他们的思维火花。

（3）课后巩固的成效：通过线上检测题的完成度与正确率，以及课后习题的提交情况来综合评判。这一环节不仅检验了学生对课堂知识的消化吸收，更体现了他们持续学习的毅力与决心。

为了确保评价的公正性与全面性，我们精心设置了课前、课中、课后以及线上线下评价的分值占比。具体而言，课前线上预习环节占据30%的比重，课堂线下讨论参与环节同样占据30%的比重，而课后线上线下的作业完成情况则占据了40%的份额。这样的分值分配，既体现了对每个学习环节的重视，又确保了评价的全面性与科学性。

八、实施成效

借助中国中车的经典案例分析，我们不仅让学生在会计报表的理论知识上打下了坚实基础，更在实践中提升了他们分析报表、解决实际问题的能力。在这一过程中，我们巧妙地融入了价值观的塑造，使知识的传授与能力的提升相辅相成，学习效果显著，令人欣喜。

然而，在案例教学的实践中，我们也遇到了一些挑战：

（1）许多学生仍处于会计专业的入门阶段，他们正在接受会计基础知识的启蒙教育。因此，在引入课程思政案例时，我们难以直接切入主题，需要更加巧妙地引导。

（2）专业课教师在把握思政元素方面还需进一步精进，以确保教学内容与思政目标的完美融合。

（3）企业的实际需求与学生的知识、能力与素质之间，尚存在一定的对接鸿沟。

针对这些问题，我们拟从学生端、教师端、企业端三个维度进行改进：

学生端，充分尊重学生的认知规律和心理发展，结合课程的培养阶段，循序渐进地植入思政案例。同时，我们将深入挖掘学生的潜力，利用丰富的线上课程资源，鼓励他们进行自主学习，从而拓宽他们掌握会计学理论知识的广度与深度。

教师端，构建课程思政的“四个统一”体系，包括统一政治思想认识、思政教学目标、思政元素切入方式和思政考核要点。此外，我们还将增加教师的线上专业学习与政治学习时间，使他们的学习方式更加灵活，学习效果更加显著。同时，我们鼓励教师积极参与交通行业的科研项目，将科研成果转化为教学实践，让学生及时受益。

企业端，充分利用我校 MBA 校友与培训项目的宝贵资源，积极搭建学生与企业之间的桥梁。通过“走出去、请进来”的方式，引导学生深入了解中国中车的企业战略和需求，积极探索轨道交通制造行业的可持续生产和经营发展模式。这将进一步提升学生的社会责任感和使命感，让他们更加坚定地相信中国制造的力量。

案例 14：集成产品开发模式，优化企业研发管理

——“运营管理”课程思政教学案例

贾晓菁
（中央财经大学商学院教授）

一、基本信息

课程名称：运营管理
授课对象：工商管理专业硕士
知 识 点：IPD 集成产品开发模式（选用教材——《运营管理》贾晓菁、李桂君、高咏玲、所在章节——产品设计与开发）
主讲教师：贾晓菁

二、教学目标

（一）知识目标

掌握产品设计与开发管理的核心概念，特别是 IPD 开发模型的具体流程，使学生能够理解这些概念如何在产业中实现。

（二）能力目标

培养学生运用定量和定性工具分析业务流程的能力，加强学生在面对运营管理不确定性和复杂性时的决策能力。

（三）育人目标

培养运营的系统观念；通过我国芯片企业自主研发的案例，培养学生的家国情怀和创新精神。

三、教学重点与难点

（一）教学重点：掌握集成产品开发模式 IPD 的核心思想

IPD 是一种根据行业和客户需求发展起来的集成化产品开发流程管理系统，针对市场需求进行产品的研发、设计、创新活动，IPD 要求这一系列活动一定是建立在对市场、客户的需求和对市场竞争力的深入分析之上的，这是产品研发管理的第一步，也是产品研发管理中最重要的一步。

（二）教学难点：深刻理解 IPD 的产品开发管理模式框架

IPD 框架由市场管理、业务流程管理和产品研发管理三大模块组成，这三个模块可以分解为八个子模块：业主需求、投资组合、测量指标、跨部门团队、结构化流程、项目管道管理、异步设计、共用基础模块，如图 14－1 所示。

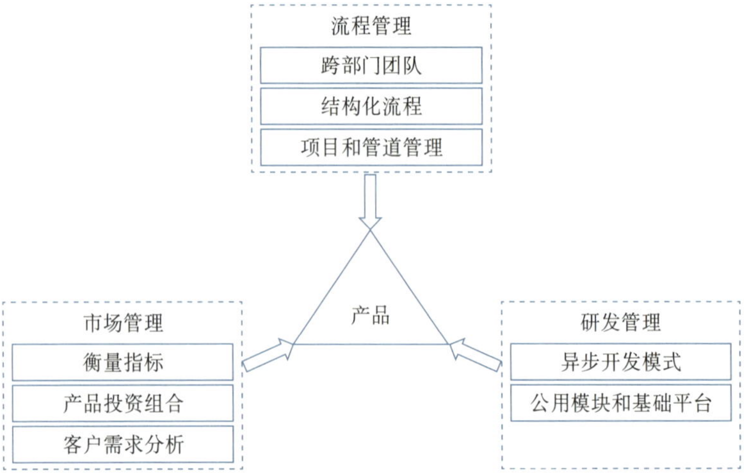

图 14－1　集成产品开发模式框架

四、课程思政案例介绍

（一）引言

半导体产业作为我国现代电子工业的核心以及未来科技发展的关键所在，对于我国的经济发展和科技创新，提升我国在全球电子产业链中的地位至关重要。近年来，面对我国半导体设备国产率低的现实，国家在推进半导体集成电路设备国产化给予政策支持。处于半导体设备市场中的 D 公司管理者抓住前期政策红利带来的市场机遇，依靠公司核心团队优势，使公司发展取得初步成功。随着国内市场需求的激增以及设备国产化替代趋势的明确，越来越多高新科技公司选择进入同一赛道。国内半导体的行业红利吸引了大批海内外科研人员进入头部大厂从事新产品的研发工作。市场竞争日趋激烈，D 公司作为一家中小型高新技术公司因资源较少，前期产品规划不完善使得公司发展陷入被动局面。如何在现有条件下提高产品研发的管理能力、提高产品竞争力？这让 D 公司管理者陷入沉思。

（二）大有可为的半导体设备市场

为了推进半导体设备国产化进程，国家给予相关政策支持使得该行业迅速发展。作为半导体产业中的重要一环，半导体设备行业不断发展。Semi 数据显示，2021 年世界半导体装备总交易市场超过 1030 亿美元，2020 年国内新型半导体设备市场数量达 187 亿美元。国家政策红利以及市场需求激增引得越来越多企业进入市场，在半导体设备市场中，除了少数高新技术国有和大型企业外，也涌现出一大批中小型高新技术研发企业，D 公司也抓住市场红利进入赛道。随着市场竞争的加剧，相比头部企业，中小型民营高新技术研发企业相对资源较少，也缺乏合理的产品战略规划，不少中小型企业套用传统的管理学方法来指导企业研发管理，使得中小型企业在市场竞争中处于劣势。

D 有限公司于 2014 年 2 月正式成立，主打产品为半导体光刻过程中的测量设备，该公司致力于集成电路良率管理全流程控制软硬件研发生产，主要产品包括计算光刻辅助控制系统（OPC）、电子束曝光检测系统（EBI）、关键尺寸扫描电子显微镜（CD SEM）、套准精度扫描显微镜（DR SEM）、光刻仿真软件（PanSim）和良率管理软件（YieldBook），其中 EBI、CD SEM 和 DR SEM 为硬件设备，OPC、PanSim 和 YieldBook 为软件服务，随着公司进一步发展，传统管理模式难以适应公司发展需要，部门之间协调困难、互相推诿、机构臃肿等问题凸显。

（三）初创成长与公司变革

1. 市场红利，初创企业

2014～2019 年我国在世界半导线消费中的份量不断上升，2019 年半导线销量超过 441 亿美元，占世界市场比重的 35%。5G、汽车电子等下游应用也在中国迅速普及，为我国半导线产业的发展带来了强大的支持。半导体产业的发展带动半导体检测设备的需求，随着“卡脖子”中美贸易摩擦的加剧，国内晶圆缺陷检测部件和替换部件的进口变得越来越困难。面对国外的技术打压和设备进口难的问题，如何尽快实现半导体量测试设备国产化成为了半导体行业焦点。为了尽快推进半导体检测设备国产化，我国给予该产业政策支持。

国内半导体市场的高速增长，产品种类繁多，多元化的细分市场，同时膜厚量测技术的门槛较低，集中度也更加分散，为基础薄弱起步较晚的国内厂商提供了一个进军检测设备领域的机遇，D 公司管理者也抓住了市场先机，进入半导体设备市场。

2. 自主创新，研发专利

D 公司管理者深知自主研发产品，打破海外垄断的必要性。自公司成立之初，高层不断吸纳数学、光学、化学、深度学习领域专家，目前公司内部员工 400 余人，研发人员占比 74%（其中 8% 拥有博士学位，53% 拥有硕士学位，全研究技术人员占比接近 70%），主要岗位都配有数名来自国外头部企业并获得行业认可的专家。公司较强的研发能力和跨领域资源整合能力，不仅让公司自主创新能力得到提高，也增强了 D 公司产品的可靠性和可用性。

自 2014 年以来，D 公司已经完成了 3 个国家科技 02 重大专项和 1 个工信部产业强基项目，在我国《极大规模集成电路制造装备及成套工艺》（简称：02 重大专项）项目中完成了电子束硅片图像缺陷检测设备装置的研发和产业化推广。在不断推进自主创新的同时，高层更将知识产权 IP 视为公司最重要的无形资产，积极加强 IP 管理，以提升公司的生产效率，促进公司的可持续健康发展。截至目前，D 公司围绕自由光瞳照明技术、电子束硅片图形检测技术、芯片良率管理控制软件领域获得多项专利技术和软著专利。D 公司还获得了“全国高新科技企业认定”，完成了多个国家级专项任务，配合国内集成电路产业某瓶颈工艺研究既帮助客户获得了突破，也增强了D公司的产品竞争力。

D公司硬件产品专为小线宽的极大规模半导体芯片制程设计，可以实现高精度、高速度的电子束图像检测装置和综合优化控制系统，以满足小尺寸关键制程生产程序的需求。产品在国内主要目标客户为集成电路制造厂商，例如北京、长三角、珠三角的逻辑和存储芯片生产工厂。机台通过客户端验证后成功进入通线量产，立即可以获取重复订单。目前，北方集成、燕东微电子、ICRD、福建晋华、赛莱克斯、青岛芯恩、青岛物元等国内主要集成电路制造厂商都已经成功验证通过了D公司的硬件产品并取得了重复订单。在晶圆制造类EDA软件方面，主要产品集中在OPC（光学邻近修复）及良率提升工具，D公司的软硬件产品是在中国大陆境内的首版套、首台套，技术水平居于领先；在满足客户特殊定制需求的同时，还可以提供更高品质的售后服务。

为更好满足客户需求，D公司积极进行产品创新。首先，公司推出了一款微电子产品设计与制造智能良率优化平台HPO，使得工艺优化不再受到工程师经验的限制，大大缩短产品开发周期，提高效率，为客户带来更强的核心竞争力。其次，D公司提出了DNA图像处理方法，开发了基于深度机器学习和支持向量机相结合的新型分类算法。D公司产品成功投产打破了外国企业的垄断控制，为芯片生产厂商的国产化进程带来支撑，成为我国集成电路产业芯片生产过程设备国产化的主力队员。

D公司管理者依托研发团队核心成员在ASML、KLA、AMAT美国硅谷、日本和欧洲等世界一流半导体科技公司的产品研发和市场化经验，在国家大力支持半导体集成电路设备国产化替代的宏观背景下，依靠公司核心管理团队掌握的核心技术以及政策红利，把握住了当下国内半导体设备市场的发展机遇并取得初步成功，D公司高层看着公司取得的成就，脸上露出笑容。

3. 竞争加剧，内忧外患

随着国内半导体市场的高速增长以及设备国产化替代趋势的明确，更多企业进入赛道。目前D公司、中科飞测、上海睿励、上海精测、埃芯半导体、优睿谱等国内量测设备厂家已经进入量产，为国产化发展提供了强有力的支撑，市场竞争进一步加剧。此外，众多海内外专家进入大厂公司从事产品研发工作，D公司技术优势下降。由于公司资源有限，D公司在初创公司之际并没有进行合理的产品战略研发规划，虽然在技术方面取得一定突破，但产品在开放的市场中处于非主流地位。这让公司管理者也一直困惑究竟如何提高公司产品竞争力。

高层聘请专家审视公司产品竞争力的问题，专家通过分析D公司产品在2022年的营业额和利润率财务指标，发现2022年公司部分主营产品毛利率均在20%以下，市场占有率也低于8%。非主营产品的营收贡献率甚至出现为负贡献，详细指标如图14-2所示。此外，由于国外设备交货周期延长，高端设备需要办理销售许可证等原因，D公司产品目前的市场地位主要来自于国家填补空白的需求和业主供应渠道多元化的推动。专家表示D公司的业务稳健运行必须依靠自身的研发投入和市场的差异化竞争来实现。可是，D公司自成立起就对研发部门十分重视，管理者陷入疑惑，公司每年投入那么多资金用于产品研发，还能从哪方面改善公司研发呢？

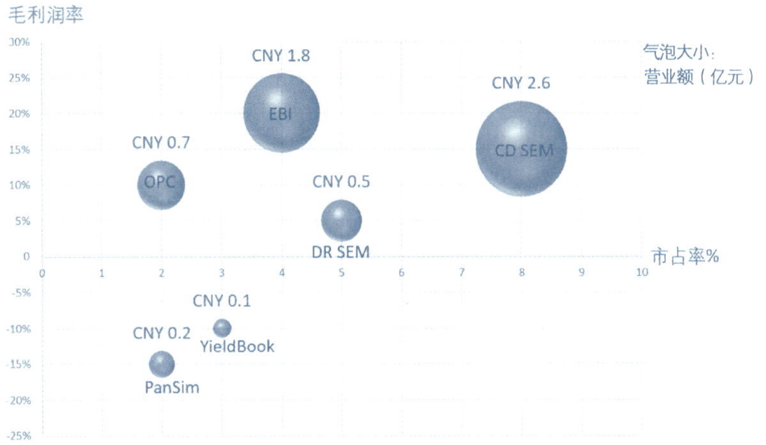

图 14－2　D 公司 2022 财年主要财务数据气泡图

国内竞争者进入市场挤占市场份额，加剧半导体设备市场竞争激烈程度。D 公司新产品研发却频频受阻，专家对公司产品研发部门展开调查，发现研发部门存在员工工作满意度下降、部门协调困难、机构臃肿等问题。不少员工表示目前的管理模式难以适应公司发展需求，这严重影响到 D 公司新产品研发效率。

公司目前使用传统的产品研发管理模式，该模式造成项目具有高风险和不确定性。此外，研发部门与部门外部并无任何协同交流，在流程管理过程中只关注目前技术目标的实现，产品和市场需求不相匹配，D 公司产品研发具体管理模式如图 14－3 所示。

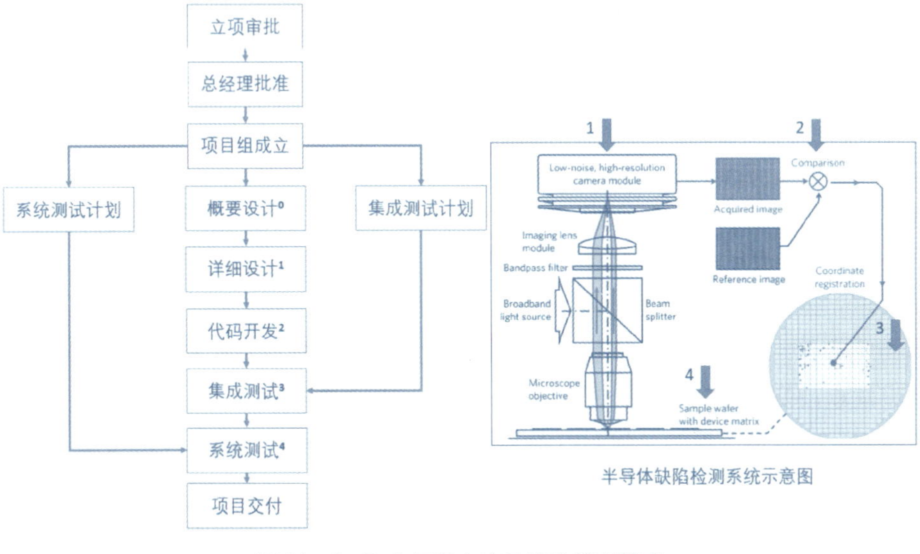

图 14－3　D 公司原有产品研发管理模式

面对公司员工对公司的研发模式的不满，管理人员对公司员工进行问卷调查。问卷结果显示了雇员对公司出现问题的看法，专家对此进行汇总：一方面，雇员对公司业务战略，组织架构的认可程度不佳。主要集中在员工普遍认为企业在发展方向、产品设计、业务战略方面缺乏长期规划。D 公司采用矩阵式管理构架，经常出现一线经理直接过问和干涉前沿业务，导致业务人员无法开展策略，只能流水线式实施计划。员工纷纷表示自己肩负重大的责任，往往需要额外的付出和认可，但是由于项目责任人不清晰，无人主动承担关键节点，经常出现工作成果也是团队平均分配，收入“平均主义”的现象对自己的工作积极性造成很大影响。访谈中还发现，员工之间的熟识和信任程度不够，很多员工无法准确地找到对应部门的负责人和接洽人，跨部门沟通被“部门墙”阻碍，从而导致新品的开发往往以仿制为主，由于不清楚原始机理，测试设备和质量管控也流于形式，经常出现把不良品发到客户端才发现测试方法不对的低级失误。

另一方面，D 公司目前的产品开发系统尚未采用任何成熟的理论模型，处于模仿和初创阶段。研发管理人员能力不均，且论资排辈现象严重，引发能者流动性高等技术断层问题、各部门的职能缺乏统一且清晰的衔接界面，导致部分功能重叠，问责时主要负责人互相推诿责任的现象时有发生、部门之间的“部门墙”严重、项目经理没有被充分授权导致项目节点无法保证，进而在进度和费用上均无法保证计划的严肃性，后续项目的立项和审批也受到了同样的质疑。

经过后续访谈，专家发现 D 公司研发管理中的新问题。例如：公司技术开发和工程开发团队并未分开，导致长期投入时间与精力的技术研发工作者不被公司重视，形成技术断层，进而导致工程团队缺乏核心技术支持，后期迫于市场和投资者的压力，盲目仿制现有成熟设备体系。随着员工对技术储备的热情降低，出现研发者因得不到重视与持续投入，选择离职的现象。此外，研发项目的审批受到填补国产设备的热情和投资方向等影响较重，没有从市场出发考虑投资回报和回收周期，导致项目实现了零的突破后很难继续提高潜力，无法回收投入的研发成本。专家分析这些问题屡屡发生导致目前 D 公司连续两年没有新产品上市。听取专家意见后，面对来自投资者和员工的双重压力，公司内忧外患的现实，高层决定需要改变公司的研发管理系统。

4. 反客为主，聚焦问题

经过专家们前期调查以及会谈分析，认为 D 公司需要解决产品管理模式与员工满意度问题。首先，专家认为，在产品研发管理方面。第一，建立正式的产品开发流程，提高产品开发效率。第二，在产品规划时，企业需要严格论证和评判，甚至在众多候选方案中筛选产品研发项目，确保研发项目贴近市场需求避免外界干扰。专家表示 D 公司研发项目立项时的出发点错位和现有市场分析不足造成了产品竞争力不足，需要在短期目标和长期规划中寻求平衡，且不应该过分强调前者而导致缺乏长久的研发规划。第三，D 公司需要采用合理的研发管理系统并建立复用机制，这可以大大提高 D 公司产品研发效率。此外，专家认为 D 公司目前采用的开发模式缺乏专门的研发协调人员，无法实现平台互通，只能依靠项目负责人个人的经验来试错和摸索进而导致研发产品中缺乏系统性和全面性。

其次，专家小组表示要解决员工工作满意度下降的问题，公司需要在职责分工与团队认同、员工激励方面做出改变。第一，目前公司研发成员职能重叠，很多员工表示各组任务存在明显的模糊区，有员工表示自己需要浪费很多时间在组间沟通与任务确认方面，更有员工向专家反映，在设备测试环节从各组抽调人员，出现成员无法长期关注同一个项目的现象，甚至部分成员自己测试自己的研发成果，导致测试结果缺乏客观性。第二，团队认同方面，研发团队认为不属于公司整体使命的团队将无法为组织的其他成员提供任何帮助，强化团队自豪感，对别组研发线路不认可，并且希望目前的研发进度受阻而验证自己的判断。这种“部门墙”的存在导致部门内的人员看不起别人，缺乏良好的沟通。部门中甚至出现论资排辈现象，资历或者声望高的人员更容易获得资源，而新生力量受到了压制，长久下去会导致研发人才流失。还有专家提出，研发人员各小组之间以及部门分工方面也存在竞争。例如，当发现别的小组在做类似项目后，研发小组会产生不信任感从而产生加剧内部竞争，出现成员立项时夸大海口争取资源，承担责任相互推诿造成研发资源的浪费。研发部和生产交付中心也会出现沟通不足，会导致订单产品和研制的新品争抢测试平台的现象，这些现象造成研发小组内部凝聚力不足。第三，激励员工方面，目前公司考核以领导评估为导向，导致研发人员没有使命感和认同感，降低了员工的积极性和成就感。缺乏合理的员工激励体制，造成员工工作积极性下降。

D 公司通过走访员工和分析调查结果挖掘了研发团队存在的管理问题，该问题是缺乏有效的管理体系导致的，客观上形成了 D 公司技术管理与市场开发的天花板。高层管理人员在听取专家意见后，发现公司内部存在的问题，决定采取新的方式进行管理。

5. 优化流程，步入正轨

针对 D 公司优化研发管理模型的需求，管理组及专家决定引入 IPD 管理流程来系统地解决困境。在 IPD 模式如何导入方面，管理者又陷入困境，如何在公司中引入这一模式呢？专家小组在结合 D 公司发展现状之后，给出建议。专家小组认为 D 公司需要首先落实外部资源，并开始培训第一批 IPD 核心执行成员学习相关课程。此外，为改善公司内部评审主观现象，公司可以与外部科研院所寻求合作，借助外部科研院所的评审体系来确保评估的客观性。并且专家指出在项目评审过程中，可以采取先宣讲后会签的形式提高项目的公平性。在培训完成后，D 公司管理者在产品研发过程中，可以引入“生产线 + 资源线”的重度矩阵设计架构，这样可以让研发小组根据具体实施项目管理状况灵活调整架构。在项目流程方面，专家指出管理者对流程进行优化。采取从上而下，先从主干业务再确定和分配支撑性工作流程，从外部到内在，以企业实际和需要为工作出发点，确定工作流程的重要活动及内在逻辑关联。最后，在公司内部建立相关绩效管理体系，表现优秀的团队和个人应该确保他们获得相应的绩效认可。

管理者听后大受启发，决定听取专家意见稳步推进这一模式改善公司现状。

在组织架构方面，D 公司新建立了核心技术研发团队（DCT）、公司集成开发平台管理委员会 IPMT 作为重要决策团队，由运营副总、产品总监、财务总监、销售总监等高层领导组成，每周占用 10% 的时间来调研产品研发计划并作出决策，由 D 公司的 CEO 担任 IPMT 的主任，投票表决时拥有比其他人多出一票的权利。除此之外，D 公司从公司其他部门抽调人员组成 PDT 团队，专注于产品开发的团队。在需求管理层面，对于 D 公司目前下一代EB产品的研发项目，D公司参考文献，优化了之前的基于改进供应链的思路，提出了“硬件、软件、EDA联合改良”的新思路。管理者规定对于IPMT决策通过的项目应该按照计划执行，不可以轻易改变，但是需要为一些突发的大环境变化导致的重大需求变化留有变更的空间。

在项目管理方面，借鉴D公司项目的现有流程，管理者及专家策划了10个IPD的管理表格和文件管理流程。D公司对质量控制同样做出改善，将产品开发流程中的质量管理活动（包括策划、控制、保证和改进）纳入IPD体系中，新建立的模型能够更好地保证产品的交付期和品质。在绩效管理方面，D公司将项目经理和人力资源专员将对项目组成员的工作表现做出综合评估，并将政府部门考核与个别考核结合，以此作为项目奖励分配的重要依据。为更好地推进IPD产品研发管理方案，管理者还从制度、文化、资金方面保障计划顺利实施。

（四）尾声

根据IPD集成技术开发的基本理念、标杆企业的成功经验以及D企业的实际情况，D公司通过优化策略，使得企业管理模式得到改善，研发项目被当作企业投资项目，除了研发部门的参与，公司其他部门也都参与到项目调研中。研发项目小组之间的合作也不断加深，团队合作能力不断加强，员工士气也不断高涨。此外，通过管理模式的改进，项目复用情况也有了改善，新产品的研发效率也不断提高，并有专业人员定期对项目进行评审与监督。通过项目流程的改进，D公司的研发效率不仅得到改善，公司内部团结协作能力也不断提升，公司凝聚力也取得进一步加强，管理者看着公司的改变，对公司未来的发展充满信心。

五、教学方法与手段

综合采用案例教学法与企业参访、深度讨论相结合的教学方法。

准备多媒体教学设备，包括多媒体计算机、投影仪、电动投影屏幕等，具有上网功能且安装有视频播放器，以便在课堂上展示公司相关图片和相关媒体报道。

六、教学实施过程

课堂计划分为课前、课中、课后三个阶段。

（一）课前阶段

（1）提前3天发放案例资料和启发思考题，请学生进行案例预读，并自行查阅相关资料，包括半导体行业的基本情况等，从而对案例背景有初步的了解。

（2）请学习委员组织同学们分组。每组选出一名组长，负责组织本组成员在课前对启发思考题进行初步思考和讨论。

（二）课中阶段：时间控制在 80～90 分钟（见表 14－1）

表 14－1　课程内容设计

阶段	课堂内容	教学目标	理论焦点
阶段 I 问题导入 10 分钟	①回顾流程优化改进相关知识点（5 分钟） ②开场白：强调在市场竞争激烈的背景下，产品研发管理对于企业发展的重要性（2 分钟） ③导入案例，用简短语言介绍 D 公司发展的瓶颈（3 分钟）	①提示案例中运用的知识点，为后续的讨论奠定基础 ②帮助学生把握案例中心思想	产品开发管理
阶段 II 案例初步讨论 15 分钟	①请同学们以小组为单位讨论思考问题 1、问题 2 ②鼓励同学们探讨解决 D 公司目前企业发展困境的方法，教师可以参与其中，及时纠正每个小组讨论方向 ③教师对各小组的讨论观点进行点评	鼓励小组成员合作交流探究问题	流程中存在问题
阶段 III 案例深入讨论 45～55 分钟	①请同学们以小组为单位讨论思考问题 3、问题 4、问题 5 ②鼓励同学们探讨解决 D 公司破除企业发展困境的方法，并总结该思路如何让 D 公司走出困境 ③教师对各小组的讨论观点进行点评	鼓励小组探讨集成产品开发模式如何改善企业发展困境	集成产品开发理念
阶段 IV 归纳总结 10 分钟	①对案例进行总结 ②学生深入讨论，老师进行答疑	鼓励从多个层面提出不同意见和见解，培养系统思维	

（三）课后阶段

（1）学生概括总结从本案例中学习到的理论知识和收获的管理启示，作为内部交流的材料和平时成绩的依据之一。

（2）引导学生将本案例中涉及的 IPD 理论知识运用到自己的学习或工作过程中，深入体会方法的适用场景，也可以尝试通过找瓶颈来促进个人或所在企业的发展。

七、考核与评价方式

（1）教师考核评分：教师对课堂上学生的表现予以评分，记录有效的观点、行为和有待改进的方面，并有针对性地提出改进措施和改进建议。

（2）小组学生互评：小组内学生根据任务分工、参与程度、贡献大小相互评分，鼓励学生分工协作并提出有价值的观点。

（3）组间互评：不同小组之间相互评价，鼓励从多个角度，从事物发展不同阶段的编发提出见解，培养系统思维。

八、实施成效

通过本案例的学生，学生普遍对我国高新技术企业的研发模式有了深刻的认知，特别是对于我国芯片领域的技术进步和发展有了更多的了解，理解了标杆企业开展管理创新，提升研发效率，突破“卡脖子”技术的具体做法，从而树立系统观念，建立文化自信。

案例 15：雪球滚动还是雪崩来临？期权投资的双刃剑

——“投资学”课程思政教学案例

姚　潇

（中央财经大学商学院副教授）

一、基本信息

课程名称：投资学
授课对象：工商管理专业硕士
知 识 点：期权的性质和收益，看涨和看跌期权，障碍期权
主讲教师：姚潇

二、教学目标

（一）知识目标

（1）理解期权的基本概念。
（2）掌握期权定价的基本理论。
（3）学习期权定价中的关键参数。
（4）了解期权定价模型的数学推导和计算方法。

（二）能力目标

（1）通过案例分析增强实际操作能力。
（2）通过案例讨论培养批判性思维。
（3）通过案例对比培养全球视野。

（三）育人目标

（1）培养学生的职业道德和责任感。
（2）强化团队合作和沟通能力。
（3）激发学生的创新意识和持续学习的兴趣。

三、教学重点与难点

（一）教学重点

（1）期权的性质和类别。
（2）看涨和看跌期权的价值和收益函数。

（3）期权在投资组合中的应用。

（二）教学难点

（1）如何理解看涨和看跌期权的买卖双方的收益变化。
（2）如何理解期权在风险对冲策略中的应用。
（3）如何理解奇异期权和普通期权的差异。

四、课程思政案例介绍

随着经济周期下行，2024 年中证 500、中证 1000 等小盘股指数大跌，雪球结构产品开始触发下敲的风险。本案例通过对雪球结构产品的案例分析，探讨了雪球产品的产品特点及其潜在风险。首先，介绍了雪球产品的基本概念、发展背景、存在的意义、市场规模、参与模式以及结构和收益机制。雪球产品是一种高风险、高收益的金融衍生品，主要挂钩于中证 500 和中证 1000 指数，其核心要素包括敲入、敲出价格和观察日设置。其次，分析了雪球产品爆雷的原因，包括市场波动、机构和个人投资者的参与情况、产品复杂性和流动性风险等，其中最主要的是股市下跌。本案例进一步从国内因素、国际因素以及投资者心理三方面解释了股票市场下跌的原因。尽管雪球产品在市场横盘或温和上涨时具有较高的收益，但在单边下跌时会触发下敲风险，导致投资者亏损。最后，本案例探讨了雪球产品爆雷带来的启示及政策建议，以期加强对雪球产品的监管，防范系统性风险。本案例旨在为投资者和监管机构提供对雪球产品的全面理解，帮助他们在未来的投资和政策制定中作出更明智的决策。

（一）引言

2024 年一季报中，万业企业归母净利润约 473.83 万元，同比大降 94%。公司称主要因购买的雪球产品和持有的股票公允价值受资本市场大幅波动产生了浮亏和下跌所致。同年 7 月 2 日最新披露的业绩预告显示，万业企业 2024 年上半年将由盈转亏。公司所持有的雪球类产品 2024 年 1～6 月累计浮亏金额为 -5559.30 万元，其中，2024 年第二季度浮亏金额为 -3263.78 万元。经公司财务部门初步测算，预计 2024 年半年度实现归属于母公司所有者的净利润约为 -4900 万元左右。万业企业给出的原因之一仍然是受金融市场波动影响，持有的雪球及股票等金融资产公允价值下降。Wind 数据显示，万业企业在 2005 年后半年报从未出现归母净亏损。这意味着，此次万业企业若盈转亏落地，将是近 20 年来首次。

然而就在一年之前的 2023 年三季报中，公司前三季度归母净利润大涨 211%，主要系年初至本报告期末房产板块收入同比增加、雪球产品敲出及富乐德公允价值上升所致。上海万业企业股份有限公司于 2023 年 4 月 27 日召开的第十一届董事会第五次会议及 2023 年 6 月 28 日召开的 2022 年年度股东大会审议通过了《关于确定公司 2023 年度金融衍生品交易业务额度的议案》，同意公司在保证正常经营不受影响的前提下使用自有资金在任意时点余额不超过人民币 5.5 亿元的额度范围内开展雪球类金融衍生品交易业务，挂钩标的资产包括证券、指数，也可包括上述基础资产的组合。公司购入的雪球类金融衍生品标的挂钩中证 500 指数，盈亏情形取决于挂钩标的中证 500 指数的市场表现。

万业企业并不是第一次购买雪球类产品了。根据最新披露，自 2020 年起开展雪球类金融衍生品交易业务以来，万业企业实现的该类投资收益累计达 1.66 亿元。2021 年 7 月，公司前后两次披露金融衍生品业务。其中，于 2020 年 8 月 11 日、2020 年 9 月 16 日、2021 年 1 月 20 日累计投资的 3 亿元金融衍生品敲出，获得实际收益约 4211 万元，达公司最近一期经审计净利润的 10% 以上；于 2021 年 1 月 21 日、2021 年 1 月 26 日投资的金融衍生品敲出，累计投资收益约 4206 万元，再次达公司最近一期经审计净利润的 10% 以上。然而受到经济周期下行、流动性收紧、经济增长放缓以及房地产危机等因素影响，股票市场出现非理性下跌的走势，雪球结构产品开始触发了下敲的风险，并给投资雪球产品的企业带来巨大损失，买“雪球”赚钱的情形在 2024 年开始发生变化。

那么雪球产品到底是什么？为什么大量投资者选择这类产品？适合什么样的投资者？其产品结构和盈利模式如何？风险几何？什么原因会造成投资者的损失？未来又如何加强防范？

（二）雪球产品介绍

1. 什么是雪球产品

所谓雪球，即资本市场只要不发生持续的单边大跌，持有期限越长获利将可能越高。就像滚雪球一样，只要路面不出现大的坑洼，雪球会越滚越大，获得让投资者满意的回报。因此，雪球一度被抬上神坛。从理论上看，雪球产品本质上是一种类似附带障碍条款的奇异期权，设置有敲入、敲出价格，产品标的资产一般挂钩中证 500 和中证 1000 指数。产品本身属于一种高风险投资品，一般需要满足一定门槛才能参与，为了补偿高风险的承担，发行人和投资者之间会约定高额票息。本质上讲，投资者买入雪球产品相当于卖出一份带有自动赎回机制的双边障碍看跌期权，并获取期权费，同时需要承担可能与标的跌幅同比例亏损的风险。投资者之所以会卖出看跌期权，一般是其认为未来一段时间的市场行情不会出现单边下跌，但对于是否单边上涨也没有十足的把握（否则会买入看涨期权），所以在横盘行情中，通过让渡期权权力获取一定的期权费作为固定收益。但一旦市场出现单边下跌，这种期权策略就会发生损失，损失的金额就是对手方看跌期权买入者的相应收益。因为权益类资产的下跌地板就是价值归零，所以理论上卖出看跌期权的最大亏损就是期权费与执行价的差。

整体来看，雪球产品其实是将投资者的收益和损失都控制在了一定的范围内，相当于投资者在持有某标的资产不看跌观点的同时，也被提供了一定程度的下跌保护。只要合约期内不发生敲入，投资者就可以在保本的同时获取一定的票息收入，而只有在发生敲入且期末价格低于期初价格时，投资者的本金才会受到损失。由于在市场横盘或温和上涨时，这种产品大概率既不会触发敲入和敲出，所以在这种情境下，相当于投资者的收益随着时间的延长越来越高，具有一定的滚雪球效应，所以产品结构才会被称为雪球。

2. 雪球产品发展背景

雪球产品是一种结构化金融产品，最早在海外市场诞生，在海外发展已久，法国巴黎银行于2003年发行美国有记录的第一个雪球结构产品，随后雪球产品数量呈指数增长，逐渐成为高净值人士的主流理财产品之一，如今海外市场已经有相当多的雪球类产品存续。雪球产品一般是由投资银行创设后，通过财富管理机构（基金、信托、私人银行等）销售给个人客户和机构客户。2007年之后，无风险利率下行，雪球高票息的特征使其在低利率国家的发行量指数级增长。例如，在韩国KR雪球结构的发行量在过去15年里增长了20倍以上。2018年的调查显示，在美洲和亚太地区，超过1/3的理财从业人员认为雪球是市场上最流行的结构化产品。2021年雪球在海外的存续产品数量约45000种，存续名义本金达3600亿美元。

在我国，雪球产品的发展自2016年有券商首次推出以来，逐渐受到合格投资者的关注。雪球产品引入我国的时间较晚，2017年国内的结构化产品尚处在仅有“婚礼蛋糕”“双向鲨鱼鳍”等简单产品阶段，大约在2017年年末至2018年年初，才由中金创设了第一个雪球产品。随后在2018年的熊市中，国内首批雪球产品遭遇击穿，客户大量亏损，导致后续几年发展缓慢。2020年全市场雪球产品不过百亿元量级，创设方主要集中在中金、中信等少数几家大型券商。2021年以来，由于市场行情变化，客户对股市总体收益悲观，雪球产品恰逢其时，发行量猛增。参与创设的券商也逐渐增多，部分中小券商也趁机介入，为后续市场风险爆发埋下隐患。

2021年起，雪球类产品突然爆红，受到了众多资管机构和投资人的追捧，监管的脚步也在持续跟进。2021年9月，中国证券投资基金业协会向券商资管部门窗口进行口头通知，要求单只产品投资“雪球”的比例不超过产品净值的25%，除非投资者全部是专业投资者且单个投资者投资金额超过1000万元，对不符合要求的“雪球”产品不予备案，不影响存续产品运作。2022年1月5日，部分涉及衍生品业务的信托公司（主要是雪球类）收到监管窗口指导，暂停涉及雪球类券商收益凭证产品的发行。

尽管监管部门指导加强，但是随着经济周期下行，2024年中证500、中证1000等小盘股指数大跌，雪球结构产品开始触发下敲的风险。雪球产品爆仓引发了市场的广泛讨论，并进一步激发了投资者对于未来一段时间雪球产品集中敲入可能会加剧市场下行趋势的担忧。

3. 雪球产品存在的意义

雪球产品的发行方一般是以券商等为代表的大型投资机构，这些机构手中往往持有大量的股票、股指、ETF等资产多头，这也就意味着机构需要承担未来对应资产下跌的风险。为了降低这种下跌风险，机构通常会采用一些对冲措施，而衍生品就是其中的重要手段之一。但是由于我国衍生品市场有待成熟，机构对冲手段相对有限，因此类似雪球结构、二元期权结构等基于衍生品的结构化投资产品便应运而生了。所以，从机构的角度来看，雪球产品的存在主要是为了对冲标的资产未来的下行风险，相当于机构通过发行雪球产品从投资人手中融一笔钱，当标的资产下跌时，便用这笔钱高抛低吸以对冲市场波动；从投资人的角度看，相当于投资人借钱给机构并卖出一个或有的看跌期权，当约定条件不触发时，投资人就获取持有期内的借款利息收入，当约定条件触发后，借款就会自动转化为卖出看跌期权，投资人承担相应的损失。换言之，就是机构和投资人通过雪球产品达成了一份基于标的资产波动的对赌协议。

4. 雪球产品规模与现状

根据国金证券的统计数据，预计目前存续期内的雪球产品规模在 3274. 6 亿元，其中，挂钩中证 500 指数的为 2183 亿元，挂钩中证 1000 指数的为 1091 亿元。这些产品的后续到期压力主要集中在 2 月 ~3 月上旬和 8 月。从整体规模上看，相比中证 500 指数与中证 1000 指数平均近 6 万亿元的月度成交额来看，雪球产品造成的股指期货短期抛压占比微乎其微。而根据中证机构间报价系统股份有限公司所提供的数据，近期证券公司发生敲入的“雪球”产品规模占比约为 7%，且敲入点位及产品到期日比较分散，所以整体来看，多方观点仍然是雪球产品的整体风险可控。但是，尽管从整体规模量对比上看雪球产品的风险可控，可是如果考虑到短期的密集敲入冲击，仍不排除雪球产品近期可能会引发市场大幅波动的风险。

根据国金证券对各敲入点位对应雪球产品规模的统计看，截至 2024 年 1 月 22 日，中证 500 和中证 1000 雪球产品新增敲入规模预计分别为 513. 2 亿元和 288. 8 亿元，占存续未敲入雪球规模的 25. 9% 和 33. 2%，意味着第一轮集中敲入的影响基本已经充分释放，其中，中证 1000 产品敲入风险释放更为充分。挂钩中证 1000 雪球产品各敲入点位对应规模分布如图 15 –1 所示。后续来看，挂钩中证 1000 指数产品的下一个集中敲入点位在 4600 ~ 4900 点，涉及规模约为 386 亿元。截至 1 月 24 日收盘，中证 1000 指数为 5143 点，意味着目前市面上仍有近 400 亿元规模的雪球产品距敲入线有 4. 7% ~ 10. 6% 的空间。

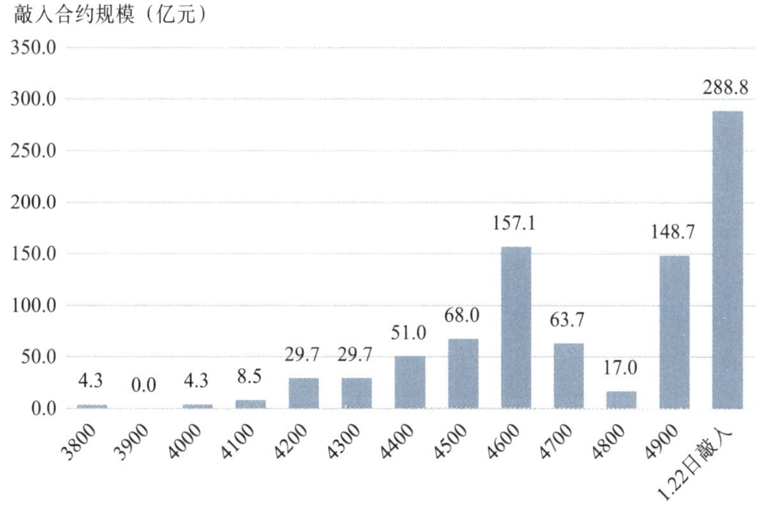

图 15 –1　挂钩中证 1000 雪球产品各敲入点位对应规模分布

挂钩中证500指数的雪球产品，其下一个集中敲入点位在4500～4700点，涉及规模约为644亿元；另一个集中敲入点位为4100～4400点，涉及规模约为667亿元。截至2024年1月24日收盘，中证500指数为4933点，意味着目前市面上仍有600余亿元规模的雪球产品距敲入线有4.7%～10.6%的空间、4.7%～8.8%的空间。挂钩中证500雪球产品各敲入点位对应规模分布如图15－2所示。

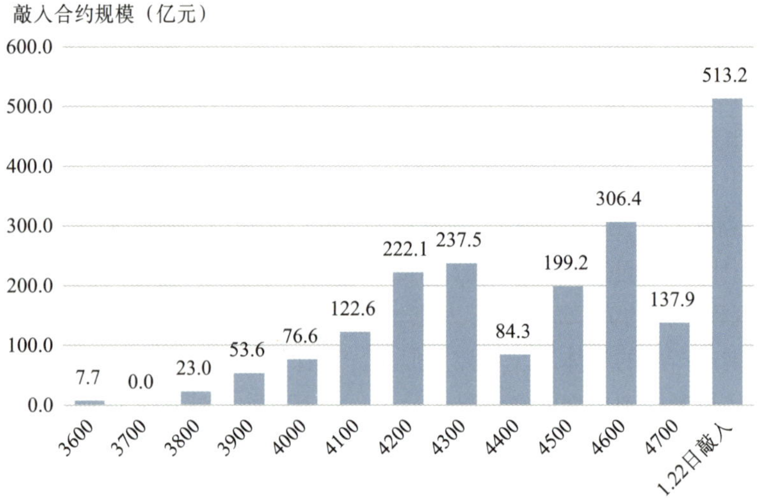

图15－2　挂钩中证500雪球产品各敲入点位对应规模分布

5. 雪球产品参与模式

投资者认购符合条件的私募证券投资基金发行的私募产品（552标准），该私募基金可以由经纪业务管理总部代销发行，私募证券投资基金成立后与证券公司投管部进行雪球结构的场外期权交易。雪球期权合约发生敲出时间或者正常到期后，由证券公司投管部负责期权交易的收益结算，由私募基金管理人统筹产品的兑付。适合看好后市的有一定风险承受能力投资者。可以在震荡行情中博取约定投资收益的机会。

6. 雪球产品结构和收益机制

（1）雪球产品核心要素。

雪球产品核心要素包括未挂钩标的、锁定期限、敲出、敲入、观察日以及收益情况。其基本样式如图15－3所示。雪球产品可以应对一定幅度的市场下跌，只要挂钩的标的资产价格不发生大跌，持有期限越长，绝对收益就越高。

关联标的：期权产品以中证1000指数为标的。

产品期限：券商需要使用资金24个月（期间不涉及敲出价格的话），该投资协议在这24个月之内都有效。

“敲出”：中证1000指数一旦上涨触及某个价格（本协议中为当前中证100价格的100%），该雪球产品协议将提前到期，投资者获得约定的8%年化利息。

“敲入”：中证1000指数一旦下跌到触及某个价格（本协议中为当前中证1000价格的75%），投资者需要承担亏损。

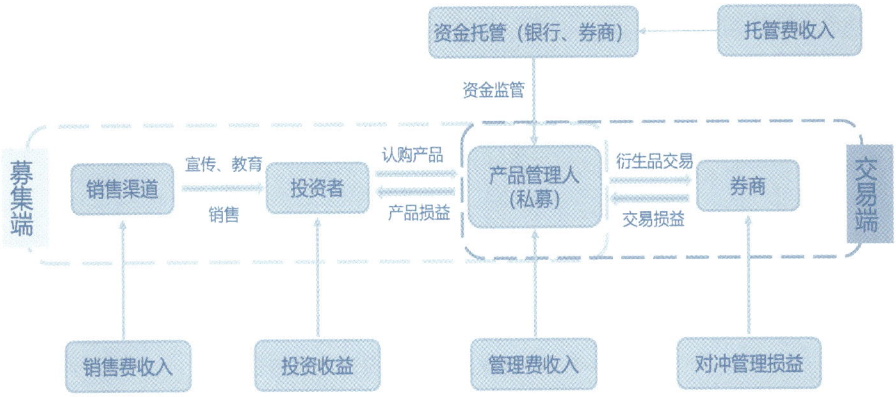

图 15－3　雪球产品的参与模式

这又分为两种情况：（1）在约定期限到期时（本协议中为 24 个月之后），如果中证 1000 的价格高于当前价格的 75%，那么券商会向投资者支付全部本金，但没有利息，不亏不赚；（2）如果中证 1000 的价格仍然低于当前价格的 75%，投资者将承担所有亏损。

票息（年化）：如果中证 1000 指数，一直在当前价格的 75%～100% 变动，那么，在这 24 个月期间，投资者将获得 8% 的年化利息收入。

雪球产品结构示例如图 15－4 所示。

普通雪球（非保本）示例		
挂钩标的	中证1000	
产品期限	24个月	
敲出/红利票息	8%（年化）	
锁定期	3个月（前3个月不观察敲出）	
敲出价格	期初价格*100%，月度观察	
敲入价格	期初价格*75%，日度观察	
产品投资人收益	情形1：直接敲出	8%（年化）
	情形2：未发生敲入，未发生敲出	8%（年化）
	情形3：先发生敲入，再发生敲出	8%（年化）
	情形4：发生敲入，且未在任一敲出观察日敲出，到期日期末价格在期初价格之下	标的跌幅

图 15－4　雪球产品结构示例

（2）普通雪球产品观察日设置。

敲出观察日设置原则：通常为产品起始日的对日，自锁定期结束后开始，遇到节假日顺延一个交易日。实际观察日以最终协议约定为准。示例：普通雪球产品最终成立日（起始日）为 2023 年 5 月 26 日，锁定期三个月。产品存续期内所有月度观察日如图 15－5 所示。

	1月	2月	3月	4月	5月	6月	7月	8月	9月	10月	11月	12月
2023年	-	-	-	-	26日（起始日）	-	-	28日	26日	26日	27日	26日
计息天数								94天	123天	153天	185天	214天
2024年	26日	26日	26日	26日	27日	26日	26日	26日	26日	28日	26日	26日
计息天数	245天	276天	305天	336天	367天	397天	427天	458天	489天	521天	550天	580天
2025年	27日	26日	26日	28日	26日							
计息天数	612天	642天	670天	703天	731天							

敲入观察日

设置原则：2023年5月26日-2025年5月26日每一个交易日

图 15 - 5　产品存续期内所有月度观察日

（3）普通雪球盈亏分析。

假设：本金为 100 万元；中证 1000 期初价格：6700 点；敲出价格：6700 点（期初价格 ×100%）；敲入价格：5025 点（期初价格 ×75%）。

情景一：直接发生敲出。若起始日起第 3 个月敲出，挂钩标的收盘价≥敲出价格，发生敲出，合约提前结束。投资收益 = 100 万元 ×8% ×3 ÷12 = 2 万元。

情景二：未发生敲入敲出，所有敲出观察日，挂钩标的收盘价 < 敲出价格，从未发生敲出；所有敲入观察日，挂钩标的收盘价≥敲入价格 ×75%，从未发生敲入；合约到期。投资收益 = 100 万元 ×8% ×24 ÷12 = 16 万元。

情景三：敲入之后再发生敲出，若合约第 4 个月某日发生了敲入，即挂钩标的收盘价 < 敲入价格 ×75%；第 9 个月敲出观察日发生敲出，挂钩标的收盘价≥敲出价格，发生敲出，合约提前结束。投资收益 = 100 万元 ×8% ×9 ÷12 = 6 万元。

情景四：若合约期内发生敲入，且持有到期内未发生敲出，合约到期发生实际亏损，若到期日指数为 5000 点：投资收益 = 100 万元 ×（5000 - 6700）/6700 = -25.37 万元。

雪球产品盈亏分析如图 15 - 6 所示。

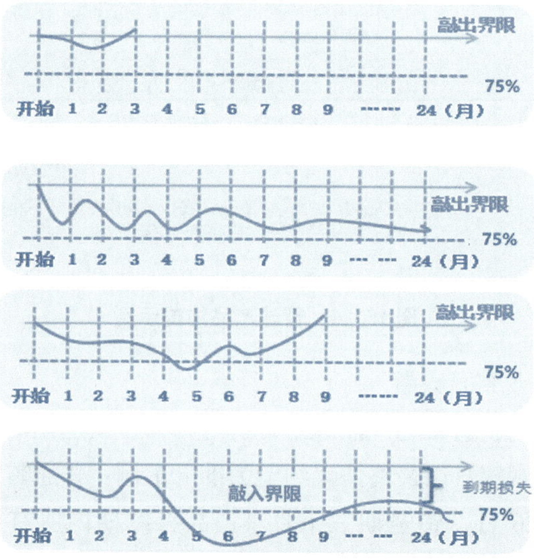

图 15 - 6　雪球产品盈亏分析

（三）雪球爆雷原因分析

1. 雪球产品的吸引力

（1）反脆弱性：市场波动加剧主观多头收益回撤，而给雪球产品投资者带来却是更高的票息（波动率定价）。只要波动没有大到触碰敲入线，就可以做到从风险中受益。

（2）容错率：投资雪球兼容更多的市场未来走势。雪球可以从市场震荡、温和下跌、上涨等多种走势下获得收益。由于雪球一般有 20%~25% 的安全垫，会放松对投资者择时能力的苛刻要求。

（3）投资预期确定性：雪球收益情形与对应收益率以合同形式固定下来，达成交易后给投资者一个确定性的收益预期，在现有净值化私募产品中相对稀缺。

2. 雪球结构产品可能存在的风险

（1）客户发生实质亏损须同时满足三个条件：发生敲入事件（每日观察），所有敲出观察日（每月观察）未发生敲出事件，到期收盘低于初始点位。

（2）挂钩标的下跌风险：这是投资者需要面临的最大风险，如果挂钩标的价格下跌幅度较大，触发了敲入事件，后续又没有上涨敲出并且挂钩标的期末价格低于期初价格，则投资者需要承担损失。

（3）产品知情风险：投资者应当花时间充分了解雪球产品的票息计算方式，了解雪球产品挂钩标的资产的情况，并充分了解雪球产品产生负回报时的损失情况。

（4）结构风险：雪球产品具有复杂的支付结构，投资者很难准确评估它的价值、风险和增长潜力，比如限制最大回报的不同、敲入价格的不同等，均会影响雪球产品票息的支付。投资者应充分阅读产品说明书，了解票息如何计算和支付。

（5）流动性风险：雪球产品是没有主动赎回条款的金融产品，未发生敲出的情况下产品不会自动终止，一般也不会开放赎回，投资者中途想主动赎回退出是不行的，需要严格按照雪球产品的条款持有到期或敲出终止，投资者需要提前做好资金安排。

（6）再投资风险：产品很快敲出，投资者不能获得足够的投资收益，会面临再投资的风险。

3. 股市下跌与雪球产品爆雷

雪球结构产品存在多种风险，产品的亏损主要是由于市场波动、产品结构复杂以及投资者对产品理解不足等因素所致。其中雪球产品的亏损主要是由于挂钩标的下跌，即中国股市阶段性的低迷。这些产品是结构性衍生品，只要基础指数保持在一定范围内，就会定期支付息票。雪球产品的收益与标的指数（如中证 500 指数）的表现紧密相关。当市场环境不稳定，尤其是在宏观经济下行压力较大时，股市表现不佳。当市场出现大幅波动，特别是大幅下跌时，如果该指数跌至被称为“连锁”水平的特定水平以下，雪球产品容易触发敲入事件，导致投资者需要承担股指下跌带来的本金损失。当中国股市出现大幅下跌，如中证 1000 指数在过去一年中下跌了约 25%，会导致许多雪球产品达到了它们的冲击水平，致使投资者（亚洲金融）遭受损失。

4. 股票市场下跌的原因

（1）国内因素：国内因素对股市产生了显著影响。近年来，中国的 GDP 增长率逐步放缓，从两位数的高速增长转为中速增长，导致市场对未来经济增长的信心不足，投资者预期企业盈利能力下降，从而抛售股票。此外，工业生产和消费数据不及预期，特别是制造业采购经理人指数（PMI）的下降，反映出经济活力不足，导致股市下跌。政策变动也影响了市场，政府对房地产市场的严格调控政策，如限购和限贷政策，导致房地产市场降温，影响相关企业的盈利能力，从而影响股市。中国加强了对互联网和科技企业的监管，例如对反垄断行为和数据隐私保护等方面的监管，导致这些行业的公司股价大幅波动。债务问题是另一个重要因素，一些大型企业的高负债率引发市场担忧，尤其是当这些企业面临债务违约风险时，市场信心受到严重打击。地方政府债务问题也是一个重要的担忧点，高额的债务可能导致地方政府财政状况恶化，从而影响整体经济环境和股市表现。资金流动性方面，中国人民银行的货币政策调整，如提高存款准备金率或进行公开市场操作，可能导致市场流动性减少，从而对股市造成压力。同时，影子银行体系的不透明性和潜在风险可能引发市场恐慌，导致投资者信心下降。

（2）国际因素：国际因素对中国股市的影响不容忽视。美国的货币政策变化（如加息）和财政政策变化（如减税）可能对全球资本流动产生影响，导致资金从新兴市场流出，影响中国股市。此外，欧洲的经济问题（如欧债危机）也可能通过全球市场联动效应影响中国股市。中美贸易战对中国出口企业的业绩产生直接影响，进而影响股市，特别是关税措施的相互加征对出口企业的冲击显著。全球供应链的中断和调整（如新冠疫情期间的供应链中断）也对中国企业的生产和出口造成影响，从而影响股市。作为全球最大的资本市场，美国股市的波动往往会通过投资者情绪传导至全球市场，包括中国股市。此外，大宗商品价格（如石油、铜等）的剧烈波动也可能通过影响相关行业（如能源、原材料）进而影响股市。

（四）启示与政策建议

1. 雪球爆雷事件的启示

（1）投资者方面：投资者应当充分了解所投资的金融产品，包括其结构、运作机制、收益和风险等方面的信息。高收益往往伴随着高风险，因此投资者应具备足够的风险意识，特别是在选择复杂金融衍生产品时。为有效管理风险，应避免将资金集中投资于单一高风险产品，采用多元化投资策略以分散风险尤为重要。此外，投资前应设定合理的止损点，以便在市场不利时及时止损，减少潜在损失。投资复杂金融产品时，咨询专业的财务顾问或投资顾问，确保做出明智的投资决策。诚信投资是基础，投资者应做出基于真实信息和理性分析的投资决策，不盲目追求高回报。在享受投资收益的同时，也应对可能的风险和损失负有责任，做到理性投资。培养科学的投资观念，增强对金融产品和市场的认知，不盲从、不跟风，投资应基于理性的分析和判断，避免因市场波动或情绪影响而做出非理性决策。金融市场瞬息万变，投资者应保持终身学习的态度，不断更新知识，提升金融素养，通过学习了解更多关于风险管理的知识，提升自身的风险防范能力。

（2）从业者方面：从业者应提供详细、透明的产品信息，确保投资者充分了解产品的风险和收益特征，在销售过程中明确提示投资者可能面临的风险，避免误导性销售。确保产品销售符合投资者的风险承受能力和投资需求，避免将高风险产品销售给不适合的投资者，严格遵守监管要求和行业规范，确保销售行为合法合规。通过各种方式提升客户的金融知识和风险意识，帮助他们做出更理性的投资决策。从业者应坚持诚实守信的职业道德，为客户提供真实、透明的信息，不进行误导性销售，在销售金融产品时，应充分了解客户的需求和风险承受能力，提供合适的投资建议。金融从业者不仅是市场的参与者，更是社会责任的承担者，应为社会的金融稳定和健康发展贡献力量，重视客户权益保护，确保客户在购买金融产品时得到充分的知情权和选择权。在金融产品设计和服务过程中，保持创新精神，不断推出符合市场需求和客户利益的新产品和服务，同时在创新过程中，始终坚持合规经营，确保创新成果既能推动市场发展，又不损害客户利益。

（3）监管方面：从监管机构的角度来看，必须强化监管力度，加强对金融产品设计的审核，确保其结构合理且风险透明，同时加大对金融机构销售行为的监管力度，防止误导性销售和不当推销行为。完善信息披露制度，提高信息透明度，要求金融机构在销售金融产品时提供全面、透明的信息披露，以确保投资者能够充分了解产品的风险和收益，制定统一的风险提示标准，确保投资者在购买产品时能够清晰地了解潜在风险。加强投资者保护，建立和完善投诉处理机制，确保投资者在遭受损失后有途径维护自身权益，通过各类渠道和活动提升投资者的金融知识水平和风险防范能力。建立市场风险预警机制，及时发现和处理潜在风险，防止问题扩大化，同时加强对市场动态和金融产品的监测，及时调整监管政策，以应对市场变化。坚持透明治理，确保市场信息公开透明，减少信息不对称，提升市场信任度，强化对金融市场的有效监管，防范和化解系统性风险，保护投资者利益。维护市场公平竞争环境，防止垄断和不正当竞争行为，确保市场参与者平等竞争，建立健全投诉处理和法律救济机制，确保投资者在遭受损失时能够依法维权，维护正义。通过建立市场风险预警和应急处理机制，及时发现和处理潜在风险，确保市场稳定，并加大金融知识普及力度，提高全民金融素养，增强社会整体的风险防范意识。

雪球爆雷事件的发生提醒所有参与者在金融市场中需保持谨慎，增强风险意识，加强合规操作和信息透明度，确保市场的健康发展和投资者的利益保护。通过这些启示，雪球爆雷事件不仅促进了金融市场的反思和调整，也为社会的诚信建设、法治建设和风险管理提供了重要的经验和教训。这些思政价值的启示有助于推动社会的全面进步和发展。

2. 政策建议

为了减少雪球产品的亏损风险并保护投资者利益，可以考虑以下政策建议：

对于政府和监管机构，首先，要加强信息披露：要求金融机构在销售雪球产品时提供更详细和透明的信息披露，包括产品的结构、潜在风险和历史表现。这可以帮助投资者更好地理解产品的风险和收益。其次，要提高产品设计标准：对雪球产品的设计进行严格的审查，确保产品设计合理，不会在市场出现较大波动时导致投资者承受过大的损失。例如，可以设置更高的敲入阈值或更严格的对冲要求。最后，要加强监管力度：增加对金融机构销售此类复杂衍生产品的监管力度，确保销售过程中不存在误导性宣传或不公平的交易行为。监管机构可以定期审查和评估这些产品的风险管理措施。

对于金融机构，可以通过修改雪球产品结构降低投资者面临的风险。首先，可以修改降低敲入价格，比如敲入价定为 80% 的产品，当标的股指下跌接近 80% 时，可以将敲入价格下调至 70%，只要标的股指不继续下跌 10%，投资者的雪球产品仍会给投资者带来一定的收益。其次，可以延长雪球产品的期限，比如 2 年到期的产品，可以延长至 3 年，时间越长，雪球产品敲出的概率就越高，产品风险也相对降低；可以降低敲出价格，比如 105% 敲出价，降低至 100%，提高产品敲出概率，从而提高产品的胜率。此外，要优化风险管理策略：金融机构应加强对雪球产品的风险管理，采用更灵活和多样化的对冲策略，减少市场波动对产品的负面影响。加强投资者教育：金融机构应提供更全面的投资者教育，帮助投资者理解雪球产品的复杂结构和潜在风险。通过举办讲座、发布教育材料和提供咨询服务，提升投资者的风险意识。提高产品透明度：在销售过程中，金融机构应详细解释产品的风险和收益机制，确保投资者在充分了解产品的前提下做出投资决策。金融机构还可以提供模拟投资工具，帮助投资者更直观地理解产品的表现。

对于个人投资者，要提升风险意识：投资者应加强对雪球产品的研究和学习，充分理解其复杂的结构和潜在的市场风险。避免仅凭高回报的承诺而忽视潜在的巨大风险。理性投资决策：在购买雪球产品时，投资者应根据自身的风险承受能力和投资目标，理性选择适合的产品。避免盲目跟风或过度集中投资。定期审查投资组合：投资者应定期审查和调整投资组合，根据市场变化和自身需求，及时做出调整，减少市场波动对投资组合的影响。如果雪球敲入并且即将到期，雪球发生敲入并不等于直接亏损，在到期日之前产品仍然是正常运作的状态，每个敲出观察日并不会改变，投资者应该耐心等待，若到期前成功实现敲出，照样可以正常拿到收益。若是发生敲入之后，直到整个产品的续存周期结束都没有敲出，雪球会转换成对应的指数增强策略，此时产品即使浮亏，投资者仍有机会通过长期持有，以时间换空间，等待指数上涨弥补亏损。此外，可以尝试和交易平台沟通修改合同，修改展期，调整敲入线，但也可能面临着损失票息的风险，要注意这需要获得和交易台以及投资人的沟通配合。投资人也可以按照合同约定转做指增，在指数涨跌的基础上获得增强收益。如果投资者还有备用资金，可以低位开仓新的保证金雪球来分散点位，对整体的投资组合达到对冲风险的作用。最后，如果对于场内衍生品具备专业交易能力的投资人，也可以通过股指期货或期权来对冲，从而减少损失。

通过以上政策建议，政府、金融机构和个人投资者可以共同努力，降低雪球产品的亏损风险，保护投资者的合法权益，促进金融市场的健康发展。

（五）案例思政元素

1. 风险意识教育

雪球产品通常具有较高的风险性，这可以作为教育投资者认识到投资风险、进行风险评估和管理的案例。

2. 市场规律尊重

通过雪球产品的投资案例，可以强调尊重市场规律的重要性，以及盲目跟风炒作可能带来的负面后果。

3. 理性投资倡导

思政教育可以倡导投资者进行理性分析，基于事实和数据做出投资决策，而不是仅仅受市场情绪的影响。

4. 社会责任意识

证券公司在开发创新业务和投资产品时，应考虑其对社会和环境的影响，体现对社会责任的认识和承担。

（六）启发思考题

（1）如果你对未来股票市场看好，是否应该选择投资期权，为什么？反之又将作何选择？

（2）如果你认为未来股票市场的波动幅度较大，需要购买期权进行套期保值，请问应该如何构建投资组合？

（3）如果你选择购买雪球产品，本质上相当于持有的是哪一种期权？在何种情况下可能会面临最大的损失？

（4）为什么众多雪球投资者会忽略产品的风险？如果选择购买雪球产品，应该如何对冲雪球产品的风险？

（5）你认为雪球大规模暴雷事件给投资者、证券公司以及监管机构带来哪些启示？

基于案例材料，可以将案例情景、启发思考题以及对应的知识点的逻辑关系整理如图 15－7 所示。

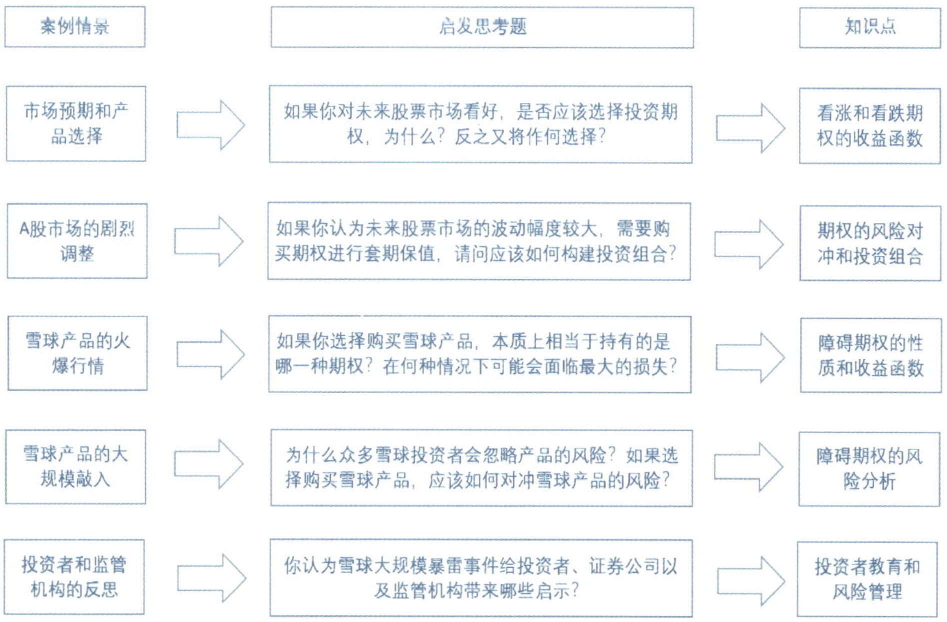

图 15－7　案例分析逻辑框架

（七）分析思路

（1）引导学生基于期权的性质和收益函数，在 Excel 中通过数值模拟，比较股票、看涨期权和看跌期权随着股票价格变化的收益和损失，从而做出合理决策。

（2）引导学生理解股票、看涨期权和看跌期权所组成的投资组合的收益变化，分析跨式期权（straddle）投资组合的构造方式，了解投资组合的收益变化情况。

（3）结合雪球的产品结构和收益情形，让学生理解障碍期权的特点，了解雪球在不同情形下的收益和损失情况。

（4）结合雪球的特点以及前面的期权投资组合理论，引导学生思考如何实现障碍期权的风险对冲。

（5）引导学生从雪球产品的买方、卖方以及监管机构等方面分析案例启示，通过挖掘思政元素对学生的价值观进行引领塑造，提高学生的职业道德修养。

（八）理论依据

1. 期权的性质和收益

（1）期权的定义和基本特征。

期权：期权（option）是指买方向卖方支付一定数量的金额（权利金，premium）后拥有的在未来时期以事先规定好的价格（执行价格，strike price）向卖方购买或出售一定数量的标的资产的权利，但不负有必须买进或卖出该资产的义务。

看涨期权赋予持有者购买某项资产的权利：

- 以执行价格购买；
- 在到期日或到期日之前；
- 如果市值 > 执行价格，行权，购买标的资产。

看跌期权赋予持有者出售某项资产的权利：

- 以执行价格出售；
- 在到期日或之前；
- 如果市值 < 执行价格，行权，出售标的资产。

（2）期权的收益函数。

看涨期权（call option）给予持有者以执行价格买入标的资产的权利，只有当资产价格大于执行价格时，该期权才会被实施。

看涨期权买方（多头）的到期收益为：

$$\text{看涨期权买方的终端支付} = \begin{cases} S_T - K, & \text{如果 } S_T > K \\ 0, & \text{如果 } S_T \leqslant K \end{cases}$$

其中，S_T 为到期日的股票价格，K 为执行价格。如果 S_T 小于 K，期权就不会被执行，此时买方的净损失等于当初购买期权支付的权利金。一般地，期权买方的净利润等于到期时期权价值减去初始购买价格。

对于看涨期权的卖方（空头），当资产价格上涨超过执行价格时，卖方将承担损失，这是他们为获得权利金而承担的风险。期权的买方与卖方的收益互为镜像。

看涨期权卖方（空头）的到期收益为：

$$看涨期权卖方的终端支付=\begin{cases}-(S_T-K) & 如果\ S_T>K\\ 0 & 如果\ S_T\leqslant K\end{cases}$$

例：如果执行价格为 100 美元，则看涨期权的价值随股票价格的变化如下：

Stock price:	\$90	\$100	\$110	\$120	\$130
Option value:	0	0	10	20	30

2. 期权的投资组合和风险对冲策略

（1）保护性看跌期权。

保护性看跌（protective put）：看跌期权提供了针对股价下跌的保护。即投资股票 + 持有看跌期权。保护性看跌期权锁定了资产组合的最小价值。保护的成本是期权费。保护性看跌期权投资组合的收益变化如下所示：

Table 20.1
Value of a protective put portfolio at option expiration

	$S_T\leqslant X$	$S_T>X$
Stock	S_T	S_T
+ Put	$X-S_T$	0
= *TOTAL*	X	S_T

（2）抛补看涨期权。

抛补看涨（covered call）：购买股票的同时卖出它的看涨期权。看涨期权的卖出者放弃了股价超过 X 部分的要求权，而获得了初始的权利金。如果你计划在股价高于 X 时卖出股票，这种抛补看涨期权就可以看做是一种“卖出规则”。抛补看涨期权的收益变化如下所示：

Table 20.2
Value of a covered call position at option expiration

	$S_T\leqslant X$	$S_T>X$
Payoff of stock	S_T	S_T
+ Payoff of written call	-0	$-(S_T-X)$
= *TOTAL*	S_T	X

（3）跨式期权。

跨式期权（straddle）：同时买进执行价格相同、到期日相同的同一股票的看涨期权和看跌期权。买入跨式期权赌的是股价将要有大幅波动，即股价的变化必须超过购买两种期权的成本才能盈利，不论向上或向下都可以。而跨式期权的卖出者赌的是股价不会发生大幅变动。跨式期权组合的收益变化如下所示：

Table 20.3
Value of a straddle position at option expiration

	$S_T < X$	$S_T \geqslant X$
Payoff of call	0	$S_T - X$
+ Payoff of put	$X - S_T$	0
= *TOTAL*	$X - S_T$	$S_T - X$

3. 障碍期权和雪球产品介绍

（1）障碍期权简介。

障碍期权是一种路径依赖期权，期权买方的权利是否有效依赖于标的资产价格在期权的存续期内是否达到了障碍水平。如果在期权存续期中的任一时点，资产价格达到障碍水平，期权将被激活（敲入），或被终止（敲出）。

敲出期权是指当标的资产价格达到一个特定障碍水平时，该期权作废。敲入期权是指有当标的资产价格达到一个特定障碍水平时，该期权才有效。

障碍期权按敲入和敲出、向上和向下、看跌和看涨共有八种不同的组合，具体情形如表 15－1 所示。

表 15－1　障碍期权的类型和收益函数

类型	符号	障碍位置相对于标的股票价格	达到障碍时的期权支付	未达到障碍时的期权支付
向下敲入看涨期权	C_{di}	之下	Max（S－X，0）	在期权到期日支付 K
向上敲入看涨期权	C_{ui}	之上	Max（S－X，0）	在期权到期日支付 K
向下敲入看跌期权	P_{di}	之下	Max（X－S，0）	在期权到期日支付 K
向上敲入看跌期权	P_{ui}	之上	Max（X－S，0）	在期权到期日支付 K
向下敲出看涨期权	C_{do}	之下	在发生敲出时支付 K	Max（S－X，0）
向上敲出看涨期权	C_{uo}	之上	在发生敲出时支付 K	Max（S－X，0）
向下敲出看跌期权	P_{do}	之下	在发生敲出时支付 K	Max（X－S，0）
向上敲出看跌期权	P_{uo}	之上	在发生敲出时支付 K	Max（X－S，0）

（2）雪球产品的收益和风险分析。

雪球产品全称为雪球型自动敲入敲出式券商收益凭证。其本质上类似为带障碍条款的奇异期权，设置有敲入、敲出价格。投资者购买雪球产品本质类似卖出奇异看跌期权、并获取期权费，标的可挂钩指数、个股、商品等，是一种高风险的投资产品。

投资者的收益情形取决于挂钩标的的市场表现是否触发敲出事件与敲入事件。产品持有期内，挂钩标的价格在敲出与敲入价格两个区间内震荡，如果向上穿过障碍区间就敲出终止，投资者获得约定的收益；如果向下穿出障碍区间，投资者则可能会亏损本金；如果产品存续期内标的价格未发生穿出情形，则在产品到期时获得约定收益。

假设投资者投资金额为 100 万元，中证 500 指数期初价格为 7000 点，产品合同如表 15－2 所示。

表 15－2　　雪球的产品合同示例

非保本型雪球产品 A	
挂钩标的	中证 500 指数
产品期限	12 个月
期初观察日	初始交易日
敲入观察日	存续期内每个交易日
敲出观察日	每月观察一次，前两个月观察日不观察敲出
期初价格	期初观察日标的的收盘价（7000 点）
敲出价格	期初价格 * 105%（7350 点）
敲入价格	期初价格 * 70%（4900 点）
敲出事件	任一敲出观察日收盘价高于敲出价格
敲入事件	任一敲入观察日收盘价低于敲入价格

雪球投资的收益情形包括以下几种：

①只触发敲出事件（见图 15－8）：假设产品在第 4 个月的敲出观察日，中证 500 指数为 7370 点，超过 7350 点的敲出价格，触发敲出事件，则产品提前结束。投资者共持有产品 4 个月，获得 1000000 * 18% *（4/12）=60000 元的收益。

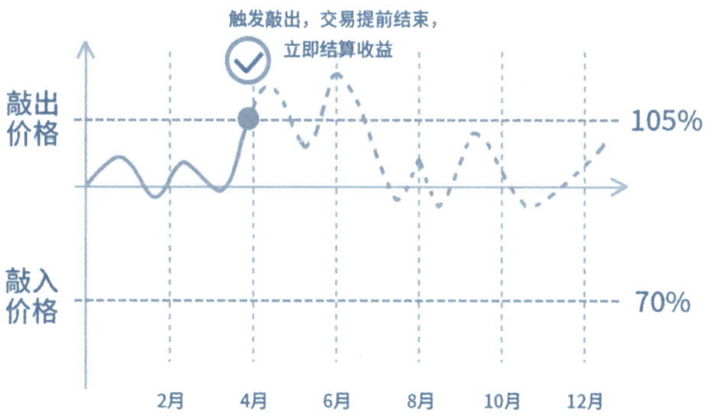

图 15－8　只触发敲出事件的情形模拟

②先触发敲入事件，后触发敲出事件（见图 15－9）：假设在第 1 个月的某个交易日，中证 500 指数下跌至 4870 点，低于 4900 点的敲入价格，触发敲入事件。随后，中证 500 指数触底上涨，在第 6 个月的观察日时，中证 500 指数大幅涨至 7360 点，超过 7350 点的敲出价格，触发敲出事件，此时产品提前结束。投资者共持有产品 6 个月，获得 1000000 * 18% *（6/12）=90000 元的收益。

③未触发敲入和敲出事件（见图 15－10）：假设在产品持有期的 12 个月内，中证 500 指数在 5200 点和 7200 点之间震荡，均没有触发敲入事件（低于 4900 点）和敲出事件（高于 7350 点），那么产品满 12 个月后到期结束。投资者共持有产品 12 个月，获得 1000000 * 18% =180000 元的收益。

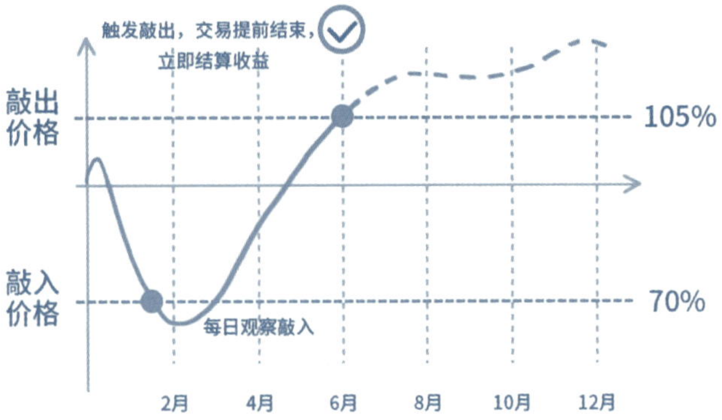

图 15－9　先后触发敲入和敲出事件的情形模拟

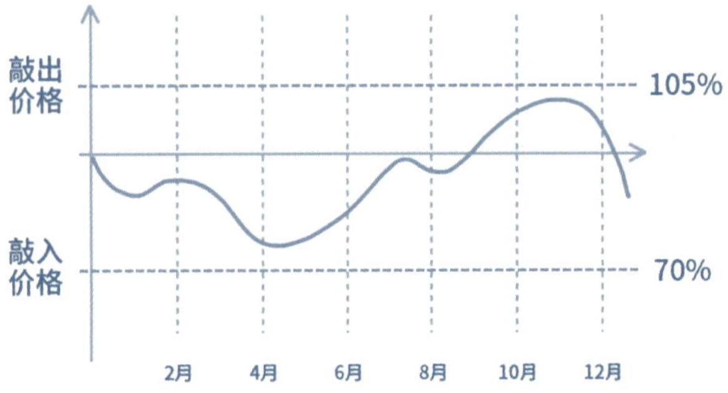

图 15－10　未触发敲入和敲出事件的情形模拟

④触发敲入事件未触发敲出事件（见图 15－11）：假设中证 500 指数在第 1 个月某个观察日下跌至 4880 点，低于 4900 点敲入价格，触发了敲入事件。此后直至产品期满都没有触发敲出事件，则有两种情形：

（a）产品到期时，中证 500 指数大于或等于期初 7000 点的初始价格，投资者收益率为 0%。

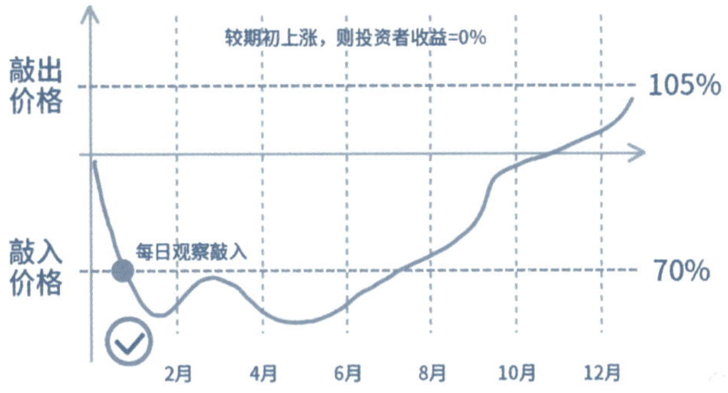

图 15－11　触发敲入但未敲出事件的情形模拟（a）

（b）产品到期时，中证 500 指数低于期初 7000 点的初始价格，则投资者需要承担本金损失。图 15－12 以常见的非保本型雪球产品为例，产品结束时中证 500 指数相较期初下跌 5%，投资者需要承担 1000000 * 5% =50000 元的本金损失。

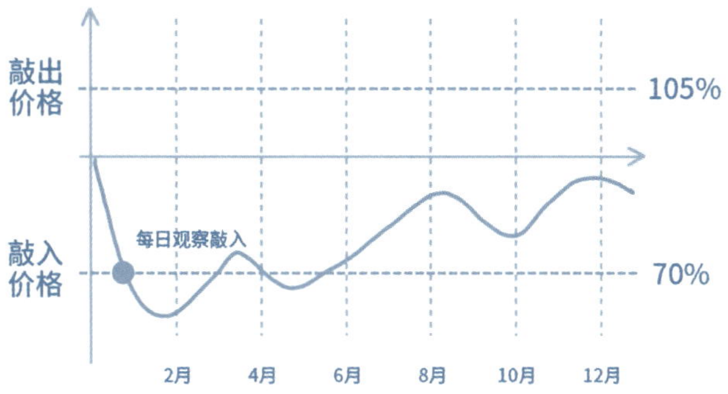

图 15－12　触发敲入但未敲出事件的情形模拟（b）

购买雪球产品相当于同时卖出向下敲入看跌期权和向上敲出看涨期权，产品结构非常复杂。投资人并非和券商进行对赌，因为券商可以通过动态对冲，在上涨周期中不断卖出挂钩标的资产、在下跌周期中不断买入标的资产，从而获得稳定收益。其损失结构情形如图 15－13 所示。

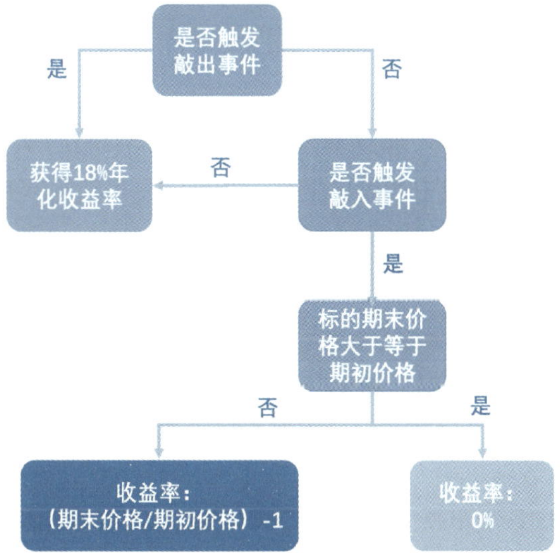

图 15－13　雪球产品的损益结构

雪球产品的风险包括以下几方面：

敲入机制带来的本金损失的风险：雪球产品每个交易日都会观察标的的收盘价，一旦标的收盘价低于敲入价格，则触发敲入事件。

产品过早敲出的再投资风险：雪球产品特殊的敲出机制决定了其有可能产生提前结束的情形，而投资者也只能获得其持有产品相应月份的收益。

无主动赎回条款带来的流动性风险：雪球产品是没有主动赎回条款的金融产品，无法中途主动赎回退出，只能严格按照雪球产品的条款持有到期或敲出终止。

无法获得任何收益，付出时间与资金成本：一旦敲入事件触发，标的价格即便在产品到期结束时回升超过期初价格，没有触发敲出事件，也无法获得任何收益。

错失标的大幅上涨带来的高额收益，增加机会成本：市场上很多雪球产品是设定有锁定期的，从锁定期后第一个月才开始逐月观察敲出。

五、教学方法与手段

（一）知识传授环节

1. 互动课堂

通过雨课堂等在线教学平台创造鼓励学生对课堂案例充分表达想法和观点的线上互动环境，短时间内调动全范围学生参与度，并使学生更勇于表达自己的观点和意见。

2. 课堂讲授

一方面，夯实关键知识点、补充案例深入理解期权定价的基础理论和核心方法；另一方面，在课堂上梳理本单元知识框架，解决学生线上学习出现的共性疑难问题。使学生掌握期权定价的基础知识、核心理论和使用方法。

3. 案例教学

结合雪球案例，引导学生深入理解期权定价理论的实践应用，通过充分的讨论和交流，深入了解相关知识点在实践中的具体呈现，帮助学生形成期权投资的科学认知。

（二）能力培养环节

1. 分组教学

通过小组协作交流学习，树立团队合作意识，锻炼学生沟通技能和表达能力。激发学生“一个人可以走得很快，但一群人可以走得更远”的团队协作意识。

2. 生成式人工智能教辅

借助通义千问、KIMI 等开源大模型，帮助学生完成预习、测试、答惑等学习环解，培养学生使用前沿计算机技术理解金融理论的能力。

（三）价值塑造环节

1. 思政案例教学

通过“如盐入水”的方式将思政元素与知识点有机融合。以雪球案例为导入，结合期权定价课程内容，引导学生塑造正确的价值观，培养其社会责任感和良好的职业道德感。

2. 情景教学

基于案例创设与课堂内容相关的具体场景，通过角色扮演、小组讨论、模拟实践等方式，让学生在参与中体验、在体验中感悟，从而达到思政教育的目的。不仅有助于学生更好地掌握专业知识，提升专业能力，更能有效助其真正理解并形成良好职业精神和职业品质，实现专业教育与思政育人的有机统一。

六、教学实施过程

《投资学》课程共 48 课时，课程内容较为丰富，涉及的概念理论较多，因此计划该次课为 3 课时，每节课 45 分钟，总时长 135 分钟。具体教学实施过程如下。

（一）课前准备

提前将期权相关的基础知识、案例和启发思考题发给学生阅读，并积极鼓励学生在课前了解雪球产品的相关特点，并回顾在过去学过的投资组合理论，在课前独立完成对启发思考题的思考。建议学生自行组队，每组人数控制在 4 或 5 人，为课中的讨论做好准备。

（二）课中讨论

（1）视频材料引入案例：10 分钟，引导学生观看案例背景介绍和相关新闻等视频材料。

（2）课堂讲解和案例讲述：35 分钟，由教师介绍雪球大规模敲入事件的起源与发展，对雪球产品的结构和特点进行分析。

（3）小组讨论：20 分钟，各小组围绕案例及启发思考题进行讨论，各组推选出小组代表对于小组在讨论期间产生的观点进行总结阐述。

（4）小组发言：25 分钟，各小组代表展示所在学习小组的讨论成果，每组展示时间限制在 5 分钟内。

（5）自由讨论：25 分钟，鼓励各位学生对其他小组的发言提出问题，相应小组派出成员予以回答讨论，进而引发学生进行深度思考。

（6）教师点评：20 分钟，教师对各小组在本次讨论课提出的观点进行点评，最后总结课堂内容并答疑学生未解决的问题。

（三）课后拓展

根据参考资料和文献，学生在课后自主学习奇异期权的拓展材料，鼓励学生思考投资其他类型的奇异期权所面临的风险。选择国内或国外的期权投资案例进行小组讨论，完成并提交 5000 字的案例分析报告。

七、考核与评价方式

（一）对知识点的理解程度

（1）课堂参与度。评估学生在课堂上的活跃程度，包括提问、回答问题和参与讨论。

（2）课堂测验。通过定期的课堂小测验来测试学生对知识点的即时掌握情况。

（3）案例分析。学生需要对给定的案例进行深入分析，展示对投资决策理论的应用能力。

（4）期中/期末考试。包括选择题、简答题和论述题，全面考查学生对本课程知识点的掌握。

（二）和思政元素的契合程度

（1）思政元素融入报告。要求学生在案例分析或投资提案中融入思政元素，如社会责任、可持续发展等。

（2）主题讨论。组织关于企业社会责任、诚信经营等主题的讨论，评估学生的理解和表达。

（3）课程论文。学生撰写关于投资决策与社会主义市场经济相结合的论文，展现思政元素的融合。

（三）团队合作和表达能力

（1）小组项目。学生分组完成投资决策项目，评估团队合作能力和项目成果。

（2）口头报告。每个小组需进行口头报告，展示其项目成果，评估表达能力和团队协作。

（3）同伴评价。在小组项目中引入同伴评价机制，让学生相互评价团队成员的贡献和表现。

（4）角色扮演。通过模拟投资决策的角色扮演活动，评估学生的沟通技巧和团队协作。

八、实施成效

（1）教学模式。坚持以“如盐入水”方式将思政教育、实际案例、专业知识有机融合，实现知识传播、能力培养、价值塑造“三位一体”有机融合的教学模式。

（2）教学设计。构建融入课程的思政理念、思政元素和思政评价，以学生为中心、成果为导向、持续改进的课程教学设计思路。

（3）价值观塑造。提高学生对投融资知识的理解和运用，并在实践过程中树立正确的价值观，加深对诚实守信、爱岗敬业职业素养的理解，提高学生的社会责任担当与民族复兴责任意识，最终实现应用型、管理型商业人才的培养目标。

参考文献

［1］Z. Bodie，A. Kane，A. J. Marcus，投资学（第十版），机械工业出版社，北京，2018.

［2］J. Hull，期权、期货和其他衍生品（第十版），机械工业出版社，北京，2019.

案例16：穷也可兼济天下

——嘉利茧艰难求生中的助农扶贫之路

张宏宇
（中央财经大学商学院副教授）

一、基本信息

课程名称：创业管理、社会创业

授课对象：本案例主要为 EMBA、MBA 项目开发，适合具有一定工作经验的学生和管理者学习，也可以用于本科生、研究生相关课程的学习，但应重视课前基础资料、背景知识和基础理论的学习

知 识 点：（1）社会创业的概念与特点。（2）金字塔底层理论（base of the pyramid，BoP）。（3）不同扶贫模式的特点。（4）如何实现“造血式扶贫”。（5）从产业链的角度理解企业发展

主讲教师：张宏宇

二、教学目标

（一）知识目标

（1）掌握社会创业的概念与特点，包括其社会性和企业性的双重特性；（2）理解金字塔底层理论（Base of the Pyramid，BoP），认识到 BoP 群体的商业潜力和社会价值；（3）学习不同的扶贫模式及其特点，如救济式扶贫、开发式扶贫和参与式扶贫；（4）了解造血式扶贫的概念及其在扶贫工作中的应用；（5）从产业链的角度理解企业发展，特别是产业化扶贫模式的运作。

（二）能力目标

（1）提升学生本土化理解理论的能力，能够结合具体情境分析和运用相关理论；（2）培养学生解决实际问题的能力，特别是面对社会创业过程中遇到的困难，如何通过多方互动实现目标；（3）加强学生的批判性思维，通过案例分析，探讨社会创业和一般商业创业的区别；（4）加强学生对复杂产业链的管理能力，理解产业链价值和社会创业结合的实际操作。

（三）育人目标

（1）培养社会责任感：通过学习嘉利茧的创业案例，学生能够理解企业社会责任的重要性，认识到即使在资源有限的情况下，企业也可以通过创新性的社会创业实践，帮助他人，实现社会价值；（2）增强同理心和社会使命感：通过案例分析，让学生体会到创业者在面对贫困现状时的情感共鸣和责任感，激励他们在未来职业生涯中关注社会问题，积极

参与社会公益事业；（3）提升解决实际问题的能力：通过研究嘉利茧在蔚阳遇到的实际困难和解决方案，学生学习如何在复杂的社会环境中进行有效的互动和治理，培养解决实际问题的能力。

三、教学重点与难点

（一）教学重点

理解社会创业如何通过商业化手段创新性地解决社会问题，并创造社会价值；认识到被忽略的低收入群体的商业潜力和社会价值；了解不同的扶贫模式及其特点；理解在扶贫项目中，政府、企业、社会公益组织、市场化组织等多方协作的重要性，学习如何通过互动式治理推动扶贫项目的成功。

（二）教学难点

社会创业与一般创业的区别；复杂社会环境中的互动与治理；长效扶贫模式的构建；文化差异与观念冲突：在实施过程中，如何克服由于文化差异和根深蒂固的观念带来的管理挑战。

四、课程案例介绍

在“东桑西移”背景下，广西蔚阳嘉利茧丝绸有限公司（以下简称嘉利茧）扎根广西蔚阳，通过产业发展帮助当地百姓脱贫的过程。入驻蔚阳后，嘉利茧遭遇了诸多水土不服，但最终不仅将自身发展成为了蔚阳县规模最大的蚕丝加工企业，而且还带动了超过300户贫困家庭就业。嘉利茧的案例具备典型性和特殊性：第一，作为自治区级扶贫龙头企业，嘉利茧是企业参与脱贫攻坚战、积极履行企业社会责任的典型代表；第二，嘉利茧采用的不是将自身抽离出来的捐款、购物、代销等扶贫模式，而是深入扶贫地组织生产，和被帮扶对象肩并肩、结成利益共同体，这是一种“授之以渔”的造血式扶贫。而且，嘉利茧并不是在自己富裕之后去扶贫，而是把扶贫和发展自我两项任务结合在了一起，做到了“穷也可兼济天下”。因此，深入剖析嘉利茧的案例，有利于拓展学生对于社会创业、扶贫模式等的理解和思考，也将为未来推进乡村振兴工作提供借鉴意义。

五、教学方法及手段

教学方法：（1）案例教学法：通过实际案例引导学生理解和运用理论知识。以嘉利茧创业案例为基础，引导学生从实际问题中学习社会创业和扶贫模式；（2）讨论法：在课堂上组织学生分组讨论，启发他们通过互相交流和思维碰撞来加深对问题的理解，并提出自己的见解和解决方案；（3）启发式教学：通过提出启发性问题，引导学生思考陈旭东为什么选择到蔚阳创业、遇到的困难及解决过程，以及嘉利茧的未来发展等问题；（4）理论与实践相结合：结合金字塔底层理论（BoP）和互动式治理等理论，分析实际案例中的社会创业实践，帮助学生将理论知识应用于实际情境。

教学手段：（1）案例预习：提前发放教学案例，要求学生独立阅读并思考启发问题，以便在课堂上进行深入讨论；（2）课堂导入：通过教师对案例主题和社会背景的介绍，将学生带入情境，帮助他们理解案例的背景和意义；（3）互动提问：通过随机提问和选择性追问的方式，鼓励学生参与讨论，并通过互动加深其对问题的理解；（4）小组讨论：组织学生分组讨论嘉利茧创立过程中遇到的冲突和解决方法，分析扶贫模式的选择和效果，探讨嘉利茧的未来挑战和应对策略；（5）实践交流：邀请学生分享他们对扶贫工作的感悟和实际经验，进一步加深对社会创业和扶贫模式的理解。

六、教学实施过程

本案例的教学实施过程如表 16 - 1 所示。

表 16 - 1　　　　教学实施过程

序号	课堂内容	教学活动	时间
1	案例预习	提前发放教学案例，要求学生独立阅读，并布置启发与思考题	课前一周
2	导语	教师对案例主题和社会背景进行介绍，将学生带入	5 分钟
3	案例情节回顾	通过问答互动的形式，回顾案例内容概要	5 分钟
4	嘉利茧创办的动机	请学生头脑风暴回答**“陈旭东为什么要到蔚阳创业”**，然后从“社会需求、政策支持、社会使命、利益回报和社会资源”几个方面总结学生的回答	10 分钟
4	嘉利茧创立过程的冲突及解决过程	随机提问 + 选择性追问的方式，和学生一起梳理嘉利茧创立时遇到的困难。 **讨论思考题：**初到蔚阳，陈旭东遇到了哪些意想不到的困难？他与当地政府、农户以及基地和公司的员工进行了哪些关键的互动来克服这些困难？	20 分钟
5	嘉利茧的社会价值	**围绕两个问题开展：** 1. 被蔚阳当地的贫困现状触动后，陈旭东决定如何帮助蔚阳当地的百姓？ 2. 客观上，嘉利茧给蔚阳当地老百姓的生活带来了什么改变？ 基于这两个问题重点理解两个过程： 1. 基于 BoP 理论的社会创业整合模型 2. 互动式治理	小组讨论 10 分钟，观点陈述 10 分钟，教师总结 10 分钟（理论升华）

续表

序号	课堂内容	教学活动	时间
6	嘉利茧展望	随机提问 + 选择性追问的方式，和学生一起探讨如下两个问题： 1. **嘉利茧的未来面临哪些挑战？** 2. **为了应对这些挑战，并能够继续实现其社会价值，嘉利茧应该坚持什么？应该改变什么？**	15 分钟
7	实践交流和案例总结	请学生之间交流对扶贫工作的感悟，最后教员对案例作总结	5 分钟

七、考核与评价方式

本节课的考核与评价方式由课堂参与积极性（含班级课堂提问、小组讨论）、回答提问的内容、小组讨论报告 3 个部分构成，教师评价与学生自评相结合。另外，按照本课程的教学设计，每次课后学生需要用可视化工具体现对课堂学习的反思，绘制本节课程的知识图谱（见表 16 –2）。

表 16 –2　　本节课考核与评价方式

序号	考核维度	考核观测指标	评价主体	评价结果（优良中差）
1	参与积极性	课堂提问：是否有发言的意愿？	教师/学生	
		小组讨论：是否对形成小组最终形成的观点有贡献？是否与其他成员互动？	学生	
2	回答提问的内容	知识/能力维度：能否运用课程所学的概念、理论？是否运用战略分析工具与方法？	教师/学生	
		价值观难度：能否发现教学案例中所蕴含的商业伦理、社会责任？是否关注职业价值观？	教师/学生	
3	小组讨论报告	知识/能力维度：是否体现课程学习结果？	教师	
		能力/态度：是否体现所有成员的观点？如何做到讨论中的包容与个性统一？	学生	
4	课后反思	反思笔记、知识图谱是否全面系统？反思过程是否认真？	教师	

八、实施成效

学生知识提升，通过案例分析，学生深入理解了社会创业的概念和特点，掌握了金字塔底层理论（BoP）和不同扶贫模式的实际应用。

能力培养，学生在小组讨论和课堂互动中提升了理论应用和解决实际问题的能力，尤其是在面对复杂社会环境时如何进行有效的互动和治理。

价值观塑造，案例教学强化了学生的社会责任感和同理心，使他们认识到企业社会责任的重要性，并激发了他们在职业生涯中积极参与社会公益事业的热情。

实践能力提升，通过参与式学习和实际案例的讨论，学生的团队合作能力和解决冲突的能力得到了显著提升，学会了在多方互动中实现共赢。

创新思维激发，通过对嘉利茧创新性扶贫模式的学习，学生学会了将理论知识与实践结合，激发了他们在创业过程中创新思维的应用。

九、案例正文①

（一）引言

广西千华蔚阳县（以下简称“蔚阳”）地处滇桂黔石漠化片区，山石众多、土地稀少，集“老、少、边、山、穷”于一体，曾经是广西 4 个极度贫困县之一，也是国家扶贫开发工作的重点县。脱贫攻坚战打响以来，蔚阳县政府和当地百姓团结一心，最终在这场战役中取得了全面的胜利（见图 16－1）。2021 年 4 月，蔚阳县政府公示了自治区脱贫攻坚总结表彰先进个人的推荐名单，在众多乡镇干部的名字中，有一个人的单位和职位显得格外突出：陈旭东，广西蔚阳嘉利茧丝绸有限公司（以下简称“嘉利茧”）董事长。为什么是他？为什么一个企业家会在脱贫攻坚战中被授予如此高的荣誉？

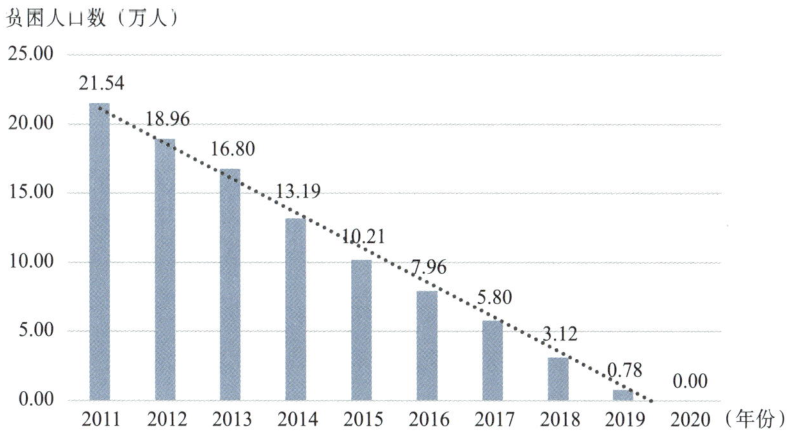

图 16－1　蔚阳县 2011～2020 年度贫困人口数据统计

① 本案例隐去了涉及人员、地名的真实名字，但不影响案例的真实性。本案例只供课堂讨论，并无意暗示或说明某种案例行为是否有效。

听到这个消息后，陈旭东来到了嘉利茧的小蚕共育基地，基地里桑树随风掀起层层浪花，桑叶在蓝天白云的衬托下，绿得醉人。10 年前，陈旭东第一次来到蔚阳，那时的他怎么也想不到，自己和蔚阳的缘分会如此之深。10 年的时间，陈旭东给予了这片土地很多：他亲手创办的嘉利茧已经成长为蔚阳县规模最大的蚕丝加工企业，年纳税额超过 100 万元，带动贫困户就业超过 300 户。当然，在陈旭东看来，这片土地回馈了他更多。10 年里，自治区、市、县等各级机构授予嘉利茧的荣誉称号、奖项挂满了基地办公室的一面墙：千华市扶贫龙头企业、民族贸易企业、村企联建模范结对单位、光彩事业突出贡献单位、脱贫攻坚十佳民营企业、蔚阳县县长质量奖、茧丝加工扶贫车间、千华市脱贫攻坚先进集体、广西壮族自治区级扶贫龙头企业……

（二）东桑西移：嘉利茧的诞生

陈旭东是浙江人，父辈都是做绸厂生意的，耳濡目染下他对种桑养蚕和丝绸生产都非常熟悉。本打算子承父业的他，却被一个朋友的拜访，改变了人生的规划。2011 年年初的一天，父亲的好友王猛来陈旭东家里借钱。

“老陈，能不能借我点钱，我想去广西做点事儿。”

“什么事儿啊？跑这么远去？”

“东桑西移听过吗？国家现在正在引导茧丝绸业的原料生产向西部转移，广西政府现在非常重视发展茧丝绸加工业，正在从咱们江浙这边引进企业到那边办厂呢。我觉得这事儿靠谱，想去试试。”

王猛这么一说，激起了 90 后的陈旭东的兴趣。他决定和王猛一起去广西转一圈，看看什么情况。一圈考察下来，陈旭东和父亲说，“与其借钱给他干，不如我们一起合干。爸爸，我对这个事情感兴趣，让我去试试吧”。父亲看了眼陈旭东，“可以去试试，不过你得想好了再干”。事实上，这并不是陈旭东一时头脑发热的决定。在他看来，桑蚕产业是劳动密集型和土地密集型产业，在东部继续做下去，成本只会越来越高，而西部地区的很多地方地域广阔、气候和土壤也适合种桑养蚕，是桑蚕产业未来发展的理想地域。比如他和王猛这次重点考察的蔚阳就有着得天独厚的地理条件。蔚阳是典型的大石山区，平均海拔 1200 米左右，土壤风化石居多，土层厚度不大，质地较为粘重，有机质分解较快，非常适合种桑养蚕。在这里种出的桑树抗病性好、耐旱，养出来的蚕茧质量也非常好，可以达到 6A 级别，未来做成丝绸等成品，附加值会很高。

坚定陈旭东要去蔚阳试一把的还有当地政府支持种桑养蚕的决心。最初去广西考察时，王猛把陈旭东介绍给了蔚阳当地一位熟悉桑蚕业的朋友李迪，在李迪的引荐下，陈旭东接触到了一些蔚阳县政府负责招商引资的官员。交谈中，陈旭东感受到了他们的热情和渴望，只要能把种桑养蚕搞起来，增加老百姓的收入，当地政府在很多事情上，比如贷款等，都可以特事特办、简化流程。并且在调研时，陈旭东亲眼见到了蔚阳老百姓窘迫的生活状况，也更加深刻地理解了为什么当地官员招商引资时如此热情和渴望，这让他内心受到了很大的触动。因此，回到浙江不久，在父亲的支持下，陈旭东就和一同调研的王猛、李迪达成协议，一起合伙去蔚阳建厂。不过，王猛和李迪手上资金不多，所以陈旭东出了大部分的资金用来投资建厂。2012 年 1 月 16 日，广西蔚阳嘉利茧丝绸有限公司正式登记注册成立，注册资本 500 万元。公司采用“公司 + 基地 + 农户”的发展模式，对农户实行“产、供、销”一条龙配套服务措施，主营业务包括：鲜茧收购；桑苗培育及销售；桑蚕养殖及销售；白厂丝、丝绸、蚕丝被、蚕具销售等。

（三）水土不服：意料之外的艰辛

作为一名 90 后，再加上父母都经商，陈旭东对创业一直怀有很大的热情。对蔚阳这个项目，他抱有很高的期待，觉得既能很好地发挥自己熟悉丝绸行业的优势，又能做一些力所能及服务社会的事情，很有意义；而且，如果能在远离家乡的地方干出一番事业，对自身能力也是极大的肯定。怀着满腔热血，陈旭东来到了蔚阳，他对妻子说，“我想去蔚阳干点事业，你和我一起去吧”，就这样，破釜沉舟的他不仅自己来到了蔚阳，还带来了妻子、年幼的孩子以及全部积蓄。回忆当初的决定，陈旭东说，“倒也不是一时冲动，其实我是评估了的，我觉得蔚阳有养蚕得天独厚的地理优势，政府又这么支持，而且人工成本相比浙江又低那么多，创业成功的可能性是很大的。而且，我们来这里做公司，还可以帮助当地的农户通过养蚕或者到公司上班提高收入，是一件对社会有益的事情，为什么不做呢？”

可是，现实很快给他泼了一盆凉水。原本陈旭东以为养蚕可以提高农户的收益，大家应该热情很高；然而，他看到的却是农户们拿着镰刀追到农业农村局门口，和相关领导对峙：

“我们玉米种得挺好的，为什么让我们养蚕？”

“养蚕大家收入可以更高。”农业局的领导解释道。

“我不相信。再说，我的土地拿来养蚕了，万一饥荒了，我吃什么？”

“不种玉米了，没有玉米秸秆，我拿什么烧火做饭？”

陈旭东和他的团队也尝试过说服农户养蚕比种玉米能赚更多的钱，但最终发现农户们不仅对种玉米有根深蒂固的执念，而且对养蚕这样的新生事物也有着本能的排斥，所以，短时期内说服大量农户养蚕几乎是一件不可能的事情。

不仅农户那边和他们之前想得不一样，基地和公司也出现了很多始料未及的事情。原本，陈旭东以为在广西当地，用工成本一定会比浙江低很多，但事实却恰恰相反。的确，广西当地的工资水平比浙江是要低很多的，但是，对这些员工的管理成本要远远高于浙江，最后算下来，人工成本反而更高。地处广西山区的老百姓很多从未在工业化企业工作过，也很少接触外面的世界，他们的生活淳朴而自由，受不得约束，也不懂得何为规则，更不要提契约精神：上班想几点来就几点来，分配的工作看心情能做多少做多少，家里有事不管大小连招呼都不打就走了……陈旭东清楚地记得，2013 年 3 月 27 日，嘉利茧第一次给员工发工资，第二天就发现公司的员工少了一半。原来很多人拿到工资后就不上班了，然后过了三五天之后，发现需要挣钱了，才又回到了公司。

这些行为远远超出了陈旭东的想象。习惯了江浙地区大家的职业精神，陈旭东一时无法忍受这种自由散漫的工作习惯，忍不住“教训”了几个人，并暂扣了几名无故缺勤的员工的工资。当地老百姓哪里受过这种“气”，干脆揭竿而起罢工不干了。陈旭东也年轻气盛，把厂房一关，停发工资，大家都别干了。这样类似的罢工在嘉利茧最初成立的 3 年，几乎每年都会发生一两次。事实上，直到 2021 年，很多问题依然无解。比如，当地的风俗很重视白事，有较为复杂的流程，员工经常一请假就要请 7 天甚至 10 天左右。更糟糕的是，这些员工之间关系非常紧密，往往一个村就只有一两个姓，员工之间往往沾亲带故，办白事要请假的情况隔三差五就会出现。陈旭东起初会坚决地表明自己的态度：除了自己的直系亲属，不准假。但后来，他发现，他准假与否其实并没什么用，对当地老百姓来说，班不上就不上了，钱扣就扣了，但是不参加白事是不可能的。所以后来，他也就只能睁一只眼闭一只眼。

陈旭东没有料到的还有员工内部之间的矛盾。蔚阳县由 5 个民族构成：壮族、苗族、彝族、仡佬族和汉族，在嘉利茧上班的主要是壮族、苗族和汉族的员工。起初，陈旭东并没有觉得这会有什么问题，但后来他发现员工宿舍时不时就发生矛盾：汉族的喜欢和壮族的闹，壮族的又特别喜欢和苗族的闹，虽然都不是什么大事儿，但是也不得不逼迫陈旭东花很多时间去协调这些矛盾。“大家这种互动挺有意思的，经常谁看谁都不爽，暗暗较劲，你像中元节，壮族过 7 月 14 日，汉族就要提前一天过 7 月 13 日，而苗族选择再提前一天 7 月 12 日过”，每每谈及这些意料之外的困难，陈旭东都会有些无奈。

（四）负重前行：扎根当地的共生共赢

意料之外的困难不仅让陈旭东措手不及，也让他的团队伙伴望而止步：在嘉利茧看不到盈利前景的头三年，陈旭东的两个合作伙伴王猛和李迪纷纷退出了公司，把股份转让给了陈旭东。事实上，在陈旭东来之前，蔚阳曾经有过两次发展种桑养蚕产业的尝试，一次在 30 年前，另一次在 20 年前，都失败了。陈旭东遇到的困难，前人也都遇到过，不同的是，以前的人来这里没有建设基地和工厂，所以没有任何的固定资本投入。陈旭东常常半开玩笑地说，“我要是和王猛、李迪一样没有固定投入，也跑了”。但是，陈旭东的内心很清楚，土地已经买了、厂房已经建了、设备已经装了，投入已经超过 2000 万元的他跑是跑不掉了，摆在他面前的只有一条路：往前走。除了毫无退路的境地，支撑陈旭东坚持下去的还有当地政府的决心。尽管老百姓不支持，但是蔚阳当地政府很清楚，要想改变经济落后的处境、提高老百姓的收入，必须寻找到好的经济增长点，必须发展现代企业。只有让当地百姓逐步融入现代企业的生产方式中，才可能推动扶贫工作从“输血”转变成“造血”，在根本上改善老百姓的生活。所以，当地政府给了陈旭东很大的支持，帮助他渡过难关。

巧妇难为无米之炊。种桑养蚕本身就会有一个周期，再加上初期农户对此给了很大的阻力，嘉利茧成立的前三年，都是靠外调蚕茧来解决生产所需。不过，陈旭东和当地政府都很清楚，外调蚕茧只是临时过渡之举，还得想办法调动当地农户的积极性。为了实现这一目的，起初，当地县委县政府主要发动乡镇干部、农业农村局等涉农干部去种桑养蚕。一方面，这些人感觉这是乡镇“派下来的任务”，党员干部要带头执行；另一方面，他们私下了解到千华市其他县已经开始靠种桑养蚕赚钱，所以也并不排斥先试一试。此外，经过广泛调研，陈旭东了解到，农户虽然整体不愿意种桑养蚕，但是有一些经常外出打工的人思想相对开放一些，有兴趣去小范围试试，陈旭东就抓住这部分人先突破，鼓励他们种桑养蚕。

陈旭东首先选择了高顺镇一个叫做湖平村的地方做试点。当地农户种玉米一亩大概收入 500 块钱，他就向农户承诺种桑养蚕最低收入一亩地 800 块钱，不够的嘉利茧补齐。第一年主要种桑树，收入很低，陈旭东还是按照承诺付给了农户相应的报酬，每亩地补了 300 多块钱。并且，农户最开始种桑树的树苗是当地政府免费提供的，相当于农户零成本尝试种桑，大大缓解了湖平村农户的顾虑。

事实上，不仅是种桑零成本，养蚕的环节中农户也是零成本。嘉利茧和农户采用了一种小蚕共育（嘉利茧）＋大蚕养殖（农户）的合作模式。在养蚕技术中，把孵化收蚁到第 1 次眠的蚕称为 1 龄蚕，以此类推，第 1 次眠到第 2 次眠的蚕称作 2 龄蚕，第 2 次眠到第 3 次眠的蚕称作 3 龄蚕，而 1 ~ 3 龄的蚕都被称作小蚕。小蚕的养殖很重要，如果养殖不当，会出现弱小蚕，影响之后茧的数量和质量。而小蚕的养育对环境、桑叶要求又比较高，因此嘉利茧建立了小蚕共育基地，采购蚕卵并把蚕卵孵化到 3 龄蚕之后再赊销给农户继续做大蚕养殖，嘉利茧从农户那里收购蚕茧的时候再把小蚕的赊销款扣除。这种深受农户欢迎的合作模式事实上是一种共赢，对嘉利茧来说，也有诸多益处：不仅可以促进小蚕发育整齐、强健，为大蚕饲养以及最终的蚕茧产出打好基础，还可以减少蚕病的发生、降低成本，更重要的是，嘉利茧可以通过这种方式从源头上控制蚕茧的质量。

作为企业家的陈旭东是一个颇具冒险精神的人，也深知高收益需要承受高风险。但是，逐渐地，他学会了站在农户的角度去思考，试图去感受他们内心的不安全感，去理解他们为什么想要赚钱却不肯承受改变种植作物的风险。这些思考最终帮助陈旭东找到了撬动农户的良方：零成本＋收益保障。陈旭东经常对和他一起来蔚阳闯荡的伙伴说，“这些农户们生活一直不太富裕，很害怕赚不到钱，也很害怕饿肚子。他们喜欢实实在在的东西，这样才会感到踏实，所以我们一定要在合作的时候打消他们所有的顾虑”。陈旭东是这么说的，也是这么做的：每次在和农户结算蚕茧款的时候，嘉利茧的人都是背着一袋子现金去。农户们非常高兴，他们不喜欢太复杂、太虚幻的东西，像“转账”这类陈旭东在浙江做企业时惯用的方式，在这里经常不被接受，农户们宁可少要点钱，也要确保拿到的是“看得见摸得着”的现金。

为了提高蚕茧的数量和质量，嘉利茧还为农户提供了很多技术上的支持（见图 16－2）。最初，他们会聘请技术人员深入到各个乡镇，手把手指导农户。由于基础交通不是很便利，往往要耗费数个小时在路上。时隔多年，陈旭东还清晰地记得，当初他和技术人员到一个叫作新粤乡的地方，花费了八九个小时。先是开小汽车用四个小时的时间到镇上，然后再坐近四个小时的摩托到村里，即使到了村里，还需要步行一个多小时才能到农户家。每当回忆这些，陈旭东总是淡淡一笑，“当时确实蛮艰辛的”。靠着这样一点一滴地积累，陈旭东渐渐看到了曙光。第一年桑树种下去的面积大概也就2000亩的样子；第二年，蔚阳县政府在当地投入了很大力气宣传种桑养蚕，桑园的面积发展到了5000亩；第三年，敢于先吃螃蟹的农户们开始赚到钱了，自然而然越来越多的农户主动加入到种桑养蚕的队伍里。到2021年，和嘉利茧有比较稳定合作关系的桑园已经超过5万亩。“这儿的人其实很淳朴也很简单，看到真的能赚到钱，很自然就跟上来了”，驻扎蔚阳多年，陈旭东不仅对种桑养蚕有了更多的了解，对当地老百姓也有了更深的理解。

图16－2　嘉利茧为农户提供养蚕技术培训

相比动员农户种桑养蚕，让当地老百姓们习惯企业的管理制度是一件更加艰巨的任务。即使现在谈及此事，陈旭东依然是有些无奈地挠头，“只能慢慢影响，相互妥协，有些问题可能就是无解吧……”在浙江做企业时，因为大家已经建立起来了基本制度和规矩意识，所以，刚来蔚阳的时候，陈旭东根本无法理解连离岗请假这么简单的事情还需要解释。正是因为这样的想法，在嘉利茧成立的初期，陈旭东和基地、公司的员工经常处于剑拔弩张的状态。后来陈旭东慢慢意识到，规则的建立不是天生的，也不可能一蹴而就，只能慢慢引导。有时候，他会半开玩笑地说，“既然我改变不了他们，那就只能让他们慢慢改变我”。的确，相较初来蔚阳时，陈旭东有了很大的改变，嘉利茧的员工们也有了很大的变化：从最开始的员工擅自旷班、陈旭东勃然大怒；到后来员工请假、陈旭东不准假；再到现在员工请假5天、陈旭东批假3天，双方各自退让，逐渐达到一种平衡。

在达成这种平衡的过程中，陈旭东也颇花费了一些心思。比如，员工无故旷班，按照制度会暂扣工资，员工当然不愿意去找管理层闹。这时，陈旭东就会和生产厂长冯华商量好，冯华来唱黑脸向大家强调纪律意识和规则意识，然后假装赌气让员工找陈旭东，接着陈旭东再唱红脸表示体谅大家的不易、感谢大家的奉献，但是公司要发展、大家要赚钱必须要有规则有纪律。最终达成的结果就是马上给员工发放工资，但是会扣除一定的金额，不过这个金额又比制度规定的要少一点。就这样，在讨价还价的过程中，员工们的纪律意识和规则意识慢慢得到了强化。现在，嘉利茧在监控员工考勤这方面已经不再主要采取扣钱这样负向激励的方式了，而是采取设立全勤奖这样更正向的激励方式。

谈及基地和公司员工工作习惯上的变化，陈旭东将此归功于冯华和那些之前有过外出打工经历的员工，“冯华很不容易，面临很大压力，但是没办法，如果他太弱势了，我这个老板就没法干了，委屈他了。还有像李秀、王广这几个之前去深圳打过工的年轻人，他们有纪律意识和规则意识，平时会有形无形地影响周围的人，他们就像种子一样，带动周围懂规矩的人越来越多，最终形成一个氛围。只要懂规矩的人比不懂规矩的人多了，后面就会进入良性循环。”

（五）绵薄之力：艰难生存中的责任担当

陈旭东最初想来蔚阳建厂，主要看中了蔚阳独特的地理位置，本以为低廉的劳动力成本和政策红利。然而，第一次到蔚阳见到的情景深深地触动了他。那天，他们开车到蔚阳县清洛乡下辖的一个叫做甘若村的地方调研。陈旭东清楚地记得那是在冬天，路上的很多孩子却依然穿着一双单鞋。在他们开车从村里往镇上返的时候，一个孩子拦住了他们，问能不能搭车，捎他们一程。路上和孩子们聊天，陈旭东才知道，从村里到乡镇有一段连开车都不好走的土路长达 13 公里，但当地的学生需要每周五从镇上的学校走回村里，然后每周日再从村里走回学校。搭车的学生已经初一了，却一次县城都没有去过，镇上的学校就是他见到的最“大”的世界，除去每天政府提供的免费午餐，这个孩子一周只有 10 元的零用钱。这些对蔚阳当地百姓来说习以为常的情景，却改变了陈旭东的心境：赚钱固然重要，但是他更想为蔚阳当地的百姓做点事情。于是，他找了 3 名蔚阳当地品学兼优却家境困难的大学生，给予每人 1 万元的资助，尽可能地给这些学生带来更多的温暖和切实的帮助。

但是，一次意外“被骗”的经历，改变了陈旭东的想法。通过一个偶然的机会，陈旭东认识了一个自称是慈善家的老师——王杰，他设立了一个基金会专门筹款帮助贫困学生。陈旭东很信任他，给他的基金会捐了 2 万元，直到后来王杰被抓了，陈旭东才知道那 2 万元根本没有给到任何学生。从那之后，陈旭东基本上就不再捐钱了，取而代之的是直接买东西：给老人小孩买衣服，给周边的小学买课桌椅，给村里的贫困户买生活用品……除非有很明确的资金用途，比如当时有个村子的村民想集资来修一条水泥路，陈旭东捐助了 1 万元（见图 16－3）。

也是这次被骗之后，陈旭东开始琢磨，怎样才能让自己创办的嘉利茧从根本上帮助到蔚阳的老百姓。捐钱捐东西固然有效，但都不是长久之计，而且嘉利茧还没有真正办起来，想要通过捐赠的方式来帮助他们似乎也不现实。俗话说“授之以鱼不如授之以渔”，思前想后，陈旭东觉得还是帮助蔚阳的老百姓学会赚钱是最可行的办法。“我是来赚钱的，而帮助蔚阳百姓最好的办法是让他们也学会赚钱，那我们一起来做事不就可以都赚到钱了？”从那时起，蔚阳老百姓在陈旭东心中就不再是“低廉劳动力”的代名词，而是利益

图 16－3　嘉利茧到蔚阳乡村的新年送温暖活动

攸关的合作伙伴。在嘉利茧成立初期比较困难的时候，陈旭东也问过自己“还要不要继续和这样的‘伙伴’合作，”但每次冷静下来之后，他的脑海中就会闪现初到蔚阳时的画面，心中也就多了一份坚定，“但是，真的很难，想过要放弃。”

在嘉利茧内部，有一份和当地政府确认过的贫困户名单。凡是在这份名单上的农户，嘉利茧都会给予一些特殊的优惠，比如卖给他们的小蚕的价格会比市价低 10～20 元/张；给他们提供肥料、蚕药、蚕具等的赊销，并且提供的价格就是嘉利茧大规模购入时候的成本价甚至更低（见图 16－4）。

图 16－4　嘉利茧赊销给贫困户的肥料、餐要、蚕具等

当然对于在嘉利茧基地和公司上班的员工也会给予一定的支持，如果有购房需求，可以提前预支工资；每到中秋、国庆、妇女节、劳动节等节假日，员工都会收到嘉利茧送的

慰问品（见图 16 –5）；年底的时候，员工还会收到送给他们孩子和父母的新年衣服。陈旭东还会利用自己的关系尽力帮助嘉利茧员工的子女来县城上学。正是这些微小却朴实的帮助，一点点缓和了嘉利茧创立初期出现的各种冲突。

图 16 –5　嘉利茧给女工发放妇女节慰问品

2015 年 11 月 23 日，自中共中央政治局审议通过《关于打赢脱贫攻坚战的决定》以来，扶贫工作逐渐成为多地政府工作的重点，嘉利茧也因其较为突出的带贫绩效被越来越多的人关注。然而，每当谈及扶贫主动的话题，陈旭东总是轻描淡写道，“其实从金钱上我们能帮助到他们（蔚阳当地百姓）的也很有限，毕竟我们这个行业利润率没有那么高，嘉利茧也处在创业的初期，我们能做的其实就是尽可能扩大规模多招工，以相对更高的价格收购蚕茧”。在他的心中，嘉利茧和蔚阳的百姓之间并不是“扶”贫的关系，“这种帮助是相互的，没有他们，嘉利茧也赚不到钱”。正是基于这样的一种认知，陈旭东从未把嘉利茧放在高高在上的位置。蔚阳县有几个乡镇，比如隆裕镇、德或镇、清洛乡和棉华乡离嘉利茧比较远，村民翻山越岭上门送茧不太便利，陈旭东就组织人员下村去收。

嘉利茧带给蔚阳当地老百姓的改变远不止经济上的改善。在自身发展的同时，嘉利茧也在身体力行地把现代农业的生产理念、生产技术、生产方式带到蔚阳，更重要的是，通过每一次和农户、员工的互动，嘉利茧在潜移默化中将规则意识和企业工作习惯传达给了当地的老百姓。比如，在收购蚕茧时，政府的工作人员也好、朋友也好、亲戚也好，总会有一些人和陈旭东打招呼说某户的收购价格能不能高一点，而每一次，陈旭东都坚持：不管你是谁，我们的收购价是一样的。正是像这样一次又一次的互动，不管是农户还是基地和公司的员工，都逐渐和嘉利茧建立了信任。陈旭东经常颇为自豪地说，“我敢这么说，打个比方，现在的蚕茧收购价是 30 块钱，一个外面来的蚕茧贩子愿意出价 31 块钱，农户还是会照样卖给我们。为什么呢？因为这么多年来，我们从未拖欠过农户的蚕茧款，并且每一次都是现金支付，这种点滴建立起来的信任是非常扎实的。”

2019年以来，受全球新冠疫情影响，茧丝绸商品的出口受到了很大的冲击。对茧丝绸商品需求的减少直接导致对蚕茧的需求减少，并最终导致市场上蚕茧价格的下跌，这意味着农户的收入会大幅降低。这时，农业农村局的领导找到陈旭东，希望嘉利茧能够以保护协议价格收购农户的蚕茧，而保护价和市场价之间的差额政府补贴一半，嘉利茧承担一半。陈旭东毫不犹豫地答应了这一建议。他觉得，作为自治区级别的龙头扶贫企业，嘉利茧有责任和义务在脱贫攻坚的关键时刻（2020年）做点什么。而且，“从经营企业的角度来看，如果不以保护价收购，那么农户很可能在来年减少桑树的种植，甚至是挖掉已有的桑园。这意味着，后年甚至更久远的未来，嘉利茧生产需要的最基本的原料——蚕茧，可能就没有了，所以为了嘉利茧的明天，从企业经营的角度，我也是双手赞成保护价格收购的提议的，更何况蔚阳县政府给了我这么多支持和荣誉，拒绝保护价格收购的提议，我的良心上也过不去。”

（六）眺望未来：泥泞却有光的前路

从2011年的偶然结缘，到2021年的共生共栖，嘉利茧和蔚阳已经愈加融为一体。从被抵制到逐渐被接受，从业绩亏损到持续盈利，从一家外来企业到被当地政府和百姓都认可、尊重的自治区级扶贫龙头企业，嘉利茧不仅实现了自身作为一家创业公司的成长，而且实实在在地给蔚阳带来了很多改变，这些都让陈旭东感到无比自豪，“国内蚕丝企业竞争很激烈，像江苏的英宝丝绸、上海的中丝集团、浙江的达利丝绸等，算上各种中小型企业得有100多家，但是像嘉利茧这样，把企业经营和扶贫工作如此深入地结合在一起的，几乎没有。我觉得10年前来到蔚阳，是目前让我最骄傲的一个决定。如果当初不来蔚阳，像我弟弟他们在杭州买房，估计现在我也是个‘富豪’了。但是，我觉得我做的事情更有意义，更能让我感到自我的价值。”

谈及未来，陈旭东展望道，“尽管蔚阳现在已经脱贫，但还远谈不上富裕。未来，在蔚阳乡村振兴的道路上，嘉利茧依然可以发挥作用。比如，未来嘉利茧可以做一些桑蚕配套基础设施建设的工作，把纺织、印染等桑蚕业下游产业也纳入到嘉利茧的业务中。”10年来的积累为嘉利茧的这些规划提供了一定的保障，更重要的是，这些规划不仅得到了在浙江的父亲的支持，更得到了蔚阳县政府的认可。

然而，陈旭东也清醒地意识到，这些看似美好的规划要想落地还有很多工作要做。尽管10年来的真诚投入使得嘉利茧和蔚阳百姓建立了较好的关系，但是还有很多很棘手的问题没有解决。首先是农户这边，尽管桑园面积在逐年扩大，年产茧量也逐步增加，但随着越来越多的人加入种桑养蚕的队伍，有部分农户察觉到了一丝商机，试图以中间商的身份对其他农户的蚕茧进行收购，然后转卖给嘉利茧赚取些许差额利润。比如，嘉利茧对蔚阳县全体农户一级蚕茧的收购价格为20元/斤，那么这些“中间商”就试图以20元/斤或者稍低的价格从农户那里收购，然后再以20元/斤或者更高的价格卖给嘉利茧。这些“中间商”和农户本来就是抬头不见低头见的乡里乡亲，一旦开口，大家就很难拒绝，所以尽管农户们和嘉利茧相处很好，但是抹不开面子，也就把蚕茧卖给这些中间商了。陈旭东从内心很不认可这种行为，所以他拒绝了所有类似中间商的出价。于是，这些中间商转而就去卖给蔚阳县甚至周边其他县的蚕丝企业。面对农户和蚕丝的流失，陈旭东感到遗憾却又无可奈何。还有基地和公司的员工，虽然大体上现在大家的规则意识建立起来了，但是有些根深蒂固的习惯是难以改变的。比如直到现在，仍然时不时就会有员工因为白事请假，不管是否被准假，他们都会缺勤，有时甚至会缺勤好几天。

除了内忧，嘉利茧也面临着不小的外患。目前，嘉利茧主要是把加工好的茧丝绸原料买到江浙一带，大概46万~47万元/吨。近几年，周边朝鲜也开始发展种桑养蚕业，尽管他们茧丝绸质量稍差，但是他们的价格更低，大概只卖到40万/吨左右的价格，这样很多江浙的绸厂就会选择朝鲜的原材料，对嘉利茧的冲击还是很大的。

面对这些内忧外患，陈旭东一时也没有想好如何应对，但是，他觉得自己有两大法宝：一是产品的质量。由于采用了小蚕共育的模式，嘉利茧收集上来的蚕虫品种单一，因而制成的产品丝纤维粗细均匀，洁净度高，均可以达到5A级以上高品位丝等级；二是当地政府的支持。发展种桑养蚕产业仅靠一家企业的力量很难调动各方资源，十年来，嘉利茧的发展一直得到了蔚阳县政府的大力支持（见图16－6）。比如在资金方面，嘉利茧近几年都可以获得一定额度的贷款：2016年获得广西蔚阳农商业银行股份有限公司营业部流动资金循环贷款300万元；2017年公司在蔚阳县经贸局的支持下，通过“惠企贷”新增贷款至600万元；2018年通过“惠企贷”新增贷款至800万元，为公司未来建设铺垫良好基础；2019年又获得了“政银企担”合作模式下的500万元贷款，这也是蔚阳县首笔采用此种模式发放的贷款，充分显示了当地政府对嘉利茧的信任。陈旭东相信，就凭这两大法宝，未来的乡村振兴战役中，他依然可以带领嘉利茧为蔚阳的发展作出贡献。

图16－6　蔚阳县政府领导视察嘉利茧

六、启发思考题

（1）陈旭东为什么会到蔚阳创办嘉利茧?

（2）被蔚阳当地的贫困现状触动后，陈旭东决定如何帮助蔚阳当地的百姓？客观上，嘉利茧给蔚阳当地老百姓的生活带来了什么改变?

（3）初到蔚阳，陈旭东遇到了哪些意想不到的困难？他与当地政府、农户以及基地和公司的员工进行了哪些关键的互动来克服这些困难?

（4）嘉利茧的未来面临哪些挑战？为了应对这些挑战，并能够继续实现其社会价值，嘉利茧应该坚持什么？应该改变什么?

案例 17：商务信用赋能中药材产业链金融创新、助力脱贫攻坚

——“营销风险管理”课程思政教学案例

张云起
（中央财经大学商学院教授）

一、基本信息

课程名称：营销风险管理
授课对象：硕士研究生
知 识 点：营销风险管理第七单元
主讲教师：张云起

二、教学目标

（一）知识目标

学习商务信用的知识。

（二）能力目标

基于当今大数据背景，建立商务信用评估体系，结合产业实际，解决实体经济中的困难问题。

（二）育人目标

培养学生的商务信用素质，引导学生关注实体产业中的问题，尤其是了解金融在乡村振兴中的作用。

三、教学重点与难点

（一）教学重点

掌握商务信用在产业链金融中的作用，理解金融赋能农业产业发展的作用。

（二）教学难点

如何基于政务数据、商务数据、金融数据对企业进行商务信用评估？

四、课程思政案例介绍

（一）导言

中药材产业是我国重要的特色产业，对于增进人民健康福祉、推进乡村振兴战略、传承我国优秀传统文化具有重要意义。亳州市位于安徽省西北部，在1000多年前就是我国重要的中药材种植、加工与交易地。经过多年的发展，中药材产业成为亳州市的支柱产业。中药材种植规模不断扩大，拥有全国最大的中药饮片加工产业，面积最大、种类丰富、交易活跃的中药材交易中心，在国内中药材市场中居于领先地位。但是，亳州中药材产业也存在供给结构不够合理、龙头企业带动能力不足以及产业数字化转型压力较大等问题。为此，2013年，中央财经大学商学院信联网商务信用研究团队与亳州药都农村商业银行合作，就亳州中药材产业链金融服务进行研究设计。针对亳州中药材产业发展问题以及当地脱贫攻坚的实际，利用商务信用技术设计了中药材产业链金融服务产品，并于2016年7月运用大数据技术，开发金融服务平台，实现产融结合，为促进当地中药材产业链金融服务提供了有力支持，也相应地促进了当地中药材产业的发展，对脱贫攻坚和乡村振兴发挥了较大作用。

（二）案例正文

1. 背景简介

（1）亳州市中药产业介绍。

亳州市是中国著名的四大药都之一。中药材产业是亳州市的战略性产业，目前，亳州药材种植面积超过100万亩，拥有全国最大的中药材规范化种植示范基地，种植具备规模优势，产业基础好。亳州中药材产量持续增长，随着国内国外需求增加，市场需求也比较旺盛。亳州中药材交易市场活跃，营销渠道广，是我国国内面积最大、品种最齐全、交易量最大的交易集散地。发展现代中药材产业是亳州市产业发展目标，也是当时亳州市进行脱贫攻坚、乡村振兴的重要抓手，亳州市依此全力打造全球中药材之都。

但是，随着产业的快速发展，亳州市中药材产业也出现了一些问题。首先，中药材供给结构不够合理。高端产品较少，精加工技术含量有待提高。其次，中药材龙头企业引领能力不足，虽然已经形成产业链，但是产业链带动能力有待进一步提高。再次，产业数字化建设是推动产业提质增效的关键，亳州中药材产业链环节多，成员类型多样，产品较为复杂，因此中药材产业数字化转型空间较大。最后，金融是经济发展的核心，要提升亳州中药材产业链稳定性和竞争力离不开金融的支持。作为亳州人民自己的银行，亳州药都农村商业银行在推进亳州中药材产业的有机融合、实现二次产业升级方面具有优势。

（2）亳州药都农村商业银行概况。

安徽亳州药都农村商业银行（以下简称药都农商行）成立于 2005 年，最早为“谯城区农村信用联社”，经组建发展为股份制商业银行。药都农商行以“服务三农”、支持地方经济与产业发展为经营目标，注重产品创新，是当地产品种类丰富、网点覆盖城区与乡镇的地方银行。根据 2021 年年报数据，药都农商行现有营业网点共 52 个，员工 831 名，注册资本 10. 17 亿元，资产规模 581. 8 亿元，各项存款余额 443. 16 亿元，贷款余额 437. 18 亿元，存贷款市场份额在亳州市银行同业位于前列水平，在全省农商行中排在前列。

药都农商行为了促进产融结合，金融赋能产业发展和农村脱贫，利用大数据技术促进与亳州中药材产业链协同发展，2013 年 8 月，与中央财经大学合作研究，共同设计了中药材产业链金融服务产品。

2. 案例描述

信联网商务信用在金融信贷领域的应用，是以产业链核心企业为节点企业，将其与其他成员的交易情况作为评价商务信用的主要依据，为产业链上下游其他成员提供金融支持，其核心是建立商务信用评估体系，通过金融支持增强产业金融支持水平。

因此，项目组深入调查分析亳州市中药材产业链情况，了解药农、药商、药厂、药行、药市等产业链环节存在的问题，理清产业链上下游成员之间的交易基础，理顺中药材产业链中的商务信用体系，建立了以中药饮片厂为核心的中药材产业链，并开展中药材产业链金融服务，赋能产业发展，促进脱贫攻坚。

（1）信联网商务信用 + 产业链上游。

①产业链上游客户为亳州数万药商。药商数量多，资金周转率高，是药都农商行的重要客户。药商可以分为给饮片厂供货的中药材原料药商（俗称原药供货商）和从事中药饮片销售的药商（俗称药材经销商）。上游主要是指原药经销商。

②产业链上游客户特点。药商资金需求季节性强，不仅有大量的临时资金需求，也有频率很高的金融服务要求，还有药材淡季闲置资金的投资理财需求。作为我国最大的中药材种植基地之一，上游客户数量多，其业务关系着亳州中药材产业可持续发展能力。他们不仅活跃在当地中药材市场上，而且行走在全国甚至海外中药材市场中。因而药都农商行应将这部分业务作为增长点，争取通过资金扶持的方式，吸引他们来药都农商行开户，并将其往来业务流量作为贷款量评估和利率优惠的基础。

③信联网商务信用 + 产业链上游客户方案。对于原药供货商，可以用其给当地饮片厂供货的应收账款做质押担保，给予一定额度的流动资金贷款。如果本地的药材经销商向本地制药企业或外地知名大型制药企业供货，也可以把对制药企业的应收账款做质押进行流动资金贷款。

④产业链最上游的是药农。亳州有数十万药农，他们对小额金融服务需求急切，也是脱贫的主要对象，但以往其金融需求很难得到满足。药都农商行为了助力脱贫攻坚，推出全民授信业务，无疑是对亳州人民的最大信赖和支持。但这种全民性授信额度不会太大，在此基础上，对药农在种植及生活上的急需资金，探索了以饮片厂交易信息为基础，整合

政务大数据，进行商务信用评估，然后一次授信，随贷随还的金农易贷金融服务产品。创新探索以药农的土地承包权、集体财产收益权和“种植在生的中药材”等为抵押的小额贷款服务，切实解决药农贷款难的问题。

（2）信联网商务信用+产业链中游。

①交易市场。亳州市中药材交易市场是我国国内最活跃、品种最多的药材市场。其中有两个较大规模的中药材交易市场。药市的集中交易大厅需要有金融结算服务，药材市场中的独立商铺不仅有金融结算需求，还有存贷款的金融服务需求。药都农商行通过为客户提供多层次增值服务，争取了大部分市场中优质商铺资源。对市场中的商户根据业务流量给予一定规模的流动资金贷款支持和利率优惠。

亳州有全民种植药材的传统，所以在谯城区的主要乡镇有相对集中的原产地药材交易行（以下简称药行）。分布在乡镇的药行有很高的金融服务要求，如统一结算等，也有市场发展的资金需求，更有繁荣市场、帮助客户的金融服务需求。药都农商行利用自身网点的优势，为这些药行提供发展资金的扶持和必要的基础服务设施建设支持，用增值的金融服务在这些药行统一布置了交易结算系统，从而争取到药农的结算业务，并通过给全区药农发放药都银行药农信用卡的方式，得到了信用卡普及。

②加工企业。中药饮片厂包括一般饮片企业、生产饮片与中成药的中药饮片企业。加工企业是中药材产业提质增效的关键，具有企业规模大、投入多、资金需求量大的特点。由于加工企业金融服务要求较高，项目选择加工企业中实力较强、发展前景好的企业作为产业链金融服务的核心骨干企业。通过这些核心骨干企业的营销渠道，将其上下游的企业和农户构建成一个商圈，以中药材市场的产业链贯通药都农商行的金融服务链。对饮片厂实行产业链整体授信，除对饮片厂自身所需资金支持外，还对其原药供货商和饮片经销商、种植基地的药农提供金融服务。将其商圈的资金流量整体纳入饮片厂的商务信用管理体系，并作为审核信用额度和利率优惠的依据。

（3）信联网商务信用+产业链下游。

亳州中药材产业链成员中，因饮片厂和药企商务信用辐射范围大，资金需求量也比较高。为了提高金融服务效能，项目选择具有一定实力的核心企业，利用其商务信用水平，辐射至产业链下游商户。通过这些核心骨干企业的营销渠道，将其下游构建成一个商圈，以中药材市场的产业链贯通药都农商行的金融服务链。通过对饮片厂的商务信息的掌握，对其饮片经销商提供金融服务。对于饮片厂下游的药材经销商，当他们资金紧缺时，可以由药材经销商申请指定采购贷款，将资金以货款形式支付给本地中药饮片厂。

药都农商行在探索中药材产业链金融服务的过程中，将其产业链商圈的资金流量整体纳入饮片厂的信用管理体系，并作为审核其信用额度和利率优惠的依据。尤其是根据核心企业的交易信息，及时充分地反馈其业务交易信息，作为商务信用评估的重要信用信息来源，并汇集当地政府的政务大数据信息和金融系统信用信息。基于这三方面的信用信息，建立商务信用评估模型，从而评估产业链成员的信用水平，通过开发的信贷平台“金农易贷”和“信贷工厂”分别给予授信，采取“一次授信，随用随贷，随贷随还”的方式，大大方便产业链上多个主体的信贷需求。其产业链关系如图17－1所示。

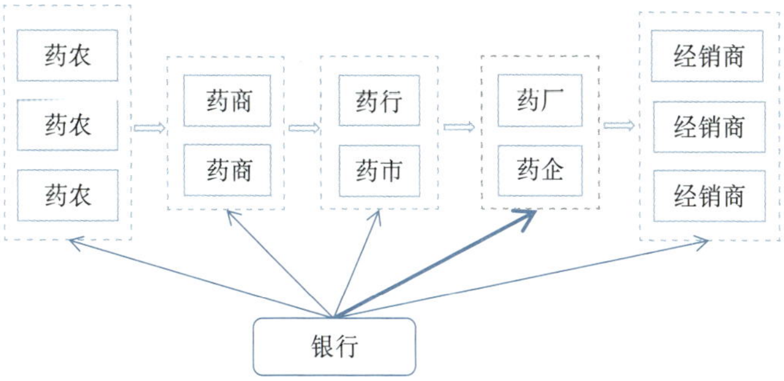

图17－1　亳州药都农商银行中药材产业链金融服务结构

（三）实施效果

1. 实现了业务风险的有效控制

针对中药材产业链上下游之间形成的应收账款进行质押贷款，通过对应收账款形成的过程及回款跟踪、账户监控等风险控制手段，实现了业务风险的有效控制。该银行采用“五位一体”风险管理方法，有效控制了业务风险，如图17－2所示。

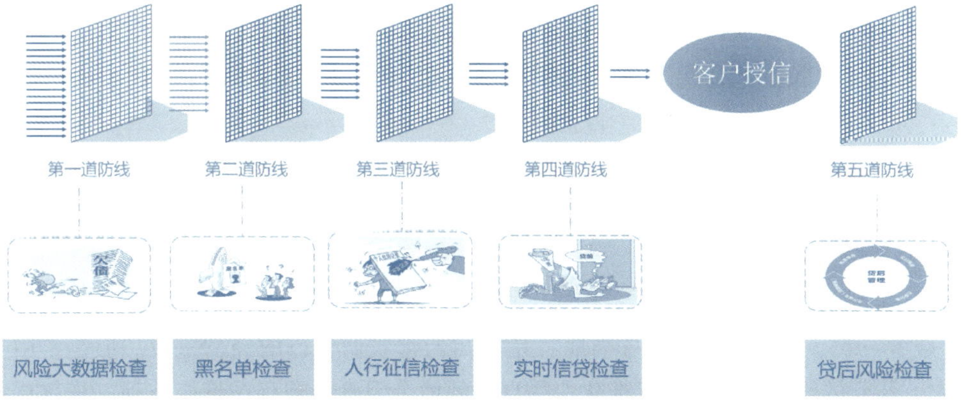

图17－2　“五位一体”风险管理体系

“五位一体”风险管理体系，通过风险大数据检查、黑名单检查、人行征信检查、实时信贷检查，并在贷后通过全量贷后预警模型、违规信贷操作行为风险提示、预期违约损失率测算、网贷中心每季抽查模型、每季贷后抽检模型等方式进行贷后风险检查。贷前、贷后形成风险管理闭环，贷后催收的真实结果再反馈给贷前模型，完善风险识别能力。

2. 拓展了业务范围，提升了业务量

亳州药都农商行首次采用应收账款业务，拓展了业务范围，吸引了一批企业在该行开设基本账户，提升了业务量。此外，以便捷、到账快、普惠金融的服务为特点，依托大数据技术形成的自动构成全流程，全程无纸质资料、无断点的金融服务，亳州药都农商行凭借“极简金融”“极致体验”吸引了大量新增客户。

3. 解决了亳州中药材产业发展中的资金限制问题

应收账款是中药材流通和加工企业的常规和主要资产，长期以来这种资产很难进行融资，农商行采取应收账款业务，满足了中药材产业链上的主要客户的融资需求。

（四）总结

截至2021年年底亳州药都农村商业银行中药材产业链信用贷款累计超过1200亿元，风险率控制在0.38%。通过金融支持，扩大了扶贫资金覆盖面，加大了扶贫力度，加快了扶贫进度，增强了当地中药材这一特色产业。2021年，亳州药都农村商业银行获全国脱贫攻坚先进集体荣誉称号，为地区经济发展、人民收入提高作出了积极贡献。

亳州药都农村商业银行通过商务信用平台进行金融产业赋能，推动了金融与中药材产业融合发展。商务信用体系能够帮助商业银行、中药材产业链核心企业等建立产业链金融服务平台，为中药材产业链上下游中小微企业提供高效便捷的融资渠道，发展线上产业链金融模式。此外，通过数据公开、信息公示等手段，政府监管数据与行业数据之间的共享，不仅加强了中药材产业链大数据分析和应用，确保借贷资金基于真实交易，确保资金流向中药材实体经济。同时金融机构利用互联网、云计算和大数据等技术，加强了对中药材产业链金融的风险监控，进一步提高了事中事后风险管理水平。商务信用赋能产业链金融服务，金融服务助力了脱贫攻坚，亳州药都农商行探索了一条成功的道路。

（五）案例分析

1. 典型性

（1）金融机构服务三农、服务中小、服务当地的典型代表。

“服务三农、服务中小、服务当地”是亳州药都农商银行的经营宗旨。但是，由于大量药农、药商的经营产品难以标准化、受自然环境等因素影响存在价格波动，贷款抵押物难以明确衡量。此外，中药材特色产业链上成员间的交易信息复杂，银行对其真实性也难以把控。种种原因导致亳州药都农商银行难以扩大信贷规模、信贷风险较大，也很难挖掘优质客户。

商务信用体系的应用通过区块链、大数据、云计算等技术解决了上述问题。亳州市成立创建国家智慧城市试点工作领导小组，设立专业职能部门数据资源局，建立城市基础数据库，推动部门间数据互通共享、关联应用。截至2021年，已整合、分析、入库58家单位795类30多亿条公共数据，包括公安、人社、民政、交通、房产等部门核心数据并实现关联实时调用。药都农商行通过参与智慧城市建设，获得亳州市政务数据的大力支持，他们开发的商务信用模型可以内置数据资源局数据中心机房，通过批量运算以评分模式获取客户资产、负债、信用等多维度数据画像结果，结合商务信用模型测算，给亳州客户提供基于数据分析、运算的信用贷款额度。因此，通过商务信用技术的有效应用，银行能够核实企业交易背景及动态跟踪经营状况，并通过信联值确定信贷水平。商务信用的应用提高了药都商业银行服务三农、服务中小企业、服务地方特色产业发展的能力和水平。

（2）地方特色产业链金融应用于风险控制的典型代表。

在我国产业链升级的大背景下，探索地方特色金融服务产业链发展，尤其是利用地方政府和产业链的数据资源，利用金融科技手段，赋能产业链发展，可以实现产业链与金融的协同发展。

产业链金融风险是产业链金融管理的重点问题。药都农商行通过对中药材产业链成员金融风险的识别分析和评估，了解产业链金融风险的程度，进而研究制定和实施金融风险应对策略，从而使产业链上的主体企业得到长期稳定的发展。

（3）商务信用提高产业链金融效率的典型代表。

商务信用体系的应用加快了亳州金融产业赋能，推动了金融与产业融合发展。通过打造亳州药都农村商业银行商务信用平台，推动了金融、政府部门与中药材产业链深化合作，利用互联网、云计算、大数据等技术，不断优化信用环境，为产业可持续发展提供更好的金融环境，推动产业链金融的进一步发展，确保资金流向实体经济，解决药农、药商等基层群众的金融需求，助力了脱贫攻坚任务的完成。

2. 理论依据

（1）商务信用理论。

以商务信用理论为基础，综合利用市政府智慧城市建设的社会化数据以及互联网技术，建立信用体系和信贷平台，为产业链客户提供一定额度的信用贷款，并实现自助办理信贷和还款业务。

（2）产业链金融创新理论。

数字技术创新是经济的驱动力，随着数字化技术的发展与数字经济日臻成熟，以及各种新业态和新商业模式不断涌现，数字技术正在与其他产业深度融合，促使产品与服务形态、企业组织形式、企业间的竞争合作模式以及产业结构等转型变革，各种新业态和新商业模式不断涌现。大数据、云计算、物联网等新兴技术逐步应用到金融业务的信用转换，不断延展并创新金融服务的模式、流程、业务以及应用，使得整个金融业逐渐呈现出要素整合功能的新金融发展范式。

3. 存在的问题和改进的建议

（1）存在的问题。

①农村商业银行的区域限制与中药材特色产业跨地区发展之间的矛盾。亳州市中药材特色产业具备规模优势，是我国中药材重要市场，出口前景可观。未来，当地特色产业链成员不会局限于亳州地区。但是农村商业银行的区域限制制约了该银行的发展。此外，新的信息技术不断涌现，由于地方农商银行人力、财力、物力有限，制约了智能化银行的持续转型。

②产品需要持续创新。一方面，现有产品主要围绕信贷产品，缺少针对不同产业链成员的定制化金融产品设计。另一方面，市场变化快，金融机构需要对信用和风险指标持续改进。

（2）对策建议。

①政府层面。

第一，国家应通过产业链的延伸，适当放宽对农村商业银行的区域限制。

第二，地方政府应加大对产业发展的资金扶持力度，尤其是对产业链发展中的短板环节给予“补链”或“强链”。

第三，金融监管部门应加强对农村商业银行的业务指导，并建立健全信用数据共享机制，促进企业信用信息互联互通。

②金融机构层面。

第一，完善并精细化商务信用与风险评估指标体系。从金融机构层面来看，应当全面完善并精准化商务信用和风险评估指标体系，设置合理的评估指标权重。这要求金融机构要结合实际情况，对产业链上的中小企业商务信用和风险评估指标体系进行改进，更加关注企业的信用信息及行为类指标。

第二，创新产品设计。可以通过设计智能支付、智能担保等产品加强产业链金融服务能力。

第三，使用信息化手段对中药材产业链上应收账款进行审核和跟踪；建立与应付账款单位的日常沟通机制；加强对贷款客户的跟踪服务和应收账款回收指导。

4. 适用范围

本案例适用于建立基于商务信用体系的地方特色产业链金融服务平台和企业营销风险的管理控制。

（六）启示

1. 可借鉴之处

（1）产业链金融信用评估和风险控制。

信用评估和风险控制是商务信用在金融业务中最重要的应用。商务信用评估的核心是建立产业链经营主体的商务信用体系，通过对信息的不断筛选来评估信用主体的信用水平，从而有针对性地采取差异化授信。银行通过多层次、多维度数据可以有效实现对融资主体的交叉验证，有效解决信息不对称、交易成本高、风险控制不健全和模式单一等问题，提升了对产业链成员商务信息甄别、风险控制等能力，为产业链金融风险控制提供了新的思路。

（2）以商务信用平台为核心。

以商务信用评价、分析与风险管理为核心，药都农商银行通过对体量巨大、类型多样的数据进行存储、挖掘、分析，依托核心系统进行批量运算，优化了产业链金融服务产品。同时也体现了信用赋能产业发展，助力脱贫攻坚的作用。

2. 经济价值和社会效益

（1）促进农商银行智能化转型。

通过不断提高金融服务产业链的科学性、规范性，有效解决人员有限、产业大而不强、成员资金受限的矛盾，通过信息技术有效防范信贷风险。药都农商行通过科技应用实现了智能化转型。

（2）支持药农脱贫和乡村振兴发展。

以中药材特色产业为服务对象，以帮助药农脱贫为重点，设计研发金融服务产品，有效缓解了产业链成员融资困难问题，支持了地方中药材产业发展，赋能当地脱贫攻坚，促进了乡村振兴。

（3）提升产融结合能力。

药都农商银行应用商务信用体系，为产业链成员提供全面的金融解决方案，实现了多方协同发展的产融结合，满足了产业链运行差别化的价值诉求，促进了产业链的持续发展。

五、教学方法与手段

（1）教学方法：案例分析讨论。

（2）教学手段：情况介绍 + 视频资料 + 媒体资料。

六、教学实施过程

让学生了解中药材产业背景，厘清产业链上的经营主体，介绍农业产业链上的信用评估难题，也是造成营销风险的主要问题。然后结合理论学习，引导学生思考如何解决现实问题？

在学生思考后，先介绍这个案例，然后让学生课后阅读案例，并从网上搜索亳州中药材产业的情况以及药都农村商业银行在中药材产业链金融的实施情况。

在阅读案例和查找资料分析的基础上，让学生代表分享学习体会，进行必要的讨论，最后老师给予点评。

七、考核与评价方式

学生代表课堂分享案例研究材料和见解，课后提交案例分析报告作业，老师根据学生课堂分享和讨论的情况进行点评，并根据学生的作业给予记录成绩。

八、实施成效

通过该案例教学，学生不仅掌握了商务信用的评估知识，更结合产业实际，分析了我国当前农业产业发展中的问题，金融能够赋能农业产业发展，助力脱贫和乡村振兴。学生们普遍表示：坚信信用的力量，在未来的商业行为中做诚实守信的表率。

案例编写人员：

（1）张云起，商学院教授；

（2）鑫颖，商学院博士生；

（3）耿勇，商学院副教授；

（4）李煜伟，商学院副教授；

（5）王毅，商学院教授。

案例18：安得广厦千万间：房地产投资信托（REITs）助力保租房建设

——“房地产学研究方法”课程思政教学案例

王优容
（中央财经大学管理科学与工程学院副教授）

一、基本信息

课程名称：房地产学研究方法
授课对象：管理科学与工程学院房地产经济与管理专业硕士研究生
知 识 点：房地产金融与投资
主讲教师：王优容

二、教学目标

（一）知识目标

（1）我国保障性租赁住房政策及其目标；
（2）保障性租赁住房项目融资模式选择；
（3）房地产投资信托（REITs）的原理和实践。

（二）能力目标

（1）培养学生系统地分析大型基础设施项目融资模式、分析保障性租赁住房项目融资难点和痛点的能力；

（2）培养学生在掌握项目融资、资产证券化相关理论的基础上，能够结合现实需求进行制度创新；

（3）培养学生理论联系实践的能力，特别是在共同富裕背景下，扩展经典的具有“普世价值”的外来金融工具的应用边界。

（三）育人目标

通过分享房地产投资信托（REITs）在推动保障性租赁政策中的制度创新、实践应用和社会影响，体现政府和我党制度创新能力，强化制度自信，坚定学生的政治方向，提高学生的社会责任感。

三、教学重点与难点

（一）教学重点

（1）介绍在实现共同富裕目标和赋能新质生产力高质量发展的背景下，我国住房政策和保障性租赁住房的政策目标。

（2）分析我国保障性住房项目的投融资模式及困境。

（3）分析总结华夏北京保租房 REIT 成功上市的经验启示。

（4）发散性地探讨未来 REITs 是否可以助力我国租赁型保障房的可持续发展，以及应该推行哪些政策支持保租房 REITs 的发展。

（二）教学难点

（1）改变单一知识传授的灌输式教学模式，建立以学生为主体、教师为主导的课程教学模式。挖掘案例教学的教学规律和学生学习规律，通过案例教学使学生建立科学系统地认识问题、分析问题和解决问题的逻辑。

（2）加强思政教育。通过正确的学术引导，帮助研究生深刻认识世界的真实面貌，掌握社会主义与共产主义的理论，树立正确的世界观、人生观和价值观，培养正确的思维方式。提供良好的人文环境，激发研究生学习的兴趣，促进健康的心理发展。

四、课程思政案例介绍

（一）引言

“安得广厦千万间，大庇天下寒士俱欢颜。”自古以来，住房问题就是挑战政府的难题之一。随着住房市场化水平推进，住房价格和租金不断提高，城市住房的可支付性在下降，尤其在一线和新一线城市。在“房住不炒”“租购并举”的政策方针下，我国租赁住房市场发展空间巨大。在我国多主体供应、多渠道保障、租购并举的住房供应体系中，租赁型保障房承载了重要的政策意义。为加快推进租赁型保障房建设，需要有效地盘活存量资产，促进新增投资，实现租赁型保障房资产规模的持续扩张。

租赁住房资产由于受市场和经济周期波动影响比较小，现金流相对稳定，一直以来是公募 REITs 较为重要的一个投资品种。2021 年美国 REITs 资产中 13% 是租赁型公寓。REITs 在租赁型保障住房市场上的应用可以有效盘活存量资产，形成存量资产和新增投资的良性循环，为低收入家庭等特定群体提供更多的住房选择。此外，该基金的运作模式也更加透明、规范，有利于吸引更多的投资者参与到租赁型保障住房项目的建设和运营中来，提升社会福利水平。

（二）背景介绍

伴随着住房制度的市场化改革，我国在探索建立并不断完善住房保障体系。1994 年和 1998 年分别推出了经济适用房和廉租房，2007 年推广两限房、共有产权房等面向城镇中低收入家庭的产权住房，2010 年针对不符合廉租房条件但无力购买的“夹心层”

人群推出公租房，并于 2014 年将廉租房并入公租房，至此我国建立了较为完善的住房保障体系。

为缓解住房租赁市场结构性供给不足，推动建立多主体供给、多渠道保障、租购并举的住房制度，“十四五”规划提出了保障性租赁住房，目标是为新市民和青年群体解决阶段性住房困难，确定了保障性租赁住房我国新时期住房保障体系重要组成部分的地位。2021 年，国务院办公厅印发了《关于加快发展保障性租赁住房的意见》（以下简称“22 号”文），提出要扩大保障性租赁住房供给，保障性租赁住房正式在多个大中城市落地。2023 年，全国住房和城乡建设工作会议提出了新开工建设筹集保障性租赁住房、公租房和棚改安置住房 360 万套（间）的目标，北京、上海、广州、深圳、天津、武汉等城市也相继推出了地方实施方案，明确保障性租赁住房运作模式和供给计划。租赁型保障住房成为了进一步完善我国住房保障体系的一环，已经进入发展的快车道。

“22 号”文明确了保障性租赁住房的面向对象、建设要求、供给方式、土地支持政策和财政金融等其他支持政策。保障性租赁住房面向的是存在暂时性住房困难的新市民、青年人等群体，以建筑面积不超过 70 平方米的小户型为主，租金低于同地段同品质市场租赁住房租金，准入和退出的具体条件、小户型的具体面积由各城市政府按照保基本的原则因地制宜地确定。在供给方式上，探索多主体投资、多渠道供给的道路。保障性租赁住房可采取新建、改建、改造、租赁补贴和将政府的闲置住房用作保障性租赁住房等多种方式筹集。其中对于新建住房的土地来源，有利用集体经营性建设用地（集租地）、企事业单位自有闲置土地、产业园区配套用地、非居住存量房屋和新供应国有建设用地五种建设方式及其支持政策，其中利用非居住存量土地和房屋建设保障性租赁住房的无须补缴土地价款。同时给予了简化审批流程、给予中央补助资金支持、降低税费负担、执行民用水电气价格等一系列政策支持。

（三）保障性租赁住房融资的模式

保障性住房建设需要大量资金供给，基本资金以财政出资为主，融资来源以银行项目贷款、债券发行等债权资金为主，社会资本深度参与的 PPP 模式也占据一定规模。

1. 政府支持模式

核心资金获取途径，主要包括土地出让收益方面、住房公积金增值收益方面、当地财政以年度预算为基准设置的保障安居工程基金等保障性住房建设资金。

住房公积金增值收益是暂由公积金管理部门全权负责的专项资金款，主要解决工薪阶层住房问题，增值收益优先用在公积金缴纳的社会群体中。

2. 公私合作（PPP）模式

政府和社会资本合作，政府与社会资本方订立协议，明确各自的权利和义务。投资人负责保障性住房建设所有资金的投融资，同时还要实施施工建设，在验收符合标准后移交，在政府规定时间内根据合同向投资人支付建设投资的价款以及一定的投资收益。

3. 政银合作模式

政府搭建保障性住房建设的融资平台，获取银行业金融机构提供的保障性住房开发贷款、工程贷款或政策性贷款。

4. 债券融资模式。

按照法定程序发行公司债、企业债等企业债券或专项债等财政债券筹集保障性住房建设所需资金。2018 年后，随着地方隐性债务风险“阳光化”，不规范的融资平台被逐步清理，专项债逐步成为当前筹集保障性安居工程建设资金的主要债券融资工具。

5. 房地产投资信托基金（REITs）模式

一种证券化的产业投资基金，其通过发行基金把社会上原本分散的公众投资者的基金集中起来，减少运营风险，将产生的收入通过利息的方式分发给投资人，让其得到长期且稳定的投资收益。

（四）房地产投资信托（REITs）在我国的实践

我国对 REITs 的探索最早可以追溯到 21 世纪初。2005 年，越秀投资以内地物业为底层资产于中国香港市场发行了越秀 REITs，是内地企业参与 REITs 的最早尝试。2007 年，央行、原银监会、证监会分别成立了 REITs 研究小组，两年后原银监会和央行联合出台了《房地产集合投资信托业务试点管理办法》，对 REITs 发展有了初步思路。然而，由于全球经济危机、房地产价格高企等诸多因素影响，REITs 发展延宕至今。

近年来，中国迎来了发展 REITs 的大好时机。首先，从非常投资产品角度，自 2017 年以来，我国无风险利率一直保持下行趋势，市场急需一个能够平衡流动性、安全性和收益性的投资标的。REITs 能够为机构投资者和中小投资者提供股票和债权之外的新型投资产品选择。其次，从基建投资周期来看，我国正处在从增量向存量的切换。以往高杠杆融资导致了房地产企业暴雷和地方政府债务压力等问题，盘活存量资产成为了解决问题的希望。REITs 作为良好的权益资产融资方式，能够有效弥补信用融资不稳定性的缺点，是盘活存量资产的有效的工具。最后，在宏观层面，我国经济下行压力增大，经济增长动能放缓，加之疫情限制了经济活力，我国需要扩大基础设施投资。然而，国家对于地方政府债务有更为严格的要求，加之城投平台市场化转型，如何在控制政府债务水平的前提下加大基础设施投资力度成为一大问题。REITs 作为出表的非债务融资渠道，为解决这一问题提供方案。

我国公募 REITs 发展总体遵循了“试点——扩大——常态化”的思路，从基础建设项目试点发行开始，逐步扩大到多行业常态化发行。具体体现为从局部重点地区到全国核心区域的地域特征，从少数重点行业到包含新能源、旅游、基建、租赁住房等在内的多个行业的行业特征，从少数重点企业到各种所有制企业一视同仁的主体特征，从从严审核资产质量到项目培育和资产审核并重的监管特征。伴随着 REITs 的常态化，我国需要进一步完善配套政策，包括优化管理模式和结构、细化监管要求、配套税收优化政策和明确新购入和扩募规则等。

截至 2024 年 9 月初，我国公募 REITs 的发行数量达到 45 支，总规模达 1343.3 亿元。REITs 已经成为一个重要的投资标的，广受投资者追捧。2023 年 3 月，236 号文将消费基础设施纳入 REITs 底层资产范围，为商业地产中占比最大的资产提供了融资退出渠道，将显著提高 REITs 的数量和发展速度。未来，REITs 的底层资产和原始权益人范围将进一步扩大，和不动产私募基金一起构成不动产底层资产的投资闭环。

（五）房地产投资信托（REITs）助力保租房建设的案例：华夏北京保障房 REIT

2022 年 8 月，华夏北京保障房 REIT 成功上市，是我国首批 3 只成功上市的保障房 REITs 之一，并且在上市首日实现了收涨 30% 的市场表现。从 2021 年 6 月 29 日国家发改委“958 号文”（即《关于进一步做好基础设施领域不动产投资信托基金（REITs）试点工作的通知》）将保障性租赁住房纳入公募 REITs 试点范围至华夏北京保障房 REIT 成功上市，历时 1 年有余。华夏北京保障房 REIT 是如何实现上市的？REIT 上市如何影响其资产运营管理模式？REIT 能否成为保障性租赁住房项目可持续的融资渠道？

1. 华夏北京保障房 REIT 的底层资产

REITs 对底层资产的选择具有较高的标准，不仅要求资产运营情况良好，具有较高的且稳定的出租率，保障未来稳定的现金流，还要求资产具有清晰的产权关系。华夏北京保障房 REIT 选择文龙家园项目和熙悦尚郡项目作为底层资产，这两个项目具有以下特点：首先是地理位置较好，租金水平较高，出租率较高，租金收缴率接近 100%，收益水平上看符合 REITs 上市条件；其次是土地性质为出让土地；最后是建设手续齐备，从一级开发到二级开发都取得完备手续，符合合规要求。

文龙家园项目坐落于北京市海淀区文龙家园一里，资产范围为东至后屯东路、南至世华龙樾、西至后屯路、北至西小口路（见图 18－1），建筑面积 76564.72 平方米，建设内容为“1#公租房住宅楼等 5 项（公共租赁住房）”，项目于 2014 年建成，并于 2015 年投入运营。项目土地使用权自 2010 年 10 月 22 日起，自 2080 年 10 月 21 日止，权利人为原始权益人北京市保障房中心单独所有，权利性质为出让/公共租赁住房。根据《招募说明书》及其附件，文龙家园近年（2019～2022 年）月租金为 52 元/平方米，低于同板块同类住房租金 46%，项目近三年平均出租率为 92%，最近一年租金回收率 98.4%。根据戴德梁行出具的估价报告，根据收益法估值总价 732000000 元，合 9561 元/平方米。

熙悦尚郡项目坐落于北京市朝阳区朝阳北路 82 号院，资产范围为东至绿地、南至北京市第八十中学管庄分校（汇星校区）、西至富华家园、北至朝阳北路（见图 18－2），建筑面积 36231.58 平方米，建设内容为“公租房”，项目于 2017 年建成，并于 2018 年投入运营。项目土地使用权自 2013 年 11 月 15 日起，至 2083 年 11 月 14 日止，权利人为原始权益人北京市保障房中心单独所有，权利性质为出让/公共租赁住房。根据《招募说明书》及其附件，熙悦尚郡近年（2019～2022 年）月租金为 60 元/平方米，低于同板块同类住房租金 44%。项目近三年平均出租率为 96%，最近一年租金回收率 98.4%。根据戴德梁行出具的估价报告，根据收益法估值总价 419000000 元，合 11564.50 元/平方米。

图 18－1　文龙家园项目座落和四至

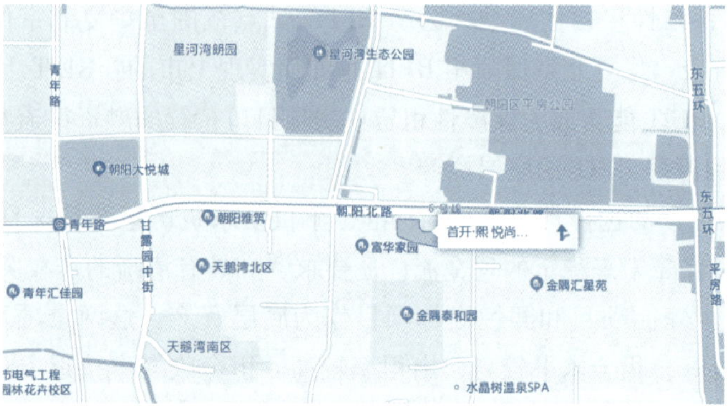

图 18－2　熙悦尚郡项目座落和四至

与同期上市的红土深圳安居 REIT、中金厦门安居 REIT 相比，华夏北京保障房 REIT 在底层资产选择上既有共性，也有自己的独特之处。首先，REITs 底层资产均位于一二线城市的核心区域，保证较高的出租率。三只 REITs 的底层资产分别位于一线城市深圳、北京和二线城市厦门，大量的人口流入、较低的租售比使这些城市具有巨大的租房需求。中金厦门安居 REIT 底层资产均位于厦门市集美区——厦门人口最多的区，目前出租率均高于98%，接近满租。红土深圳安居 REIT 和华夏北京保障房 REIT 底层资产尽管分布相比分散，但均位于当地核心地段，区域租房需求远大于供给，出租率稳定在 94%~95% 高位水平。

其次，REITs 底层资产在项目规模上存在较大差异。红土深圳安居项目和华夏北京保障房项目建筑面积分别为 13.47 万平方米和 11.28 万平方米，房源数为 1830 间和 2168 间，规模较为接近。中金厦门安居项目规模较大，房源数大约是前两支 REITs 的 2 倍，共 4665 间住房，建筑面积达 19.86 万平方米。

最后，REITs 底层资产的租金水平有增长潜力。红土深圳安居 REIT 的四个底层资产均采用“深圳保租房租金定价政策的 60% 左右”的原则定价，未来可能与市场化租金水平同步增长；中金厦门安居 REIT 的底层资产园博公寓、珩琦公寓租金为周边平均租金的 67% 和 74%，这与“保租房不得高于同地段同品质市场化租赁住房租金 95%”的政策要求还存在一定上浮空间；华夏北京保障房 REIT 中，文龙家园较周边西三旗板块平均价格低约 46%，熙悦尚郡较周边青年路板块平均价格低约 44%，这与“保租房应在同地段同品质市场租赁住房租金的 90% 以下定价”的政策要求也还有一定上涨空间。

2. 华夏北京保障房 REIT 组织框架

华夏北京保障房 REIT 组织框架如图 18－3 所示。

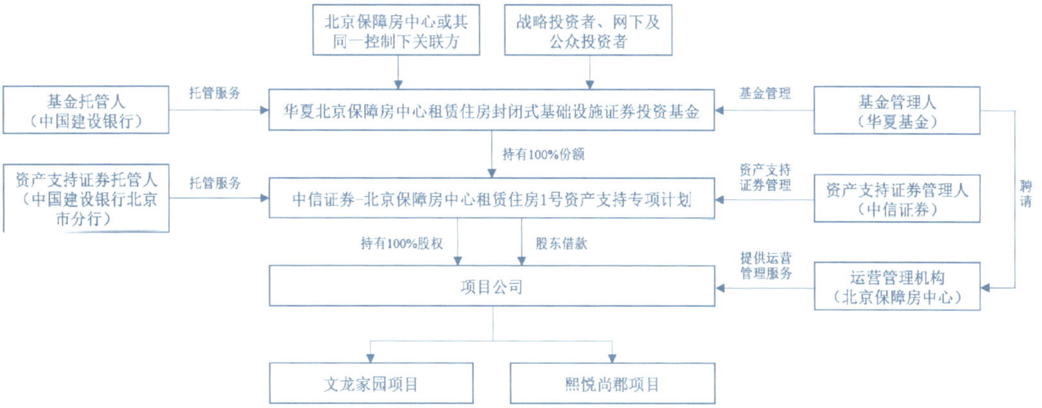

图 18－3　华夏北京保障房 REIT 组织框架

本基金架构体系搭建步骤如下：

（1）投资者认购基金份额，基金管理人办理基金备案手续并取得中国证监会书面确认，基金合同生效，基金管理人根据法律法规和基金合同独立运用并管理基金财产；

（2）基金管理人扣除基金层面预留费用后，代表本基金将剩余资金全部用于认购中信证券设立的资产支持专项计划的全部资产支持证券份额，专项计划完成设立后，本基金成为该资产支持证券唯一持有人；

（3）专项计划管理人预留专项计划费用后，收购原始权益人，设立的 SPV 公司 100% 股权，同时向原始权益人支付股权对价，并以独资股东身份向 SPV 公司增资并发放股东借款；

（4）SPV 公司取得增资款和股东借款后，收购原始权益人设立的项目公司 100% 股权，同时向原始权益人支付股权对价，本基金间接持有项目公司 100% 股权；

（5）SPV 收购项目公司后，项目公司对 SPV 公司进行反向吸收合并，SPV 公司注销，项目公司继续存续，项目公司的股东变更为计划管理人（代表资产支持专项计划），SPV 公司原有的对资产支持专项计划的债务下沉到项目公司，资产支持专项计划直接持有项目公司的股权和债权。

至此，基金架构搭建完毕。通过这一结构，底层资产所产生的租金现金流可以通过股东借款偿还和股权分红层层传导到投资者手中，从而实现现金流的分配。

3. 华夏北京保障房 REIT 的市场表现

上市以来，华夏北京保障房 REIT 二级市场表现受大盘影响较大，总体回归到合理估值。自华夏北京保障房 REIT 上市至 2023 年 7 月 20 日，华夏北京保障房 REIT 在 214 个交易日内上涨3.05%，同期上证综指下跌1.01%，中证500指数上涨2.70%。除去上市首日后，华夏北京保障房REIT的年化波动率为13.81%，显著低于同期中证500指数年化波动率。

公募REITs产品的收益主要来自分红收益，根据监管要求，公募REITs每年给投资者的收益分配比例不得低于合并后基金年度可供分配金额的90%。根据《华夏北京保障房中心租赁住房封闭式基础设施证券投资基金基金合同》约定，华夏北京保障房REIT的收益分配在符合分配条件的情况下每年不得少于1次。

2023年4月，华夏北京保障房REIT进行首次分红，收益分配基准日（2022年12月31日）公募REITs可供分配金额共19126725.22元，占可供分配金额的99.99%；分红方案为0.3825元/10份基金份额，按天数年化后分派率为4.21%。

4. 华夏北京保障房REIT面临的挑战及应对

华夏北京保障房REIT面临的第一个挑战来自市值的维护。公募REITs的风险既来自底层资产运营风险，也来自二级市场交易风险。作为流动性较强的标准化金融产品，公募REITs二级市场价格因为宏观经济形势、产品供需变化、投资者情绪等市场因素产生短期波动。尽管底层资产质量及存续期运营表现持续良好，分红远高于预期，但是，受证券市场波动性影响，REIT股价下跌，股价不能体现底层资产的经营情况，市值系统性下跌。最近二级市场表现较为动荡，即使监管层支持二级市场建设、部分基金增持、业绩发布，但仍比较低迷。如何维护市值，是华夏北京保障房REIT面临的一大挑战。

对保障性租赁住房REITs监管的特殊要求对资产运营管理提出新挑战。上交所于2022年7月发布了指引第4号，对保障性租赁住房REITs提出了特殊的监管要求：（1）原始权益人要为开展保障性租赁住房业务的独立法人主体，不得开展商品住宅和商业地产开发业务；（2）原始权益人应当建立并落实回收资金管理制度，实行严格闭环管理，确保净回收资金用于新的基础设施补短板重点领域项目建设，切实防范回收资金流入商品住宅或商业地产开发领域；（3）针对原始权益人、底层资产设施和资金使用的信息披露设置了更细致的披露准则。对此，资产运营管理机构需进一步加强内部管理和内部机制改造，提高经营管理的透明度，提高信息披露意识和效率。

保障性租赁住房REITs存在双重征税问题。目前，针对REITs的税收优惠仅限于《关于基础设施领域不动产投资信托基金（REITs）试点税收政策的公告》所规定的企业所得税递延等，对SPV收购公司资产、REITs成立等阶段均按一般收购业务征税。REITs没有显示出“税收中性”的特征，投资者和原始权益人的高税负抑制了REITs的申报和投资热情。事实上，SPV作为将底层资产转移到REITs这一信托当中的“中介”，对其征税不符合信托税收的“导管原则”。此外，对分红收益的重复征税，也应参照《财政部税务总局关于信贷资产证券化有关税收政策问题的通知》中对收益取得当年向投资者分配免征信托环节企业所得税的方法进行适当处理。

（六）尾声

“让全体人民住有所居”是我们政府的执政目标之一，解决新市民、青年人等群体的住房困难问题的主要出路之一是发展保障性租赁住房。但住房是资本密集型行业，无论前期建设还是后期维护均需要大量的资本投入，保障性住房建设及运营管理的可持续性问题困扰着政府和相关企业。华夏北京保障房 REIT 成功上市既是政策不断创新的结果，也是相关企业实践探索的成果。我们应该对包括保障性住房 REITs 在内的政策和实践进行总结和思考，从而探索保障性住房多元化的融资道路。

（七）启发思考题

（1）结合背景和任务，分析我国租赁型保障房项目的融资难点和痛点；

（2）归纳总结华夏北京保障房 REIT 上市的经验启示；

（3）分析房地产投资信托（REITs）能否成为我国发展租赁型保障房可持续的融资渠道？需要哪些政策支持（包括但不限于 REITs 相关的税务、土地政策、二级市场管理等）？

（4）房地产投资信托（REITs）助力保租房建设如何体现我国的制度创新能力？产生了什么样社会效应？

五、教学方法与手段

本案例教学采取开放式、互动式的新型方式。经过事先周密的策划和准备，要使用特定的案例并指导学生提前阅读，要组织学生开展分组讨论，形成反复的互动与交流，再进行集中讲评。为达到教学目的，通过连续的提问方式，引发学生不断地深入思考。提问逻辑：

（1）保障性住房、租赁性保障房、保租房的概念界定？

（2）梳理我国保障房体系的演进过程。

（3）我国租赁型保障房开发建设和运营管理中的融资痛点和难点？

（4）资产证券化的概念及流程？

（5）房地产投资信托（REIT）的概念界定以及与传统证券化相比的区别、优势？

（6）以案例中的华夏保租房 REIT 为例，REITs 的发行及运营应具备什么条件，未来又面临什么挑战？

（7）保障性租赁住房证券化如何影响资产运营管理模式？

（8）结合案例，探讨 REIT 能否成为我国未来发展租赁型保障房的主要融资渠道？

（9）未来政策层面如何支持 REIT 在租赁型保障房中的应用与发展？

围绕以上问题，本案例教学课堂板书设计如图 18－4 所示，并可根据实际教学情况做适当调整。

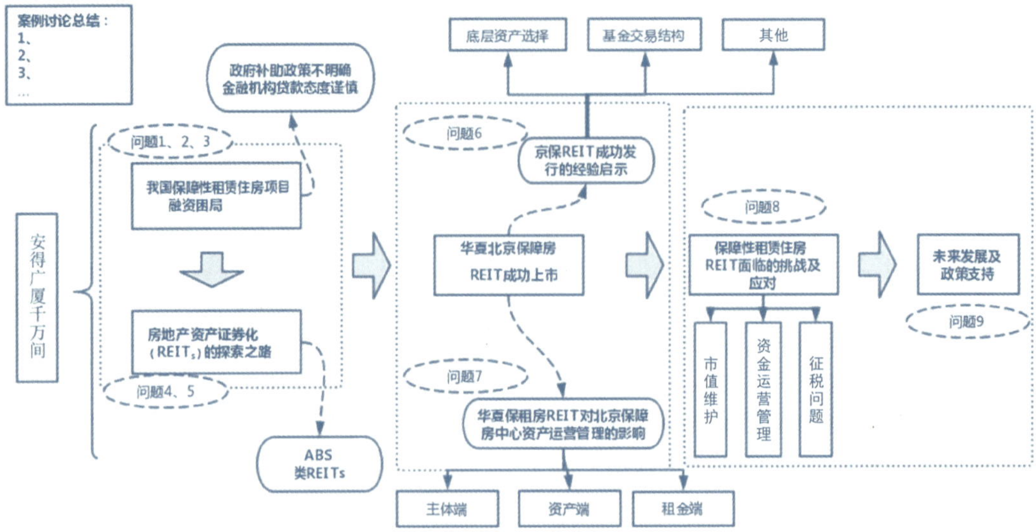

图 18－4　课堂板书设计

六、教学实施过程

本案例教学包括课前预习、课题授课讨论和课后总结 3 个环节。于课前 1 周给学生方法案例正文和背景资料，要求学生详细阅读，并进行独立思考。课堂授课计划 100 分钟，具体教学计划建议如表 18－1 所示。课后，学生需根据教师讲解、小组讨论和课程讨论形成案例分析报告。

表 18－1　　课堂教学计划

内容	计划安排	时间
案例介绍	教师介绍我国保障房体系以及房地产资产证券化的相关理论内容，并引入案例，帮助学生捕捉本案例的关键节点，进而引出后续讨论重点问题	30 分钟
分组讨论	班内自行分组，建议小组人数为 3 或 4 人，小组内基于案例内容对启发思考题进行讨论，最终形成一致意见，快速制作 5～8 页 PPT	30 分钟
小组展示	各小组将课堂讨论的结果以 PPT 形式依次进行汇报，每组汇报时间控制在 5～7 分钟，教师根据汇报情况对各小组提问，并围绕学生回答情况进行补充和拓展，总时长为 10 分钟	30 分钟
结束总结	教师对小组汇报的整体情况进行点评与总结，针对重点问题进行讲解与分析	10 分钟

七、考核与评价方式

（1）课堂表现评价：通过观察学生在课堂上的表现，包括是否积极参与小组讨论、是否提出有建设性的问题和观点、在小组中承担的角色等，对学生的学习态度、思维能力和合作精神进行评价。

（2）分析结论评价：小组通过做 PPT 报告的形式展示其分析思路和分析结论，从而考核学生是否建立起科学系统的认识问题、分析问题和解决问题的能力，是否具备灵活运用知识解决现实问题的创新能力。

（3）思政教育评价：综合评估学生是否具备辩证的思维能力，是否深刻认识案例中涉及的真实问题和制度创新，是否坚定制度自信和文化自信。

八、实施成效

本案例教学致力于价值塑造、知识传授与能力培养相统一，培养高层次创新人才为核心，同学创新科教融合、产教融合的案例教学模式，提升研究生知识创新和实践创新能力，激发研究生使命感责任感，培养研究生担当意识和家国情怀。经过 2 年的教学实践，案例教学取得良好的育人成效。

一方面，推进“以学为中心”的教学方法，提升教学效果：贯彻“学生发展为中心、学生学习为中心、学习效果为中心”的理念、通过教学体系的重构、教学活动的重设、教师角色的转变和突出学生学习的主体性和主动性，有效提高学生对知识的深层次理解和应用，提升教学效果。

另一方面，围绕共同富裕和高质量发展的要求，以促进社会公平正义、增进人民福祉为出发点和落脚点，培养学生成为具有国际化视野和复合型知识的高端城市建设和资产管理专家，能够运用投融资分析、智能决策等管理社会财富，改善城市生活环境和促进经济高质量发展，为国家现代化建设提供智力支持。

案例 19：“中国式”基础设施投资发展路径与奇迹

——“基础设施投融资与 PPP”课程思政教学案例

谢　娜

（中央财经大学管理科学与工程学院副教授）

一、基本信息

课程名称：基础设施投融资与 PPP
授课对象：投资学专业，研究生一年级
知 识 点：自编教材第 1 章第 2 节，基础设施投资与经济发展
主讲教师：谢娜

二、教学目标

（一）知识目标

我国基础设施领域取得巨大成就，为开展扎根中国大地的基础设施投资课程思政建设提供了丰富的资料和数据。立足中国国情与实际，深入总结中国基础设施投资建设经验，结合"嫦娥玉兔飞天揽月""南水北调润泽万方""大兴机场凤凰展翅""中国天眼探索寰宇"等系列经典基础设施投资建设案例，讲述重大基建项目投资决策涉及的人文、地理、技术、经济、社会、环境等多维度知识，对中国基础设施投资价值进行新视角解读。

（二）能力目标

结合我国基础设施投资相关数据，运用投资经济理论和方法，指导学生探究中国经济发展与中国基础设施建设之间的内在联系，引导学生思考"中国为什么能够成功完成如此大规模高质量的基础设施投资建设?"不仅从经济角度阐释基础设施投融资相关知识，而且注重从社会责任角度阐释基础设施投资作用，强化价值引领。

（三）育人目标

坚持传授专业知识、讲好中国故事的目标导向，践行"价值塑造、能力培养、知识传授"教育理念，引导学生正确认识新时代基础设施高质量发展的责任和使命。通过经典基础设施投资建设案例讲解，帮助学生从更高的站位感受扎根中国大地的基础设施投资强大生命力，认识个体成长与国家发展之间的紧密联系，增进学生的政治认同和爱国情怀。

三、教学重点与难点

"基础设施投融资与 PPP"课程面临的突出问题是教学内容多、学时紧，如何完成繁

重教学任务并融入价值塑造元素，极具挑战性。本课程思政教学案例的教学重点：

（1）了解全球视角下中国基础设施投资建设所取得的伟大成就，掌握中国基础设施建设与经济发展的关联性。

（2）分析中国基础设施投资促进经济发展的影响程度，阐释中国基础设施投资建设与扶贫战略的内在逻辑。

通过本课程思政教学案例探索，拟突破以下难题：

（1）如何引导学生理性评价基础设施投资的经济效益与社会效益，深入思考“小我”与“大我”。

（2）如何解构中国基础设施投融资的传承与创新，多维剖析“当下”与“未来”。

（3）如何挖掘基础设施投资本质内涵，深刻阐述“党”与“人民群众”联系。

（4）如何总结中国“基建狂魔”成功经验，客观表达“中国”与“世界”关系。

四、课程思政案例介绍

（一）教学内容

本课程思政教学案例的主要教学内容如下：

内容一，全球视角下中国基础设施投资变迁（了解）；

内容二，基础设施投资对中国经济的促进作用（熟悉）；

内容三，中国基础设施项目投资与扶贫战略（掌握）；

内容四，知识总结与思考。

（二）教学核心

了解全球视角下中国基础设施投资建设所取得的伟大成就；掌握中国基础设施建设与经济发展的关联性；分析中国基础设施投资促进经济发展的影响程度；阐释中国基础设施投资建设与扶贫战略的内在逻辑。

（三）具体教学内容与方法设计详解

1. 教学内容一：全球视角下中国基础设施投资建设

【设计】采用案例分析与实际数据相结合的方法，让学生深刻认识世界、理解中国、增强民族自信心。

（1）引入基础设施投资经典案例。

在影响经济发展的诸多因素中，基础设施占有重要地位。从世界经济发展史的角度来看，从蒸汽机车到电力机车再到高速列车，从无线电到互联网再到“大智移云”（大数据、智能化、移动互联网、云计算的简称），每一次工业革命实际上都是一次基础设施革命。从中国经济发展进程来看，交通、通信、能源、水利等基础设施建设迅速发展，为缔造中国经济奇迹注入了重要动力。

自改革开放以来，中国经济高速增长，年均增长率高达 9.5%，而伴随中国经济高速发展的是中国基础设施投资建设规模的不断扩大。1978～2018 年，铁路营业里程从 5.17 万千米增长到 13.17 万千米，2008～2018 年，铁路营业里程年均增长率上升 4.88%。我国高速铁路虽然起步较晚，但截至 2019 年年底，中国高速铁路营业总里程达到 3.5 万千米，高居世界第一。

三峡工程、港珠澳大桥、高速公路、高铁、从 4G 到 5G 等一项项基础设施建设有力支撑我国经济高速发展，西电东输、南水北调等重大工程项目充分地利用了全国不同地区的资源，有效地促进了各大地区的经济发展（见图 19－1）。

图 19－1 中国标志性基础设施

（2）引入图表数据分析。

2001 年我国铁路营业里程仅有 7.01 万千米，截至 2021 年我国高铁里程已经突破 4 万千米，位居世界第一，为我国人民便利出行以及经济发展作出了巨大贡献。2001～2020 年中国铁路里程如图 19－2 所示。

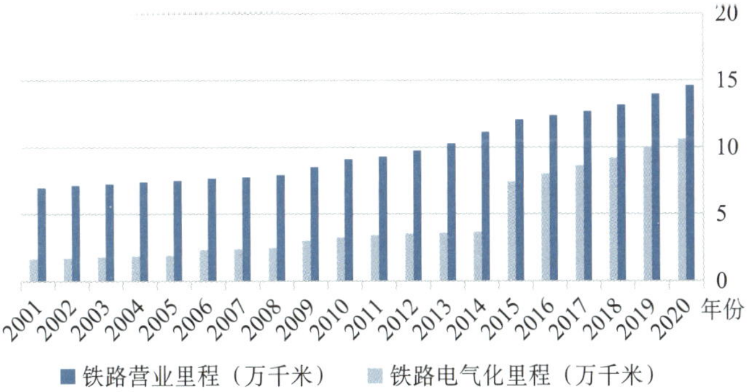

图 19－2 中国铁路里程

我国每年发电量递增，从 2001 年约 1.5 万亿千瓦时到 2020 年约 7.8 万亿千瓦时，这背后所体现出的是我国电力基础设施的飞速提升。1980～2014 年中美发电量对比如图 19－3 所示。2009 年，标志着世界电网电压最高水平的 1000kv 工程在中国建成投运，2016 年，中国自主研发的特高压系统正式投入运用，凭借着世界上最为先进的特高压输电技术，中国的特高压交流电压成为国际标准电压，全球电力系统开始认可并执行中国标准。

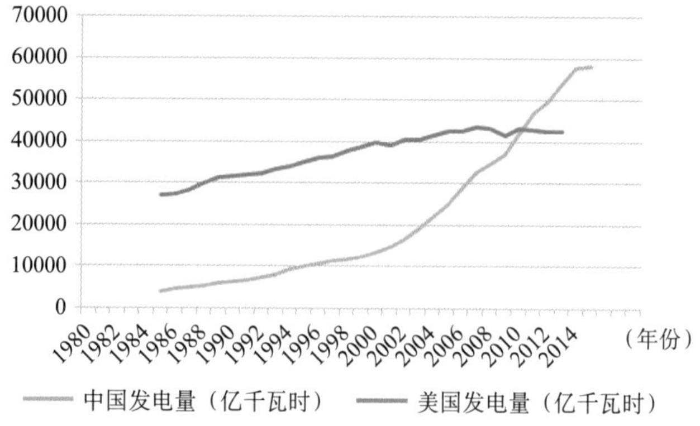

图 19－3　中美发电量对比

（3）课堂提问互动交流。

引导式提问：基础设施是促进经济发展的重要因素，而基础设施建设中许多工程都需要尖端技术，例如隧道地铁所需的盾构机、完善稳定的电力系统背后的特高压输电技术、建设港珠澳大桥所需要的各种特种船只等。那么，中国是如何完成如此大规模的基础设施建设呢？

2. 教学内容二：基础设施投资对中国经济的促进作用

【设计】通过对我国基础设施建设情况的基本描述以及和世界其他国家的对比，激发学生的民族自信心。

（1）讲授基础知识。

改革开放以来，我国经济迅速发展，成为全球经济增长最快的发展中国家，创造了经济增长奇迹。我国一直以来坚持交通基础设施和信息基础设施优先战略，规划和推进交通、信息基础设施建设，1978～2019 年，全国铁路运营里程增长 2.69 倍、公路里程增长 5.63 倍、定期航班航线里程增长 62.68 倍，全国 4G 网络用户截至 2020 年达 12.8 亿人，超过美国和欧洲 4G 用户之和，5G 网络规模和用户规模占比排名世界第一。

（2）引入图表分析。

GDP＝消费＋总投资＋政府购买＋净出口；2010 年中国 GDP 超越日本，成为全球第二大经济体（见图 19－4）；2021 年中国 GDP 突破 110 万亿元（17.7 万亿美元），美国 GDP 为 22.8 万亿美元。

《国民经济和社会发展统计公报》指出，基础设施投资是最重要的稳增长抓手。2020 年国家发改委公布“新型基础设施”包括三方面：一是信息基础设施（5G、人工智能、数据中心等）；二是融合基础设施（智能交通基础设施、智慧能源基础设施等）；三是创新基础设施（重大科技基础设施、科教基础设施、产业技术创新基础设施等）。

（3）基于案例的逻辑分析。

首先，以新型基础设施建设带动传统基础设施的数字化、网络化、智能化改造升级。其次，以新型基础设施建设推动供给侧结构性改革，促进产业结构优化升级。最后，加快新型基础设施建设有利于充分发挥数字经济潜力，提高技术创新能力与效率。

图 19－4　中国 GDP 增速

3. 教学内容三：中国基础设施项目建设与扶贫战略的关系

（1）引入视频教学资料。

观看纪录片《厉害了，我的国》部分片段，让学生对我国基础设施建设现状有一个直观认识，引导学生树立民族自信心，坚定“四个自信”。

（2）讲授基础知识与案例分析。

国务院常务会议部署开展交通基础设施扶贫，增强贫困地区脱贫致富能力。会议指出，以革命老区、民族地区、边疆地区和贫困地区为重点，加强交通基础设施建设，是顺应群众渴盼、推动脱贫攻坚、促进区域协调发展的重要举措。基础设施显著促进中国经济发展，基础设施投资建设是我国扶贫事业的重要措施，有效减少贫困人口。

中国贫困人口从 2012 年 9899 万人减少至 2019 年 551 万人，连续 7 年每年减贫超过 1000 万人。2020 年，现行标准下农村贫困人口全部脱贫，832 个贫困县全部摘帽，绝对贫困现象历史性消除。我国将基础设施投资建设作为扶贫的重要措施，为偏远山区修建各类基础设施（见图 19－5），中国实现全面脱贫，创造了人类减贫史上的奇迹。

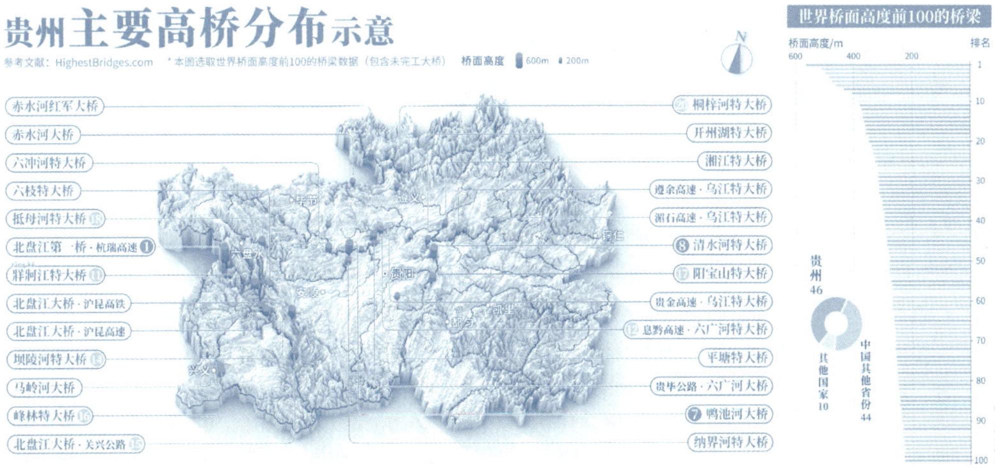

图 19－5　世界“桥梁博物馆”中国贵州

4. 教学内容四：知识总结与思考

【设计】推荐学生观看纪录片《厉害了，我的国》完整纪录片，坚定学生的“四个自信”。

我国基础设施投资建设所取得的伟大成就与国家治理体系的显著优势密不可分。在中国特色社会主义制度优势下，完成了诸多重大基础设施投资建设，人民生活便利程度显著提升。

为了让学生对我国基础设施投资有更为深刻直观的认识，课堂上播放《厉害了，我的国》部分片段，并推荐学生课后观看完整影片，引导学生树立民族自信心，激发学生爱党爱国深厚情怀。

【思考题】中国基础设施投资建设奇迹是如何实现的？

实践题1：完整观看《厉害了，我的国》纪录片。

实践题2：除了纪录片中所提到的重大基础设施投资，学生通过查阅资料找出我国其他重要基础设施，并简要描述其投资过程。

五、教学方法与手段

对《基础设施投融资与PPP》课程思政教学全过程进行综合设计，包括案例导入、教学方法、总结反思等内容。

（1）案例导入。从课程内容讲授的知识点，通过问题、情景、启发、引申等方式，合理引入课程思政案例，做到有预设不突兀。

（2）多样化教学方法。在教学形式选择方面，课堂教学设计多种形式的教学活动，吸引学生参与课堂教学环节，有助于实现课程思政育人目标。在现代信息技术应用方面，借助信息化的教学技术增强课堂教学的德育效果，推动课程思政与新媒体新技术的高度融合，增强时代感和吸引力。

（3）教学总结。分阶段对课程思政教学情况进行总结和反思，了解学生参与度和接受度，不断更新课程思政教学内容，提升课程思政教学效果。

六、教学实施过程

本课程思政建设，全面落实立德树人根本任务，深入挖掘课程蕴含思政元素，根据投资学专业人才培养特点，将中国基础设施投融资实践案例生动地呈现在课堂中，推动课程思政“卓越教学”，塑造课程思政“高效课堂”。本课程思政教学案例的教学组织与实施如图19-6所示。

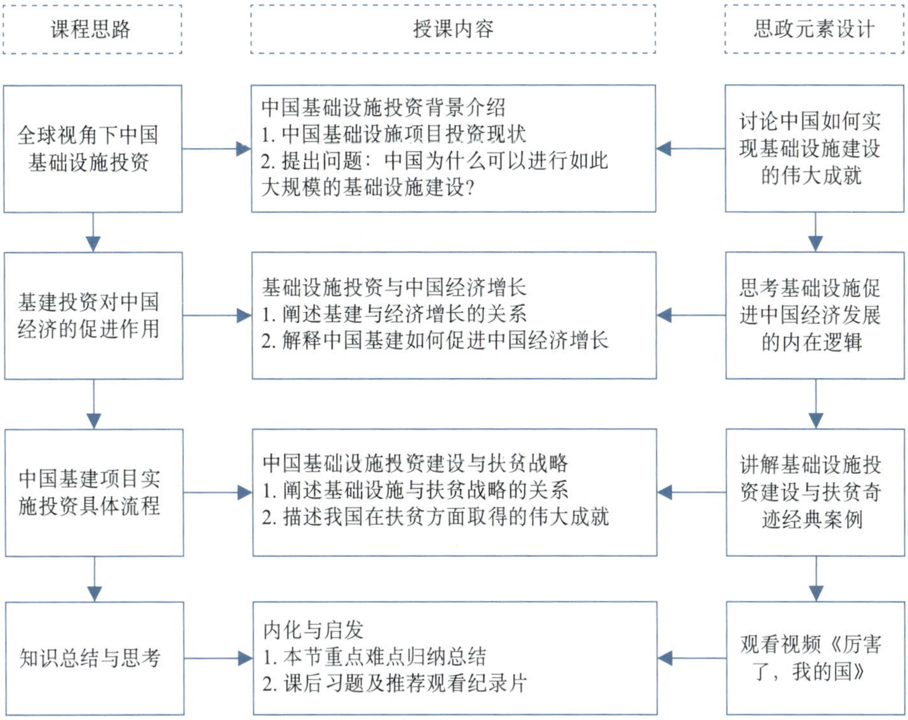

图 19－6　课程思政案例教学组织与实施

七、考核与评价方式

课程思政要达到有效的价值引领作用，科学的考核评价是教育效果的指挥棒。本课程通过表格量化考核、学生撰写心得体会等方式，对学生课程学习后“道德”内化程度进行评价，判断课程思政教学目标达成度。改革课程教学评价机制，实现以评促学促教，突破传统考试为主的单一评价方式，打造全过程、多元化的评价方式。

八、实施成效

本课程思政教学案例，立足中国基础设施投融资实践现实，服务国家经济发展和脱贫战略需要，紧扣基础设施投融资专业知识体系，融合思政元素，设计相应教学内容，采用多元化教学方式，践行“价值塑造、能力培养、知识传授”人才培养理念。

学生评价本课程思政教学内容充实，理论联系实际，讲课思路清晰，采用课程案例以及基于中国数据实证讲解深入，提高学生的学习热情。课程教学中融入思政元素，使学生认识到新时代赋予中国基础设施投资的新使命，激励学生成长成才。上一学年本课程教学成绩 98.48 分，在学院名列前茅。

案例 20：防范债务风险：地方政府债务治理

——“城市品牌与城市经营”课程思政教学案例

黄志基
（中央财经大学政府管理学院副教授）

一、基本信息

课程名称：城市品牌与城市经营
授课对象：学术型研究生
知 识 点：王玮编著．地方财政学（第三版），北京大学出版社，2019－2，第 10 章第 3 节 我国的地方政府债务
主讲教师：黄志基

二、教学目标

教师在课堂上讲授基本理论和分析案例的基础上，积极组织学生讨论，教学重在启发学生思考，培养其分析现实问题的能力和解决现实问题的能力。通过积极的思政案例引导，帮助学生了解国家治国理政的重大方针和重大决策部署，以期帮助学生树立正确的价值观和人生观。具体包括以下三个层次：

（一）知识目标

通过本节内容的教学，使学生了解我国地方政府面临的债务问题，理解我国地方政府债务形成过程和原因，了解我国有关地方政府债务的制度与政策，并运用所学知识对化解地方政府债务的地方实践进行分析。

（二）能力目标

针对我国地方政府债务现存的问题与挑战，通过知识讲授、案例分析和课堂讨论的方式，使学生理解合理控制地方政府债务规模的重要性，培养学生运用城市经营理念和分析工具解决现实问题的能力。

（三）育人目标

让学生认识到地方政府面临的债务风险与挑战，理解化解地方政府过度负债的重要性，争取综合运用所学知识，结合现有制度和政策体系，培养学生参与新型城镇化建设的使命感，培养学生树立人民城市的城市管理理念。

三、教学重点与难点

（一）教学重点

（1）理解政府债务形成的原因。地方债务问题成因的复杂性导致其与中国的地方政府

债务问题与分税制度不完善、地方官员激励扭曲、地方融资平台不规范、宏观调控和财政政策需要等问题存在着错综复杂的联系。

（2）理解我国地方政府债务管理制度与政策体系。新中国成立后的不同时期，中央政府对于地方政府债务融资的政策是不同的，相关法律规定也各不相同。

（3）理解中央政府对地方政府债务化解和风险管控的重要性。地方政府债务风险管控具体体现在地方政府债务风险评估和预警机制、应急处置机制以及责任追究机制等方面。

（二）教学难点

（1）理解地方政府债务形成的复杂成因以及相应的政策和法律制度体系的联系。事实已经证明，地方政府对加快地方社会经济发展具有一定促进作用，但是地方政府过度举债也会带来诸多风险。

（2）在化解地方政府债务和管控地方政府债务风险时，需要综合考虑对显性债务和隐性债务的管控，防止显性债务风险向隐性债务风险转换。

四、课程思政案例介绍

围绕地方政府债务管理，本节课的教学内容主要分为三部分：地方政府债务的形成、地方政府债务管理制度与政策体系、地方政府债务治理。

通过对本节理论知识的学习以及案例的分析，让同学们深刻体会中国式现代化的内涵，以及坚持人民城市为人民，推进以人为核心的新型城镇化的发展思想。在知识学习和能力提升的同时，培养学生树立正确的价值观念，使学生们了解习近平总书记围绕城市工作的一系列重要论述，激发学生对人民城市理念的认同感，引导学生积极投身新型城镇化建设，以实际行动体悟中国式现代化的深刻含义。

五、教学方法与手段

（1）运用多媒体演示和板书相结合的方式展开教学，加强学生的理解程度。

（2）通过课堂提问和互动，帮助学生复习已经学过的知识，产生对新知识点的兴趣，注重采用启发式教学模式。

（3）案例教学贯穿课程始终。开篇案例引入话题、中间案例论证教学要点，结尾案例进一步巩固学生对知识点的理解和把握。

（4）鼓励学生自己课下思考和总结。通过课后阅读材料、思考问题、找相关案例，来复习和体会课堂上讲授过的内容。

六、教学实施过程

（一）教学过程设计

本节课分为三个阶段，第一阶段在回顾上节的基础上提出本节课的主要内容，通过引入一个案例提出本节课要讲授的课程内容。第二阶段为本节课的主体部分，即地方政府债务的形成、地方政府债务管理政策、地方政府债务治理，这一过程中会切入对我国中央政府如何防范地方政府债务风险的讨论，引导学生树立正确的价值观，激发学生投身新型城镇化建设的热情。

（二）具体实施过程

本案例教学的过程设计如表 20－1 所示。

表 20－1　　教学过程设计

教学要求	教学内容	教学形式与手段	时间
（1）回顾上节课内容，并通过提出问题、导入新课，引发学生对新知识的兴趣。	**（一）上节内容回顾和问题的切入** **1. 上节内容回顾** 简要回顾上节课内容，使学生回忆起地方政府债务的内涵与发展、地方政府债务制度的基本要素。	讲解	1 分钟
	2. 本节问题的切入 在回顾上节知识的基础上，抛出一些问题：我国目前的地方政府债务的成因有哪些？我国地方政府债务的管理体制是怎样的？如何化解和管控我国地方政府债务？——导入本节的内容	提问，启发学生思考	2 分钟
（2）理解本节主题的三方面内容。	**3. 阐明主题** 在前面思考和分析的基础上，提出本节主题“我国的地方政府债务”，本节主题共分为三个部分：地方政府债务的形成、地方政府债务管理政策、地方政府债务治理。	讲解	2 分钟
（3）引入案例，分析我国地方政府债务的形成。	**（二）地方政府债务的形成** **1. 案例引入** **【案例】**鹤岗市财政重整 2021 年 12 月 28 日，黑龙江鹤岗市宣布财政重整，这是中国首个涉及财政重整的地级市。 鹤岗市政府财政收支决算报告显示，2020 年，鹤岗市一般公共财政支出 136.8 亿元，其中，债务付息支出为 1.4 亿元，占比为 1.03%。但专项债务付息支出相关信息暂未可知。公开数据显示，鹤岗市财政收支面临较为严峻的形势。2020 年，当地的财政自给率，即一般公共预算收入与	板书 讲解、多媒体演示、案例描述	2 分钟

续表

教学要求	教学内容	教学形式与手段	时间
	一般公共预算支出（不考虑转移支付）之比，仅为16.8%，远低于全国平均水平。2019年，当地的政府债务率，即地方政府债务余额与地方公共财政收入之比，高达462.7%。	启发学生思考	1分钟
	2020年度鹤岗市财政总决算强审说明提到，鹤岗市由于财力不足，无力支付到期的债务性和专项债务付息资金，全部列在暂付款科目中。 **【提问、互动】**鹤岗市财政重整的原因有哪些？ **【答案】**主要原因有财政收支缺口大、土地出让收入疲软、债务率高企、财政可持续性差。	提问互动、讲解、多媒体演示	2分钟
	2. 强化问题 从鹤岗市面临的债务问题入手，简要列出其他类似案例，针对我国地方政府债务的现状，提出问题："我国的地方政府债务如何形成？"引出我国地方政府债务成因问题，而解决这些问题需要完善现有的制度和政策体系。	讲解、多媒体演示、案例分析	2分钟
	3. 我国地方政府债务的形成 我国地方政府债务的形成主要可分为三个阶段：计划经济时期、改革开放后至2014年、2014年后。	板书	
	（1）计划经济时期 1950年，东北人民政府发行了"东北生产建设折实公债"来筹措生产建设资金，用于东北地区的生产投资。 1958年，中国发布了《关于发行地方公债的决定》，允许各省、自治区、直辖市在确有必要的时候发行地方建设公债，同时决定于1959年起停止发行全国性公债。	简单介绍、多媒体演示	2分钟
	（2）改革开放后至2014年 国务院于1985年发布了《关于暂不发行地方政府债券的通知》，明确禁止地方政府自行发行公债。 20世纪90年代中期颁布的《中华人民共和国预算法》《中华人民共和国担保法》和《中华人民共和国中国人民银行法》等一系列法律法规，均限制地方政府的债务融资行为。 1996年年底，全国所有的省级政府、90.05%的市级政府和86.54%的县级政府都举借了债务。	讲解、多媒体演示	3分钟
	（3）2014年后 禁止地方政府发债—中央国债转贷给地方—中央代发代还—地方自发、中央代还—地方自发自还—解禁地方政府发债。 经国务院批准后省、自治区、直辖市政府可以适度举借债务，市、县级政府确需举借债务的由省级政府代为举借。 新《预算法》还规范了地方政府债务融资机制，要求地方政府债务只能通过政府及其部门采取政府债券方式的举借，禁止以其他任何方式举借债务或提供担保，同时要求剥离融资平台公司政府融资职能。	讲解、多媒体演示	3分钟

续表

教学要求	教学内容	教学形式与手段	时间
（4）理解我国地方政府债务现状。	阅读教材 P278【专栏 10－5】地方自主举借债务：从“关闸”到“放行”。 【提问】中央政府对地方政府债务的管理体系是如何一步步建立的？——引出地方政府债务管理制度与政策体系。 **（三）地方政府债务管理制度与政策体系** **1. 引入** 阅读教材 P276【专栏 10－4】中国地方政府性债务的规模与结构：国家审计的结果，了解中国地方政府债务余额、层级、举借主体、债务来源等情况，掌握地方政府债务管理的背景。 【提问、互动】我国地方政府债务的规模和结构是否存在问题？存在哪些问题？	阅读、学生讨论、互动	3 分钟
	【答案】债务余额规模大、地方融资平台参与多、部分地区债务负担重等。——引出我国地方政府债务管理制度与政策体系	讲解、学生阅读、讨论	3 分钟
（5）理解我国地方政府债务管理制度与政策体系。	**2. 我国地方政府债务管理制度与政策体系** **（1）地方政府债务限额管理** **①《国务院关于加强地方政府性债务管理的意见》** 对地方政府债务实行规模控制，严格限定地方政府举债程序和资金用途，把地方政府债务分门别类纳入全口径预算管理。		
	②新《预算法》第三十五条 经国务院批准的省、自治区、直辖市的预算中必需的建设投资的部分资金，可以在国务院确定的限额内，通过发行地方政府债券举借债务的方式筹措。举借债务的规模，由国务院报全国人民代表大会或者全国人民代表大会常务委员会批准。省、自治区、直辖市依照国务院下达的限额举借的债务，列入本级预算调整方案，报本级人民代表大会常务委员会批准。举借的债务应当有偿还计划和稳定的偿还资金来源，只能用于公益性资本支出，不得用于经常性支出。	讲解、学生讨论、互动 板书	1 分钟
	③《地方政府一般债务预算管理办法》第十一条 省级财政部门在财政部下达的本地区一般债务限额内，根据债务风险、财力状况等因素并统筹考虑本地区公益性项目建设需求等，提出省本级及所辖各市县当年一般债务限额方案，报省、自治区、直辖市政府批准后下达市县级财政部门。 **（2）地方政府性债务风险管控** **①《国务院关于加强地方政府性债务管理的意见》**建立地方政府性债务风险预警机制，建立债务风险应急处置机制，严肃财经纪律。 **②新《预算法》**第三十五条 国务院建立地方政府债务风险评估和预警机制、应急处置机制以及责任追究制度。国务院财政部门对地方政府债务实施监督。 **③《地方政府性债务风险应急处置预案》** **（3）隐性债务管理政策**	讲解、多媒体演示 板书	3 分钟
	①《地方政府隐性债务风险防范和处置方案》要求严格控制新增隐性债务，地方政府不得通过融资平台或其他方式新增隐性债务；清理现有隐	讲解、多媒体演示	3 分钟

续表

教学要求	教学内容	教学形式与手段	时间
（6）理解地方政府债务治理的可行模式。	性债务，地方政府需进行隐性债务的全面摸底调查，清理和规范现有债务；加强监管，加强对地方政府融资平台的监管，防止其利用隐性方式增加债务。 ②**《地方政府隐性债务问责办法》**建立严格的问责机制，防止地方政府违规新增隐性债务。 ③**《地方政府隐性债务风险预警和资产评估管理办法》**细化了地方政府隐性债务的管理措施，通过预警和评估机制的建立，提高了地方政府的债务管理能力。	板书	
	（四）地方政府债务治理 **1. 债务展期** 选取存量银行贷款开展债务展期，短期内仅付息不还本，长期按年度分批偿还本金，同时做好政策扶持。 【案例】2022年，某城投公司发布公告称，其银行贷款重组涉及债务，规模为155.94亿元，以债权保全为前提，经各方友好平等协商，近期完成签署相关补充协议。按照重组协议，重组后银行贷款期限调整为20年，利率调整为3.00%/年至4.50%/年，前10年仅付息不还本，后10年分期还本。 【分析】在短期债务压力较大且无法实质解决的背景下，该方案是政府引导债务人寻求的一种以时间换空间的化债尝试。无论从政策法规层面来看，还是从债权人保护制度来看，该种模式都得到一定的支持。	讲解、多媒体演示	2分钟
	2. 股权划转变现及开展债券市场投资 由地方财政及银行出资设立区域债券投资基金和偿债基金，能够在解决本区域发债主体困境的同时，增强投资者对该区域的信心。 【案例】2022年，某省政府债务规模约为1.25万亿元。其中，一般债有6588亿元，专项债有5881亿元。其负债率（债务余额/GDP）较高，为61%。考虑到近年来该省整体存量债务产生的兑付压力和自身区域的财政收入情况，在2019年、2020年，该省划转省内某优质上市公司股份至该省国有资本运营公司，以协助省内化债。同时，该上市公司控股的财务公司开展固定收益投资业务，缓解区域城投债的销售压力。 【分析】地方国企持股套现、补充区域资金流动性；上市企业开展资本市场投资运作，缓解区域内债券销售压力。	讲解、多媒体演示、讲解分析	2分钟
	3. 设立债券投资基金与偿债资金 由地方财政及银行出资设立区域债券投资基金和偿债基金，能够在解决本区域发债主体困境的同时，增强投资者对该区域的信心。 【案例】2022年，《国务院关于支持山东深化新旧动能转换推动绿色低碳高质量发展的意见》（国发〔2022〕18号）发布。此后，财政部制定发布关于贯彻落实该文件的实施意见（财预〔2022〕137号），以支持山东加快财政制度创新、推动绿色低碳高质量发展，并提出指导山东逐	讲解、多媒体演示、讲解分析	2分钟

续表

教学要求	教学内容	教学形式与手段	时间
（7）加强对本节内容的理解，思考下一节课内容。	步降低高风险地区债务风险水平。在此之后，山东某市设立了 50 亿元的债务增信专项资金和 80 亿元的国企债券投资基金。其中，债务增信专项资金用于区域发债主体在面临债务兑付压力时的流动性支持；债券投资基金主要用于支持认购当地国企滚动发行的债券产品，确保当地企业债券融资的可持续性。此外，自 2023 年以来，山东有关部门也在加快推动与省内各地级市成立急转贷合作基金落地，降低兑付风险。 【分析】该模式是服务区域资本市场融资的一种创新，向资本市场释放了积极信号，增强了投资机构对本区域的信心。由当地债券投资基金认购当地城投公司发行的债券，可为区域提供流动性。在极端不利的情况下，可以确保债券借新还旧、滚动融资。 **（五）课后阅读材料** [1] 龚强，王俊，贾珅．财政分权视角下的地方政府债务研究：一个综述［J］．经济研究，2011，46（7）：144－156. [2] 马海涛，吕强．我国地方政府债务风险问题研究［J］．财贸经济，2004（2）：12－17. [3] 何杨，满燕云．地方政府债务融资的风险控制——基于土地财政视角的分析［J］．财贸经济，2012（5）：45－50. [4] 杨灿明，鲁元平．地方政府债务风险的现状、成因与防范对策研究［J］．财政研究，2013（11）：58－60.	讲解、多媒体演示、讲解分析	2 分钟
	（六）课后思考题 1. 阐述我国地方政府债务形成的过程与原因。 2. 新形势下，我国应如何建立健全地方政府债务管理制度？ 3. 债务率高的地区如何积极化解地方政府债务？	引导学生进行课外阅读、思考	1 分钟

七、考核与评价方式

在考核与评价上，建立起能综合体现“过程性”“增值性”和“综合性”特征的评价模式，系统明晰评价的观察点，科学设计评价程序，立体呈现评价结果。

基于目标评价与过程评价相结合的模式，全方位评价学生思想政治素养发展的过程、增值程度及预设目标的实现程度。以课程思政目标中的思政元素作为观察点，基于学生的言行进行评价。在本节讨论交流环节中，观察学生的言论及行为，从中判断学生对“四个自信”的坚定程度。

在评价的具体程序上，对学生思想发展评价分为以下几步：学生背景评价（了解学生发展程度、需求等）——课程思政目标设计——课程实施过程中学生思想政治素养发展材料收集（与评价）——课后评估。从单次教学来看，主要分为（前次课）学生思想发展情况（表现）评价——教学目标设计（形成教学案）——教学实施——学生表现、评价与反馈。

评价结果的呈现以描述性为主。学生发展评价以过程性评价为主，以结果性评价为辅。过程性评价更注重形成性，即以形成性评价方式呈现，注重对学生发展的描述，客观反映课程思政教学中知识传授与思想启迪、价值引领的结合程度，以科学评价提升教学效果，以凸显产出导向和持续改进导向。

八、实施成效

经过本门课的教学活动，学生普遍反映在课堂学习中不仅增长了理论知识，更加认识到地方政府债务治理的重要意义，同时在结合我国案例的分析中认识到我国地方政府债务的现状、问题与挑战以及治理路径。课后同学们的评价如下：

“老师将知识讲解和案例分析相结合，加深了我们对地方政府债务相关知识的理解，也让我们深刻地认识到地方政府债务治理的重要性。”

——2020 级城市规划与管理专业硕士

“课堂上老师引入一系列地方政府债务治理的案例，让我们从地方政府债务的角度加深了对人民城市理念的理解，同时我们也认识到合理管控地方政府债务规模，促进地方政府债务化解和风险管控，事关新型城镇化建设和中国式现代化发展大局，是城市经营不可或缺的组成部分。”

——2021 级城市规划与管理学术研究生

本次课主要是通过理论讲授和案例讨论进行讲授，后续将带领学生进入社会实践，将实地调研、案例开发、学术研究和课堂教学相串联，从实践中提炼理论案例，再反哺课堂讲学，让学生从实践中感受公共管理知识的魅力，使课堂教学更好地服务于面向新型城镇化和中国式现代化的探索实践。

案例21：建立共享、共商、共管的“多规合一”业务协同体系

——厦门市“多规合一”的实践探索

王　伟
（中央财经大学政府管理学院副教授）

一、基本信息

课程名称：城市规划实务

授课对象：城市规划与管理专业学术型硕士、公共管理硕士（MPA）

知 识 点：生态文明、空间规划体系、“多规合一”改革《城市规划原理》（第三章 城乡规划体制、第3篇 城乡空间规划、第5篇 城市规划的实施）、《国土空间规划》（第一章 国土空间规划的核心概念）

主讲老师：王伟

二、教学目标

（一）知识目标

党的十八大以来，以习近平同志为核心的党中央将生态文明建设置于全局工作的突出位置，通过一系列重大战略部署，引领新时代生态文明建设取得历史性成就和变革。2015年，中共中央、国务院发布《生态文明体制改革总体方案》，明确提出“构建以空间治理和空间结构优化为主要内容，全国统一、相互衔接、分级管理的空间规划体系，着力解决空间性规划重叠冲突、部门职责交叉重复、地方规划朝令夕改等问题。”

通过案例讲授，聚焦完成以下教学目标：

（1）科学理解改革的基本概念及其在国家治理现代化、生态文明体制改革中的重要作用与意义；

（2）系统认识改革的产生缘由、改革逻辑、主要路径、体系建构等基本原理性知识；

（3）深入了解公共管理视角下改革的地方实践创新思路、运作流程、机制设计，训练学生将公共管理理论与具体实践结合，提升对现实问题分析与解决的学以致用能力。

（二）能力目标

（1）全局性战略认知能力。引入整体性治理和协同治理等公共管理理论，提升学生对生态文明建设、国家治理体系与能力现代化、国家空间规划改革的系统认识。

（2）跨学科整合分析能力。强化学生在案例分析中的跨学科知识整合能力，如将管理学、规划学、地理学、社会学、经济学、法学等不同学科的视角和方法论结合，形成综合性的规划策略。

（3）批判性思维与创新性建构能力。首先培养学生对“多规并行”制定和实施过程中的批判性思维，识别问题和不足；其次鼓励学生对改革中重点、难点问题，模拟在地方实践情景中提出不同方案进行比较和评估，进而形成创新解决思路与方法。

（4）领导力和团队协作能力。培养学生领导力，包括决策制定、团队激励和冲突解决。在团队项目中锻炼协作能力，学习如何在中发挥作用，共同推进规划工作。

（三）育人目标

（1）提升使命感。培养学生的国家治理使命责任感和对可持续发展的认识，提升公共政策分析和参与能力，使其能够在专业领域内持续成长。

（2）提升技能力。激发学生的思辨意识和创新精神，通过深入了解案例的具体规划情景，培养学生的综合决策能力，教会他们如何在多种因素中权衡和选择最优方案。

（3）提升应变力。增强化学生的团队协作能力和沟通技巧，为将来在多变工作环境中做好准备。

三、教学重点与难点

（1）国家治理体系与治理能力现代化与生态文明建设大局中，空间规划的作用与地位。

（2）传统城乡规划、土地利用规划、主体功能区划等多规并行引发的治理困境。

（3）改革的基本逻辑、实践路径、形式与效果。

（4）未来进一步深化改革的创新方向与思路。

（5）以案例为分析场域，引入经典的公共管理与公共政策理论展开深入运用分析，并对理论发展形成新的认识。

四、课程思政案例介绍

为了有效解决长期以来我国空间治理中“多规并行”下土地资源利用矛盾、配置低效、部门“打架”等问题，“多规合一”改革是新时期社会经济发展与土地资源高效利用的必然趋势。本案例以厦门市“多规合一”业务协同体系探索为例，阐释“多规合一”的“五个一”建设内容：一个战略、一张蓝图、一个平台、一张表单、一套机制，总结其工作成效，并评析“多规合一”共享、共商、共管效用。

（一）引言：问题、框架与方法

城市空间是承载了城市社会、经济、政治、文化等要素的运行载体，各类城市活动所形成的功能区构成了城市空间结构的基本框架。社会生产关系以及附着在空间上的各种资源、社会主体相互交错，构成了一个以城市空间为基点的复杂利益关系体系。这种空间利益关系如何应对和平衡是我们进行城市空间规划时面临的重要课题。不同的空间利益代表了不同利益主体的不同空间需求，这反映为现实城市空间治理中存在的问题，例如城市生态环境破坏、居住空间的嘈杂混乱、小区业主同开发商之间关于公共空间开发的矛盾、城市基础设施的欠缺等。随着我国城镇化进程的加快、城市人口的急速增长、城市规模的迅速膨胀，空间资源作为社会经济发展的载体，土地的需求程度自然逐渐增大，这就使得原本存在的供需矛盾越发激烈。然而，各类规划并行、相互冲突、互不衔接的状态无疑为土地资源的有效配置增加了阻碍，为城市治理添加了难题。因此，为解决“多规并行”带来的空间资源利用矛盾、低效配置等问题，“多规合一”成为新时期城市空间治理的有效手段，是新时期规划改革的必然趋势与破题之径。

“多规合一”不仅是简单地将各类规划合并，而是重点解决规划的矛盾，消除空间利用的冲突，打破部门之间的壁垒，真正实现城市空间治理“共享、共商、共管”，其建设目标如图 21－1 所示。从厦门的实践经验来看，“多规合一”的整体框架包括五个“一”：一个战略、一张蓝图、一个平台、一张表单及一套机制。一个战略是为了让整个规划体系有一个共同的目标而建立的顶层设计，具有指导性、长期性，也是让各类规划消除矛盾达成共识的关键；一张蓝图是“多规合一”的重要成果和规划实施的重要依据，在整合各类规划与现状的基础上，形成动态更新的全域空间规划一张图，是厘清家底、明确开发与保护边界的结果，同时也是作为规划实施与项目审批的重要依据；一个平台是实现“共享、共商、共管”的重要路径，各个部门能够开诚布公地共享一套数据资料与规划成果；一张表单指的是项目审批一张表单，打破原多头审批的模式，一张表单列清项目的合规性审查内容，是提升营商环境与企业群众获得感的重要表现；一套机制是“多规合一”的运行规则与法律保障，有利于持续地推动深化“多规合一”。因此，这五个“一”涵盖了“多规合一”的目标、内容、方法、实施、保障，既包括了政府部门实现城市空间“共享、共商、共管”的过程，也体现了“多规合一”释放的制度改革红利。

图 21－1　“多规合一”的建设目标

厦门市是我国最早探索实践“多规合一”的城市之一，其经验曾在全国推广，具有一定典型性和借鉴意义。本文将以厦门市“多规合一”业务协同体系的实践为例，分析其如何建立一个顶层设计、一张蓝图、一个平台、一张表单及一个套机制，从而实现“多规合一”，并进一步剖析其优化空间资源配置、推进“放管服”审批改革及提升群众获得感的效用。

（二）厦门市“多规合一”业务协同体系的实践探索

1. 什么是“多规合一”

“多规合一”是我国“两规合一”与“三规合一”工作的延伸，是为解决我国因规划间矛盾导致土地资源配置效率、政府空间治理能力低下而大力推动的一项重要工作①，是我国国土空间规划领域的一项重要改革。“多规合一”概念于2014年被正式提出，当前，经过5年多的理论研究与实践经验，国内有关学者与地方政府对“多规合一”的内涵界定有着不同的理解，主要形成以下观点：

（1）“多规合一”要实现规划编制部门统一，并由该部门统一制定“多规合一”立法以及统一编制“多规合一”规划②。

（2）“多规合一”要在统一规划坐标、规划期限、规划标准等的基础上，通过“多规合一”数据平台，将现行各项规划进行有效融合，实现区域“一张蓝图”管理。

（3）“多规合一”即编制一个规划以统筹协调现行各项规划。

（4）“多规合一”要以现行各项规划中的某项规划为主，逐步衔接各项规划。

2. 厦门市“多规合一”工作内容

2014年，国家发展和改革委员会、住房和城乡建设部、国土资源部及环境保护部联合印发了《关于开展市县“多规合一”试点工作的通知》，通知选取了包括厦门在内的全国28个“多规合一”试点市县，要求试点市县探索“多规合一”的具体思路，研究提出可复制、可推广的“多规合一”试点方案，形成一个市县、一本规划、一张蓝图；探索完善市县空间规划体系，建立相关规划衔接协调机制，即建立健全规划协调工作机制，统一发展认识，合力破解关键问题，高效推进规划实施。

为响应中央的战略部署，推进城市职能转型，2014年起厦门市委、市政府大力开展“多规合一”试点工作，统筹规划，规划统筹将“多规合一”作为提高城市治理体系和治理能力现代化的重要抓手，力求利用信息化手段，构建统一的空间规划体系、实现城乡统筹发展，提升审批效能、推动政府职能转型（见图21－2）。2018年6月，韩正副总理在厦门召开建设项目审批制度改革试点工作座谈会，对厦门市的“多规合一”改革经验予以了充分肯定，认为厦门的做法是成功的，形成了一套完整的体系和制度，要推广和复制“厦门经验”。

---

① 孟鹏，冯广京，吴大放，等．“多规冲突”根源与“多规融合”原则——基于“土地利用冲突与‘多规融合’研讨会”的思考［J］．中国土地科学，2015，000（008）：3－9，72.

② 苏涵，陈皓．“多规合一”的本质及其编制要点探析［J］．规划师，2015，000（002）：57－62.

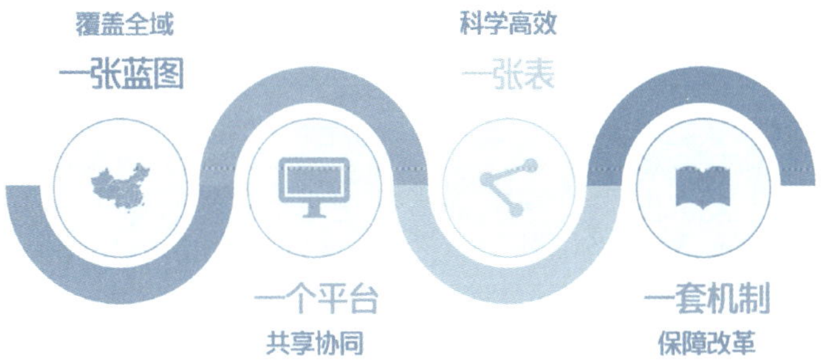

图21－2　“多规合一”工作内容

（1）制定“一个战略”，形成凝聚共识的顶层设计。

以理念创新引领“多规合一”，制定对城市经济、社会、环境等各方面发展具有全局性、长期性、决定性指导的城市发展战略。

厦门以“尊重自然、顺应自然、天人合一”科学的理念，运用田园城市理论等科学的方法，经多部门协调、专家把脉、全民参与，最终以市人大表决的形式形成了《美丽厦门战略规划》，其间先后召开5次市委专题会、21次专题会议研究、刊印了近70万册的入户手册、收集意见建议32000余条，是通过科学的、民主的、法治化的决策过程取得了全市共识的、具有法律效力的纲领性规划。

规划提出了“两个一百年”愿景、五个城市定位、三大发展战略、十大行动计划和共同缔造路径，按照“五位一体”的总体要求，融合了政治、经济、社会、文化、生态等各方面的内容，凝聚了厦门各界的共识，真正成为能够切实引领厦门城市发展的规划，作为城市发展的顶层设计，为处理各类空间规划矛盾冲突奠定了基础。

（2）绘制“一张蓝图”，统筹城乡空间的规划秩序。

厦门按照“一张蓝图绘到底”的要求，构建“多规合一”一张图，按照“图图叠合、指标统合、政策结合”的原则，统筹“发改目标、用地指标、规划坐标”，对全市规划、国土、发改、环保、水利、林业等几个主要部门空间性规划进行了梳理，衔接基础数据、用地分类标准和用地边界，统一各类图纸坐标系，消除差异图斑，解决部门规划“打架”问题，统筹协调各部门规划矛盾。划定了控制线体系、明确了保护与开发的边界，处理了数十万块的差异图斑块，在1699平方千米的市域范围内划定了各部门共同遵循的640平方千米的城市开发区域与980平方千米的生态控制区域。

在此基础上，进一步梳理了以往编制过的市、区共100余项部门规划，整合并形成了全市39类专项规划，统筹市政、交通、文化、体育、教育、养老等设施用地，深化梳理各控制线内部用地空间，面向规划审批管理，明晰部门事权，形成以生态为本底、以承载力为支撑，以“生态控制线”“城市开发边界”“海域系统”“全域城市承载力”四大领域为基准，以各部门专项规划为落实的全域空间“一张蓝图”，统筹全市涉及空间的规划。

今后仍将不断完善“一张蓝图”（见图21－3），深入推进规划“上天入地”，不断补充完善城市设计、地下空间和市政管线等内容，从二维到三维，构建起“三维空间一张蓝图”。

图 21－3　厦门市“一张蓝图”

（3）搭建“一个平台”，实现信息共享的业务协同。

以“一张蓝图”为基础，厦门依托市政务网络和服务总线，在全国率先构建起了一个涵盖所有项目审批部门的“多规合一”平台。实现市、区各部门信息系统的互联互通，各部门业务的协同办理；实现城市信息共享、空间决策共商、空间服务共管。

信息共享平台汇集各部门 4 大类 647 个图层的空间现状、规划、管理和社会经济数据，实现接入平台的 448 个部门信息共享、空间共维。平台支持多部门在线上交互意见、反馈信息、协同作业，有效支持规划实施和项目策划生成，解决了以往建设项目生成存在多头管理、多环节、低效率的问题。该平台策划了医疗、商业等十大招商板块，为招商部门提供信息支持、决策咨询，并主动向社会公众和投资主体推介招商信息，将“以商选地”变为“以地选商”，实现智慧招商。此外，平台提供规划公开公示、在线互动、意见交流和政策问答等规划服务，建立政府和公众“双向”沟通的渠道，实现“共享共治、互联众规”。

（4）实施“一张表单”，推进建设项目审批的改革转型。

实施“一表式”审批，推进审批制度改革。依托“多规合一”平台实现从项目生成策划到竣工验收全流程再造（见图 21－4）。

在进入审批阶段之前的项目生成阶段，建立以发改、规划、国土等多部门协同的工作机制，优化规划实施的运行环境，统筹需求、空间、能力等要素，创新规划编制体系、内

图 21－4　厦门市“多规合一”业务协同平台

容及方法，提前明确项目的投资、预选址、用地指标等建设条件，推进策划生成的项目可决策、可落地、可实施，充分落实城市空间发展意图，为项目的后续审批提速创造条件。在审批阶段，按照审批事项划分为立项用地规划许可、工程建设许可、施工许可、竣工验收四个阶段，每个阶段实行“统一收件、同时受理、并联审批、同步出件”的运行模式，按照这种模式，建设单位可以实现“一份办事指南，一张申请表单，一套申报材料”（见图 21－5），完成多项审批。通过调整审批办理阶段、合并部分审批环节、简化部分审批手续、实行跨部门联合评审等措施，再造审批流程，大幅提高审批效能。

建设项目需办理的审批事项指导表

基本情况 项目	项目名称	测试 1024	
	国家统一代码		
	建设单位	厦门味丹食品有限公司,,	
	联系人		联系电话

审批事项指导清单

序号	审批单位	审批事项名称	备注
1	市经信局	节能审查	
2	市经信局	企业投资项目备案	
3	市水利局	生产建设项目水土保持方案登记表备案	
4	市水利局	取水许可申请	
5	市水利局	生产建设项目水土保持方案报告表	
6	市文广新局	涉及文物保护单位及未定级不可移动文物及其保护范围及控制地带的建设项目需经相应级别的文物部门审批（非必须审批）	

备注：本表内容为各审批部门依据策划生成阶段业主单位提供的项目材料提出，若在申报过程中相关材料或指标发生更改，需办理的审批事项以实际情况为准。

图 21－5　厦门市建设项目审批事项“一张表单”

2017 年进一步在自贸试验区探索告知承诺制等制度创新，并在全市复制推广；2018 年成为住建部建设项目审批制度改革试点城市，厦门市按照改革精神进一步对审批环节与审批事项进行“减、放、并、转、调”，创新快速审批、完善监督管理等机制。

（5）创新“一套机制”，提供保障改革的法律保障。

通过制定2部特区法规，52件政府规章和政府文件，169件部门配套规则、方案，完善“多规合一”法治体系（见图21－6）。

图21－6　厦门市“多规合一”一套机制

①特区立法。出台全国首部“多规合一”立法，《厦门经济特区多规合一管理若干规定》，构建“多规合一”制度体系，包括明确“多规合一”的管理体制，界定空间战略规划的定位，提出建设项目生成机制与审批流程再造，明确审批的监督与责任，为改革提供制度保障；出台《厦门经济特区生态文明建设条例》，将“多规合一”划定的生态控制线纳入特区立法，规范和强化规划的严肃性和权威性。

②政府规章和政府文件。分别建立部门业务联动制度、优化建设项目审批制度、监控考核制度和平台动态更新维护制度等。包括《建设项目生成管理办法》《建设项目审批流程改革的实施意见》《建设项目联合竣工验收工作方案（试行）》《规划实施过程事中事后监管办法》《多规合一业务协同平台运行规则》等文件，保障“多规合一”改革后的新流程每一个步骤都有章可循。

③部门配套规则、方案。各相关部门从简政放权、强化事中事后监管、加强中介监督管理等方面公布了改革配套文件，从制度层面确保“一张蓝图干到底”。

3. 厦门市“多规合一”工作成效

（1）重构空间规划体系，优化空间资源配置。

厦门在城市层面通过“多规合一”工作，向上承接各部门的上位规划，向下统筹各专项规划，解决规划冲突，形成“一个市县、一本规划、一口进出”的法定空间规划体系。一是形成了深化改革的顶层设计。“多规合一”通过多领域、多层次的空间治理体系顶层设计的改革，统一愿景、统一思想、达成共识，形成了城市空间规划体系，推动城市治理体系和治理能力的创新。二是奠定了城乡统筹发展的重要基础。通过“多规合一”工作，厦门摸清了城乡资源、环境、空间条件等，创新性地提出生态控制线，划出640平方千米的城市开发区域，明确了城市绿道、农田、水系、湿地、山体、林地边界坐标，让群众看得见、摸得着，便于监督，使生态保护区域牢牢固定在实地“一张图”上。这一规划体系明确了发展底线，解决了生态文明建设落地问题，避免城市“摊大饼”式扩张，奠定了集约节约发展的基础。

（2）完善规划实施，项目落地显著提速。

厦门明确了全域统一的一张蓝图，进而搭建了“战略规划—五年规划—三年行动规划—年度实施计划”的规划实施体系、创新项目生成，推动一张蓝图实施、项目加快落地。五年规划落实总体规划、专项规划，衔接发展规划；提出近五年空间规划实施目标、指标及重大发展片区。三年行动规划分解五年的目标指标与任务，突出规划引领，落实专项规划、五年行动计划、详细规划等，提出三年实施目标、重点任务、重点片区。年度实施计划在三年行动规划的基础上，统筹协调各个部门落实了年度建设项目的空间安排与实施时序，项目生成进一步统筹需求、空间、能力等要素，提前明确项目的投资、预选址、用地指标等建设条件，形成年度实施项目库，促使项目可决策、可落地、可实施，指导年度供地、收储计划、要素保障等系列年度计划。策划成熟的项目在平台上形成项目库，成为项目储备、查询及后续审批的依据，实现与审批环节的无缝衔接，为项目的后续审批提速创造条件。通过规划实施机制与项目生成机制的建立，强化了规划引领城市发展的统筹能力，强化了政府的空间统筹能力，通过有序的空间规划引领社会的有序发展，促进城市管理方式从“项目主导建设”转为“规划引领发展”的发展方式转变。2016～2022 年，平台每年新增储备项目分别为 791 个、1304 个、2066 个、1960 个、5799 个、7542 个和 11205 个，年度策划成熟项目分别为 638 个、845 个、997 个、2715 个、3922 个、5090 个、6699 个，基本呈逐年增长趋势；完成部门意见征集数从 2016 年的 1186 个增加至 2022 年的 12813 个，整体有效提高项目部门业务协同效率，推动项目快速落地。

（3）优化审批流程，群众获得感提升。

厦门紧紧扭住转变政府职能这个“牛鼻子”，进一步厘清政府和市场的关系，提高审批效率、加快开工建设速度，提高群众对改革的获得感。

①优化审批流程，审批时间大幅缩短。立项到竣工验收并联阶段总审批时限仅 40 个工作日。各阶段审批服务事项并联办理，打破了部门间互为前置、相互制约现象，实现审批流程更加科学、合理。在改造前，建设单位从申请项目建议书到取得用地规划许可，会涉及 7 个部门、9 个审批环节、提供 25 项资料，累计需要 53 个工作日，改造后，建设单位只需要对应 1 个部门、1 份申请表、提供 6 项资料，仅需 10 个工作日。

②转变审批理念，受理部门“一站式”。从“1 对 N”、被动审批、你报我批、各自为政到“1 对 1”、主动推送、政府跑腿、联动协同的审批理念的转变，申请人只需将受理材料提交到市政务中心窗口，由窗口负责将材料提交到“多规合一”业务协同平台，各部门在平台上接收申请材料，实时联动审批，审批后由窗口将审批结果送达至申请人。

③简化报审模式，审批材料大大减少。梳理并消减了各审批部门重复和不必要的申报材料，项目从立项到竣工验收所需的申请材料由 373 项减少至 76 项，基本实现“一份办事指南、一张申请表单、一套申报材料”完成审批。建设项目审批由多环节多层次转变为扁平化高效率，充分体现了高效、实干、利民，有力推动管理型政府向服务型政府转变，

真正实现以人为本。

（三）案例评析

1. 信息共享：在破除信息壁垒的基础上辅助规划决策

“山、水、林、田、湖、草”自然资源及人类社会经济资源丰富繁杂，种类繁多。规划应具有系统性、完整性的视角，无论是哪一类规划，脱离了土地、人、经济活动等任何一项都会在一定程度上失去科学性、完整性与前瞻性。然而，信息壁垒一直存在，建设的边界与保护的边界模糊不清，使得规划编制、用途管制、实施监督等工作在源头上就存在问题。“多规合一”的一项核心工作则是建立“多规合一”业务协同平台，旨在借助信息化手段，将国民经济和社会发展规划、土地利用总体规划、城市总体规划等规划现状与成果数据整合建库，实现“多规”矢量化、数字化和跨部门共享共用，解决困扰原多规主管部门“查规划难、跨部门查规划效率低”等问题。

信息共享主要包括两个部分：一是数据资源共享，二是规划成果共享。现状与规划之间存在闭合的传导关系，通过对众多的现状数据资源进一步分析评价，找到空间使用与人类活动的发展规律，从而辅助规划，使之具有前瞻性、科学性；反之，规划也指导着城市建设，防止城市摊大饼式无序增长。一手用好动态更新现状数据资源，一手画好城市发展的蓝图，“多规合一”在辅助规划决策方面发挥着重要作用。

信息共享的主体是政府部门。各行业主管部门通过“多规合一”业务协同平台数据接口实现数据自动对接，使得数据信息服务能够服务于其职能工作，“多规合一”业务协同平台也进一步延伸出了大量政务服务的应用场景。但由于部分数据较为敏感，无法对所有公众公开，使得公众还不是“多规合一”平台的用户之一。有学者提出嵌入公众参与的“多规合一”信息平台总体架构设计，今后，可在保障信息安全的前提下，进一步扩大“多规合一”平台的共享对象与应用场景。

2. 业务共商：构建规划实施体系推进“放管服”改革

原建设项目工程规划审批时限长、流程杂、手续多，建设单位在办理用林、用海、用地证、工规证等审批需要来回奔波于林业、海洋、规划、国土等多个部门，不利于营商环境建设。2018 年自然资源部成立以来，将原规划、国土、发改、林业、海洋等部分职能进行合并，统一行使自然资源调查与用途管制的职能，在政治制度层面上，进一步推动了“多规合一”的业务协同。

“多规合一”重构了规划实施审批体系，实现业务共商。通过厘清工程建设项目全生命周期流程：立项用地阶段、工程规划许可阶段、施工许可阶段、竣工验收阶段、不动产登记阶段，将后续审批可能遇到的问题提前至策划生成阶段解决，各个部门通过空间协调，例如，形成“一张表单”告知企业，并提前办理部分审批手续，将土地“干干净净”地出让，促进建设项目审批提速。

此外，还创新性地建立了相关部门协同审批机制。例如，建立气象探测环境保护规划管理联合协作审核机制。将气象探测环境保护核查关口前移至国土空间规划编制、年度空间规划实施方案编制和前期项目策划生成阶段，提高了审批工作效率。对项目业主而言，可以提前获知气象探测环境保护对于建设项目的限制要求；对气象主管部门而言，确保了气象探测环境得到有效保护，保证了气象监测预警数据的准确性，同时避免因气象台站搬迁而花费大量公共财力；对审批管理部门而言，进一步提高了审批工作效率，为群众提供了更为便利的服务。建设项目审批流程再造后的“五个阶段”如图 21－7 所示。

图 21－7 建设项目审批流程再造后的“五个阶段”

3. 空间共治：多管齐下不断增强国土空间治理能力

“通过开展陆海环境综合整治和生态修复保护，以土地储备为抓手推进公共设施建设和片区综合开发，提升了生态价值，促进了土地资源升值溢价”——自然资源部在《生态产品价值实现典型案例》中这样点评厦门五缘湾片区的发展。近年来，通过实行“多规合一”，不断增强国土空间管制能力，优化了城市空间格局，更形成了新时代生态环境保护与经济发展的协调之道。

通过“多规合一”实现智慧招商。以往的招商与规划衔接较少，规划不支持招商，招商不符合规划，项目选址落地难、布局不合理。“多规合一”实施后，资源规划部门能够为招商部门提供医疗、商业、酒店等十大类型的招商信息，将“以商选地”转变为“以地等商”，实现“智慧招商”。

助推城市信息模型库建设，将“平面蓝图”转变为“立体蓝图”。通过充分衔接“多规合一”业务协同平台，接入二维三维、地上地下、室内室外等空间数据，承载 GIS、BIM 模型、实景现状模型、市政交通等信息，建设城市现状及规划三维模型，为城市建筑艺术评审提供三维直观展示，也为逐步实现工程建设项目电子化审查审批奠定基础。

五、教学方法与手段

（一）案例研究法

（1）案例选择：精选厦门市“多规合一”的改革实践案例，确保案例具有代表性和教育意义。

（2）背景介绍：提供厦门市“多规合一”改革的背景信息，包括政策背景、目标、挑战等。

（3）问题提出：基于案例，提出关键问题，引导学生思考“多规合一”在实际操作中可能遇到的问题和解决方案。

（4）小组分析：学生分组进行案例分析，每组针对分配的问题进行深入探讨，形成分析报告。

（5）成果分享：各小组展示分析结果，进行交流和讨论，教师提供专业点评和指导。

（6）反思总结：课程结束时，引导学生进行反思，总结学习收获和存在疑问。

（二）角色扮演与模拟演练

（1）角色分配：学生被分配不同的角色，如规划师、政府官员、市民代表、企业代表等。

（2）情景设置：创建一个模拟的“多规合一”实施情景，包括规划目标、利益冲突、政策选择等。

（3）决策演练：学生根据角色立场，进行决策和协商，模拟“多规合一”的实施过程。

（4）互动讨论：角色之间进行互动，解决冲突，达成共识，推动项目进展。

（5）反馈与评估：教师和其他学生提供反馈，评估决策的有效性和合理性。

（6）经验总结：通过角色扮演，学生能够从不同角度理解“多规合一”改革的复杂性挑战和创新性价值。

六、教学实施过程

（一）课前准备

课前把案例材料发给学生，要求学生用30分钟左右的时间认真阅读，并思考相关问题

（二）教学步骤

课堂教学计划分为四个步骤。

1. 全班集中，案例导入（10分钟）

教师通过多媒体方式向学生展示“多规合一”改革提出的背景、政策文件、组织执行体系以及执行情况内容。

2. 分组研讨，案例展开（20分钟）

对学生进行分组，各组经过讨论，将汇总组内成员的观点写在黑板上。

3. 公开辩论，案例分析（30分钟）

每组的发言人首先上台向全班报告本组的主要研讨观点，如果发言人未用完规定的时间，其所在组的其他成员还可以对发言人的观点进行补充。各组发言结束后，学生可以自由发言，就其所支持的一方进行观点交锋和辩论。

4. 案例点评，总结拓展

由授课教师进行小结和点评。针对学生分组辩论的情况予以点评，总结案例研讨的主要特点、主要观点以及有待进一步关注和研究的问题，提示分析问题的不同角度和方法。最后，启发学生对开展“多规合一”改革，提升政府治理效能更深入的思考。

七、考核与评价方式

1. 课堂参与度评价

课堂讨论：记录学生在课堂讨论中的活跃程度、提问和回答问题的质量。

小组互动：评估学生在小组活动中的参与度和对团队贡献的大小。

2. 案例分析报告

内容深度：评价学生案例分析的深度，包括对问题的洞察力和分析的全面性。

逻辑结构：评价报告的结构是否清晰、逻辑是否合理。

创新性：评价学生在分析中是否展现出独到的见解或创新的解决方案。

3. 闭卷考试或开卷考试

知识掌握：通过考试评估学生对“多规合一”相关理论知识的掌握程度。

应用能力：设计应用题，评价学生将理论知识应用于实际问题的能力。

八、实施成效

（1）认识“多规合一”改革的核心：学生将认识到生态文明建设中“多规合一”改革的“合”与“一”体现在规划理念的统一、规划过程的协调、规划结果的整合等方面，以及这一改革对于提高规划科学性和实施效率的重要性。学生将能够理解规划作为一种治理工具，在引导城市发展、资源配置、环境保护等方面的作用和影响。

（2）分析厦门案例的逻辑与价值：学生将能够分析厦门开展“多规合一”工作的基本逻辑，探讨其创新价值与借鉴意义，理解地方实践对于推动全国规划体系改革的贡献。通过厦门案例，学生将探讨技术创新如何推动规划的实施和制度改革，以及制度改革如何为技术创新提供空间和动力，理解两者相辅相成的关系。

（3）评价与提出改进建议：学生将能够查阅并评价国内其他典型城市的“多规合一”改革工作，提出“多规合一”改革在规划协调、政策执行、公众参与等方面进一步完善的建议，并探讨具体的改进措施。

案例22：从孙小果案看审判监督程序的纠错功能

——“刑事诉讼法”课程思政教学案例

李　伟

（中央财经大学法学院副教授）

一、基本信息

课程名称：刑事诉讼法
授课对象：法律硕士（非法学）、法律硕士（法学）、法学研究生
知 识 点：刑事诉讼法学（第四版）（马克思主义理论研究和建设工程重点教材），《刑事诉讼法学》编写组，高等教育出版社 2024 年版，第 17 章，审判监督程序
主讲教师：李伟

二、教学目标

（一）知识目标

（1）审判监督程序的纠错功能；
（2）提出审判监督程序的材料来源；
（3）提起审判监督程序的主体、条件；

（二）能力目标

培养学生对案件的思考能力、理论联系实际的能力。

（三）育人目标

坚定学生对党“坚持真理，修正错误”根本立场的认同，引导学生树立正确是非观、价值观。

三、教学重点与难点

（一）教学重点

（1）审判监督程序体现的实事求是、有错必纠的方针。
（2）申诉的效力和申诉的理由。
（3）对申诉的受理和审查处理。

（二）教学难点

（1）审判监督程序负载的纠错功能的具体体现。
（2）提起审判监督程序的主体、条件。

四、课程思政案例介绍

2018 年 7 月，云南某航空公司的几名空乘人员来到了昆明市一家 KTV 喝酒唱歌。醉意中，空姐李某与男同事王某发生了争执，愤怒的李某让对方别走，随后拨打了一个电话。

很快，一群刺着文身的人冲进了 KTV，带头的男子是此后震惊全国的涉黑大案主犯孙小果。

孙小果抬腿猛踢王某的腹部，当场将其膀胱踢裂。这是一起涉嫌故意伤害的刑事案件，但孙小果却若无其事、扬长而去。

从 18 岁起轮奸妇女，第一次犯下重罪，20 多年来孙小果已经一次又一次脱身法外，他确信这一次也不会例外。果然，取保候审、达成和解，随后的一切都如孙小果所预料的一样。但是，他没有料到的是，一场席卷全国的扫黑风暴让他不可能再像过去一样躲进“避风港”。

2019 年 3 月，昆明市盘龙区人民法院在办理这起 KTV 故意伤害案时，孙小果三个字引起了工作人员的警觉。

（一）“死刑不死”——孙小果死里逃生背后暴露惊人黑洞

孙小果，1975 年出生，1994 年因犯强奸罪，被判处有期徒刑 3 年。案件办理期间，他被取保候审、保外就医。没有被收监的孙小果，更加肆无忌惮，1997 年 4 月至 6 月他以暴力和胁迫手段强奸四名未成年少女。1997 年 11 月 7 日，孙小果及同伙在公共场所挟持两名 17 岁少女，进行暴力伤害和凌辱摧残，致使一名被害人重伤。

1998 年 2 月，孙小果因强奸罪、强制侮辱妇女罪、故意伤害罪等多项罪名被昆明市中级人民法院一审判处死刑，立即执行。

然而蹊跷的是，12 年后的 2010 年，孙小果重操昆明的夜场，成为了多家夜店的老板，“死刑不死”的孙小果成了一个谜。

中央扫黑除恶第 20 督导组副组长张力认为，“我们把它锁定为第一大案来进行督导。一开始的时候，我们也怀疑，一步一步这么多个环节，他怎么都能打通，一直到后来这个程度，这个简直是我们不可想象的。”

2019 年 4 月，中央扫黑除恶第 20 督导组进驻云南，将孙小果案列为一号督导案件，会同云南省扫黑办调查案件真相。

孙小果死里逃生的背后疑窦重重，调查证实，1998 年孙小果一审被判死刑后，1999 年二审被云南省高级人民法院改判为死缓。2007 年案件启动了再审，死缓改判为有期徒刑

20 年。期间孙小果又被多次减刑，实际服刑 12 年零 5 个月就被释放出狱。

孙小果脱罪，暴露出一个惊人的黑幕：从一审、二审到申诉、再审，刑罚执行等多个环节被人层层击穿。

孙小果一次次逃出法网，都因为一张无形的“关系网”。专案组调查发现，多年来编织出这张关系网的人是他的母亲孙鹤予和继父李桥忠。

孙鹤予原本是昆明市官渡区公安分局的一名民警，曾因帮助孙小果伪造材料办理取保候审，在 1998 年被依法判刑并开除公职。

孙小果的继父李桥忠，从云南省边防部队转业后，先后担任过昆明市五华区公安分局副局长和区城管局局长。

1999 年，孙小果二审被改判死缓，在此后几年时间里，孙鹤予和李桥忠一直四处找关系想把死缓改为有期徒刑。要改判就得启动再审，再审得先能立案，李桥忠几经运作和当时的省高院立案庭庭长田波搭上了关系。

李桥忠同时又请托了时任云南省人大常委会委员、内务司法委员会主任冯家聪，向省高院转发了孙小果母亲的申诉材料。自上而下打招呼，让孙小果案启动再审。

既有内应，又有来头，案件得以顺利立案，进入再审环节。然而再审过程中，合议庭对是否将死缓改判为有期，出现了不同意见。

时任审监庭庭长的梁子安是能否改判的关键人物。合议庭在对案件进行第三次讨论的时候，这个明知不能改的案子却还是被改判了。

李桥忠通过关系结识了时任云南省省长秦光荣的秘书袁鹏，借助这层关系给时任云南省高级人民法院院长的赵仕杰打了招呼。梁子安在收受孙鹤予、李桥忠价值 11 万多元的财物后顺水推舟，最终促成了再审改判 20 年有期徒刑。

（二）以虚假专利顺利减刑？孙小果提前出狱背后的荒诞黑幕

司法的威严与公正就这样在关系和金钱往来交织中被扭曲，但徇私枉法的黑手并没有就此罢手。改判 20 年有期徒刑的孙小果实际服刑不到 13 年就提前出狱，这背后又有着怎样的黑幕？中央扫黑除恶督导组要求对蛰伏在监狱系统的“关系网”“保护伞”一查到底。

罗正云，时任云南省司法厅副厅长、省监狱管理局政委。他和李桥忠是同乡，也是李桥忠在边防服役时的老上级。在罗正云的牵线搭桥下，李桥忠和孙鹤予结识了时任云南省第一监狱政委的刘思源。

在刘思源等人的关照下，孙小果在省一监服刑期间多次受到记功、表扬，监狱干警两次对不符合减刑条件的孙小果报请减刑。

为了让孙小果以最快速度、最大限度减刑，孙鹤予等人还策划出了荒诞的一幕：由省一监总工程师提供设计图纸，管教干警把图纸带进监狱，同监服刑人员按图纸制作出模型，一个署名孙小果的“防盗窨井盖”专利发明出来了，整个过程孙小果从未参与。

为了排除阻力，让虚假专利顺利通过审核，李桥忠、孙鹤予又费尽心思把孙小果从省一监调换到省二监服刑，在云南省第二监狱副监狱长朱旭的帮助下，孙小果被认定为有重大发明专利，法院裁定减去有期徒刑2年零8个月。

（三）黑恶之徒再难脱身法网！扫黑除恶让正义终被伸张

法律成了枉法者手中的“橡皮泥”，造成黑恶之徒脱身法网继续危害社会。为尽快依法彻查孙小果案真相，全国扫黑办在中央督导的基础上，又派出大要案督办组多次赴云南指导推进案件侦办。

2019年12月23日，云南省高级人民法院对孙小果再审案公开宣判。

2020年2月20日，遵照最高人民法院下达的执行死刑命令，昆明市中级人民法院对孙小果执行死刑，扫黑除恶让正义终被伸张。

多年来一次次为孙小果枉法脱罪的孙鹤予、李桥忠分别被判处有期徒刑20年、19年。

梁子安、罗正云、刘思源等17人因犯徇私枉法罪、受贿罪等罪被判处12年至2年不等有期徒刑。包括两任云南省高级人民法院院长在内的6名领导干部也受到了党纪处分。

在中央扫黑除恶督导组的强力推动之下，一些久攻不破的大要案件水落石出，一些百姓反映强烈的黑恶势力落网归案，一些关系群众切身利益的实际问题逐步解决，扫黑除恶专项斗争成为了名副其实的民心工程。

五、教学方法与手段

（1）课堂讲授：通过线上/线下课程，讲授审判监督程序的概念、特征。

（2）案例教学：借助“孙小果案”，讨论审判监督程序的纠错功能。

（3）视频教学：回顾“孙小果案”纪录片，增强学生对审判监督程序的认识。

六、教学实施过程

（一）课程具体安排

课前发布预习任务，就审判监督程序章节的理论知识及“孙小果案”相关基础材料做课前准备。课中灵活运用师生互动和生生互动，引导学生做相关讨论。课后做知识巩固，引导学生进行拓展学习。

（二）重难点突破

教学实施过程与教学设计相对应，运用多种方式帮助学生理解教学重难点，如视频案例教学、小组讨论、情景教学等。合理运用信息技术、教学资源、设施设备等进行辅助教学，因材施教，提升课堂教学效果。

（三）课程思政贯穿

在教学过程中贯穿我党坚持的“坚持真理，修正错误”的辩证唯物主义的根本立场，一旦发现案件或裁判存在错误，要实事求是地承认错误，并按照法定程序或预定渠道加以改正。

七、考核与评价方式

考核方式：平时表现＋期末考试。

依托线上平台和软件工具，强化课前、课中和课后等过程评价，开展学生自评互评、教师检查评价、作业测试等综合性评价，进行教与学的行为分析，实现教学实施与育人成效的有机统一。

八、实施成效

本次教学设计引入影响较大的“孙小果案”，契合刑事诉讼法审判监督程序相关理论知识的基础上，结合纪录片直观感受，帮助学生更好掌握审判监督程序相关内容，同时体悟党中央扫黑除恶过程中的坚守，进一步学习审判监督程序体现的实事求是、有错必纠的方针。

延伸阅读：中纪委网站评孙小果监狱里发明井盖：荒唐背后是权力失去监督

人情关系学打通办荒唐事的渠道。孙小果母亲孙鹤予、继父李桥忠疯狂托关系，利用“朋友圈”“战友圈”熟人请托，打通层层关节；司法人员、监狱管理干部关关失守，碍于情面、领导招呼，弃原则、规矩于不顾。调查表明，井盖设计图纸是孙鹤予托人从外面带进去的，在一些监狱干警帮助下，同监其他懂技术的犯人制作出了模型。孙小果的设计陈述材料经鉴定都不是本人笔迹，是同监犯人代写的。第一监狱在相关领导授意关照下，据此认定孙小果“重大立功”报请减刑。

固然有孙小果家人请托、人情社会积弊等原因，但更关键在于相关司法权力失去了监督制约。综观孙小果案，从立案关、审判关到减刑关，多个环节都有公职人员严重徇私枉法问题。“中间只要有一个人是严格执法，孙小果这个事情就走不下去，每一个人都松这么一个小口子，最后就撕开了一个大口子”。这反映的是很多环节上的权力运行都出现了漏洞，职责职权失去了刚性约束。要么是制度不完善，要么是制度不执行，要么是监督不到位，最终导致权力寻租、权力滥用，孙小果得以离奇“复活”。

司法是社会正义的最后一道防线。孙小果案警示我们，要坚决整治政法战线违纪违法问题，推动扫黑除恶常态化，坚决打击黑恶势力及“保护伞”，深入查找司法权力运行薄弱环节，依法设定权力、规范权力、制约权力、监督权力，坚决防止对司法活动的干预、插手，严查知法犯法、滥用权力，以言代法、以权压法等，确保领导干部特别是司法执法人员严格按制度行使权力，公正廉洁司法，努力让人民群众在每一个司法案件中感受到公平正义，给人民以踏实的安全感。

案例 23：从城东公司诉定安县政府土地纠纷案看正当程序原则的适用

——“行政救济法”课程思政教学案例

刘 权
（中央财经大学法学院教授）

一、基本信息

课程名称：行政救济法

授课对象：法学硕士一年级

知 识 点：马克思主义理论研究和建设工程重点教材《行政法与行政诉讼法》（第二版），第二章“行政法的基本原则”之第四节“程序正当原则”

主讲教师：刘权

二、教学目标

通过引入模拟法庭等互动教学模式以及启发式、嵌入式等新型教学手段，激发学习兴趣、培养自学能力、引导创新思维，实现知识传授、价值引领和能力培养的紧密融合，培养德才兼备的高素质法治人才。

（一）知识目标

一是理解习近平法治思想的法治政府理论的基本概念及其生成逻辑。二是掌握基本的行政诉讼程序和技巧，具有坚实的行政法专业理论基础和系统的专业知识。三是掌握行政救济法的知识体系，熟悉行政救济的技巧与方法。

（二）能力目标

一是为未来潜在的行政诉讼当事人、律师、法官、代理人等提供知识与技能上的储备。二是培养未来潜在的公务员依法决策、依法行政的思维与能力，能够胜任政府公务工作。三是通过组织学生模拟开庭、小组汇报，有助于锻炼学生口才，提升学生综合素质；通过组织学生撰写行政起诉状、行政诉讼答辩状等法律文书，有助于提升学生写作能力。

（三）育人目标

一是通过讲解城东公司与定安县政府土地纠纷案，进一步提升学生的法治素养，增强学生对公平正义、程序法定的朴素法治原理的理解与认可，让学生牢固树立社会主义法治信仰。二是通过沉浸式、体验式的模拟法庭参与，在纵向提升中构建与学生既有知识结构、价值准则、行为模式相适应的教学内容，推动学段贯通、融合育人。三是让学生深刻体会到习近平法治思想的深厚伟力，让学生以习近平法治思想武装头脑和指导实践，自觉做习近平法治思想的坚定信仰者、积极传播者与模范践行者，为全面依法治国、推进法治中国建设而奋斗。

三、教学重点与难点

（一）教学重点

一是行政救济法知识体系的构建。二是行政诉讼法知识体系的塑造。三是习近平法治思想的法治政府理论的系统掌握与运用，具体包括将习近平法治思想的法治政府原理融入法学教育理念以奠定学生德育基础，将习近平法治思想的法治政府内涵融入法学教育内容以提升学生认知，将习近平法治思想的法治政府基本观点融入能力训练以让学生学以致用。

（二）教学难点

模拟法庭教学方式的实施。模拟法庭建设的重点是场景构建。模拟法庭运营的难点是剧本设计和保证学习效果。模拟法庭落成后，多数受运营方自身能力限制，存在素材选定难、剧本编写难、学生排演难等问题，庭审活动流于形式，难以产生实效，造成了极大的资源浪费，因此需要精准选定庭审剧本，优化庭审流程，增强学习效果。

四、课程思政案例介绍

海南省定安城东建筑装修工程公司与海南省定安县人民政府收回国有土地使用权及撤销土地证再审行政判决书【（2012）行提字第26号】，载《最高人民法院公报》2015年第2期（总第220期），是最高人民法院发布的经典案例。

申请再审人定安城东建筑装修工程公司（简称城东公司），被申请人海南省定安县人民政府（简称定安县政府），原审第三人中国农业银行定安支行。

城东公司不服定安县政府收回国有土地使用权及撤销土地证，向人民法院提起行政诉讼。2008年，原海南中级人民法院（现为海南省第一中级人民法院）作出（2008）海南行初字第69号一审行政判决，城东公司不服上诉。同年，海南省高级人民法院作出的（2008）琼行终字第159号二审行政判决，城东公司仍不服，遂申请再审。2011年，最高人民法院作出（2011）行监字第91号行政裁定，决定提审。2014年3月10日，最高人民法院作出再审判决。

（一）本案一审情况

1. 一审认定的事实

原海南中级人民法院经审理查明认定以下事实：

1994 年 9 月 10 日，定安县建设委员会（以下简称县建委）就定城人民北路东横街排水和路面建设工程与城东公司签订《工程承包合同》。后因县建委拖欠城东公司工程款 80.472 万元，县政府同意在该县塔岭工业开发区划出 10 亩土地作为补偿。1995 年 10 月 27 日，县政府根据城东公司递交的《关于给人民北路东横街续建工程重新调整补偿用地问题的请示》，作出定府函〔1995〕117 号《关于重新调整城东建筑装修工程公司补偿用地的批复》，决定在见龙路旁以每亩 8 万元的价格重新调整 10 亩土地给城东公司。

1995 年 12 月 8 日，定安县土地管理局（以下简称县土地局）给城东公司颁发第 14 号《建设用地规划许可证》。同月 27 日，县政府作出定府〔1995〕299 号《关于出让国有土地使用权给定安城东建筑装修工程公司的决定》，将位于塔岭开发区东北侧的 6706 平方米土地，以总价款 80.472 万元，出让给城东公司作为建设用地。随后城东公司与县土地局签订《国有土地使用权出让合同》。

1995 年 12 月 28 日，城东公司就出让所得 6706 平方米土地申请登记发证，但其填报申请土地登记时未写明土地用途，县土地局在审核过程中亦未在《地籍调查表》《土地登记审批表》等文书上载明土地用途。1996 年 1 月 22 日，县政府根据城东公司的申请和县土地局的审核，在城东公司缴纳土地登记费后，给该公司颁发了定安国用（96）字第 6 号《国有土地使用证》（以下简称第 6 号国土证）。此后，城东公司在该宗土地上开办了水泥预制厂。2001 年 11 月 9 日，城东公司以该宗土地作为抵押物向定安支行贷款，并在定安县建设与国土环境资源局（原县土地局）办理抵押登记。

2004 年 1 月 4 日，县政府以城东公司土地闲置为由，在《海南日报》发布公告，拟无偿收回城东公司第 6 号国土证项下的土地使用权，但县政府并未实施无偿收地行为。2007 年 11 月 5 日，县政府为落实塔岭规划新区城市规划用地的需要，作出定府〔2007〕112 号《关于有偿收回国有土地使用权的通知》（以下简称 112 号通知），决定按原登记成本价 80.6072 万元有偿收回城东公司第 6 号国土证项下的土地使用权，并于 11 月 8 日送达城东公司。同年 12 月 6 日，县建设局（原定安县建设与国土环境资源局拆分为建设局、国土环境资源局）以海南省政府 2007 年 1 月 27 日已批准将城东公司受让的 6706 平方米综合公建用地调整为行政办公用地为由，决定撤销第 14 号《建设用地规划许可证》。同年 12 月 7 日，定安县国土环境资源局（以下简称县国土资源局）就有偿收回城东公司国有土地使用权事宜通知该公司和定安支行于 12 月 11 日举行听证会，城东公司没有参加听证。

2007 年 12 月 14 日，县政府以城东公司申请土地登记发证未填写土地用途、县土地局在审核过程中亦未在《地籍调查登记表》《土地登记审批表》等有关文书上载明土地用途导致错误登记发证为由，告知城东公司拟撤销第 6 号国土证。同年 12 月 29 日，县政府作出定府〔2007〕150 号《关于撤销定安国用（96）字第 6 号〈国有土地使用证〉的决定》（以下简称 150 号撤证决定），撤销第 6 号国土证。城东公司不服该决定，向原海南省海南中级人民法院提起行政诉讼。

2. 一审判决

一审判决认为：涉讼土地是县政府 1996 年为抵偿工程款而补偿给城东公司并颁证的

土地。县政府为公共利益的需要，可以有偿收回涉案土地使用权。但县政府 112 号通知决定按原抵偿价有偿收回其土地使用权，未考虑土地增值的因素，其收地行为显然是不适当的。

县政府在作出 112 号通知前，没有提出有偿收回国有土地使用权的方案，并存在先决定收回后举行听证的情形，违反法定程序。鉴于本案涉讼土地现已由县政府作为行政办公用地使用，撤销 112 号通知将会给国家利益造成损失，故不宜判决撤销而应确认违法。

申请土地登记时应在土地登记申请书上载明土地用途，但土地登记申请书未载明土地用途并不是注销土地登记的法定事由。因此，县政府以城东公司申请土地登记时未填写土地用途为由撤销第 6 号国土证没有法律依据。但撤销该行为无实际意义，故应确认 150 号撤证决定违法。

因此，一审法院作出判决：确认县政府作出的 112 号通知违法；确认县政府作出的 150 号撤证决定违法；责令县政府对收回城东公司国有土地使用权的损失采取补救措施。

定安县政府不服一审判决，提起上诉。

（二）本案二审情况

海南高院二审判决对一审判决认定事实予以确认，但认为城东公司自 1996 年 1 月取得争议土地后，未对该土地进行实质性的开发，只是在该土地上办了简易的水泥预制厂。2004 年 1 月，县政府根据争议土地闲置两年以上的事实，拟无偿收回争议土地。但为使城东公司合法权益不受损害，结合本案讼争土地已经海南省人民政府批准作为县政府行政办公用地的实际情况，县政府根据相关法律，作出有偿收回涉案土地的决定，其做法已经充分维护了城东公司的合法权益。

因此，县政府作出的 112 号通知认定事实清楚，适用法律正确，应予维持。县政府作出的 150 号撤证决定是对 112 号通知有关事宜的完善，撤销第 6 号国土证并不意味着城东公司的合法权益无法得到保护，其可依据 112 号通知就有偿收地具体方案与县政府协商。

据此，二审法院作出判决：撤销（2008）海南行初字第 69 号行政判决；驳回城东公司的诉讼请求。

（三）本案再审情况

1. 申请再审人诉称

申请再审人称，海南高院判决的认定有悖法律与事实：（1）涉案土地在 1996 年是一片尚未开发的土地，属工业商业住宅综合性建设用地。申诉人进行土地平整建水泥预制厂符合规划，已进行了实质性开发和利用。（2）土地闲置两年以上不是事实。该土地抵偿给申诉人后就建了水泥预制厂从未闲置，不适用闲置土地法律规定，更不适用无偿收回，这也是被申诉人公告无偿收回后，又以公共利益为由有偿收回的原因所在。（3）县政府为自己建设办公大楼，不能认定是“公共利益”。（4）“适当补偿”要根据市场评估定价。因此，海南高院（2008）琼行终字第 159 号行政判决适用法律错误，请求予以撤销。

2. 再审被申请人辩称

被申请人答辩称：（1）城东公司闲置土地事实明确。按照县国土部门与城东公司签订的《国有土地出让合同》约定，城东公司应当在 1997 年 12 月 20 日前完成项目建设，而城东公司建设与规划不相符的水泥预制厂项目，明显违反《中华人民共和国城市规划法》第二十九条的规定，构成闲置土地。（2）行政办公用地可以界定为“公共利益”。参照《国有土地上房屋征收与补偿条例》第八条规定，政府组织的市政公用等公共事业需要属于公共利益范畴。（3）有偿收回土地的补偿标准并无不当。县政府以 80.6 万元的价格有偿收回涉案土地使用权，此价格与当时土地价格差距不大。城东公司在长达 10 年的时间里未对涉案土地进行实质开发建设，属于严重闲置土地行为，本可无偿收回土地，但考虑社会和谐，选择了有偿收回。闲置土地的增值部分不应由县政府承担，城东公司这种意图通过囤积土地待价而沽的行为也是不值得提倡的。

3. 原审第三人辩称

原审第三人答辩称：（1）涉案土地已经办理抵押登记手续，取得他项权利证书，抵押权合法有效，抵押优先受偿权应受法律保护。（2）定安支行是善意抵押权人，没有过错，若涉案土地使用权被收回，将导致抵押权消灭，显失公平，也对交易安全造成巨大风险。县政府应当基于公平原则维护银行抵押权。（3）就算县政府 112 号通知和 150 号撤证决定合法，依照《中华人民共和国担保法》第五十八条、《最高人民法院关于适用〈中华人民共和国担保法〉若干问题的解释》第八十条，以及《中华人民共和国物权法》第一百七十四条之规定，定安支行也有从城东公司的土地补偿金中优先受偿的权利。（4）县政府 112 号通知和 150 号撤证决定存在违法，且严重损害抵押权人的合法权益，依法应予撤销。请求支持城东公司的诉讼请求，维护定安支行的主债权和抵押权。

4. 事实异议与争议焦点

除以下三项事实外，各方当事人对原审判决认定主要事实均无异议，最高人民法院予以确认。

（1）城东公司对原审判决认定其“申请土地登记发证时未填报土地用途”提出异议，认为涉案土地是县政府因欠工程款抵债而来，应当由县政府办理，未填写土地用途不是该公司的错误。县政府辩称，涉案土地当时应当属于工业用地，但确实没有申报项目、没有规划，土地证上也未注明用途，未注明用途的原因不清楚。定安支行表示，对颁证过程不清楚。

最高人民法院认为，原审判决认定“申请土地登记发证时未填报土地用途”仅仅是一个事实陈述，各方当事人对此事实并无异议，未填写的过错责任不属于本案事实认定问题。因此，对原审判决认定的该项事实予以确认。

（2）城东公司对原审判决认定其未参加听证会的事实提出异议，称其代表提前 10 分钟到会场，但因会议室门未开，等了约一小时离开，并认为一审县政府提交的听证会记录是伪造的。县政府辩称：举证有听证会通知书、送达回证、会议记录等证据证明，已书面通知城东公司、定安支行参加听证会。定安支行到会，城东公司未到会。定安支行表示，参加听证会的人确是该行工作人员，但对听证会记录的真实性不予表态。

最高人民法院认为，根据一审县政府所举听证会通知书、送达回证及城东公司的陈述，可以认定事先通知城东公司和定安支行参加听证会；根据听证会会议记录和听证会签到单及定安支行对到会人员身份的认可，可以证明 2007 年 12 月 11 日就收回土地事宜举行听证会。城东公司认为听证会记录系伪造，没有提供相应证据证明，其抗辩理由不能成立。本院对原审判决认定的该项事实予以确认。

（3）县政府对原审判决认定城东公司取得土地证后在该宗土地上办了水泥预制厂的事实提出异议，认为没有证据证明该公司在涉案土地上建了水泥预制厂。城东公司辩称，公司营业执照及拆除前的现场照片可以证明建水泥预制厂的事实。定安支行认可城东公司的意见。

最高人民法院认为，城东公司 2007 年营业执照经营范围主营项目栏中有“室内外装修工程”和“建筑材料销售”的内容，现场照片可见与涉案土地相邻的楼房及空地堆放大量预制水泥管，两者与城东公司及定安支行的陈述相互印证，可以认定涉案土地上建有水泥预制厂的事实。县政府否定该项事实，没有提供充分证据，本院不予支持。

本案争议焦点主要有：一是被诉 112 号通知中收回土地使用权决定的合法性问题；二是被诉 112 号通知中行政补偿决定的合法性问题；三是 150 号撤证决定的合法性问题。

5. 再审判决

（1）112 号通知中收回土地使用权决定的合法性问题。

最高人民法院认为，县政府有偿收回涉案土地使用权，具有法定职权。但县政府在作出被诉 112 号通知之前，未听取当事人的陈述和申辩意见，事后通知城东公司和定安支行举行听证，违反“先听取意见后作决定”的基本程序规则。国务院国发〔2004〕10 号《全面推进依法行政实施纲要》明确要求，行政机关实施行政管理要“程序正当”，“除涉及国家秘密和依法受到保护的商业秘密、个人隐私的外，应当公开，注意听取公民、法人和其他组织的意见；要严格遵循法定程序，依法保障行政管理相对人、利害关系人的知情权、参与权和救济权。”县政府作出 112 号通知前，未听取当事人意见，违反正当程序原则，本应依法撤销，但考虑到县政府办公楼已经建成并投入使用，撤销 112 号通知中有偿收回涉案土地使用权决定已无实际意义，且可能会损害公共利益，所以应当依法判决确认该行政行为违法。

（2）112 号通知中行政补偿内容的合法性问题。

最高人民法院认为，因公共利益需要使用土地收回国有土地使用权的，对土地使用权人应当给予适当补偿。县政府根据省政府批准的总体规划要求为建设县政府办公楼需要使用涉案土地，收回城东公司的土地使用权，应当依法给予“适当补偿”。所谓“适当补偿”应当是公平合理的补偿，即按照被收回土地的性质、用途、区位等，以作出收地决定之日的市场评估价予以补偿。

县政府按土地原成本价予以补偿于法无据。城东公司以收地决定违法，涉案土地使用权至今仍属于其享有为由，主张应以最终判决时的市场评估价予以补偿，其理由不能成立。本案收地决定属于违反程序，判决确认收地决定违法并未否定其法律效力。根据《中华人民共和国物权法》第二十八条规定，涉案土地使用权自收地决定生效之日已经发生物权转移的效力。考虑到涉案土地登记资料中“土地用途”栏系空白，结合当地土地交易市场情况，对涉案土地以使用年限最长、市场价值最高的“住宅用地”用途进行评估，有利于维护行政相对人的合法权益。鉴于县政府收回土地使用权行为违法，补偿价格明显不公，且收地决定作出后涉案土地升值较大，而当事人因不能以转让土地使用权方式及时偿还银行贷款，存在贷款利息损失，县政府在支付补偿款的同时，还应当支付自决定收回土地使用权之日起至实际支付全部补偿款之日的同期银行贷款利息。

（3）150 号撤证决定的合法性问题。

管理部门申请注销土地登记，而是以该公司持有的《国有土地使用证》未按《土地登记规则》第十一条规定载明土地用途，土地管理部门也未按《土地登记规则》第十四条规定全面审核并填写土地登记审批表，造成错误登记发证为由，作出 150 号撤证决定。当初未填写土地用途，并非城东公司的原因所致，本可以补正方式解决，县政府却以此为由撤销城东公司合法持有的《国有土地使用证》，属于滥用行政职权，依法应予撤销。考虑到涉案土地已经收回并建成办公楼投入使用，亦应依法确认该行政行为违法。

综上，112 号通知中收地决定行为违反法定程序，被诉 150 号撤证决定滥用职权，应当依法判决确认违法；112 号通知中行政补偿决定适用法律错误、违反法定程序，并显失公正，依法应予纠正。二审判决驳回原告诉讼请求错误，依法应予撤销。一审判决确认 112 号通知中行政补偿决定违法，并责令县政府对城东公司的损失采取补救措施，判决内容不具体，依法应予撤销和改判。城东公司申请再审理由部分成立，依法应予支持。原审定安支行对抵押物享有优先受偿权的主张成立，县政府在支付补偿款时应依法予以保护。、

因此，经开庭审理，2014 年 3 月 10 日，最高人民法院最终作出如下再审裁判结果：

①撤销海南省高级人民法院（2008）琼行终字第 159 号行政判决。

②维持原海南省海南中级人民法院（2008）海南行初字第 69 号行政判决第一项对定安县人民政府 2007 年 11 月 5 日作出的定府〔2007〕112 号《关于有偿收回国有土地使用权的通知》确认违法中有关收回国有土地使用权部分的内容；维持该判决第二项对定安县人民政府 2007 年 12 月 29 日作出的定府〔2007〕150 号《关于撤销定国用（96）字第 6 号〈国有土地使用证〉的决定》确认违法的内容。

③撤销原海南省海南中级人民法院（2008）海南行初字第 69 号行政判决第一项确认定安县人民政府 2007 年 11 月 5 日作出的定府〔2007〕112 号《关于有偿收回国有土地使用权的通知》中有关“按成本价 80.6072 万元”对定安城东建筑装修工程公司进行行政补偿部分的内容。

④撤销原海南省海南中级人民法院（2008）海南行初字第 69 号行政判决第三项责令定安县人民政府对收回定安城东建筑装修工程公司国有土地使用权的损失采取补救措施的判决；责令定安县人民政府自本判决送达之日起 15 日内一次性向定安城东建筑装修工程公司支付收回土地使用权补偿款 135 万元及同期银行贷款利息（贷款利息自 2007 年 11 月 5 日起计算，至本息实际支付完毕止）。

五、教学方法与手段

教学方法与手段丰富多样。以案例为授课样本，以模拟法庭为授课形式，以互动讨论为授课特点，注重激发学生求知欲，开展全方位、发散式育人，将习近平法治思想的法治政府理论融入教学的全过程和各方面。

（一）案例解析法

具体而言，课程以城东公司与定安县政府土地纠纷案模拟法庭实施样本素材，以模拟法庭的方式贯通教学与育人（见图 23 –1）。通过案情分析、角色划分、法律文书准备、预演、正式开庭等环节模拟行政审判的过程，调动学生的积极性与创造性，提高法律文书的写作能力。

图 23 –1　模拟法庭

（二）实践教学法

邀请法官、知名学者、律师等实务界、理论界名师进入课堂，在课程中设置“习近平法治思想的法治政府理论”“正当程序原则”等主题讲座（见图 23 –2），让理论研究和课堂实践紧密结合，配合学生的互动和答疑环节，形成开放、互动的学习氛围。

图 23 –2　主题讲座

六、教学实施过程

（一）阐释行政救济法的概况

引导学生了解和掌握行政救济法的基本脉络与知识体系。行政救济法是行政法的重要组成部分。讲述行政救济法一般原理、行政复议、行政诉讼、行政责任（包括行政赔偿、行政补偿）等内容，涵盖相关学说、立法和裁判等，着重阐述中国行政救济法的原理和制度，注意培养学生行政救济的法律思维，训练行政救济法的方法与技术。①

（二）导入城东公司与定安县政府土地纠纷案

让学生熟悉城东公司与定安县政府土地纠纷案。在阅读案例的过程中，让学生带着以下问题展开思考：什么是正当程序原则？违反正当程序原则如何举证？违反正当程序原则如何适用撤销判决？违反正当程序原则如何适用确认违法判决？违反正当程序原则如何补救当事人的损害？

（三）以习近平法治思想的法治政府理论评析案例

教授习近平法治思想的法治政府理论，并要求以此理论对案例展开评析。习近平法治思想的重要一维即是坚持依法治国、依法执政、依法行政共同推进。“法治国家是法治建设的目标，法治政府是建设法治国家的主体，法治社会是构筑法治国家的基础”。② 在习近平法治思想理论中，法治政府在法治国家建设中居于主体地位，是法治国家建设的支柱和风向标。③ 让学生深刻掌握习近平法治思想中法治政府理论的重要内涵，包括坚持以人民为中心、有效制约行政权力④、规范行政决策程序⑤等。让学生思考城东公司与定安县政府土地纠纷案是如何系统体现上述重要内涵的？

（四）总结并布置模拟法庭计划

总结并明确讨论主题，布置模拟法庭实施计划。（1）抽签布置小组；（2）分组讨论

---

① 课外参考书目包括：王贵松主编：《中国行政救济法》，中国人民大学出版社 2024 年版。曾祥华：《行政救济法论》，法律出版社 2019 年版。张栋祥：《公法权利的行政法救济》，中国社会科学出版社 2022 年版。

② 习近平. 加强党对全面依法治国的领导［J］. 求是，2019（4）.

③ 马怀德. 论习近平法治思想中的法治政府理论［J］. 政法论坛，2020（6）：13.

④ “权力不论大小，只要不受制约和监督，都可能被滥用”。参见习近平：《关于〈中共中央关于全面推进依法治国若干重大问题的决定〉的说明》，载《〈中共中央关于全面推进依法治国若干重大问题的决定〉辅导读本》，人民出版社 2014 年版，第 59 页。

⑤ “要以建设法治政府为目标，建立行政机关内部重大决策合法性审查机制，积极推行政府法律顾问制度，推进机构、职能、权限、程序、责任法定化，推进各级政府事权规范化、法律化”。参见习近平：《加快建设社会主义法治国家》，载《求是》2015 年第 1 期。

相关问题；（3）小组代表回答问题，学生讨论和分析；（4）组织学生挑选角色，开展模拟法庭活动；（5）教师对整个案例教学过程进行归纳总结。

七、考核与评价方式

（一）诊断性评价：问卷调研（10%）

问卷调研是开展诊断性评价的有效方式之一。通过开课前和开课后设计问卷调查和量表，调研内容包括对习近平法治思想中法治政府理论、正当程序原则、行政诉讼知识的理解与掌握程度，对课程教学方式、教学效果的评价，以及自身的学习体会与心得。

设计能够对学生的“道德”内化程度进行“量化评价”的问题，以此作为参考，判断学生的思想状况与培育情况。

（二）形成性评价：课堂观察（40%）

通过学生参与情况、教学过程的记录、行为学观察进行评价、反馈。具体而言，观察的行为包括：一是课程考勤情况，学生无故迟到、缺勤、早退等不良情况。二是课堂表现情况，包括与教师的互动答问情况、参与模拟法庭中的表现情况。

（三）终结性评价：课程作业（50%）

通过表格量化考核、学生撰写课程作业，并结合诊断性评价以及形成性评价的结果，给予学生定性或定量的评价。

1. 思考题

（1）本案中，中国农业银行定安支行为第三人。《行政诉讼法》（2017 修正）第 29 条第 1 款规定：“公民、法人或者其他组织同被诉行政行为有利害关系但没有提起诉讼，或者同案件处理结果有利害关系的，可以作为第三人申请参加诉讼，或者由人民法院通知参加诉讼。”同被诉行政行为有利害关系，与同案件处理结果有利害关系，两种类型的第三人有什么区别与联系？本案中第三人中国农业银行定安支行是何种类型的第三人？

（2）在本案再审中，城东公司诉称县政府为自己建设办公大楼，不能认定是“公共利益”，而被申请人则认为，行政办公用地可以界定为“公共利益”，政府组织的市政公用等公共事业需要属于公共利益范畴。您有何看法？什么是公共利益？究竟该如何界定公共利益？

（3）对国有土地上房屋进行征收，补偿方式和标准是什么？

（4）本案中，城东公司对评估主体、程序等无异议，但对评估结果有异议。那么，依据《国有土地上房屋征收与补偿条例》，该如何处理这种异议？

（5）本案中，最高人民法院在再审中提出了行政征收的“适当补偿”标准：“所谓

‘适当补偿’应当是公平合理的补偿，即按照被收回土地的性质、用途、区位等，以作出收地决定之日的市场评估价予以补偿。”请您对这种“适当补偿”标准进行评价。

（6）在本案再审中，城东公司认为听证会记录系伪造，但没有提供相应证据证明，所以最高人民法院认为其抗辩理由不能成立。那么，在行政诉讼中，原告对哪些事项负有举证责任？什么是行政诉讼举证责任倒置规则？为什么行政诉讼不实行“谁主张，谁举证”的举证规则？

（7）试述行政诉讼证据的质证、认证规则。

（8）最高人民法院最终作出了确认 112 号通知收地决定、150 号撤证决定违法的判决。确认违法判决有哪些适用情形？确认违法判决和撤销判决有何区别与联系？

（9）最高人民法院在再审判决书中认为：“一审判决确认 112 号通知中行政补偿决定违法，并责令县政府对城东公司的损失采取补救措施，判决内容不具体，依法应予撤销和改判。”您如何看待此观点？请问责令采取补救措施判决的适用条件是什么？该如何正确适用此判决？

（10）最高人民法院在再审判决书中认为：“当初未填写土地用途，并非城东公司的原因所致，本可以补正方式解决，县政府却以此为由撤销城东公司合法持有的《国有土地使用证》，属于滥用行政职权，依法应予撤销。”什么是滥用职权？滥用职权和超越职权有何区别？

2. 实践题

（1）作为一审原告城东公司的代理律师，请为其撰写行政起诉状。

（2）如果您是定安县政府诉讼代理人，请为其撰写行政诉讼答辩状。

（3）定安县政府不服一审判决提出上诉，作为其诉讼代理人，请为其撰写行政上诉状。

（4）在 24 家烟花爆竹生产企业联名状告安徽省政府案中，合肥市中级人民法院最终作出了确认安徽省人民政府作出皖政办〔2013〕45 号“安徽省人民政府办公厅转发安徽省安全监管局等部门关于烟花爆竹生产企业整体退出意见的通知”行为违法，并责令安徽省人民政府采取相应的补救措施的判决。有观点认为，此确认违法并责令采取补救措施判决，是法院的“金蝉脱壳”之举。试分析此判决。

（5）作为申请再审人城东公司的代理人，请为其撰写行政再审申请书。

（6）请模拟本案再审的庭审现场。每位同学从申请再审人、申请再审人代理律师、被申请人、被申请人代理人、第三人、法官、书记员、法警等角色中，选取一个角色，开展模拟法庭活动。

八、实施成效

（1）研究生的法治中国情怀和服务国家战略意识明显提升。通过强调德法兼修，将习近平法治思想融入“行政救济法”课程教学全过程，厚植了学生的法治中国情怀。模拟法庭融知识性、趣味性与互动性于一体，通过模拟法庭互动挖掘课程思政内涵，引导学生研究法治政府建设中的重大法治问题，使学生主动服务国家的战略意识得到了明显提升。

（2）研究生的法律实务技能显著进步。通过以模拟法庭的方式开展课堂教学，引导学生“沉浸式”学习，有效培养了学生的法治观念与实务技能。模拟法庭的授课方式增强了“行政救济法”课程的实践属性，促进了行政救济法课堂教学的改革创新，提升了研究生学思践行习近平法治思想的实践能力。

（3）研究生的科研能力明显提升。通过在上课前让学生阅读相关著作、论文等材料，在课堂上组织学生对重要文献、司法判决等进行讨论，在课后让学生继续复习阅读相关材料，极大地锻炼了研究生的独立思考能力和逻辑分析能力，研究能力和写作能力进步显著，绝大多数课程论文均得以公开发表。

案例 24：历史与现实之间：怎样理解法律对人防地下车位归属无规定？

——“法律方法”课程思政教学案例

张小平
（中央财经大学法学院副教授）

一、基本信息

课程名称：法律方法
授课对象：法律硕士（法学）研究生一年级、法律硕士（非法学）研究生二年级
知 识 点：王利明：《法学方法论教程》（中国人民大学出版社2022年版），第十三章“法律漏洞填补概述”
主讲教师：张小平

二、教学目标

（一）知识目标

理解“立法者有意沉默”和“法律漏洞”的含义及两者之间的区别。

（二）能力目标

掌握识别分析“法律漏洞”的能力。

（三）育人目标

（1）培养学生将法律规定植入历史发展和社会生活加以理解的思维；
（2）帮助学生理解新中国发展的艰难历史和制度设计背后的初衷。

三、教学重点与难点

（1）“立法者有意沉默”与“法律漏洞”具有外观上的相似性（即都是法律没有规定的情形），较为容易混淆。

（2）“立法者有意沉默”与“法律漏洞”的区别无法从法律本身得到回答，需要结合更为广阔的社会生活背景、结合立法史等资料加以考察。

（3）关于人防地下车位归属的问题，实践中出现一定的纠纷，亦出现一些不了解上述知识背景给出的所谓“研究成果”，其结论具有一定的误导性，需要认真分辨。

四、课程思政案例介绍

本案例主要是在通过介绍“法律漏洞”与“立法者有意沉默”的概念的基础上，结合人民防空的发展历史，理解为什么在《人民防空法》中对人防地下车位的归属没有作出规定，理解这一现象究竟是属于“法律漏洞”还是“立法者有意沉默”，理解人防建设与国家不同时期战略的表里关系，理解共和国苦难辉煌对当下制度选择的影响，理解法律规定只有置于历史发展之中方能得到正确的解释。

（一）知识背景介绍

法律无规定是法律适用中遇到的难题。法律无规定的情况，具体又可以分为三类，即法外空间、立法者有意沉默和法律漏洞。

所谓法外空间，指法律不应规定的情况，如信仰、思想、爱情、友谊等。它们不宜由法律规定，或没有必要由法律规定，不产生如何寻找法律规范的问题。

所谓法律漏洞，指关于某一个法律问题，法律依其内在目的及规范计划，应有所规定，而未设规定。漏洞存在于法律应规定而未规定的地方。

所谓立法者有意沉默，指立法者已经预测到法律调整的对象和情形，但由于诸多原因未能直接予以明确规定，而要留待进一步研究或司法实践来解决。

法外空间较容易理解。法律漏洞和立法者有意沉默两者之间较易混淆，需要在准确理解相关概念的基础上，结合具体条文规定予以把握。

（二）《人民防空法》中关于人防车位的相关规定

第五条 国家对人民防空设施建设按照有关规定给予优惠。

国家鼓励、支持企业事业组织、社会团体和个人，通过多种途径，投资进行人民防空工程建设；人民防空工程平时由投资者使用管理，收益归投资者所有。

（三）背景资料：人民防空的发展历程

1. 人民防空的渊源与发展

新中国的人防事业是从建国初期开始的。当时，我国东南、东北地区持续遭受国民党军和美军轰炸。为应对空袭威胁，1950 年 10 月 31 日，新中国人民防空正式创立。

20 世纪 60 年代末，面对苏联对我武装挑衅和核讹诈、战争一触即发的严峻局面，全国人民响应毛主席“备战备荒为人民”和“深挖洞、广积粮、不称霸”的伟大号召，掀起了全民大建人防工程的热潮，有效遏制了战争的爆发。

当时就连很多偏远乡镇、农村，也都在大挖“人防工事”。

经过 60 多年的发展，特别是改革开放以来，人民防空从小到大、由弱到强，为增强国防实力、推进经济社会和城市建设作出了积极而显著的贡献。

1997 年 1 月 1 日，《中华人民共和国人民防空法》正式施行；全国各地政府、军事机关随即出台一系列《实施〈人民防空法〉办法》，使人防事业踏上了法治化、规范化发展的健康轨道。

“战时防空、平时服务、应急支援”，是新时期人民防空的三大任务。防范和减轻空袭危害、保护国家和人民群众生命财产安全，是人民防空的根本使命。

在不影响人民防空设备设施战备功能的前提下，国家支持平时利用人民防空工程、指挥、救援、信息、教育等资源，为群众生产生活和防灾减灾救灾服务①。

2. 新中国人民防空的发展历程

人民防空是现代国防的重要组成部分，是国民经济和社会发展的重要方面，是现代城市建设的重要内容，是利国利民的社会公益事业。

人民防空履行“战时防空、平时服务、应急支援”使命任务，坚持“长期准备、重点建设、平战结合”方针，贯彻与经济建设协调发展、与城市建设相结合的原则。

新中国的人民防空创立于 1950 年 10 月，它与祖国同呼吸共命运，阔步走过了 70 年的辉煌历程。70 年来，人民防空工作受到党和国家的高度重视，我国召开了七次人民防空会议，制定了一整套人民防空建设的方针、政策、法律、法规。国家投入了大量的财力、物力，用于人民防空工程、通信警报、防空专业队伍、防空知识教育等方面的业务建设，取得令人瞩目的丰硕成果。这对于维护国家安全、制约和遏制战争爆发，起到了重要的威慑作用，对于促进国民经济建设和城市发展起到了积极的保障作用。

党中央对人民防空始终高度重视，历届中央领导对人民防空工作作出了重要批示。周恩来、罗瑞卿、邓小平、叶剑英、万里、秦基伟、李鹏、朱镕基、温家宝和李克强等党和国家领导人均是历届全国人民防空领导小组（人民防空委员会）组长（主任）。

1950 年 10 月 31 日，周恩来总理亲自主持召开会议研究全国的防空问题。经毛泽东主席批准，中央于当日向各中央局、分局发出了《关于准备人民防空工作问题》的电报，标志着新中国人民防空的创立。中央人民防空筹备委员会由周恩来任主任，办事机构设在公安部。

1953 年 11 月 10 日至 16 日，第一次全国人民防空会议在北京召开，周恩来、陈云、薄一波、聂荣臻、彭真等中央领导出席会议并接见了会议代表，罗瑞卿同志作了工作报告。会议明确“人民防空工作是国防建设的一个组成部分。”确立了“长期准备、重点建设”的人民防空工作方针，安排了人民防空第一个五年建设计划任务，明确了人民防空组织机构，制定了人民防空经费来源渠道和投资办法。

1969 年 8 月 27 日，中共中央、中央军委批转军委办事组《关于加强人民防空工作的报告》，同意成立全国人民防空领导小组，周恩来任组长。全国人民防空领导小组的工作

① 苏州市国防动员办公室：“了解人民防空的渊源和发展”。https：//rfb. suzhou. gov. cn/szrfb/fkfz/202006/369599b3f4f9449b89fd9eac3b841d1c. shtml。

机构由公安部调整为总参谋部作战部。

1971 年 7 月 25 日至 8 月 24 日，第二次全国人民防空会议在周恩来总理亲自主持领导下召开，分析了当时人民防空工作形势，交流了经验，研究提出了今后人民防空工作的任务和要求。

1978 年 10 月 21 日至 11 月 4 日，第三次全国人民防空会议在北京召开，叶剑英作了重要讲话，李先念受中央委托代表全国人防领导小组作了报告，确立了“全面规划、突出重点、平战结合、质量第一”的人防建设方针，进一步明确了人防工程建设任务、经费物资、结合基本建设修建防空地下室、城市防护分类、体制编制等工作。

1981 年，中共中央、国务院、中央军委调整全国人民防空领导体制，将全国人民防空领导小组改为国家人民防空委员会，受国务院、中央军委双重领导。

1984 年 7 月 20 日，经国务院、中央军委批准发布了《人民防空条例》，使我国的人民防空建设更趋完善和规范化。

1986 年 12 月，全国人防建设与城市建设相结合工作座谈会在厦门召开，进一步明确了人民防空建设的发展方向，促进了平战结合，保证了人民防空建设健康稳步地向前推进。

1994 年 11 月 29 日，中共中央、国务院、中央军委批准成立国家国防动员委员会（原国家人民防空委员会办公室改为国家国动委人民防空办公室）。国务院、中央军委对全国人民防空工作的领导通过国家国防动员委员会来进行，国家人民防空办公室为国家人民防空主管部门。

1996 年 10 月 29 日，第八届全国人民代表大会常务委员会第二十二次会议通过了《中华人民共和国人民防空法》，自 1997 年 1 月 1 日起施行。这是我国第一部指导、规范人民防空工作的法律。以《人民防空法》颁布实施为主要标志，各省、自治区、直辖市相继制定颁布了《人民防空法实施办法》，使我国的人民防空建设步入了法治化、正规化的轨道。

2000 年 11 月 6 日至 8 日，第四次全国人民防空会议在北京召开，江泽民、李鹏、朱镕基、胡锦涛、尉健行、李岚清等接见了会议代表，江泽民接见会议代表时作了重要指示，朱镕基作了重要讲话。总结了我国开展人防工作 50 年来特别是改革开放以来人民防空事业取得的巨大成就，表彰了全国人民防空先进单位和个人，研究了我国人民防空跨世纪发展面临的形势，部署了任务。

2001 年 5 月，中共中央、国务院、中央军委作出了《关于加强人民防空工作的决定》，指出“人民防空是国防的重要组成部分，是国民经济和社会发展的重要方面，是现代城市建设的重要内容，是利国、利民的社会公益事业。”进一步明确了人民防空的战略地位和人防建设中的重大问题，规定了各级党、政、军及各有关部门的责任，指明了人防建设的前进方向。

2005 年 10 月 27 日至 28 日，第五次全国人民防空会议在北京召开，中共中央总书记、国家主席、中央军委主席胡锦涛，中共中央政治局常委、国家副主席曾庆红和其他党和国家领导人接见了与会代表，胡锦涛作了重要指示。会议提出要坚持“长期准备、重点建设、平战结合”，努力提高人民防空的快速反应能力、整体抗毁能力和应急救援能力，为打赢信息化条件下的局部战争和应对重大灾害事故提供重要支撑。

2010 年 10 月 26 日，第六次全国人民防空会议在北京召开。会前，中共中央总书记、国家主席、中央军委主席胡锦涛在人民大会堂亲切接见与会代表。中共中央政治局常委、国务院总理温家宝参加接见并在会议上发表讲话，习近平、李克强参加接见。会议提出要加强统筹规划，突出建设重点，搞好平战结合，努力构建与国家安全和发展需要相适应、具有中国特色的现代人民防空体系，确保战时有效应对现代空袭，确保在平时服务、急时应急中发挥更大作用。

2016 年 5 月 13 日，第七次全国人民防空会议在北京召开。中共中央总书记、国家主席、中央军委主席习近平接见了与会代表并在会议上发表讲话。习近平强调，人民防空是国之大事、是国家战略、是长期战略。人民防空事关人民群众生命安危、事关改革开放和现代化建设成果，要把这项工作摆到战略位置、纳入“十三五”规划，与其他工作同步抓好。要坚持人民防空为人民，铸就坚不可摧的护民之盾。要提升履行使命任务能力，提高防空袭斗争能力，有效履行战时防空、平时服务、应急支援职能使命。要发挥军政共同领导优势，各级党委和政府以及军事机关要加强组织领导，团结一心开创人民防空事业新局面①。

五、教学方法与手段

（1）讲解法。通过概念含义的介绍，说明在法律方法中若干具有重要意义的概念的内涵，说明概念之间的区别。通过对问题相关背景的介绍，将学生带入问题情境，理解问题本身何以重要，理解问题解决的关键所在。

（2）问题式教学法。在知识讲解和背景介绍的基础上，通过持续发问，引导学生沿着问题链对于相关知识点进行深入思考，留意在平时可能被忽视的关键点，理解概念之间区别的命意所在和实际运用，帮助学生在解决问题中理解知识。

（3）对比教学法。重点围绕关键概念的核心区别，从其基本含义出发，逐渐细化到具体案例场景中，深化学生对于各个概念之间基本含义的理解，做到准确把握和灵活运用。

六、教学实施过程

1. 内容引入

介绍法律适用中的三种困难情形：法律规定不清晰，法律无规定，法律规定冲突。就

① 葫芦岛市住房和城乡建设局：“新中国人民防空的发展历程”。https：//zjj. hld. gov. cn/zwzx/zjxw/202111/t20211115_1073669. html。

所涉及的法律方法而言，法律规定不清晰需要通过法律解释加以解决，法律无规定主要通过法律漏洞填补的方法解决。

2. 概念介绍

正确掌握法律漏洞的概念是运用好法律漏洞填补方法的前提。并非所有法律无规定的情形都称为法律漏洞。法律无规定的情形分为法外空间、法律漏洞和立法者有意沉默三种情形。其中法律漏洞和立法者有意沉默较易混淆。两者之间的关键区别在于究竟是法律应规定而未规定；还是立法者已经预见到相关的情形，出于某些考虑而有意未作规定。

3. 问题导入

人防地下车位的归属是一个引发了许多纠纷的问题。关于人防地下车位的归属，以前的《物权法》和现在的《民法典》没有专门规定。《人民防空法》第五条只规定了鼓励多种投资，人防工程平时由投资者使用管理，收益归投资者所有。换言之，人防工程的所有权归属问题，在《人民防空法》中亦未作规定。

这一法律未作规定的情形，究竟属于法律漏洞，还是属于立法者的有意沉默？

4. 历史背景介绍

要对这一问题作出回答，必须理解为什么要建设人防车位？要将问题还原到历史背景中去回答。

介绍中国人防事业和人防体制的发展历史（参见前面的案例材料）。

在讲解中，要注意点出两个关键性的环节：第一，20 世纪，由于国际局势的剧烈变化，以及中国“既反苏又反霸”的外交政策，中国面临切实的战争威胁。为了保卫领土安全和人民生命财产安全，中国作出了一系列重要的战备决策，包括“三线工程”建设和在城市中普遍建设人防工程。第二，至“文革”结束，中国建成了覆盖大部分人口的人防工程体系，具备了保卫国土安全的战备能力。改革开放以后，随着工作重心转向经济建设，在人防工程方面面临战略抉择的难题：一方面，大规模人防工程需要持续维护投入；另一方面，随着工作重心转向经济建设，人防工程维护和新建的投入受到限制。

因此，在资金筹措上，先后采取了两个措施，解决人防工程的资金问题：第一，出租部分商业中心区域的地下人防工程，租金用于补充人防经费（此即很多城市地下商城的来源）；第二，通过法律规定将新建人防工程的成本由项目建设方承担。

5. 相关问题

（1）提问 1：地下人防车位不能直接规定由国家所有吗？

参考答案：若如此规定，地下车位产生的各类损害责任都将由国家承担。参见《民法典》第 1252、1253 条。

（2）提问 2：地下人防车位规定私有（业主所有或物业所有）可以吗？

参考答案：若如此规定，战时国家把来自其他地方的人员转移至本小区人防工程进行庇护，本小区业主一定会同意吗？如果不同意或决策速度过慢，是否会造成更大的损失。

（3）提问 3：那么，什么是合于长期和平，但又保持人防工程特殊属性和功能的制度安排？

参考答案：暂时不明确人防工程的归属，但是在平时由投资者收益、维护、使用，紧急时期国家有权动员支配。

因此，目前《人民防空法》的不对人防地下车位归属做出规定，是一种有意的立法安排。尽管属于法律没有规定的情形，但是在概念上不属于法律漏洞，属于立法者的有意沉默。

（4）提问 4：目前关于人防地下车位归属，有业主说、物业说、开发商说等不同答案。如何理解和评述？

参考答案：这些答案都有一些合理之处，但是都集中于平时，没有考虑战时的需要，没有考虑人防工程的公共属性。

（5）提问 5：关于人防地下车位的归属制度，有哪些值得进一步思考的地方？

参考答案：虽然立法者有意沉默具有历史和制度的合理性，但权利归属长期不明可能对社会生活的利益安排造成影响。可以考虑一些进一步的方案，例如规定其归私人所有，同时规定国家在紧急状态下的征用权等。

七、考核与评价方式

考核与评价分为两个层级。第一个层级是对知识记忆和复述的考核，第二个层级是对知识掌握和运用能力的考核。

（1）什么是法律漏洞？什么是立法者的有意沉默？两者有何区别？

（2）我国原《物权法》第 149 条第 1 款规定：住宅建设用地使用权期限届满的，自动续期。《民法典》第 359 条第 1 款规定：住宅建设用地使用权期限届满的，自动续期。续期费用的缴纳或者减免，依照法律、行政法规的规定办理。比较前后两项规定，结合民法学理、生活常识和社会生活实际，试分析原来《物权法》中未规定住宅建设用地使用权期限届满后自动续期是否需缴纳费用，属于法律漏洞还是立法者有意沉默？

八、实施成效

首先，该教学案例以形象生动的方式深化了学生对知识的理解。通过引入生动的案例，将抽象的理论知识转化为直观、形象的表达。这不仅极大地激发了学生的学习兴趣，还使他们能够更加深入地理解知识的内涵和外延。通过具有历史意蕴的案例引入，学生能够更加直观地感受到当时的社会氛围和历史情境，从而更好地理解历史事件的意义和影响。

其次，该教学案例强化了学生对共和国奋斗史和发展史的认知。由于历史事件的复杂性和多样性，许多学生在学习中往往感到困惑和迷茫。由于法律规定的体系性和技术性，往往使人们忘记法律与现实的经济社会发展之间的关联。而这种教学方法则通过系统地梳理历史事件的发展脉络，使学生能够更加清晰地认识和理解共和国的奋斗史和发展史。这不仅有助于培养学生的历史素养和爱国情怀，还能够为他们今后的学习和工作提供有益的借鉴和启示。

最后，该教学案例使学生对本节教学印象深刻，掌握较好。由于该教学方法采用了形象生动的方式和系统的梳理方式，使得学生在学习过程中能够保持高度的兴趣和专注力，看到了重新理解生活和规范世界之间关系的可能性。同时，该教学方法还注重学生的参与和互动，鼓励他们积极思考和表达自己的想法。该案例在法律方法教学中自然引入思政因素，实现了专业和思政同步设计、同步展开的教学效果，为进一步深化课程思政做出了有价值的尝试。

案例25：《中央企业合规管理办法》与国企治理

——“商法案例研习”课程思政教学案例

周　游
（中央财经大学法学院副教授）

一、基本信息

课程名称：商法案例研习
授课对象：法律（法学）研究生、法律（非法学）研究生、法学研究生
知 识 点：《中央企业合规管理办法》
主讲教师：周游

二、教学目标

（一）知识目标

本课程旨在通过厘清《中央企业合规管理办法》等相关规定在国企改革中的历史沿革，深刻剖析现行制度体系下的国企治理问题，从而推动学生进一步理解《中央企业合规管理办法》等相关规定在国企治理中发挥的重要作用，培养对于中国特色经济发展模式的道路自信，并进一步思考国有企业合规管理体系建设的制度设计理念与方案。

学生应掌握新《公司法》《企业国有资产法》《中央企业合规管理办法》及相关法律法规中对于国企治理的规定，查阅并分析国有企业治理结构改革和优化的既有方案，进一步就《中央企业合规管理办法》对国有企业合规管理制度的建设提出自己的见解与思考。

（二）能力目标

学生应当通过在课堂上对于相关制度的学习和典型案例的交流讨论，熟练掌握对于既有研究成果的总结归纳方法以及对于具体法律问题的分析模式与路径，进而有能力将典型个案模式化上升为理论问题，进行类型化分析。

对于本课程中所涉及的国有企业治理与合规管理的问题，学生应当同时培养自身政治性和专业性素养，做到在重大理论创新中的立场坚定和尊重科学兼顾，政治方向和学术价值并重。以创新性和实践性人才要求自身，在学习中践行知行合一理念，所得出的方案应当切实服务于新时代中国特色的国企治理要求，切实贯彻《中央企业合规管理办法》中对于国企合规管理的各项规定。

（三）育人目标

本课程首先通过本节课为研究生讲解国有企业治理制度演进脉络、现存的问题以及建立国有企业合规管理制度的必要性等，帮助学生切实体会建立国有企业合规管理制度的时代意义，明确《中央企业合规管理办法》对于中央企业，乃至各类国家出资公司的合规管

理制度建设的指导作用。借助于深入浅出的课堂教学，让价值塑造、知识传授和能力培养三者在课堂教学中融为一体，落实立德树人根本任务，达到润物无声的育人效果。其次在课堂教学中尽量达到深化法律职业道德教育的目的。引导研究生深刻理解并自觉实践法律行业的职业精神和职业规范，增强研究生对于法律职业的责任感、使命感和荣誉感，帮助其塑造正确的世界观、人生观、价值观，专注培养法学知识扎实、法学技能过硬、法律职业道德强的高素质法学专业人才。

三、教学重点与难点

（一）梳理国企合规治理制度建设的现实依据与历史沿革

要组织学生讨论并理解国企合规治理制度建设的问题，首先，需要明确国企合规治理制度建设的现实依据和改革探索历程。为深入贯彻习近平法治思想，推动中央企业全面加强合规管理，着力打造并深化建设法治央企，国务院国资委等部门近年来相继出台了相关意见、指引或办法。例如，国务院国资委发布的《中央企业合规管理指引（试行）》、国家发改委等部门联合发布的《企业境外经营合规管理指引》、最高人民检察院等部门联合发布的《关于建立涉案企业合规第三方监督评估机制的指导意见（试行）》及其实施细则、中华全国工商业联合会办公厅等部门联合发布的《涉案企业合规建设、评估和审查办法（试行）》等，以及国务院国资委先后发布四批《中央企业合规管理系列指南》。此外，相关部门还对中央企业在生态环境保护、负责人经营业绩考核、廉洁风险防控工作等方面制定了具有针对性的合规文件。2022 年 8 月，国务院国资委发布的《中央企业合规管理办法》，一方面，明确了董事会、经理层参与合规管理及在其中的相应职能；另一方面，对标国际合规标准，增设了首席合规官等新设机构，为国企治理提供一套较为全面的合规管理制度。

其次，需要引导学生结合《中央企业合规管理办法》出台的背景，探究加强中央企业以及国有企业合规治理制度建设的原因。一方面，自从美方以“中兴事件”挑起贸易战以来，我国企业在“走出去”的进程中面临越来越多的合规难题。如何促进我国企业公平参与国际市场竞争，构建与完善企业尤其是中央企业的合规管理体系就显得极为关键，这可以说主要是一种外因所使然。另一方面，也更为重要的是，中央企业有着更迫切的构建与完善合规管理体系的内在需求。此外，2023 年修订的新《公司法》强化了对公司社会责任的规定，也与合规管理体系建设有一定关联。中央企业以及国有企业作为中国企业的主心骨和风向标，其合规管理水平更需要进一步提升。

（二）剖析《中央企业合规管理办法》中企业合规管理的新制度和新规定

企业合规管理旨在有效防控合规风险。此次《中央企业合规管理办法》的制定目的主要是在 2018 年发布的《中央企业合规管理指引（试行）》基础上，总结实践经验，对合规管理工作作进一步规则完善。需要组织同学深入学习和理解《中央企业合规管理办法》中的各项规定，剖析企业合规治理的新制度和新规定。《中央企业合规管理办法》共 42 条，分为八章，包括总则、组织和职责、制度建设、运行机制、合规文化、信息化建设、监督问责及附则等部分。相比《中央企业合规管理指引（试行）》的规定，《中央企业合规管理办法》不仅增加了条文数量，系统调整了规则框架，更是在制度建设、合规文化、信息化建设、监督问责等章节中作了诸多实质性革新。

具体展开主要有以下几点：

第一，《中央企业合规管理办法》有更明确、更科学的合规管理框架与理念，这在中央企业合规管理所应遵循的各原则中有突出体现。把党的领导贯穿合规管理全过程，将合规要求嵌入企业经营管理各领域、各环节，严格落实员工合规责任，且合规管理体系的建立健全要符合企业实际，并强调了党内法规及国际标准要作为企业合规的基本要求。

第二，《中央企业合规管理办法》所构建的合规管理体系更加周延。在组织层面，《中央企业合规管理办法》按照法人治理结构，规定了企业党委（党组）、董事会、经理层、首席合规官等主体的合规管理职责，明确了业务及职能部门、合规管理部门和监督部门合规管理“三道防线”职责，构建了从领导层级到执行层级再到监督层级的完整体系，明确了中央企业党委（党组）、董事会、经理层、合规委员会、首席合规官、业务及职能部门、合规管理部门、各监督机构的职责范围。在制度层面，《中央企业合规管理办法》强调合规管理体系构建的动态视角和长远视角，即在构建分级分类的合规管理制度体系的基础上，还要重点关注合规管理体系的运作机制和文化培育，同时契合大数据时代需求，着重强调了合规管理的信息化建设事宜。

第三，《中央企业合规管理办法》体现了较明显的机制构建及运作的联动性。一方面，《中央企业合规管理办法》第 26 条强调，合规管理应与法务管理、内部控制、风险管理等协同运作；再结合《中央企业合规管理办法》第 12 条规定，首席合规官由总法律顾问兼任，不新增领导岗位和职数，这就既避免了人员或职能的交叉重复，也通过统筹协调机制，有助于提高管理效能。另一方面，《中央企业合规管理办法》与新《公司法》等法律适时作了必要衔接，如删去了《中央企业合规管理指引（试行）》中关于中央企业监事会合规职责的规定，新《公司法》则从国家出资公司角度着手，以合规管理为主线，要求国家出资公司构建内部监督管理机制、内部控制机制体系和风险管理体系，并积极开展合规治理。

综上所述，就国企合规治理制度建设的问题而言，首先，在于引导学生梳理《中央企业合规管理办法》出台的背景与加强中央企业、国有企业合规管理的原因，从国企改革的历史沿革中抓住国企合规治理制度建设的脉络。这是此次授课的第一个重点与难点所在，即让学生理解与把握国有企业合规治理制度建设的历史脉络和背景。其次，便是需要让学生理解和把握《中央企业合规管理办法》中企业合规管理的新制度和新规定，结合实践深入研究如何解决中央企业和国有企业的治理问题，构建其合规治理制度，这也是此次授课的第二个重点与难点所在。

四、课程思政案例介绍

（一）案例介绍

1. 中交集团：发挥合规官服务监督作用

2023年以来，中国交通建设集团有限公司（以下简称“中交集团”）认真贯彻国务院国资委关于加强中央企业合规管理的相关部署要求，深入落实《中央企业合规管理办法》，不断加强两级总部部门合规官、二级子企业首席合规官设置，明确职能，强化履职，健全机制，充分发挥为企业高质量发展保驾护航的作用。中交集团加强合规官作用主要分以下三步进行：

第一，健全合规官组织体系。2023年4月，中交集团聘任集团总部各部门合规官，由合规风险意识强、熟悉部门业务内容的骨干人员担任，其中法人治理、战略发展、资本运营、市场开发、投资管理、纪检监督等重点领域由部门副职及以上人员担任，二级总部也相应聘任了部门合规官。调整二级子企业首席合规官，规避岗位利益冲突，增强合规独立性，聘任专职首席合规官31名，专职率达到了76%。经过持续推动，中交集团在境内形成了“总部 + 二级单位 + 三级公司 + 基层项目”的四级合规组织体系，合规官人员达到650余人，在境外形成了“首席合规官 + 区域合规官 + 国别合规官”的境外合规官组织体系，设置合规官245名，为合规管理提供了强有力的组织保障。

第二，健全合规官制度体系。中交集团两级总部发布确定部门合规官任职条件、工作职责、激励机制等规定，制定印发《中交集团首席合规官管理办法》，深入贯彻落实“寓合规于治理、寓合规于管理、寓合规于信息化”的要求，重点抓好招投标、“三重一大”、境外合规等重点领域合规管理，健全诚信合规经营体系，完善重大合规风险防范机制，推进境内外合规管理体系一体化建设，全面提升依法治企、合规经营能力。

第三，健全合规官运行机制。中交集团两级总部合规官充分发挥合规管理“第一道防线”作用，制订了合规风险识别清单、岗位合规职责清单、业务流程管控清单，制定了投标、投资、安全环保、商票、佣金等重点领域专项合规指南；严格落实执行首席合规官季度履职报告制度，加大对重大合规风险、“三重一大”经济性决策风险的监督，有效提升风险防控水平。

自治是市场主体治理的首要特征，其为私法自治在市场主体制度中的反映。当私法自治反映到公司治理中时，就出现了公司自治。公司自治的主要依据自然是在公司内部管理和规范的各项管理办法与制度。中交集团作为世界五百强企业，中国国企的海外金名片，为何要将合规官纳入公司组织架构并不断提升合规官的重要地位？换言之，首席合规官究竟如何发挥护航企业高质量发展的作用，其对公司治理有哪些作用？

2. 中核集团：在防范化解重大合规风险上创造价值

防范化解重大合规风险，是合规管理的职责所在，也是创造价值的着力点所在。中国核工业集团有限公司（以下简称“中核集团”）以合规管理“五项机制”为主要抓手，持续优化机制措施，丰富机制内涵，发挥机制实效，筑起防范化解重大合规风险的牢固屏障。

一是强化合规风险防控机制。以“全覆盖、清单制、可量化”为目标，提炼法律法规、监管要求、制度规定中的禁止性条款，结合行政部门发布的行政处罚清单、行政执法目录等编制合规风险清单，指导成员单位便捷掌握公司设立、劳动用工、知识产权、采购招投标等重点领域的常见违规事项、违规后果，了解初次违规、轻微违规免于处罚等规定以及其他应对举措。指导各单位制定行政处罚应对预案，开展行政处罚应对演练，了解行政复议、行政诉讼等关键流程，提升合规风险应对能力。

二是健全合规审查机制。明确业务部门的合规审查责任、合规管理归口部门的合规复审责任，厘清权责边界。探索实施合规复审与法律审核一体开展，在风险有效防控的基础上精简流程。推进重要决策合规复审清单式管理，确保“应审尽审”，为集团公司决策把好关、站好岗。

三是完善合规考核评价机制。修订集团公司经营业绩考核评分制度中的合规管理约束性指标，子企业重大违规、多次违规的进行穿透性扣分，压紧压实专业化公司、直属单位管理责任，有效解决“子企业违规与上级单位担责‘两张皮’”的问题。优化合规评价机制，每年根据合规管理的重点工作、重点领域修订评价指标，在保持主要指标稳定性的基础上进行多样化、灵活性评价，切实以评价帮助子企业找准合规管理薄弱环节。

四是细化合规报告机制。畅通上下级单位重大合规风险事件报告渠道，确保风险信息第一时间掌握、专业处置第一时间介入、事件影响第一时间研判。按季度开展合规管理信息收集，借助国资委发布的中央企业法律合规风险信息月报、公开渠道查询等，督促子企业把合规风险事件报告责任落实到位。

五是抓实违规责任追究机制。设立责任追究处专门负责违规经营投资责任追究，与纪检监察、巡视巡察及业务部门密切协作，对经营管理人员违反规定造成国有资产损失或其他严重不良后果的，按程序严肃追究相关责任人责任。

中央企业合规管理建设通常面临两个主要难题：一是缺少顶层设计，合规管理不成体系，以致工作的计划性、系统性尤为欠缺（例如相关职责散布于审计、纪检、人事、财务等不同部门，合规管理职能界限不清晰）；二是合规管理机制不够健全，不能达到覆盖经营管理各领域和各层级的管理要求，合规管理缺乏有效载体，针对性和实效性不强。如何结合自身特点满足国务院国资委对中央企业合规管理的要求成为了各中央企业亟待解决的现实问题。同时，合规管理并非静态概念，中央企业的业务变化是常态化的阶段性调整和建设，当面临新领域的业务时，生搬硬套的合规管理体系如何能够胜任？如何妥善平衡中央企业建设完善的合规管理体系的现实需求与高昂的建设成本？换言之，中央企业合规管理体系因生搬硬套导致的内容雷同、缺乏特色的情况屡见不鲜，表明合规管理在国企治理中的作用不受重视或者说仅起到形式作用。那么，此类形式化的规定对于中央企业落实合规管理体系建设有无法律上的约束力和保障效果呢？其与《公司法》上宣示性规定有无异同之处？如何从中核集团的完美答卷中总结出一套行之有效的满足《中央企业合规管理办法》要求的落实方案？

（二）议题聚焦讨论

中交集团、中核集团的案例实际上是合规管理在企业治理特别是国有企业治理中发挥重要作用的缩影。故本课程以《公司法》修改和《中央企业合规管理办法》出台为切入点，探讨合规管理之于企业治理的历史背景和时代意义，主要引导学生讨论以下议题：

（1）国务院国资委为何要大力推进中央企业的合规管理；

（2）《公司法》《中央企业合规管理办法》有关合规管理规定的演变进程；

（3）合规管理如何影响并嵌入企业治理；

（4）企业公司法如何为合规管理发挥作用保驾护航。

五、教学方法与手段

教学的方法与手段对于思政课程的教学效果而言至关重要。在课堂教学形式的选择上，《商法案例研习》课程坚持以学生为主体、学为主、学习效果为目标的“三学”理念为引领，设计了形式多样且适宜开展案例研习的教学活动，吸引学生参与到课堂教学环节中，推动实现“课程思政”的育人目标。

一方面，选取具有价值引领性与逻辑关联性的商事思政案例。合规管理是推进依法治企的重要内容，也是落实习近平法治思想的生动实践。习近平总书记指出：“企业合规管理要跟上。我国企业走出去都会面临经营管理合规的问题。要强化企业合规意识，走出去的企业在合规方面不授人以柄才能行稳致远。”在以《公司法》修改、《中央企业合规管理办法》出台为切入视角探讨中央企业合规管理体系建设的历史背景及时代意义时，《商法案例研习》课程综合采用案例式、启发式、探究式、问题式的教学方法，引入“中交集团用好合规官顶层指挥棒”“中核集团结合自身特色打造合规管理样本”等一系列鲜活实例。首先，通过小组讨论、分组辩论等方式，从经济现实、历史背景、体制本质以及法治逻辑等多方面，对国务院国资委为什么要大力推进中央企业的合规管理进行探究；其次，梳理出企业《公司法》《中央企业合规管理办法》有关合规管理规定的演变；再次，以此为基础，厘清合规管理如何影响并嵌入企业治理的脉络；最后，将理论积淀扎根于实践案例，反思新时代下企业《公司法》如何为合规管理发挥作用保驾护航。整体案例研习思路是，以商法专业知识为载体，从具体的思政教育维度切入，厘清知识与思政案例的脉络，阐述其背后的思政元素，组织和引导学生积极开展小组讨论，培养学生的自觉性和主动性，在获得了课堂参与感的同时学习内动力也被激发出来，充分发挥了课堂育人主渠道的作用。

另一方面，现代信息技术的应用也成为了课堂教学的新兴方式。借助信息化的教学技术增强课堂教学的德育效果，推动课程思政同新媒体新技术的高度融合，增强时代感和吸引力。企业合规治理学术研究团队党支部的公众号可以适时传达学术新信息；超星学习通等相关学习软件，也对形式多样的教学活动的开展给予了强有力的支持；微信等线上交流平台为老师和同学以及同学们之间，创造了互动探讨的一方净土。

课程思政要达到有效的价值引领作用，适当的考核评价是教育效果的指挥棒。教师通过对学生实践能力和知识掌握多方面考察，了解《商法案例研习》课程的思政教学目标达成度。同时，教师在结束课程授课任务后，会对课程思政案例的教学情况进行合理性反思，总结教学内容与方法的优势与不足，总结学生的参与和接受程度，不断更新课程思政教学内容，为后续教学保留宝贵教学经验，不断总结提升课程思政教学效果。

全面落实立德树人根本任务，根据法学专业人才培养特点，深入挖掘《商法案例研习》课程中所蕴含的思政元素，将鲜活的教学实践案例生动地呈现在课堂学习中，塑造“有温度”“有思考张力”“有亲和力”课堂氛围，润物细无声地浸润学生心灵，真正实现价值塑造、知识传授和能力培养的有机统一，从而推动课程思政的卓越教学，塑造课程思政的高效课堂。

六、教学实施过程

（一）课前准备

案例研习课主要以学生前期自行阅读思考相关主题案例、课上分组交流讨论，以学生为主导，以教师为引导的基本教学模式。在教师全面掌握党组织嵌入公司治理的矛盾冲突和必要性后，选定“中交集团：发挥合规官服务监督作用”“中核集团：在防范化解重大合规风险上创造价值”为主题的典型案例，通过启发式提问引导学生有重点地阅读案例和思考，并充分结合2022年8月23日国务院资产监督管理委员会公布的《中央企业合规管理办法》引导学生发掘企业设立党组织的历史背景和现实意义。引导学生思考企业如何进一步完整、准确、全面贯彻新发展理念，扎实推动国有企业高质量发展，如何持续增强国有经济竞争力、创新力、控制力、影响力、抗风险能力。

（二）课程开展

本课程主要以授课教师导学、研学小组汇报、集体讨论的方式展开，由授课教师带领学生研读商法前沿文献，聚焦商法热点问题。每次课程的活动环节大致如下：

（1）指导老师对议题作引导式发言；

（2）发言人展示，就案例及议题进行阐述及反思；

（3）小组成员及其他师生互相提问，并通过扫二维码的方式对本次研学小组的研学内容进行评价；

（4）授课教师及其他同学评议；
（5）授课教师及同学向研学小组提问并由小组成员对问题进行回应；
（6）授课教师回应及延伸。

（三）课后整理

根据学生研读案例后的思考总结分析案例选取的合理与不足之处，反思引导式提问是否达到预期效果。回顾学生在课上开展案例研读汇报时与本课程教学范围和教学目标是否一致。课程开展过程中方法恰当、成果显著的地方可以在今后的教学工作中沿用，不足之处及时调整加以改正。总结学生的参与度和接受程度，了解学生在实践中对理论知识的应用成果。总结本次课程的宝贵教学经验，不断提升思政课教学成果。

七、考核与评价方式

本系列课程的考核评价方式为过程＋结果考核，其中过程考核占比60%，结果考核占比40%。具体方式如下。

（一）过程考核（60分）

（1）出勤（10分）；
（2）参与程度（10分）：即每次教师课程导学和同学研学部分结束后，依据本次课程学习的重点和难点由授课教师拟定讨论命题，通过讨论加深学生的思考与理解以树立学生的主体地位并提升学生的参与意识；
（3）书写分析报告（40分）：由负责本次研学的学生团队整体提交一份与本次授课内容相关的理论或事例分析报告，通过对特定问题或现象的学习与研究以激发学生发现问题、分析问题、解决问题的能力，并通过书面报告的形式以锻炼学生的书面表达能力和逻辑思想能力。

（二）结果考核（40分）

（1）实践能力考查——口试（20分）：由授课教师作为主授课主体，在校内外商法领域专家参与下进行。学生小组从实务问题中抽取考题，考题满分为10分，题型有理论剖析和案例分析。抽题后以小组为单位在半小时内讨论完毕并派代表进行回答，其他小组成员可进行增补，小组代表的回答为全组得分。
（2）理论知识考查——期末标准化试题（20分）：每次课程结束后，由授课教师与参加课程研学的学生团队依据本次课程的重点与难点，自己模拟命题并作出答案，授课教师一并收齐，期末对学生命题部分进行挑选并将挑选出的部分放入正式的期末试题中，学生命题部分占到期末标准化试题的50%。

八、实施成效

（一）知识掌握

结合《中华人民共和国公司法》《中华人民共和国企业国有资产法》出台的大背景，学生们进一步学习了《中央企业合规管理办法》的核心内涵，对合规、合规风险、合规管理、合规审查等新议题有了更加深入和全面的认识。进一步了解中央企业如何建立健全合规管理组织体系，怎样将合规审查作为必经程序嵌入经营管理流程。学生们深入了解到国有企业是国民经济的“顶梁柱”“压舱石”，完善国有企业治理制度，必须强调国有企业服务国家战略的责任担当，推动国有企业实现经济责任、政治责任、社会责任相统一；完善国有企业治理制度，必须完善国有企业科技创新机制，更好服务实现高水平科技自立自强。完善国有企业治理制度，要以市场化为基础优化资源配置深化改革。要坚持以企业为主体、市场化为手段，突出主业、聚焦实业，更加注重做强、做专，推进国有企业整合重组、有序进退、提质增效，从整体上增强服务国家战略的能力。

（二）技能培养

中央企业应当建立健全合规管理制度，根据适用范围、效力层级等，构建分级分类的合规管理制度体系，制定合规管理基本制度，明确总体目标、机构职责、运行机制、考核评价、监督问责等内容，有效针对反垄断、反商业贿赂、生态环保、安全生产、劳动用工、税务管理、数据保护等重点领域，以及合规风险较高的业务，制定合规管理具体制度或者专项指南。同时还应当建立合规风险识别评估预警机制，全面梳理经营管理活动中的合规风险，建立并定期更新合规风险数据库，对风险发生的可能性、影响程度、潜在后果等进行分析，对典型性、普遍性或者可能产生严重后果的风险及时预警。将合规审查作为必经程序嵌入经营管理流程，重大决策事项的合规审查意见应当由首席合规官签字，对决策事项的合规性提出明确意见。业务及职能部门、合规管理部门依据职责权限完善审查标准、流程、重点等，定期对审查情况开展后评估。

（三）情感与价值观

深入领会习近平新时代中国特色社会主义思想。习近平总书记主持召开中央全面深化改革委员会第五次会议强调，“完善中国特色现代企业制度，必须着眼于发挥中国特色社会主义制度优势，加强党的领导，完善公司治理，推动企业建立健全产权清晰、权责明确、政企分开、管理科学的现代企业制度，培育更多世界一流企业。”党的十八大以来，我国国有企业改革取得重大进展，国有企业深入实施创新驱动发展战略，加快产业转型升级步伐，发展质量和效益不断提高，有效发挥了国民经济“顶梁柱”“压舱石”作用。当前我国外部环境复杂严峻，国内有效需求依然不足，经济持续回升向好仍面临诸多困难挑战，需要国有经济、国有企业更好发挥主导作用和战略支撑作用，坚定了全体学生党员始终在政治立场、政治方向、政治原则、政治道路上与以习近平同志为核心的党中央保持高度一致。

案例26：新《公司法》背景下国家出资公司治理革新

——“商法案例研习”课程思政教学案例

周　游
（中央财经大学法学院副教授）

一、基本信息

课程名称：商法案例研习
授课对象：法律（法学）研究生、法律（非法学）研究生、法学研究生
知 识 点：马工程《商法学》第四章第四节
主讲教师：周游

二、教学目标

（一）知识目标

本课程旨在通过厘清新《公司法》修订背景下国家出资公司治理结构和运作方式的革新，深刻剖析党组织如何在现行制度体系下嵌入企业治理，从而推动学生进一步理解党组织在中国现行企业经营模式中的重要作用，培养对于中国特色经济发展模式的道路自信，并进一步思考党组织参与国家出资公司治理革新的制度设计理念与方案。

学生应掌握现行《公司法》《企业国有资产法》《中央企业合规管理办法》及相关法律法规中对于党组织参与公司治理的规定，查阅并分析国有企业治理结构改革和优化的既有方案，进一步就党组织的政治性领导作用与企业内部治理机关的日常管理经营的协调配合提出自己的见解与思考。

（二）能力目标

学生应当通过在课堂上对于相关制度的学习和典型案例的交流讨论，熟练掌握对于既有研究成果的总结归纳方法以及对于具体法律问题的分析模式与路径，进而有能力将典型个案模式化上升为理论问题，进行类型化分析。

对于本课程中所涉及的党组织嵌入国家出资公司治理、国有企业合规管理的制度建设与文化培育与职工参与国有企业治理的机制与效果等问题，学生应当同时培养自身政治性和专业性素养，做到在重大理论创新中的立场坚定和尊重科学兼顾，政治方向和学术价值并重。以创新性和实践性人才要求自身，在学习中践行知行合一理念，所得出的方案应当切实服务于新时代中国特色的公司治理现实。

（三）育人目标

本课程基于新《公司法》修订视角，从经济现实、历史背景多方面展开研讨，帮助学生切实体会国家出资公司治理制度的历史背景及时代意义。进而，从实际案例出发分析梳

理出国家出资公司有关治理制度规定的演变，课程借助于深入浅出的案例教学，让价值塑造、知识传授和能力培养三者在课堂教学中融为一体，落实立德树人根本任务，达到润物无声的育人效果，并在课堂教学中尽量达到深化法律职业道德教育的目的。引导研究生深刻理解并自觉实践法律行业的职业精神和职业规范，增强研究生对于法律职业的责任感、使命感和荣誉感，帮助其塑造正确的世界观、人生观、价值观，专注培养法学知识扎实、法学技能过硬、法律职业道德强的高素质法学专业人才。

三、教学重点与难点

（一）政治嵌入与私法自治之间的平衡

要组织学生讨论并理解国家出资公司治理革新问题，首先需要明确，此种革新应当以何种价值目标为导向。2021 年 4 月，习近平总书记视察广西柳工集团时强调，要坚持党对国有企业的全面领导，坚持加强党的领导和完善公司治理相统一，在深化企业改革中搞好党的建设。这意味着坚持党对国有企业的领导是重大政治原则，必须一以贯之。国家出资公司在不断完善公司治理的同时要提高政治站位，坚定不移做强、做优、做大国有资本和国有企业，切实为加快建设新时代中国特色社会主义贡献国企力量。在党组织嵌入企业治理的过程中，建立现代企业制度作为公司改革的方向也必须一以贯之，私法自治与公司自治是不可以被抹杀的，党组织的引领作用不是要干涉或是取代国企的自主经营。

一方面，党组织的政治引领可以降低公司的内部治理成本，学者们研究发现，党组织的政治作用可以加强高级管理层的责任心，减少企业中存在的薪酬差距过大的问题，或者说，党组织与董监高之间的交叉任职达到一定比例时，企业内部的薪酬差距可以被控制在一个相对比较低的水平。又比如，对于《公司法》利用私法自治的市场逻辑比较难以处理的隐性代理成本问题，党组织通过发挥其政治引领作用，对内部人课以政治责任的方式（即政治逻辑的体现），可以有效地抑制并降低隐性代理成本，节约公司的内部资源，进而提高经营效率。另一方面，党组织的政治嵌入亦要把握必要的限度，实现依法依规引领。有学者指出，“作为政治机制的党组织”的嵌入力度应当维持在一个适当的水平，以免过分干预公司的正常经营，进而影响其经济效益的实现。

综上所述，就党组织嵌入公司治理的导向问题而言，核心便在于政治嵌入与私法自治之间的平衡，二者不可偏废，以达到既注重政治引领，发挥政治责任的压舱石作用，又保证国家出资公司革新中的经营自由与经营活力。这也是此次授课的第一个重点与难点所在，即让学生理解与把握党组织与公司所代表的两种不同价值逻辑之间的平衡点。

（二）有效贯彻落实“双向进入、交叉任职”背景下党对企业的领导体制

新《公司法》第一百七十条中提到，国家出资公司中党组织“按照中国共产党章程

的规定发挥领导作用，研究讨论公司重大经营管理事项，支持公司的组织机构依法行使职权”。党组织如何在国家出资公司中发挥领导作用，“双向进入、交叉任职”的领导体制是关键。如果说平衡“政治嵌入”和“私法自治”是在“价值目标导向”这个层面解决了党的领导和完善公司治理相统一的问题，那么“双向进入、交叉任职”则是从“有效的手段”这一层面出发，为党组织参与并嵌入国家出资公司的革新提供了一个有效的渠道。

落实“双向管理、交叉任职”领导体制，以下几点是关键所在：首先，国有企业党委（党组）发挥领导作用，对企业重大经营管理事项履行把关定向；支持股东会、董事会、监事会和经理依法行使职权；全心全意依靠职工群众，支持职工代表大会开展工作；加强党组织的自身建设，领导思想政治工作、精神文明建设和工会、共青团等群团组织。其次，非公有制经济组织中党的基层组织，贯彻党的方针政策，引导和监督企业遵守国家的法律法规，领导工会、共青团等群团组织，团结凝聚职工群众，维护各方合法权益，促进企业健康发展。最后，党组织必须对相关人员进行严格要求，强化督查。

交叉任职人员要增强责任感，履行好“一岗双责”，经常与企业党支部书记、企业负责人谈心，在企业生产经营中起到党员模范带头作用。要掌握工作原则和方法，力求做到“到位不越位，参与不干预”。建立季度交叉任职人员交流会制度，实施优秀交叉任职人员评选和考核制度，定期与企业负责人交流有关情况，推进企业党建工作和企业发展。

总而言之，欲深刻落实党组织对企业的“双向管理、交叉任职”领导体制，归根结底在于使党组织形成的意见通过企业管理层中的党员管理到企业的发展战略中，通过交叉任职，使党组织的意见有效融入到企业改革和技术创新的各个关键环节，使党的领导渗透到企业的方方面面，最终达到使企业健康快速发展的效果。

（三）新《公司法》如何为党组织嵌入企业发挥作用保驾护航

从《公司法》修改的角度切入去理解企业设立党组织的意义，需要与学生们探讨党组织在嵌入企业后，《公司法》是如何保障党组织在企业中发挥作用的。

1. 方案一：完善党组织与审计委员会的关系

新《公司法》第一百七十六条改变了国有独资公司必须设立监事会的制度，转为可以在董事会下设审计委员会的方式设置监督机构，履行监督职能。《关于深化中央企业内部审计监督工作的实施意见》中也强调了审计委员会的管理和指导作用，要求落实审计委员会作为董事会专门工作机构的职责。这表明审计委员会不仅仅是一个监督财务的机构，还应当发挥对企业内部审计监督的管理和指导作用。在更注重市场化经营的国企中，党组织成员与审计委员会的融合可以在保障企业经营自主性的前提下与其他治理主体形成有效制衡，使国企内部人控制的问题得以缓解，企业绩效得以提升。

国企党组织本身享有的针对董事高管的人事任免权、薪酬决定权以及针对“三重一大”的决策权，将成为审计委员会与党组织融合后对公司经营管理实施高效监督的有力保障。由此，党组织在嵌入国家出资公司的审计委员会后通过党的组织行为履行监督职责，党委在法人治理结构中的法定地位得以确立，党组织依托审计委员会对经营管理行为实施监督更为便利，党组织对法人治理结构运行的监督保障功能得以发挥。

2. 方案二：完善党组织与合规委员会的关系

《中央企业合规管理指引（试行）》第 8 条指出，中央企业设立合规委员会，与企业法治建设领导小组或风险控制委员会等合署，承担合规管理的组织领导和统筹协调工作，定期召开会议，研究决定合规管理重大事项或提出意见建议，指导、监督和评价合规管理工作。继而，指引第 11 条第 2 款规定，监察、审计、法律、内控、风险管理、安全生产、质量环保等相关部门，在职权范围内履行合规管理职责。此外，指引第 2 条对合规管理概念进行了规定，以有效防控合规风险为目的，以企业和员工经营管理行为为对象，开展包括制度制定、风险识别、合规审查、风险应对、责任追究、考核评价、合规培训等有组织、有计划的管理活动。

从上述概念界定可以看出，合规管理的主体是企业，管理的对象是企业经营和员工工作行为，党组织融入合规委员会可以对企业各部门的职责履行予以过程监督。

综上，通过探讨完善党组织与审计委员会、合规委员会的关系两种方案解释了《公司法》如何为党组织发挥作用保驾护航。该部分也是授课的第三个重难点，即让同学们从《公司法》角度切入，探寻如何在保证党组织嵌入企业发挥作用的同时不会影响企业的经营效率与日常运转。

四、课程思政案例介绍

在新《公司法》的背景下，国家出资公司的治理结构和运作方式经历了深刻的变革。这些变革涉及多个层面，包括党的领导的加强、职工参与机制的引入、合规管理的强化等。

（一）案例介绍

1. 销品茂公司案

销品茂公司与华饮盛锦公司签订房屋租赁合同。后双方因房屋租金履行发生纠纷，华饮盛锦公司认为其租赁的房屋属于国有资产类经营用房，要求销品茂公司按照湖北省人民政府出台的“3 个月房租免收、6 个月房租减半”的政策计算租金。法院认为，双方合同订立之时，销品茂公司股权中的国有资本占比过半数，故该公司属于国有资本控股公司，案涉商铺属于国有资产类经营用房。因此，对华饮盛锦公司的主张予以支持。

销品茂公司因国有资本控股比例过半，被认定为国有资本控股公司。在涉及租金优惠政策的诉讼中，华饮盛锦公司主张应享受政策优惠。法院支持了该主张，确认了销品茂公司国有资产类经营用房的地位，并依据其国有控股性质判决其享受相应的租金减免。在这个案例中，涉及国有资本控股公司在特定政策下的租金优惠问题。法院的判决体现了对国有资产的保护，同时也反映了新《公司法》对国有资本控股公司地位的确认。该案例强调了在合同订立时，国有资本的占比对公司性质的影响，以及这一性质对合同条款执行的重要性。

2. 报业集团案

报业集团公司与时代投资公司之间的股权回购合同纠纷中，报业集团公司主张股权回购属于国有资产重大交易，未经审批合同未生效。再审申请人报业集团公司和时代投资公司主张股权回购属于国有资产重大交易，案涉国有独资公司股权回购事宜的合同，因未经履行出资人职责的机构审批，依法属于未生效合同。法院认为，《公司法》仅规定国有独资公司的合并、分立、解散等情形必须由履行出资人职责的机构决定及报批，而并不涉及股权回购事宜，因此再审申请人的主张不能得到支持。最高人民法院经审理认为，根据《公司法》，股权回购事宜不属于必须由履行出资人职责的机构审批的范畴，因此报业集团公司的主张未获支持。

报业集团公司的案例中，最高法院的裁定书指出，国有独资公司在进行股权回购等重大交易时，必须经过履行出资人职责的机构审批。这一案例凸显了新《公司法》对国有独资公司重大交易审批流程的严格要求，确保了国有资产的合规管理和交易的合法性。

3. 煤化公司案

煤化公司为国有独资公司。中盈公司与煤化公司签署合伙协议成立中恒基金（有限合伙），中盈公司为普通合伙人，煤化公司为有限合伙人。后中盈公司、煤化公司与李某签订协议，约定李某作为普通合伙人加入，中盈公司退伙。中盈公司提起诉讼，请求确认该协议无效。庭审期间，中盈公司提供其在报纸上发布的遗失声明，用以证明煤化公司在签署协议前已将其负责的业务强制接管，并强制其从中恒基金退伙；中盈公司还主张李某是煤化公司的高级管理人员，其不能在其他企业兼职。法院认为，未经履行出资人职责的机构同意，国有独资公司的董事、高级管理人员不得在其他企业兼职。中盈公司主张李某是煤化公司的高级管理人员，其任职违反上述法律规定，但未能提供证据证明，故主张不能成立。

对涉及国有独资公司高级管理人员在外兼职的问题，法院判决强调，未经履行出资人职责的机构同意，国有独资公司的董事、高级管理人员不得在外兼职，以防止利益冲突和保护国有资产。法院判决强调了国有独资公司董事、高级管理人员的兼职限制，体现了对国有企业高层管理人员兼职行为的严格控制。这一案例展示了新《公司法》对国有企业高层管理人员兼职行为的限制，以防止利益冲突和保护国有资产的安全。

4. 中核集团合规实践

中国核工业集团有限公司（以下简称中核集团）是经国务院批准组建、中央直接管理的国有重要骨干企业。根据中核集团官网显示，该公司于 2019 年发布的《中国核工业集团有限公司合规手册》（以下简称《合规手册》，是集团合规管理的基本规范，是全体员工必须遵循的合规行动指南，也是集团公司对社会的郑重承诺。它明确了合规基本要求，确立了安全环保、保密、市场交易、国际业务、资产管理、财务及税务、知识产权、产品标准。

中核集团展示了国有企业在合规管理方面的先进实践。该公司发布的《合规手册》明确了合规基本要求，成为集团合规管理的基本规范，体现了国有企业在加强内部监督管理和风险控制制度建设方面的努力。中核集团的案例展示了国有企业在合规管理方面的先进实践。

（二）议题聚焦讨论

以上案例实际上是新《公司法》背景下国家出资公司治理革新的多层次多维度体现，在企业治理特别是国有企业治理中发挥重要作用的缩影。故本课程以新《公司法》为切入点，探讨本次修订之于企业治理的历史背景和时代意义，主要引导学生讨论以下议题：

（1）国有资本控股公司的界定与权益保护；

（2）国有企业重大交易的审批流程与合规性；

（3）国有独资公司治理结构的特殊性与优化；

（4）国有企业高级管理人员的兼职限制与监督管理；

（5）国有企业合规管理的制度建设与文化培育；

（6）职工参与国有企业治理的机制与效果。

五、教学方法与手段

教学的方法与手段对于思政课程的教学效果而言至关重要。在课堂教学形式的选择上，《商法案例研习》课程坚持以学生为主体、学为主、学习效果为目标的“三学”理念为引领，设计了形式多样且适宜开展案例研习的教学活动，吸引学生参与到课堂教学环节中，推动实现“课程思政”的育人目标。

一方面，选取具有价值引领性与逻辑关联性的商事思政案例。习近平总书记曾指示，国企的公司治理革新是一项重大的改革任务。在以新《公司法》为切入视角探讨国有企业治理制度的历史背景及时代意义时，《商法案例研习》课程综合采用案例式、启发式、探究式、问题式的教学方法，引入一系列鲜活实例。首先，通过小组讨论、分组辩论等方式，从经济现实、历史背景、体制本质以及法治逻辑等多方面，对国有企业《公司法》为何要进行治理革新进行探究；其次，梳理出国有企业有关治理制度规定的演变；再次，以此为基础，厘清各成分部门如何嵌入企业治理革新的脉络；最后，将理论积淀扎根于实践案例，反思新时代下企业《公司法》如何为治理革新发挥作用保驾护航。整体案例研习思路是，以商法专业知识为载体，从具体的思政教育维度切入，厘清知识与思政案例的脉络，阐述其背后的思政元素，组织和引导学生积极开展小组讨论，培养学生的自觉性和主动性，在获得了课堂参与感的同时学习内动力也被激发出来，充分发挥了课堂育人主渠道的作用。

另一方面，现代信息技术的应用也成为了课堂教学的新兴方式。借助信息化的教学技术增强课堂教学的德育效果，推动课程思政同新媒体新技术的高度融合，增强时代感和吸引力。企业合规治理学术研究团队党支部的公众号可以适时传达学术新信息；超星学习通等相关学习软件，也对形式多样的教学活动的开展给予了强有力的支持；微信等线上交流平台为老师和同学以及同学们之间，创造了互动探讨的一方净土。

课程思政要达到有效的价值引领作用，适当的考核评价是教育效果的指挥棒。教师通过对学生实践能力和知识掌握多方面考察，了解《商法案例研习》课程的思政教学目标达成度。同时，教师在结束课程授课任务后，会对课程思政案例的教学情况进行合理性反思，总结教学内容与方法的优势与不足，总结学生的参与和接受程度，不断更新课程思政教学内容，为后续教学保留宝贵教学经验，不断总结提升课程思政教学效果。

全面落实立德树人根本任务，根据法学专业人才培养特点，深入挖掘《商法案例研习》课程中所蕴含的思政元素，将鲜活的教学实践案例生动地呈现在课堂学习中，塑造“有温度”“有思考张力”“有亲和力”课堂氛围，润物细无声地浸润学生心灵，真正实现价值塑造、知识传授和能力培养的有机统一，从而推动课程思政的卓越教学，塑造课程思政的高效课堂。

六、教学实施过程

（一）课前准备

案例研习课主要以学生前期自行阅读思考相关主题案例、课上分组交流讨论，以学生为主导，以教师为引导的基本教学模式。在教师全面掌握新《公司法》中国家出资公司组织机构设置、职权划分等内容的背景下，选定“新《公司法》背景下国家出资公司治理革新”为主题的典型案例，通过启发式提问引导学生有重点地阅读案例和思考，并充分结合《中央企业合规管理办法》引导学生发掘国家出资公司历史背景和对其进行治理革新的现实意义。引导学生思考企业为什么引入“国家出资公司”这一概念；国家出资公司的机构设置和三会职权划分是如何运作的；引导学生思考该组织机构设置下对国企投资方式的影响，以及发掘应当采用什么样的手段对国家出资公司进行有效的治理革新。

（二）课程开展

本课程主要以授课教师导学、研学小组汇报、集体讨论的方式展开，由授课教师带领学生研读商法前沿文献，聚焦商法热点问题。每次课程的活动环节大致如下：

（1）指导老师对议题作引导式发言；

（2）发言人展示，就案例及议题进行阐述及反思；

（3）小组成员及其他师生互相提问，并通过扫二维码的方式对本次研学小组的研学内容进行评价；

（4）授课教师及其他同学评议；

（5）授课教师及同学向研学小组提问并由小组成员对问题进行回应；

（6）授课教师回应及延伸。

（三）课后整理

根据学生研读案例后的思考总结分析案例选取的合理与不足之处，反思引导式提问是否达到预期效果。回顾学生在课上开展案例研读汇报时与本课程教学范围和教学目标是否一致。课程开展过程中方法恰当、成果显著的地方可以在今后的教学工作中沿用，不足之处及时调整加以改正。总结学生的参与度和接受程度，了解学生在实践中对理论知识的应用成果。总结本次课程的宝贵教学经验，不断提升思政课教学成果。

七、考核与评价方式

本系列课程的考核评价方式为过程 + 结果考核，其中过程考核占比 60% ，结果考核占比 40% 。具体方式如下：

（一）过程考核（60 分）

（1）出勤（10 分）；

（2）参与程度（10 分）：即每次教师课程导学和同学研学部分结束后，依据本次课程学习的重点和难点由授课教师拟定讨论命题，通过讨论加深学生的思考与理解以树立学生的主体地位并提升学生的参与意识；

（3）书写分析报告（40 分）：由负责本次研学的学生团队整体提交一份与本次授课内容相关的理论或事例分析报告，通过对特定问题或现象的学习与研究以激发学生发现问题、分析问题、解决问题的能力，并通过书面报告的形式以锻炼学生的书面表达能力和逻辑思想能力。

（二）结果考核（40 分）

（1）实践能力考查——口试（20 分）：由授课教师作为主授课主体，在校内外商法领域专家参与下进行。学生小组从实务问题中抽取考题，考题满分为 10 分，题型有理论剖析和案例分析。抽题后以小组为单位在半小时内讨论完毕并派代表进行回答，其他小组成员可进行增补，小组代表的回答为全组得分。

（2）理论知识考查——期末标准化试题（20 分）：每次课程结束后，由授课教师与参加课程研学的学生团队依据本次课程的重点与难点，自己模拟命题并作出答案，授课教师一并收齐，期末对学生命题部分进行挑选并将挑选出的部分放入正式的期末试题中，学生命题部分占到期末标准化试题的 50%。

八、实施成效

（一）知识掌握

结合新《公司法》出台的大背景，学生们进一步学习了《公司法》第七章中“关于国家出资公司组织机构的特别规定”的核心内涵，对国家出资公司的组织架构、权限设置、议事程序以及表决方式等新议题有了更加深入和全面的认识。进一步了解国家出资公司的发展历程，也逐步发掘到新《公司法》下国家出资公司治理体系的变化。明确了国家出资公司党组织的权责边界，党组织的职权范围应列入国家出资公司章程的必要性。能够清晰区分不同权力类型及效力作为决策主体应当承担的相应责任。

（二）技能培养

新修订的《公司法》第一百七十条明确，“国家出资公司中中国共产党的组织，按照中国共产党章程的规定发挥领导作用，研究讨论公司重大经营管理事项，支持公司的组织机构依法行使职权。”在公司治理革新中，面对不同层级、不同类别、不同股权结构的国家出资公司时能够根据不同股权结构和分层分类差异化落实三会职权，并且发挥党组织在其中的领导作用，制定严格的责任承担机制和发挥党组织在企业中对公司经营发展制定决策的流程把控的能力。在实践中能够坚持把党的领导融入公司治理各个环节，在工作中坚持把党建工作与生产经营深度融合。能够在中央企业党委（党组）的领导下发挥把方向、管大局、保落实的领导作用，依照规定讨论和决定企业重大事项。在企业党建工作中充分发挥商法学专业学生的法学素养，依法合规发展党组织在国家出资公司经营发展中的职责与权力，进而有效推动国家出资公司的治理革新。

（三）情感与价值观

深入领会习近平新时代中国特色社会主义思想，贯彻落实新时代党的建设总要求和新时代党的组织路线，在实践中坚持和加强党对国家出资公司的全面领导，提高国家出资公司党的建设质量，推动国家出资公司的治理革新与高质量发展。坚定国家出资公司党组织必须高举中国特色社会主义伟大旗帜的理念。思想上坚持以社会主义核心价值观引领企业文化建设，增强了学生们应对挑战的斗志、提升了产业兴国、实业报国的精气神。坚定了全体学生党员始终在政治立场、政治方向、政治原则、政治道路上与以习近平同志为核心的党中央保持高度一致。

案例 27：坚守文化自信 赓续文脉传承：文创产品设计中的文化体现

——“文创产品开发与设计”课程思政教学案例

孙　琳
（中央财经大学文化与传媒学院副教授）

一、基本信息

课程名称：文创产品开发与设计

授课对象：艺术学理论、艺术研究生

知 识 点：周承军，何章强，袁诗群．文创产品设计［M］．北京：化学工业出版社，2019．第三章第三节文创产品设计中的文化体现

主讲教师：孙琳

二、教学目标

（一）知识目标

通过本课程章节的教学，使学生明确：文创产品设计需要具备深厚的文化底蕴，传统文化、非遗文化、地域文化等都可以成为文创产品设计的灵感来源。通过优秀文创产品的案例分析，引导学生深入挖掘中国传统文化和美学思想，以文创产品为载体推动中华优秀传统文化的创造性转化和创新性发展。

（二）能力目标

首先，通过对文化符码概念的解析培养学生深入思考的能力。引导学生思考：如何在文创产品设计中体现文化内涵？如何提取文化元素并进行视觉转译？其次，通过对北京地区文博文创的实地考察培养学生发现问题和提出问题的能力。最后，通过项目式的文创产品设计实践培养学生解决问题和动手实操的能力，使学生熟练掌握设计创作表达技能，成长为适应社会发展需求，具有较强创新创业能力的设计师。

（三）育人目标

在教学中融入思想政治教育，以习近平新时代中国特色社会主义思想、社会主义核心价值观、中国优秀传统文化等内容进行价值引领。通过对蕴含中国优秀传统文化的文创产品案例的深入分析，加深学生对民族文化的认同和自豪感。通过介绍为传承和保护传统文化奉献终生的艺术大师的事迹，培养学生的家国情怀和社会责任感，强调设计师在赓续文脉传承中的作用和责任。通过对文化元素的提取和视觉转译方法的训练，帮助学生熟练掌握文创产品的设计技巧。通过项目式教学法，激发学生的自主学习意识和团队合作意识，培养不断学习和探索的能力，以及敬业、务实的工作作风。

三、教学重点与难点

（一）本课程的教学重点

（1）文化自信的培养与文脉的传承：培养学生对中国传统文化的热爱和自豪感，让他们认识到中华文化的独特价值和魅力，并启发学生将传统文化的精髓运用于文创产品的设计中。

（2）文化内涵在文创产品设计中的凸显：鼓励学生探索和研究中国优秀传统文化、非遗文化、地域文化，将民风民俗、传说故事等文化元素融入文创产品设计，创作出具有时代价值和文化内涵的文创产品。

（3）创新思维的激发和实践能力的培养：通过案例教学、现场教学、竞赛教学、探究式教学等多种教学方法，鼓励学生发挥创意，运用现代设计理念和技术手段，以文创产品设计实现中华优秀传统文化的创造性转化和创新性发展，培养学生的动手实践能力、创新创业能力。

（二）本课程的教学难点

（1）文化元素的提炼与应用：如何从丰富的传统文化、非遗文化、地域文化中提炼出具有代表性和时代感的元素，并将其有效地融入文创产品设计中。

（2）思政元素与专业知识技能的有机融合：如何将思政元素，如中国优秀传统文化、爱党爱国精神、民族文化自信、工匠精神等巧妙融合于专业知识和技能的传授过程中，且不显突兀和生硬。

（3）教学方法的适应性与评价体系的多元化：如何根据不同学生的特点和需求选择适合的教学方法，以提高教学效果。如何建立一个既能评价学生专业知识掌握程度，又能评价思政素养的多元化评价体系。

四、课程思政案例介绍

（一）背景介绍

随着国家对文化自信的强调和文化产业的迅速发展，文创产品开发与设计已经成为高校设计类专业的主干课程。本课程面向艺术学理论、艺术研究生授课，课程开设于2019年，曾用名：文创衍生品设计。课程旨在通过系统的理论学习和实践操作，培养学生具备深厚的文化底蕴、创新的设计思维以及将传统文化与现代设计相结合的能力。同时，结合课程思政的要求，本课程将爱党爱国精神、民族文化自信、工匠精神等思政元素融合于专业知识和技能的传授过程中，引导学生树立正确的世界观、人生观、价值观和文化观。下面，以“坚守文化自信 赓续文脉传承：文创产品设计中的文化体现”这一课程思政案例进行具体阐述。

（二）学情分析

（1）学生知识经验分析：学生通过本科的学习已经树立了明确的学习目标，对中国传统文化和美学思想有较为深入的了解，掌握了本课程需要的相关基础知识。

（2）学生学习能力分析：学生具有熟练的设计软件操作能力和较强的论文写作能力，能够熟练运用文献研究、问卷调研、设计实践等研究方法完成设计项目。

（3）学生思想状况分析：学生对中国传统文化、非遗文化等非常感兴趣，乐于将其运用于文创产品的设计之中。

（三）教学知识点

（1）文创产品设计离不开文化，需要体现一定的文化内涵。中国文化博大精深，如何设计出具有鲜明民族特色的设计作品是一名文创产品设计师需要终身学习、求索的目标。中国优秀的传统文化、非遗文化、地域文化等都可以成为文创产品设计的灵感来源。

（2）文化符码的概念。法国文学家、哲学家巴贺德在《符号学体系》中提出了文化符码的概念，特指文化中具有象征意义和传达功能的符号，它们在不同文化和艺术形式中表达和传承文化的核心价值和美学。这一概念提醒设计师：需要敏锐地辨别文化差异，提炼出具有代表性的文化元素并将其应用于设计作品。

（3）文化元素的提取与视觉转译（见图 27－1）。设计师应该在深入了解某一文化的基础上，以现代审美观念对提取出来的文化元素加以提炼、改造和运用，使其富于时代特色。

（四）思政资源

（1）深入分析蕴含中国优秀传统文化的文创产品案例，加深学生对民族文化的认同和自豪感。比如，教师带领同学体验腾讯携手敦煌研究院、人民日报新媒体开发的数字文创产品——云游敦煌微信小程序。这款文创产品内容丰富，包含数字藏经洞、敦煌诗巾等内嵌小程序，以最新、最多元的科技与创意助力传统文化的数字化推广，自推出以来获得了用户的一致好评。

（2）在介绍敦煌文化时，讲述著名留法艺术家常书鸿为保护和传承敦煌艺术，放弃国外优渥的生活条件回到祖国，在条件艰苦的敦煌奉献终生的感人事迹。以此对学生进行爱国主义教育，培养学生的家国情怀。

（3）北京丰富的文博资源、会展资源、红色文化资源和非遗资源是最生动的思政资源。教师带领学生进行实地考察和参观，可以使学生沉浸式地学习，在潜移默化中提高思想政治觉悟。

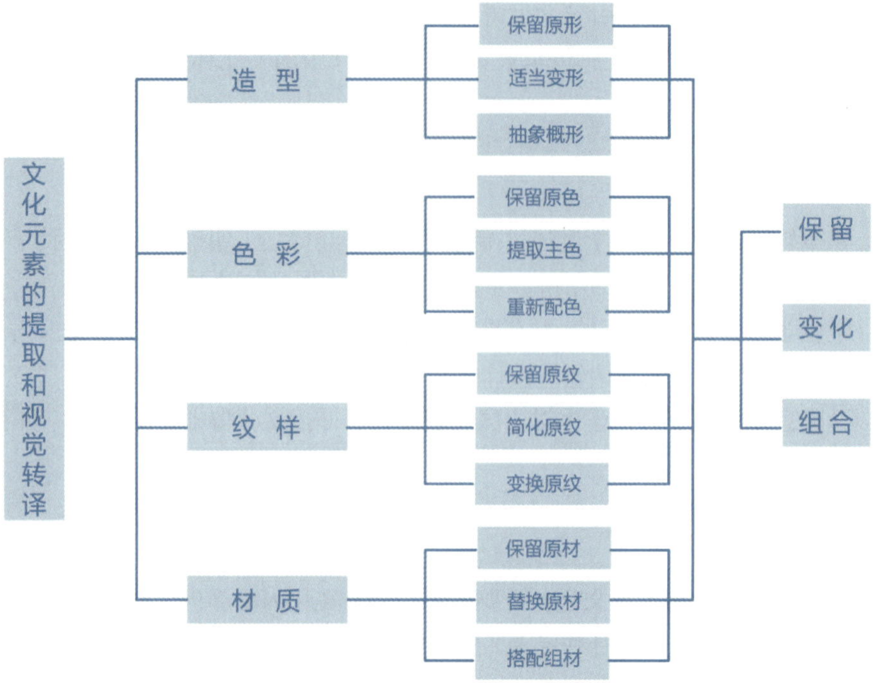

图 27－1　文化元素的提取与视觉转译的方法

（五）作业要求

请同学们从传统文化、红色文化、非遗文化、校园文化等选题中选择一个自己感兴趣的内容，在考察和调研的基础上，设计一套主题鲜明、文化内涵丰富、美观实用的文创产品（产品数量不少于3件）。以PPT形式在结课时进行课堂汇报，汇报内容需包括：选题背景、调研分析、创作主题、设计思路、设计效果图等。每人汇报时间限时20分钟。课程作业的完整流程如图27－2所示。

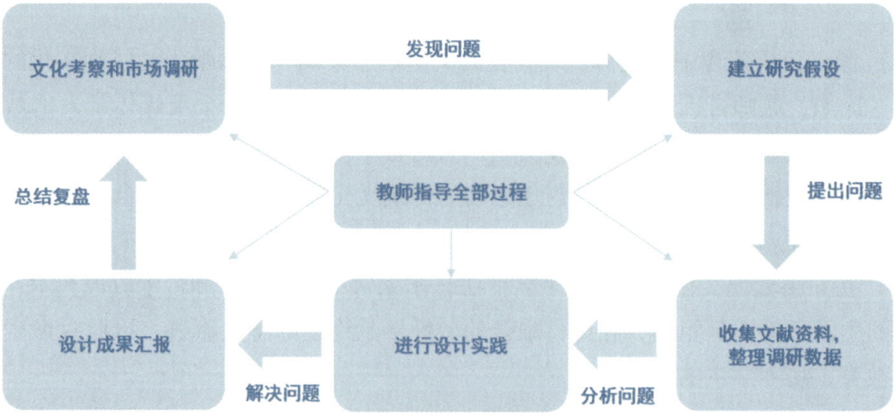

图 27－2　课程作业的完整流程

五、教学方法与手段

（一）课堂讲授法

通过 PPT 演示、案例分析、图片及视频赏析向学生讲授理论知识，力求能够生动形象地让学生理解和掌握知识。

（二）小组讨论法

组织学生围绕某一主题进行讨论，鼓励学生自由联想，大胆发言，有助于学生激发创新设想。

（三）现场教学法

将课堂搬入博物馆、会展、商场等场所，让学生现场考察文创产品的开发情况，加深学生对市场现状的了解，有助于培养学生的观察能力和发现问题的能力，引导学生自觉承担起设计师的社会职责，通过文创产品设计传递正能量和社会价值。

（四）项目式教学法

将课程作业转化为一个项目，在教师指导下，以学生为主体完成市场调研、信息收集整理、设计实践、设计汇报。有助于增强学生自主学习和解决问题的能力。

六、教学实施过程

（1）导入课程：通过展示近年来我国各大博物馆开发的既富于传统文化内涵又具有时代特色和创意的文创产品案例，让学生了解文化元素在文创产品中的应用方式和效果。在案例中介绍为传承和保护传统文化奉献终生的艺术大师的事迹，培养学生的家国情怀和社会责任感，强调设计师在赓续文脉传承中的作用和责任。

（2）讲授知识要点：对学生比较陌生的文化符码概念进行重点讲解，指出：作为一名设计师需要敏锐地辨别文化差异，提炼出具有代表性的文化元素并将其应用于设计作品。

（3）小组讨论：组织学生围绕“文化元素的提取和视觉转译”进行小组讨论，在综合学生观点的基础上，教师总结并提出一套文化元素的提取和视觉转译的具体方法。

（4）考查调研：布置课程作业，请同学们从传统文化、红色文化、非遗文化、校园文化等选题中选择自己感兴趣的题目，并指导学生进行针对性的考查和调研。

（5）开展设计实践：指导学生进行实际的设计和制作，包括：确定产品主题、资料收集和整理、设计草图、完善设计效果图等。

（6）成果展示：组织学生在课堂上进行成果汇报，让每位同学都有机会展示自己的作品和心得。同时，邀请校内教师或行业专家进行点评和指导，为学生提供宝贵的反馈和建议。

七、考核与评价方式

（一）课程考核

课程考核分为两部分：一是过程性考核，包括出勤、课堂提问、课堂讨论、课外考查、平日作业等，过程性考核成绩应占总评成绩的40%。二是终结性考核，包括最终设计作品、设计汇报、调研报告，终结性考核成绩应占总评成绩的60%。

（二）评价方式

课程评价方式分为诊断性评价、形成性评价、终结性评价三类。在开课前和开课后进行问卷调研，设计能够对学生的思想道德内化程度进行量化评价的问题，判断学生的思想状况；通过学生参与课堂学习、课外考查、作业质量和平日行为的观察进行评价和反馈；通过表格量化考核、学生撰写心得体会，并结合诊断性评价以及形成性评价的结果，给予学生最终评价。

八、实施成效

自2019年开课以来，课程以其丰富的专业知识、潜移默化的思政浸润、满足市场需求的技能训练而受到学生的喜爱和认可。学生在教师指导下完成了多项饱含文化内涵、传递正能量和社会价值的文创产品设计。其中不少作业提交到了各类设计比赛和创新创业大赛，获得了国家级、省部级奖项。

2020级研究生董子仪、申璐铭在课程作业的基础上撰写了“挑战杯”创业大赛商业计划书《赓续红色命脉雕琢文创名片——鲁迅、香山博物馆的活化密码》，该计划书获得了2022年“挑战杯”首都大学生创业计划竞赛青创主赛道铜奖（见图27－3和图27－4）。

2022级研究生易萱萱、曹蓓蕾的课程作业“隐于市——基于中国隐士文化的茶包文创设计”在2023年两岸高校艺术展中国大学生文化创意设计大赛中获得国赛铜奖（见图27－5）。

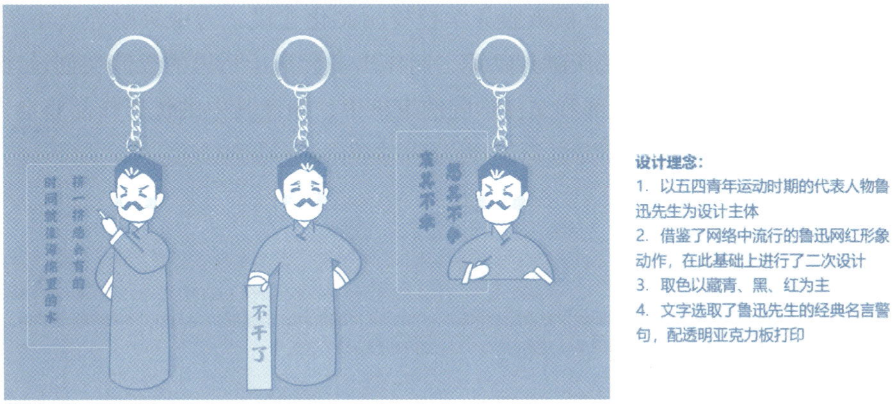

图 27 -3　基于鲁迅博物馆的红色文创产品设计——鲁迅钥匙扣

图 27 -4　基于北京香山博物馆的红色文创产品设计——中共中央北京香山革命纪念地徽章

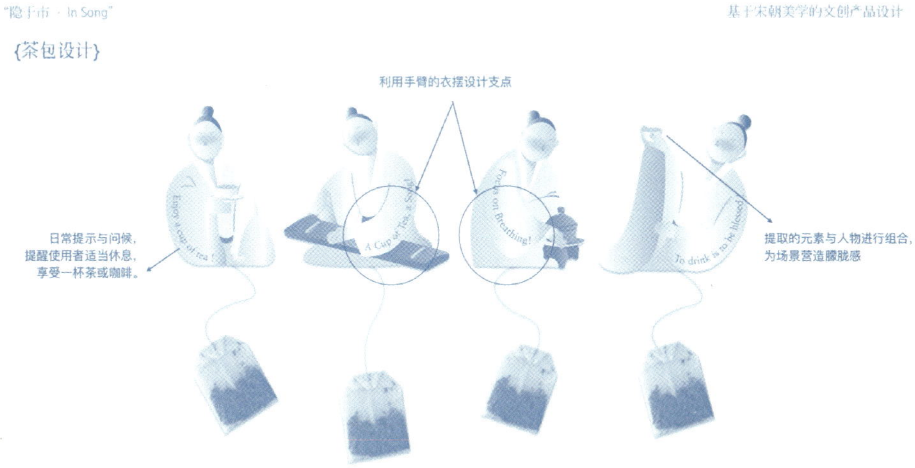

图 27 -5　隐于市——基于中国隐士文化的茶包文创设计

除此之外，学生在教师引导下积极服务学校校园文化建设，为中央财经大学75周年校庆和文化与传媒学院20周年院庆献计献策，制作出多套富于巧思的校园文创设计提案。目前这些设计方案正在学校宣传部和文传学院的审核中，预计其中的优秀作品将会落地应用（见图27-6和图27-7）。

图27-6　2023级研究生郭彦彤作品：基于中央财经大学75周年校庆的文创产品设计

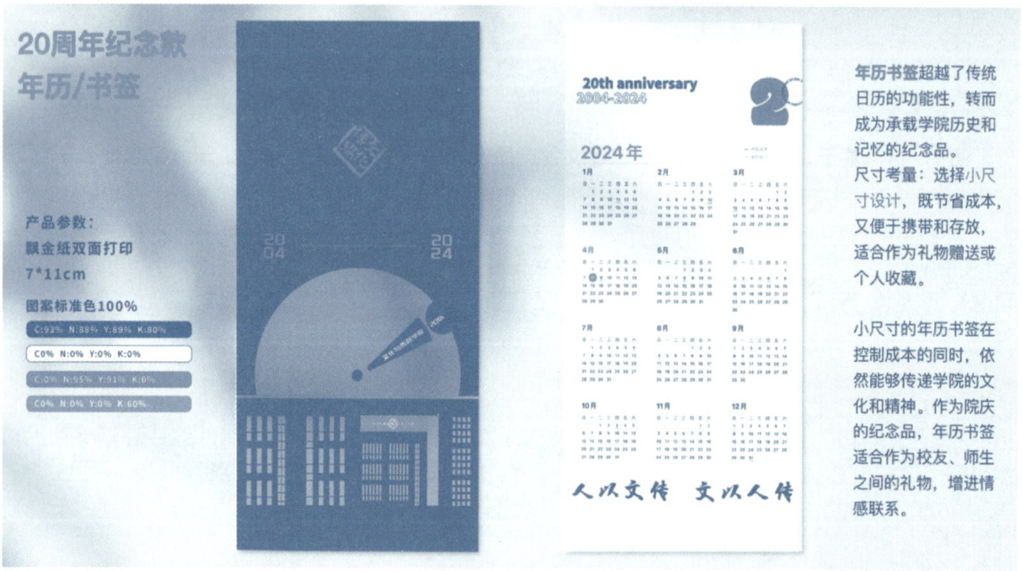

图27-7　2023级研究生茅嫣薇作品：基于文化与传媒学院20周年院庆的文创产品设计

案例 28：思辨、思政、思创

——“研究生英语”课程思政教学案例

范　莉
（中央财经大学外国语学院教授）

一、基本信息

课程名称：研究生英语
授课对象：硕士或博士研究生
知 识 点：学术思辨与交流：立论与反论
立论：如何“顺理成章”？
反论：如何“以理服人”？
（1）基础知识：立论与反论的概念、重要性与策略；立论与反论的基本结构、基本方法；反论的基本策略。
（2）学术思辨：论证观点，洞察谬误。
（3）学术交流：立论与反论。
（4）学术思政：驳斥错误观点，解析错误逻辑，传播正确认识。
主讲教师：范莉

二、教学目标

本单元教学目标概述为：
（1）论证夯实的方法：定义、例举、因果、对比、分类。
（2）谬误识别的方法：分类、定义、话语特征、识别技巧。
（3）反驳执行的方法：分类定义、逻辑模式、语言特点。
（4）理性论证的特点：前后一致、证据充分、连贯衔接、语言准确。
（5）学术中的论辩与“中国经济故事”中的论辩：事实、思辨、论证与传播。
具体指标与内容如下：

（一）知识目标

（1）语言素养部分：学生能够熟练掌握论证中的基本学术词汇与主要的衔接方式（以 Victoria University of Wellington 公布的 570 个高频学术词语为标准，https：//www.wgtn.ac.nz/lals/resources/academicwordlist），能够熟练洞察与表达学术立论与反论过程中的态度、语气与礼仪。

（2）论证技巧部分：学生能够运用定义、例举、因果、对比、分类等多种论证方法，熟悉演绎论证、归纳论证等多种论证类型，掌握构建有效立论与反论的基本步骤，来支持或反驳论点、评估论证、识别谬误。

（二）能力目标

（1）学以致用：学生能够评估反论在不同语境（如学术、政治、日常生活）中的适用性和效果，能够批判性地评估和分析他人的论证，理解其合理性和有效性，并提出改进或反驳的意见。

（2）避免陷阱：能够识别和分析论证中的逻辑错误（如偷换概念、滑坡谬误、人身攻击等），并学会避免陷入别人圈套，并学会在自己的论证中犯下同类错误。

（3）以理服人：学生能够运用所学的论证知识和技能，在解决实际问题或研究问题时进行有效的逻辑推理和决策制定，能够创造性地应用反论技巧来改善自己的论证，说服他人，提升合作力与领导力。

（三）育人目标

体现思政育人目标适切、符合单元教学重点，有机融入党的二十大精神，根据专业特点与学生能力，本单元的育人思政目标是：

（1）挖掘教学素材中关于中国之路、中国之治、中国之理的新发展理念，引领学生了解其中论辩逻辑与表述，实现用英语去思考、研究与书写中国发展的世界之问、人民之问、时代之问。

（2）引领学生使用理性思辨与有效论证来讨论关于我国新发展理念的精神与论述，启发学生在外语学习中提升政治认同、家国情怀、文化素养与道德修养。

三、教学重点与难点

（一）思辨模块与思创模块：

1. 论证的简介：概念与重要性

（1）论证的概念。

定义与特点：逻辑性、实证性、说服力。

（2）论证的重要性。

促进理性思考、提高沟通效率、推动知识进步。

2. 论证的基本结构：论点、论据、论证方式

（1）论点的概念。

定义与特点：观点性、明确性、逻辑性、针对性、可验证性、创新性。

（2）论据的概念。

定义与类型：事实论据、数据论据、理论论据、道理论据、名人名言、专家观点、现

场观察、比较论据、逻辑推理、假设性论据、模拟数据、类比论据。

（3）论证的方式。

论证的常见方式：归纳论证、演绎论证、类比论证。

论证的常见方法：定义、例举、因果、对比、分类。

①定义论证方法：

合格定义的特点：清晰明确、简洁精练、全面准确、逻辑性强、符合语境、易于理解、排除歧义。

②例举论证方法：

合格例子的特点：相关性高、具有代表性、简洁明了、具体明确、易于理解、生动有趣、启发性强、多样性强、情境性强。

③因果论证方法：

正确因果的特点：时间顺序性、引起与被引起的必然联系、对立统一关系、多样性、客观性、规律性、经验指导性。

④对比论证方法：

合理对比的特点：清晰明确、相关性、重点突出、客观性、易于理解、实际应用。

⑤分类论证方法：

合理分类的特点：目的明确、标准统一、层次分明、灵活性、科学性、广泛适用性、易于理解。

3. 反论的概念、重要性与策略

（1）反论的概念、特点与类型。

（2）反论的重要性。

推动思考、培养批判性思维、促进交流、增强说服力、提高决策质量。

（3）反论的策略。

理解对方观点、选择合适的反驳点、提供有力的证据、保持冷静和理性、尊重对方观点。

4. 逻辑谬误

（1）逻辑谬误的概念与类型。

（2）常见的逻辑谬误。

诉诸权威：过分依赖权威人士或机构观点，忽视其他证据或论证。

人身攻击：通过攻击对方的个人品质或信誉来质疑其观点的正确性。

滑坡谬误：假设一个初步行动会导致一系列不太可能的后续事件，最终引发极端结果。

诉诸公众：认为大多数人的观点就是正确的，忽视专业知识或独立证据。

以偏概全：根据部分情况或个例来概括整体，忽视其他可能的情况或证据。

（3）避免逻辑谬误的方法。

清晰定义概念、提供证据支持、理性分析、尊重他人、全面考虑。

（4）反论的写作。明确主题、收集资料、分析对方观点、制定反驳策略、组织反驳语言。

（二）思政模块（见表 28－1）

要求学生阅读思政篇章 A deeper understanding of the New Development Concepts（深入理解发展的概念）（节选自习近平主席在省部级主要领导干部学习贯彻党的十八届五中全会精神专题研讨班上的讲话）（英文版），并把握其中基本论题、论点、逻辑以及关键语言表达（材料中的重点句提前发给学生）。

表 28－1　思政、思辨、思创——《研究生英语》课程内容选材的思政实例示范

主题模块	思政	思辨	思创
高质量发展	中国故事读写能力模块	学术表达能力模块	国际传播能力模块
	A deeper understanding of the New Development Concepts （深入理解发展的概念） 节选自习近平主席在省部级主要领导干部学习贯彻党的十八届五中全会精神专题研讨班上的讲话（2016. 1. 18）（英文版） 训练要素： 快速阅读、准确理解、书写摘要、发表观点、议论写作	Arguing and counter－arguing sufficiently （逻辑论证） 训练要素： 论辩要素、论辩表述、反驳步骤、反驳策略	训练要素： a. 论证新发展理念的元素及其关联 b. 论证科技发展与经济发展的关联 c. 论证发展中整体性与协调性的关联 d. 提出日益严重的贸易保护主义以及反全球化的解决方案 e. 论证创新驱动发展的核心力量，并且反驳不同的观点 f. 论证坚持对外开放的方向，并且反驳不同的观点

四、课程思政案例介绍

（一）思政教学素材（见表 28－2）

A deeperunderstanding of the New Development Concepts

（深入理解发展的概念）

节选自习近平主席在省部级主要领导干部学习贯彻党的十八届五中全会精神专题研讨班上的讲话（2016. 1. 18）（英文版：http：//en. qstheory. cn/2021－06/30/c_637405. htm）；孙有中等 . 2022.《理解当代中国》（英语读写教程），外语教学与研究出版社。

表 28-2 思政教学相关资源

资源名称	来源	网址（如有）	内容简述
China Provides Example for the World	*China Daily*（中国日报）	http：//www. chinadaily. com. cn/china/19thcpcnationalcongress/2017-10/30/content_33881158_5. htm	论述中国发展为世界提供了标杆
Start of a New Epoch in China's Development	*China Daily*（中国日报）	http：//www. news. cn/english/2021-11/11/c_1310305166. htm	论述中国发展新时期的来临
Xi's Discourses on New Development Stage, Philosophy, Paradigm Published	The State Council of the People's Republic of China（中华人民共和国国务院）	http：//english. www. gov. cn/news/topnews/202108/17/content_WS611b2246c6d0df57f98de887. html	论述新时期发展的理念
Understanding the New Development Stage, Applying the New Development Philosophy, and Creating a New Development Dynamic	*Qiushi Journal*（《求是》）	http：//en. qstheory. cn/2021-07/08/c_641137. htm	论述新时期发展的理念

（二）教学活动与作业

课堂教学活动与课后练习分为四个模块：思辨模块、思政模块、思创模块与技术赋能模块。采用笔头与口头方式、个人作业与团队合作形式完成，要求学生论证合理、逻辑清楚、书写规范，能体现课程学习收获。主要活动与任务如下：

1. 思辨模块

要求学生就思政阅读篇章完成300字以内的总结，总结必须回答“讨论了什么?”“为什么讨论?”“怎么讨论的?”“讨论得怎么样?”等问题，必须涵盖议题、观点、态度、意义等，且内容清楚、逻辑明了、简明扼要。

2. 思辨模块与思政模块

要求学生每3人组成小组，就以下论题评述文献的观点，发表自己见解，进行小组讨论，评论异见，达成共识，准备课堂汇报。

议题（1）论证新发展理念的元素及其关联；

议题（2）论证科技发展与经济发展的关联；

议题（3）论证发展中整体性与协调性的关联；

议题（4）论证创新驱动发展的核心力量，并且反驳不同的观点；

议题（5）论证坚持对外开放的方向，并且反驳不同的观点；

议题（6）提出日益严重的贸易保护主义以及反全球化的解决方案。

3. 思政模块与技术赋能模块

要求学生选择一个大语言学模型（如文心一言），然后以一个中国发展的现实问题，让 AI 提出一个论点。接着，就这个论点，进行评析，并能针对 AI 的片面观点，与其开展辩论。最后，将相关讨论内容复制并提交。要求讨论中尽量细致与复杂，并尽量更多地使用教学中讲授过的立论与反论要素、技巧与表达。

4. 思创模块与技术赋能模块

（1）要求学生提出至少一个与我国新发展观相关的研究选题，并论述选题缘由、已有研究不足。之后，利用图书馆与网络学术资料，搜集初步论据，写出大体研究方案。要求研究方案必须体现论证的要素与基本方法。

（2）要求学生根据要求完成利用短视频、自媒体讲述中国经济故事的项目。具体信息如下：

①项目主题：中国的经济故事

②项目要求：在符合这些要求的基础上，也可参考"讲好中国故事"比赛官网上的要求（http：//zggsds. china. com. cn/；http：//zggsds. china. com. cn/2022 -08/15/content_42055500. shtml）

③选题纲要：

内容必须体现：关键词包括中国、经济、家国情怀；与中国经济故事相关，现实而具体，有观点、有细节；有高度、有温度；观点正确，呈现艺术，讲述感人。

方法必须体现：基于对素材或文献研读，运用具体实例，进行了专业思考，反映一定研究能力，具有鲜明的独创性。

④工作语言：英语。

⑤完成形式：小组以短视频呈现，原则上以三人结伴成组完成。视频长度至少 4 分钟（3 人组），不要超过 8 分钟。每一位同学都必须在视频中出现，讲话时无须始终呈现人像。每位同学都必须至少讲 20 个英语句子，需要在超星平台上提交视频以及视频讲演的文字版本。如果大量使用他人素材，需要加入引用信息与链接。

⑥作品要求：

规格：作品分辨率为 1920 * 1080（无损高清格式），建议画面比例为 16∶9。（推荐位置为 X 轴 110，Y 轴 120，缩放 100%）。

要求：视频中不得插入任何商业广告或与项目主题无关的内容。

时长：4 ~ 8 分钟（以 3 人组为例）。

大小：单个视频文件 300M 以内。

字幕：作品需配有中英双语字幕，并且上传字幕文档。

声音：音频可以现场录音或后期配音，必须为英语，无明显杂音。

格式：MP4。

素材来源：使用的素材，需在视频中适当位置标注来源。

⑦训练目标：

项目策划：甄选选题、构思内容、选材制作。

沟通合作：组建团队、沟通合作、协同共进。

文化意识：发出中国声音、注重跨文化交流。

外语运用：用外语讲述中国故事。

国际传播能力：外宣意识与具体实践。

新媒体意识、多模态运用：理念更新、技术使用。

审美设计：文化鉴赏、专业审美。

发布推介：平台发布、推介管理。

总结感悟：总结得失、思考跟进。

（三）思政教学重点

1. 概括论点

指引学生至少能够总结出以下论点概要，并且就此发表自己的看法：

（1）Historical perspective：The text contrasts China's current development approach with its past experiences. For example，it mentions China's historical periods of isolation and how the country missed opportunities during the Industrial Revolution. This is used to argue for the importance of innovation and openness in the current era.

（2）Early doubts about opening up：The text acknowledges that during the early period of reform and opening up，"many people doubted whether we could benefit from reform and opening up without becoming corroded and being swallowed up by the dominant Western countries." This historical doubt is contrasted with the current view that opening up was the correct decision.

（3）Challenges in global governance：While advocating for China's increased role in global affairs，the text acknowledges that "Western developed countries retain advantages in economy，science and technology，politics，and military affairs，" presenting this as a challenge to be overcome.

（4）Environmental concerns：The text discusses the tension between rapid economic development and environmental protection，acknowledging that "ecological problems have become our obvious weaknesses and a pressing public concern."

（5）Balancing different aspects of development：The text argues for a coordinated approach to development，addressing potential arguments for focusing on single aspects of development at the expense of others.

2. 学习论证

逐一就文本中关于高质量发展的各个要素的论证进行讨论，包括确定论点、分析论据、讨论衔接、评价效力、发表观点等。教学过程以学生讨论为主，以教师指引为辅，灵活使用小组讨论、分组辩论、写说译结合等各种教学形式与方法，激活学生思辨意识，发挥课程思政活力，实现师生思创效力。

以下按五大发展理念（创新、协调、绿色、开放、共享）来分别呈现研读原文及学习要点：

（1）创新的发展理念（见表 28－3）。

表 28 －3　　创新的发展理念

第一部分	创新的发展理念
研读原文	**A Deeper Understanding of the New Development Concepts** Source：*Xi Jinping The Governance of China II* Updated：2021 －06 －30 （http：//en. qstheory. cn/2021 －06/30/c_637405. htm） *January* 18，2016 On the philosophy of innovative，coordinated，green，open，and inclusive development，I have talked much at the Fifth Plenary Session of the 18th CPC Central Committee in 2015 and on other occasions. Today，I will not try to elaborate on it from the practical perspective of our work，but proceed from history and reality，and offer some suggestions on how to tackle major issues. Firstly，we should implement the strategy of innovation – driven development. We should put innovation first because it is the primary driving force for development. The force of innovation determines the speed，effectiveness，and sustainability of development. In the case of such a large economy as China，without continued development impetus we will find it difficult to realize sound and sustained economic growth；we will struggle to double the 2010 GDP and per capita income for both urban and rural residents by 2020. Of course，coordinated，green，open，and inclusive development helps to strengthen the impetus of development，yet the core is innovation. Innovation is the key to driving overall social and economic development. The need to pursue innovative development is a conclusion drawn from the world's development process in modern times and from China's practice in reform and opening up since 1978. Pursuing innovative development is fundamental to our strategy in adapting to the changing environment of development，enhancing the impetus of development，seizing the initiative in development，and leading the new normal. Reviewing the world's development process in modern times，we can see that a country's or a nation's capacity for innovation influences its future and can even be the determining factor. In the 16th century，human society entered an unprecedented period of active innovation. Achievements in scientific innovation over the past five centuries have exceeded the sum total of several previous millennia. Especially since the 18th century，the world has witnessed several major scientific revolutions，such as the birth of modern physics，steam engines and machinery，electricity，transportation，the theory of relativity and quantum theory，and the development of electronic and information technology. Each and every scientific and industrial revolution has profoundly changed the outlook and pattern of world development. Some countries have seized the available opportunities，so they achieved rapid social and economic development，and increased their economic，scientific and military strength. Some have emerged as world powers. The first Industrial Revolution，which originated in the UK in the 18th century，made the country the world leader. The US took the opportunity of the second Industrial Revolution in the mid – 19th century and surpassed the UK，becoming the No. 1 world power. Since the second Industrial Revolution，the US has maintained global hegemony because it has always been the leader and the largest beneficiary of scientific and industrial progress. China has the motivation and the skills required for successful innovation. China's development and the historical achievements I have mentioned previously can be attributed to its scientific inventions and innovation. Ancient China's achievements in astronomy，calendar，mathematics，agriculture，medicine，and geography were remarkable. These inventions were closely related to economic activity，providing forceful support to the development of agriculture and the craft industries. The British philosopher Francis Bacon once said that printing，gunpowder，and the magnet had changed the whole face and state of things throughout the world，and that no empire，no sect，

续表

第一部分	创新的发展理念
	no star seemed to have exerted greater power and influence in human affairs than these mechanical discoveries. Records show that China has 173 items among the world's most important 300 inventions and discoveries made before the 16th century, far surpassing Europe in the same historical period. China led the world for a long time, and China's culture and thought, social system, economic progress, science, and technology motivated and led its neighboring countries and regions. Since the advent of modern times China has lagged behind, mainly because we missed the great development opportunities brought by the scientific and industrial revolutions of the 18th and 19th centuries. Nowadays, social and economic development throughout the world relies more on theoretical, institutional, scientific, and cultural innovation, while new competitive edges are to be gained through the capacity for innovation. Those countries which advance in innovation will seize the initiative in leading global development. A new round of scientific and industrial revolution is on the way, whose main characteristics are as follows: Major revolutionary technologies are emerging; the transformation of scientific achievements is accelerating; the form of industrial organization and industrial chains is more monopolistic. Major world powers have adopted new strategies to promote innovation, increased investment in innovation, and made greater efforts to contend for strategic resources in innovation such as talent, intellectual property and standards. Despite being the world's second largest, China's economy is obese and weak. Inadequate capacity for innovation is its Achilles' heel. Innovation – driven growth has become the pressing demand for China's development. Therefore, I stress repeatedly that innovation is development; innovation is the future. Through years of efforts, China's overall scientific capacity has improved, transforming from quantitative increase to qualitative improvement. It has now reached advanced international level in some major areas. Nevertheless, China's key technologies remain restrained by other countries; China's scientific reserve is far from adequate to create new industries and lead future global development; China's industries remain at the middle and low end of global value chains; and China lags far behind developed countries in high technologies for military and security use. Therefore, we must seek development based on innovation, foster new development impetus through innovation, and promote leading edge development that gives greater incentives to first innovators. Innovation is a complicated and systematic social program covering all social and economic areas. In pursuing innovative development we should adopt a holistic view, while at the same time attending to key issues and propelling overall development through innovative breakthroughs in major areas and at key points. We should make plans ahead of time, focusing on core economic competitiveness, pressure points in social development, and major challenges to national security. We should improve basic research and research on key general – purpose technologies which have a bearing on overall development. We need to improve our capacity for independent innovation, and make major breakthroughs in scientific innovation, striving to push our scientific capacity to a higher level, in an attempt to catch up with and eventually surpass the advanced countries. Driven by major scientific innovation, we should accelerate the application of innovative technology in industry, and build a new industrial system. In this way we can ensure that we possess technologies that other countries have, that we possess technologies that are stronger than those of other countries, and that our technologies are more advanced than those of other countries, so as to enhance our overall economic quality and international competitiveness. We should further scientific institutional reform, and promote talent development systems and policy innovation, with an emphasis on cultivating highly educated, professionally competent, cutting – edge, and urgently needed personnel. We should open our

续表

<table>
<tr><th>第一部分</th><th>创新的发展理念</th></tr>
<tr><td></td><td>arms wider to innovative talent from overseas, and bring together the world's best minds to contribute to our nation's development.</td></tr>
<tr><td>论辩方法分析</td><td>The text primarily presents a perspective on China's development, focusing on the importance of innovation – driven growth. We can analyze the reasoning and evidence used to support this view:
Argument: The main argument is that innovation – driven development is crucial for China's future economic growth and global competitiveness.
Evidence and Reasoning:
1. Historical perspective:
• Evidence: The text cites China's past achievements in innovation before the 16th century, mentioning 173 important inventions.
• Reasoning: This establishes China's historical capacity for innovation, suggesting it can be revived.
2. Global context:
• Evidence: The text describes how scientific revolutions led to the rise of world powers like the UK and US.
• Reasoning: This implies that China must innovate to achieve global influence.
3. Current global trends:
• Evidence: The text mentions a new round of scientific and industrial revolution occurring globally.
• Reasoning: This suggests China must participate in this revolution to remain competitive.
4. China's current position:
• Evidence: The text acknowledges China as the world's second – largest economy but describes it as "obese and weak" with an "inadequate capacity for innovation."
• Reasoning: This frames innovation as necessary to address China's economic weaknesses.
5. Specific weaknesses:
• Evidence: The text lists areas where China lags, such as key technologies, scientific reserves, and position in global value chains.
• Reasoning: This identifies specific areas where innovation is needed, supporting the overall argument.
6. Past progress:
• Evidence: The text mentions China's improved scientific capacity in recent years.
• Reasoning: This suggests that further improvement through innovation is possible and beneficial.
Logical structure:
1. Establish the importance of innovation historically
2. Show how innovation has shaped global power dynamics
3. Highlight current global trends in innovation
4. Assess China's current position and weaknesses
5. Argue that innovation is necessary to address these weaknesses and capitalize on China's potential</td></tr>
</table>

（2）协调的发展理念（见表28－4）。

表28－4　　协调的发展理念

第二部分	协调的发展理念
研读原文	Secondly, we should enhance overall and coordinated development. "Everything has its counterpart." According to materialistic dialectics, things are universally related; they interact with and constrain each other, and so do their composing elements; the world is an interrelated whole and also an interactive system. Applying materialistic dialectics, we should grasp the inherent relationship between objective things to understand and handle problems. Authors of Marxist classics value materialistic dialectics, and are skilled in applying them to understand and explore the theory of movement of opposites in the development of human society. For example, Karl Marx proposed that social reproduction falls into two categories – means of production and means of subsistence, and they must maintain a certain ratio to realize social reproduction. While leading the people to build socialism, the CPC has formed many ideas and strategies concerning coordinated development. As early as 1949, when the PRC was founded, Mao Zedong put forward the holistic approach and the working method of "playing the piano". He said, "In playing the piano all ten fingers are in motion; it won't do to move some fingers only and not others. But if all ten fingers press down at once, there is no melody. To produce good music, the ten fingers should move rhythmically and in coordination. A Party committee should keep a firm grasp on its central task and at the same time, around the central task, it should unfold the work in other fields. At present, we have to take care of many fields; we must look after the work in all the areas, armed units and departments, and not give all our attention to a few problems, to the exclusion of others. Wherever there is a problem, we must put our finger on it, and this is a method we must master." "On the Ten Major Relationships" is a typical example of Mao Zedong's application of the idea that the world is an interrelated whole to expounding the law of building socialism. In "On the Correct Handling of Contradictions Among the People", he further raised the principle of "overall consideration and proper arrangement". After China adopted reform and opening – up policy in 1978, Deng Xiaoping analyzed the existing situation and the problems we faced, saying, "Since our modernization program covers many fields, it calls for an overall balance and we cannot stress one to the neglect of the others." In various stages of reform and opening up, Deng Xiaoping set forth the principle of grasping two links at the same time. Jiang Zemin proposed to handle 12 major relationships that affect overall development in advancing socialist modernization. Hu Jintao put forward comprehensive, balanced, and sustainable development. The Party put forward at its 18th CPC National Congress the Five – point Strategy of promoting economic, political, cultural, social, and ecological progress in building Chinese socialism. Later we put forward the Four – pronged Strategy – to complete a moderately prosperous society in all respects, to further reform, to advance the rule of law, and to strengthen Party discipline. These policies all manifest a deeper understanding of coordinated development, and have proved the significance of materialistic dialectics in resolving China's development issues. Presently, coordinated development has acquired new features. Coordinated development is the means and the objective of development, the standard and measurement for evaluating development. In the development of all things, we should address both major and minor problems, both major and minor aspects of a problem; at the same time, we should focus on major problems and major aspects of a problem. Coordinated development is the unity of the above two theories. A country, a region, or an industry has both strengths and constraints at any given development stage. Accordingly, we should make a targeted effort to resolve tough problems and improve weak points, and at the same time, consolidate and foster our existing strengths. By taking the two measures that complement each other we can achieve high – level development. Coordinated development is the unity of balanced

续表

第二部分	协调的发展理念
	development and imbalanced development. The process from balance to imbalance and then to rebalance is the basic law of development. Balance is relative while imbalance is absolute. Emphasizing coordinated development is not pursuing equalitarianism, but giving more importance to equal opportunities and balanced resource allocation. Coordinated development is the unity of weakness and potential in development. China is in a stage of transition from a middle – income country to a high – income country. According to international experience, this is a stage of concentrated conflicts of interest, in which imbalanced development and various weaknesses are inevitable. To pursue coordinated development, we should identify and improve our weaknesses, so as to tap development potential and sustain growth momentum. In order to secure overall national development during the 13th Five – year Plan period (2016 – 2020), pursuing coordinated development is the key. We should learn to use the method of dialectics, be good at "playing the piano", and properly handle the relationships between the part and the whole, between the present and the future, between major and minor issues. We should weigh our strengths and weaknesses, draw on strengths and avoid weaknesses, and make strategic choices in the best of our interests. Proceeding from the prominent problems in our imbalanced, uncoordinated, and unsustainable development, we need to promote coordinated development between regions, between urban and rural areas, and between material and cultural progress, and promote integrated development of economic growth and national defense. This is the key feature of coordinated development affirmed at the Fifth Plenary Session of the 18th CPC Central Committee. We should develop regional comparative edges, and improve the distribution of productive forces. We should make special efforts to implement three strategies – the Belt and Road Initiative, the Coordinated Development of Beijing, Tianjin and Hebei, and the Yangtze River Economic Belt. We should support accelerated development in old revolutionary bases, areas with concentrations of ethnic minorities, border areas, and poor areas. We should build a multi – centered, IT – supported, and open regional development framework which connects the eastern, central, and western regions and runs through the southern and northern regions, so as to narrow regional development gaps. We should continue to ensure that industry helps agriculture and that cities support the countryside; we should implement the policy of giving more, taking less, and loosening control to increase rural incomes; we should balance public resource allocation in urban and rural areas; we should build new forms of relationship between industry and agriculture and between urban and rural areas in which industry promotes agriculture, urban areas support rural development, industry and agriculture reinforce each other, and urban development and rural development are integrated, so as to continue to narrow the gap between urban and rural development. We must adhere to the goal of advancing socialist culture, using core socialist values to forge consensus and gather strength, using outstanding cultural products to inspire people and boost morale, and using the best of traditional Chinese culture to nourish morality, thereby raising cultural progress to a higher level. We must ensure both economic development and the development of defense capabilities; we should further the integration of military and civilian development and achieve a cost – effective civil – military integration that covers all elements and all fields; we should ensure that strengthening national defense and the armed forces is consistent with completing the First Centenary Goal, and ensure the coordinated, balanced, and inclusive development of the two processes.
论辩方法分析	The text presents a detailed discussion of China's development approach, focusing on the concept of coordinated development. Here's an analysis of the key arguments, evidence, and logical reasoning presented:

续表

第二部分	协调的发展理念
	1. Argument: Materialistic dialectics should be applied to understand and handle problems in China's development. **Evidence**: • References to Marxism and the use of materialistic dialectics • Examples from Chinese leaders applying this approach **Logical reasoning**: The text argues that understanding the interrelationships between different aspects of society and development is crucial for effective governance and progress. **2. Argument**: Coordinated development is both a means and an objective of China's development strategy. **Evidence**: • Various policies and strategies introduced by Chinese leaders over time **Logical reasoning**: The text presents a historical progression of how Chinese leaders have increasingly emphasized coordinated development, suggesting that this approach has proven effective over time. **3. Argument**: Coordinated development has new features in the current context. **Evidence**: • Description of coordinated development as a unity of addressing major and minor problems • Explanation of coordinated development as a balance between strengths and constraints • Discussion of the transition from middle – income to high – income country status **Logical reasoning**: The text argues that coordinated development is not about equalitarianism but about balancing various factors and addressing weaknesses while building on strengths. **4. Argument**: Pursuing coordinated development is the key to securing overall national development during the 13th Five – year Plan period (2016 – 2020). **Evidence**: • Specific strategies mentioned: Belt and Road Initiative, Coordinated Development of Beijing, Tianjin and Hebei, and the Yangtze River Economic Belt • Plans to support development in old revolutionary bases, ethnic minority areas, border areas, and poor areas • Policies to balance urban and rural development **Logical reasoning**: The text presents a logical framework for addressing various aspects of development simultaneously, arguing that this approach will lead to more balanced and sustainable growth. **5. Argument**: Cultural and military development should be integrated with economic development. **Evidence**: • Emphasis on core socialist values and traditional Chinese culture • Discussion of civil – military integration and balancing defense capabilities with economic goals **Logical reasoning**: The text argues that true coordinated development must encompass not just economic factors but also cultural and military aspects, presenting these as integral to overall national development.

（3）绿色的发展理念（见表28－5）。

表28－5　　绿色的发展理念

第三部分	绿色的发展理念
研读原文	Thirdly, we should promote the harmonious coexistence of humanity and nature. The purpose of green development, fundamentally speaking, is to serve this end. Human development activities must respect, accommodate, and protect nature; otherwise nature will retaliate against us. This is a law no one can deny. Frederick Engels argued in *Dialectics of Nature*: The people who, in Mesopotamia, Greece, Asia Minor and elsewhere, destroyed the forests to obtain cultivable land, never dreamed that by removing along with the forests the collecting centers and reservoirs of moisture they were laying the basis for the present forlorn state of those countries. When the Italians of the Alps used up the pine forests on the southern slopes, so carefully cherished on the northern slopes, they had no inkling that by doing so they were cutting at the roots of the dairy industry in their region; they had still less inkling that they were thereby depriving their mountain springs of water for the greater part of the year, and making it possible for them to pour still more furious torrents on the plains during the rainy seasons. In the 20th century, the eight social pollution nuisances that occurred in Western countries greatly affected the eco－environment and public life. Of these, the Los Angeles photochemical smog in the 1940s caused nearly 1000 deaths, and 75 percent of local citizens suffered from pinkeye disease. The Great London Smog of 1952 in the UK caused about 4000 deaths in only a few days during its first outbreak in December, and then nearly 8000 deaths from respiratory diseases in the following two months; later, the city was stricken by 12 severe smog attacks in 1956, 1957 and 1962. The Minamata disease of 1956 in Japan was caused by methylmercury－containing sewage discharge into Minamata Bay. After eating polluted fish and shellfish, local people suffered from severe mercury poisoning, the number of victims being about 1000 and the number of people at risk reaching 20000. American writer Rachel Carson gave a detailed account of the situation in her book *Silent Spring*. According to historical records, China's Loess Plateau, Weihe River drainage, and Taihang Mountains－now sparse in vegetation－were once covered by dense forests and crisscrossed by clear streams, arable farmland and natural pastures; however, deforestation for agriculture severely damaged the local eco－environment. The expansion of the Taklamakan Desert buried the once－prosperous ancient Silk Road. The expansion of the Hexi Corridor Desert destroyed the ancient city of Dunhuang. The Khorchin and Mu Us sandy lands and the Ulan Buh Desert encroached on the beautiful and fertile Mongolian Steppe. The ancient city of Loulan declined as the Peacock River changed its course as a result of reclaiming wasteland for farming and irrigation. The plains in the north of Hebei once abounded with lush woods and meadows, but the land reclamation policy during the Tongzhi years (1862－1874) of the Qing Dynasty reduced the 500－kilometer stretch of pinewoods to barren mountains. We must take warning from these cases. In treating nature, Frederick Engels pointed out: "Let us not, however, flatter ourselves over much on account of our human victories over nature. For each such victory nature takes its revenge on us. Each victory, it is true, in the first place brings about the results we expected, but in the second and third places it has quite different, unforeseen effects which only too often cancel the first." Humanity was born in nature, lives in coexistence with nature, and will finally incur harm by damaging nature. Only by respecting the law of nature can we avoid setbacks in developing and utilizing nature. We must bear this principle in mind and put it into practice. Since reform and opening－up policy was adopted in 1978, China's economic development has made historic progress. This is what we are proud of and also what has won the admiration of other countries. Nevertheless, we must

续表

第三部分	绿色的发展理念
	be aware that ecological problems have become our obvious weaknesses and a pressing public concern. For example, frequent incidences of environmental pollution have endangered lives and caused widespread distress. We must make every effort to change this situation. Our predecessors understood the significance of the eco – environment. *The Analects of Confucius* says, "The master fished with a line but not with a net; when fowling he did not aim at a roosting bird." Xun Zi argued, "If it is the season when the grasses and trees are in the splendor of their flowering and sprouting new leaves, axes, and halberds are not permitted in the mountain forest so as not to end their lives prematurely or to interrupt their maturation. If it is the season when the giant sea turtles, water lizards, fish, freshwater turtles, loach, and eels are depositing their eggs, nets and poisons are not permitted in the marshes so as not to prematurely end their lives or to interrupt their maturation." *Lü's Spring and Autumn Annals* also states "If you drain off the water to catch fish, how can you miss them? But there will be no fish in the river at all the next year. If you set swamps on fire to catch animals, how can you miss them? But there will be no animals at all the next year." These ideas – taking from nature at the proper time and to the proper extent – have a great and genuine significance. Eco – environment has no substitutes. We are not aware of this when we exploit it, yet it is irretrievable once lost. As I previously mentioned, environment is livelihood, green mountains are beauty, blue sky is happiness, and clear water is wealth. Protecting the environment equates to protecting productive forces; improving the environment equates to developing productive forces. In protecting the environment, we must develop a broad, long – term and holistic perspective. We shall not try to save a little only to lose a lot; we shall not attend to one thing and lose sight of another; we shall not eat our corn in the cob; we shall not be eager for quick success and instant benefit. We should adhere to the fundamental state policy of conserving resources and protecting the environment. We should protect the eco – environment like our own eyes, and treat the eco – environment as our own lives. We should develop a green mode of development and a green way of life, as a support to increasing individual and national prosperity and creating a beautiful environment. Lately, at the symposium on the development of the Yangtze River Economic Belt held at Chongqing, I emphasized that we must prioritize the eco – environment and pursue green development, treat the restoration of the Yangtze River eco – environment as an overwhelmingly important task, and step up our efforts for large – scale eco – protection instead of eco – exploitation. Officials at all levels must enhance their faith in eco – protection and discard development patterns and methods that damage or even destroy the environment. They must not pursue short – term growth at the cost of the eco – environment. We should be firm in promoting green development and the appreciation of natural capital, so that a sound eco – environment helps improve the people's quality of life and presents a positive image of the country. We should ensure the people breathe fresh air, drink clear water, eat safe food, and enjoy a livable environment. We should ensure the people receive the real environmental benefits from economic development, living with a blue sky, green mountains, clear waters, and a better environment than ever before, and step into a new era of eco – progress.
论辩方法分析	The text presents a detailed argument for the importance of harmonious coexistence between humanity and nature in China's development. Here's an analysis of the key arguments, evidence, and logical reasoning: **1. Argument**: Human development must respect, accommodate, and protect nature to avoid retaliation.

续表

第三部分	绿色的发展理念
	Evidence: • Frederick Engels' observations in "Dialectics of Nature" about deforestation in various ancient civilizations • Examples of environmental disasters in 20th century Western countries (Los Angeles smog, London smog, Minamata disease) • Historical examples of environmental degradation in China (Loess Plateau, Taklamakan Desert expansion, etc.) **Logical reasoning**: The text argues that historical examples demonstrate the severe consequences of ignoring environmental concerns, implying that China must learn from these mistakes. **2. Argument**: Ecological problems have become a significant weakness in China's development. **Evidence**: • Acknowledgment of China's economic progress since 1978 • Recognition of frequent environmental pollution incidents affecting public health and causing distress **Logical reasoning**: The text presents a balanced view, praising economic achievements while highlighting the urgent need to address ecological issues, suggesting that both aspects are crucial for sustainable development. **3. Argument**: Traditional Chinese wisdom supports the idea of sustainable resource use. **Evidence**: • Quotes from classical Chinese texts (Analects of Confucius, Xun Zi, Lü's Spring and Autumn Annals) advocating for responsible resource use **Logical reasoning**: By citing traditional Chinese philosophy, the text argues that the concept of sustainable development is not foreign to Chinese culture, implying that it should be easier to implement such policies. **4. Argument**: Protecting the environment is equivalent to protecting and developing productive forces. **Evidence**: • Statement equating environment with livelihood, beauty, happiness, and wealth • Emphasis on the irreplaceable nature of the eco-environment **Logical reasoning**: The text argues that environmental protection is not at odds with economic development but is, in fact, a crucial component of it, challenging the notion that there must be a trade-off between the two. **5. Argument**: China should prioritize green development and eco-protection. **Evidence**: • Reference to the fundamental state policy of conserving resources and protecting the environment • Mention of the symposium on the development of the Yangtze River Economic Belt • Call for officials to enhance their faith in eco-protection and discard harmful development patterns **Logical reasoning**: The text presents green development as a strategic imperative, arguing that it's essential for improving quality of life, enhancing China's image, and ensuring long-term prosperity. **6. Argument**: The benefits of eco-protection should be tangible to the people. **Evidence**: • Emphasis on providing fresh air, clear water, safe food, and a livable environment • Goal of ensuring people receive real environmental benefits from economic development **Logical reasoning**: The text argues that the success of green development policies should be measured by their direct impact on people's lives, implying that this approach will garner public support for such initiatives.

（4）开放的发展理念（见表28－6）。

表28－6 开放的发展理念

第四部分	开放的发展理念
研读原文	Fourthly, we should establish a new system of opening up. China's development achievements over the past 30 years derive from opening up. The prosperity of a country and the rejuvenation of a nation mostly rely on following the trend of the times and propelling historical progress. Economic globalization is the trend we have to recognize in planning our development. The concept of "economic globalization" became popular after the Cold War ended, but it is not a new phenomenon. As early as the 19th century, Karl Marx and Frederick Engels elaborated theories on world trade, world markets, and world history in *The German Ideology*, *Manifesto of the Communist Party*, *Economic Manuscript of* 1857－1858, *Capital* and other works. They pointed out in the *Manifesto of the Communist Party*: "The bourgeois has through its exploration of the world market given a cosmopolitan character to production and consumption in every country." Marx and Engels' perception and arguments revealed the nature, logic, and process of economic globalization, laying a theoretical foundation for us to understand the concept today. Economic globalization underwent three general stages. First, colonial expansion and the formation of the world market. Western countries, through plunder, occupation by force, and colonial expansion, had largely completed the carve－up of the world before the outbreak of World War I, bringing all regions and nations into a single capitalist world system. Second, two parallel world markets. After World War II, a number of socialist countries emerged, and colonial and semi－colonial countries declared their independence, which divided the world into two camps and formed two parallel markets in the international economy. Third, economic globalization. As the Cold War ended in 1991, opposition between the two camps and the two parallel world markets disappeared; interdependence between countries increased; and economic globalization quickened its pace. Accordingly, China's relationship with the world also underwent three stages. First, from national seclusion to semi－colonialism and semi－feudalism. Before the Opium War, China was isolated from the world market and global industrialization. After that, during the wars against Western aggression, China suffered repeated defeats and fell to the status of a poor and weak country. Second, sole alliance with the Soviet Union and national semi－seclusion, and then complete seclusion. After the founding of the PRC in 1949, China explored the path of building socialism in sole alliance with the Soviet Union and in semi－seclusion from the rest of the world, and almost completely separated itself from the international community during the Cultural Revolution. Third, multidimensional opening up. Since reform and opening up in 1978, China has taken advantage of economic globalization and steadily opened ever－wider to the outside world, marking a historic change. Practice has proved that to develop and grow stronger, we must comply with the trend of economic globalization, adhere to opening up, and make full use of advanced scientific achievements and management experience. During the early period of reform and opening up, when we lacked strength and experience, many people doubted whether we could benefit from reform and opening up without becoming corroded and being swallowed up by the dominant Western countries. In those years, we came under heavy pressure in pushing the negotiations on China's accession to the General Agreement on Tariffs and Trade and the World Trade Organization. Looking back today, we chose the correct direction of development by opening up the country and going global. Twenty or even 15 years ago, the major propellants of economic globalization were the US and other Western countries. Today, China is considered the biggest driver of global trade liberalization and facilitation, resisting various forms of Western protectionism. This proves that as long as we consciously support the trend of global development,

续表

<table>
<tr><th>第四部分</th><th>开放的发展理念</th></tr>
<tr><td></td><td>we can grow stronger and lead world development.
In promoting open development, the domestic and international situations we face now are quite different from the past. On the whole, we have more favorable factors; we also face significant risks and challenges that are by no means negligible. This can be seen from four perspectives.
First, power structures among various countries are changing positively in an unprecedented way. The rise of emerging market economies and developing countries is changing the global political and economic landscapes. There is an irresistible trend towards world polarization and democracy in international relations. The West – dominated global governance system is finally showing signs of change, but the competition to gain dominance in global governance and the formulation of international rules is fierce. Since Western developed countries retain advantages in economy, science and technology, politics, and military affairs, there is a long way to go to build a fairer and more equitable international political and economic order.
Second, the world economy is gradually emerging from the shadow of the global financial crisis. Western countries are maintaining the momentum of economic recovery through reindustrialization. The structure of the international industrial division of labor has changed, but protectionism remains severe worldwide. The formulation of international economic and trade rules tends to be politicized and fragmented. Emerging market economies and developing economies are still sluggish, and the global economy has not yet found new engines for full recovery.
Third, China's share of the world economy and global governance has increased rapidly. China is now the world's second largest economy, its largest exporter, its second largest importer, its second largest source of foreign direct investment, its largest holder of foreign exchange reserves, and its largest market for tourism. China has become a major factor in changing the world political and economic landscapes. Nevertheless, it remains the case that China's economy is big but not strong, and our per capita income and living standards are not in the same league as those of Western countries. We need to work harder to turn our economic strength into international institutional authority.
Fourth, China's opening up has reached a better balance between bringing in and going global. The opening – up pattern has changed from mainly bringing in to both bringing in and going global on a large scale, but the corresponding law, consultancy, finance, personnel, risk management, and safety controls cannot meet the practical needs, while our mechanisms remain weak in supporting high – level opening up and large – scale going global.
This means that the overall environment for open development is more favorable than ever before, but the conflicts, risks, and contests we are facing are also unprecedented, setting delicate traps for any potential negligence. On the subject of the next steps in open development, the Fifth Plenary Session of the 18th CPC Central Committee made pertinent provisions, and I also set out some requirements in the speech at the second full assembly. I hope we continue to explore and practice, enhance our conscientiousness and capabilities to address the overall situation both domestically and internationally, and improve the effectiveness and level of opening up.</td></tr>
<tr><td>论辩方法分析</td><td>The text presents a comprehensive argument for China's continued commitment to opening up and engaging with economic globalization. Here's an analysis of the key arguments, evidence, and logical reasoning:
1. Argument: China's development achievements are a result of opening up, and future prosperity depends on following global trends.
Evidence:
• Reference to China's development over the past 30 years</td></tr>
</table>

续表

第四部分	开放的发展理念
	• Historical analysis of economic globalization, citing Marx and Engels **Logical reasoning**: The text argues that China's success is linked to its engagement with global trends, implying that continued openness is necessary for future development. **2. Argument**: Economic globalization is a long – standing historical process that China must recognize and adapt to. **Evidence**: • Description of three stages of economic globalization • Parallel analysis of China's relationship with the world in three stages **Logical reasoning**: By presenting globalization as a historical inevitability, the text argues that China's engagement with it is both necessary and beneficial. **3. Argument**: China has benefited from and should continue to pursue opening up, despite initial doubts and challenges. **Evidence**: • Reference to early doubts about China's ability to benefit from opening up • China's current role as a driver of global trade liberalization **Logical reasoning**: The text uses China's past success to argue for continued commitment to openness, suggesting that initial fears were unfounded and that China has become a global leader in this area. **4. Argument**: The current global situation presents both opportunities and challenges for China's open development. **Evidence**: • Analysis of four perspectives on the current global situation: 1) Changing power structures among countries 2) Global economic recovery and challenges 3) China's increased global economic influence 4) China's balanced approach to inward and outward investment **Logical reasoning**: The text presents a nuanced view of the global situation, acknowledging both opportunities and challenges. This balanced approach strengthens the argument for careful, strategic engagement with the global economy. **5. Argument**: China needs to adapt its opening – up strategy to the new global context. **Evidence**: • Recognition of China's economic size but relative weakness in some areas • Acknowledgment of gaps in China's capabilities to support high – level opening up **Logical reasoning**: By identifying specific areas where China needs to improve, the text argues for a more sophisticated and targeted approach to opening up, rather than a simple continuation of past policies. **6. Argument**: China should play a more active role in global governance and the formulation of international rules. **Evidence**: • Reference to the changing West – dominated global governance system • Mention of the competition to gain dominance in global governance **Logical reasoning**: The text argues that China's increased economic power should translate into greater influence in global governance, implying that this is a natural progression and necessary for China's interests.

（5）共享的发展理念（见表28－7）。

表28－7　　共享的发展理念

第五部分	共享的发展理念
研读原文	Fifthly, we should practice the people – centered philosophy of development. This was initiated at the Fifth Plenary Session of the 18th CPC Central Committee. It displays the CPC's fundamental purpose of serving the people wholeheartedly, and the materialistic historical view that the people are the primary force for propelling development. As mentioned in ancient Chinese classics, "There are some fixed principles in governing a state, among which benefiting the people should be the root." The people – centered development philosophy is not an abstract, abstruse concept. We will not restrict ourselves to lip service or idle reflection, but put it into practice in all areas of social and economic development. We should maintain the people's principal position in the country, and fulfill the people's expectations for a better life. We should continue to realize, safeguard, and develop the fundamental interests of the overwhelming majority of the people. We should ensure that development is for the people, that it is reliant on the people, and that its fruits are shared by the people. We should, through furthering reform and innovation – driven development, enhance the quality and increase the benefits of development. We should produce more and better material and cultural products to meet the ever – growing material and cultural needs of the people. We should fully stimulate the people's initiative, enthusiasm, and creativity, and provide the platform and environment for all workers, entrepreneurs, idea generators, and officials at all levels to play their innovative role. We should adhere to the basic socialist economic system and the socialist income distribution system. We should adjust the pattern of national income distribution. We should improve the mechanism of secondary distribution regulating income distribution mainly through taxation, social security, and transfer payments. We must safeguard social fairness and justice, and narrow income gaps, so that all the people can have a greater share of the fruits of development in a fair way. In nature, the philosophy of shared development represents the idea of people – centered development. It reflects the demand of achieving shared prosperity in stages. Shared prosperity is a primary goal of Marxism; it has also been a basic ideal of the Chinese people since ancient times. Confucius said, "He is not concerned lest his people should be poor, but only lest what they have should be ill – apportioned. He is not concerned lest they should be few, but only lest they should be divided against one another." Mencius said, "Do reverence to the elders in your own family and extend it to those in other families; show loving care to the young in your own family and extend it to those in other families." The *Book of Rites* gives a detailed and lively description of "moderate prosperity" and "great harmony". According to Karl Marx and Frederick Engels, communism will eradicate the opposition and differentiation between classes, between urban and rural areas, between mental labor and physical labor; it will adopt the principle of distribution from each according to his ability and to each according to his needs, so as to achieve shared development of society and the free and well – rounded development of individuals in the real sense. Of course, there will be a long trek through history to reach this goal. China is still in the primary stage of socialism and will long remain so. Therefore, we cannot do what is premature, but this does not mean we should do nothing in realizing shared prosperity step by step. Instead, we should start to do what is appropriate to the current conditions, accumulating small successes and moving towards prosperity for all. In the early years after the founding of the PRC, Mao Zedong pointed out: "Since we are implementing such a system, such a plan, the country can grow more prosperous and powerful year by year, and we will see that happen. The prosperity is shared prosperity and the power is also shared by all the people." During the reform and

续表

第五部分	共享的发展理念
	opening – up period, Deng Xiaoping emphasized shared prosperity repeatedly. As he said to several colleagues from the CPC Central Committee in December 1990: "Since the very beginning of the reform we have been emphasizing the need to seek common prosperity; that will surely be the central issue some day. Socialism does not mean allowing a few people to grow rich while the overwhelming majority live in poverty. No, that is not socialism. The greatest superiority of socialism is that it enables all the people to prosper, and common prosperity is the essence of socialism." Jiang Zemin also emphasized, "Achieving common prosperity is a fundamental principle and essential characteristic of socialism, and we absolutely cannot vacillate on this issue." Hu Jintao also required, "We should ensure all our people share the fruits of development and move steadily towards shared prosperity." After years of hard work, quality of life has improved significantly and people have a fairer share of the benefits of social development; this is a remarkable achievement. The philosophy of shared development, put forward at the Fifth Plenary Session of the 18th CPC Central Committee, emphasizes four points. First, the beneficiaries are all the people. This is about the coverage of shared development. Shared development means development fruits are shared by all the people, each enjoying his or her share. They are not to be shared by the few or by a special group. Second, the development benefits to be shared cover all fields. This is about the content of shared development, including economic, political, cultural, social and ecological achievements. We should safeguard the people's rights and interests in all these respects. Third, development achievements are shared through making concerted efforts for development. This is about the means of realizing shared development. It is through jointly contributing to development that people enjoy the benefits of inclusive development. The process of contributing together is also the process of sharing benefits. We should practice democracy, widely gather the wisdom of the people, and encourage their efforts, so that all the people participate in and dedicate themselves to shared development, and share a sense of accomplishment. Fourth, shared development is realized step by step. This is about the process of achieving shared development. As a Chinese proverb goes, you will not make a strong man out of one meal. Shared development must extend from lower to higher levels and move from imbalance to balance. It must be differentiated even at an advanced level. Our policy design should be based on the national conditions and the future socio – economic development level. We should neither hesitate to move forward, nor be niggardly with necessary investments, nor aim too high, nor spend on deficit, nor issue empty promises without providing real gain. These four points are interconnected, so we must understand and tackle them as a whole. In terms of implementing the philosophy of shared development, the 13th Five – year Plan proposed many tasks and measures which can be distilled down to two points. First, we should give full rein to the people's enthusiasm, initiative, and creativity, gather their strength to advance Chinese socialism, and "make the cake bigger". Second, once the cake has indeed become bigger, we must cut it fairly, so as to demonstrate the full strength of socialism and make the people feel a greater sense of gain. We should expand the middle – income class, and gradually form an olive – shaped income distribution structure. In particular, we should make greater efforts to help people in difficulties and win the campaign against rural poverty. Implementing shared development is a big issue. From the top – level design to the "last kilometer" of policy implementation, we should make continuous efforts to mark new milestones in our progress.

续表

第五部分	共享的发展理念
论辩方法分析	The text presents a comprehensive argument for a people – centered philosophy of development in China. Here's an analysis of the key arguments, evidence, and logical reasoning: **1. Argument**: The people – centered development philosophy is fundamental to China's approach. **Evidence**: • Reference to the Fifth Plenary Session of the 18th CPC Central Committee • Citations from ancient Chinese classics emphasizing the importance of benefiting the people • Quotes from Marxist theory and Chinese leaders on shared prosperity **Logical reasoning**: The text argues that this philosophy is deeply rooted in both Chinese traditional thought and modern Communist ideology, implying its legitimacy and appropriateness for China. **2. Argument**: The people – centered development philosophy should be implemented in all areas of social and economic development. **Evidence**: • Detailed description of how this philosophy should be applied (e. g., realizing people's interests, stimulating creativity, adjusting income distribution) **Logical reasoning**: By providing specific examples of implementation, the text argues that this philosophy is practical and comprehensive, not just an abstract concept. **3. Argument**: Shared development is a key aspect of the people – centered philosophy. **Evidence**: • Explanation of four key points of shared development: beneficiaries are all people, benefits cover all fields, achieved through concerted efforts, realized step by step • Historical references to the concept of shared prosperity in Chinese thought and Communist ideology **Logical reasoning**: The text presents shared development as a natural extension of the people – centered philosophy, arguing that it's both historically grounded and adaptable to current conditions. **4. Argument**: Shared development must be implemented gradually and realistically. **Evidence**: • Acknowledgment that China is still in the primary stage of socialism • Emphasis on doing what is appropriate to current conditions • Reference to the 13th Five – year Plan's approach of "making the cake bigger" and then cutting it fairly **Logical reasoning**: The text argues for a pragmatic approach to shared development, recognizing limitations while still pushing for progress. This balanced view strengthens the argument by addressing potential criticisms of unrealistic goals. **5. Argument**: The people – centered philosophy and shared development are essential to socialism. **Evidence**: • Quotes from Communist leaders emphasizing the importance of shared prosperity to socialism • Description of communism's ultimate goals of eliminating class differences and achieving "to each according to his needs" **Logical reasoning**: By linking these concepts to core socialist principles, the text argues that they are not just policy choices but fundamental to China's political and economic system. **6. Argument**: Implementing shared development requires both economic growth and fair distribution.

续表

第五部分	共享的发展理念
	Evidence： • Emphasis on expanding the middle – income class and forming an "olive – shaped" income distribution • Focus on helping people in difficulties and combating rural poverty **Logical reasoning**：The text presents a two – pronged approach，arguing that both increasing overall wealth and ensuring its fair distribution are necessary for true shared development.

五、教学方法与手段

本单元教学遵循以思政育人、以课程育才、以实践育能，教师为引导以学生为主体的教学思路，首先通过讲解论证写作的基本理论知识和方法技巧，为学生奠定坚实的基础；其次通过案例分析、小组讨论、研究课题、项目任务等形式，引导学生深入理解论辩写作的实际应用；最后通过写作实践，让学生亲自参与学术论辩，锻炼实际操作能力。通过系统地对立论与反论基本理论知识、方法与技巧的学习，启发式阅读与讨论思政素材，学生掌握论辩性交流的基本规范和流程，提高逻辑思维能力与外语表达能力，增强民族认同感，提升创新能力与讲述中国经济故事的国际传播能力。

六、教学实施过程

（一）课前教学内容

课前教学内容包含写作教材与思政素材。教学活动包含学生课前自主学习、小组讨论与决议形成。

1. 教材预习

（1）要求学生根据提前分发的教学提纲来阅读教材，要求把握：论证要素、论证表述。

（2）要求学生就提纲与教材标出重点与难点，待课上提出分享，并有的放矢地解决。

（3）要求学生就论证要素与基本论证方法准备至少一个实例，并加以分析。

2. 课中教学内容

（1）内容导入。

（2）课程教授与课堂讨论。

教学流程为两个部分依次进行：第一部分强调论证要领，第二部分落实于论证实践。

课程教学内容依照“教学内容”纲要执行。课堂讨论采取自由发言、小组汇报，同伴评论，教师讲评等多种方式，检查学生预习阶段对相关问题的课前思考，以及经过课程学习之后形成的观点。

3. 课后教学内容

课后练习分为四个模块：思辨模块、思政模块、思创模块、技术赋能模块。采用笔头与口头方式、个人作业与团队合作形式完成，要求学生论证合理、逻辑清楚、书写规范，能体现课程学习收获。

本案例的主要教学流程如图 28－1 所示。

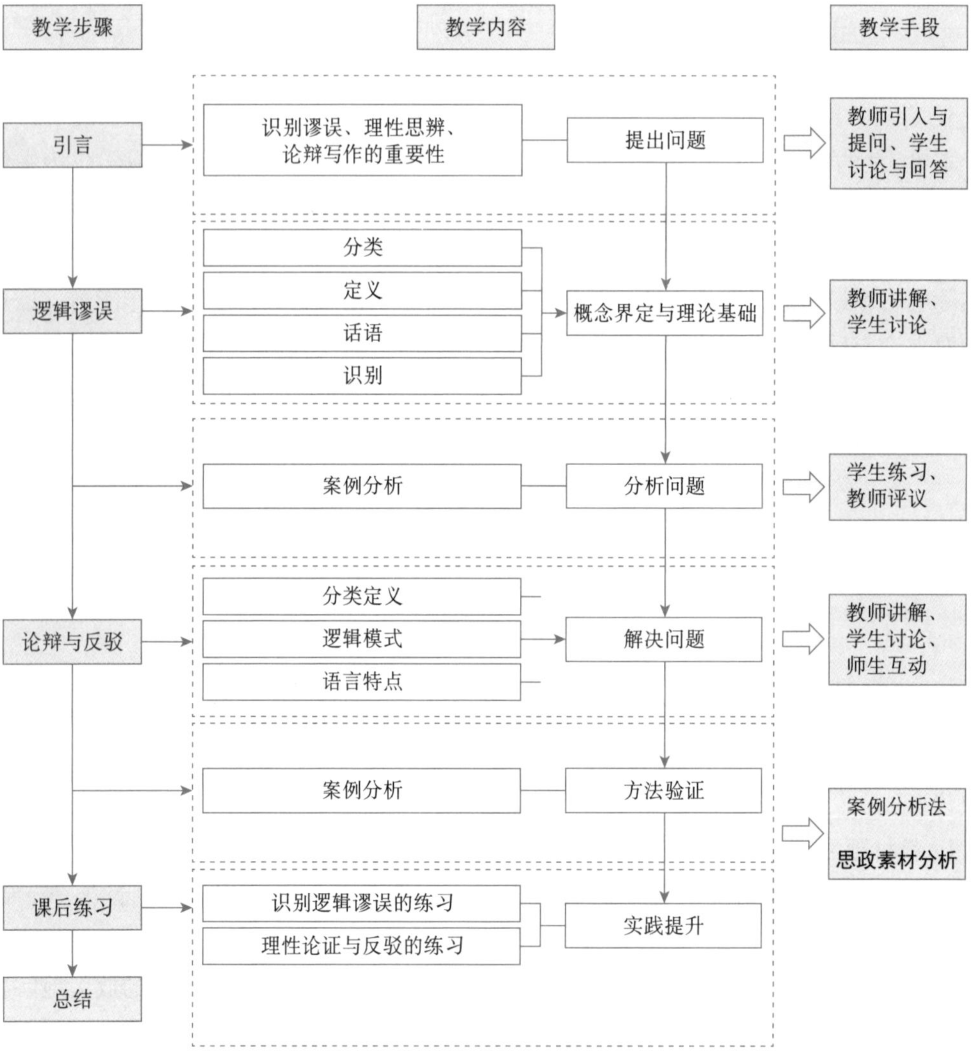

图 28－1　思政、思辨、思创——《研究生英语》（单元主题：立论与反论）主要教学流程

七、考核与评价方式

本单元教学评价考查范围包括：课前、课中、课后的线上线下各项任务记录中，学生的完成情况以及课上表现。评价考查标准：议论写作表达与口头交流水平评价标准（问题真实、论证有力、语言准确），思政育人效果评价标准（对中国新发展理念有正确观点，能有效论述，还能利用数字化资源与社会现实情况来拓展对中国发展的研究思路与选题）。

关于论证与思辨的参考文献

［1］ Graff G. & Birkenstein C. （2021）. *They Say / I Say*：*The Moves That Matter in Academic Writing* （5th ed. ）. W. W. Norton & Company.

［2］ Weston A. （2018）. *A Rulebook for Arguments* （5th ed. ）. Hackett Publishing Company，Inc.

［3］ Bowell T. & Kemp G. （2014）. *Critical Thinking*：*A Concise Guide* （4th ed. ）. Routledge.

［4］ Ramage J. D. Bean J. C. & Johnson J. （2018）. *Writing Arguments*：*A Rhetoric with Readings* （11th ed. ）. Pearson.

［5］ Williams J. M. & Colomb G. G. （2020）. *The Craft of Argument* （4th ed. ）. Pearson.

［6］ Toulmin S. E. （2003）. *The Uses of Argument* （Updated ed. ）. Cambridge University Press.

［7］ Lunsford A. A. & Ruszkiewicz J. J. （2019）. *Everything's an Argument* （8th ed. ）. Bedford/St. Martin's.

［8］ Bullock R. ，Goggin M. D. & Weinberg F. （2019）. *The Norton Field Guide to Writing* （5th ed. ）. W. W. Norton & Company.

［9］ Faigley L. & Selzer J. （2015）. *Good Reasons*：*Researching and Writing Effective Arguments* （6th ed. ）. Pearson.

［10］ Herrick J. A. （2015）. *Argumentation*：*Understanding and Shaping Arguments* （5th ed. ）. Strata Publishing，Inc.

写作规范：

［1］ *The MLA Handbook for Writers of Research Papers*. 9th ed. New York：The Modern Language Association of America，2021.

［2］ Turabian，Kate L. *A Manual for Writers of Research Papers*，*Theses*，*and Disserta-*

tions. 7th ed. Chicago: The University of Chicago Press, 2007.

[3] *Publication Manual of the American Psychological Association*. 7th ed. Washington, DC: American Psychological Association, 2019.

案例 29：数字经济时代的信息管理与社会责任

——“学术论文写作”课程思政教学案例

杨　铭
（中央财经大学信息学院副教授）

一、基本信息

课程名称：学术论文写作
授课对象：产业经济学、管理信息系统专业研究生
知 识 点：学位论文开题报告的构思与撰写
教　　材：《实证研究：计划与设计》
主讲教师：杨铭

二、教学目标

（一）知识目标

（1）使学生掌握经管类学术论文写作中的构思与选题原则。
（2）使学生能够根据研究问题选择合适的研究方法。

（二）能力目标

（1）提升学生的写作水平与观点表达能力。
（2）具备批判性逻辑思维，善于发掘高品位的研究选题，进而不断提高自己的学术认知能力。

（三）育人目标

（1）使学生积极关注国家和社会发展的重大需求，把论文写在祖国的大地上。
（2）自觉增强学术规范意识，严格恪守学术道德。

三、教学重点与难点

（一）教学重点

（1）选题的步骤和原则；
（2）如何发现研究问题；
（3）如何根据研究问题选择适合的研究方法。

（二）教学难点

（1）如何识别关键研究问题；

（2）如何进一步具体地描述研究问题。

四、课程思政案例介绍

在当前数字化时代，信息管理和产业经济学专业的研究生们肩负着重要的使命。我们以“智慧医疗”为例，探讨如何将课程思政融入学位论文开题报告的构思与撰写中。

智慧医疗是运用人工智能、大数据等信息技术，提升医疗服务效率和质量，改善患者就医体验的重要领域。通过对智慧医疗的研究，可以为解决我国医疗资源分配不均、医疗服务水平参差不齐等问题提供有力支持。

在构思选题时，我们引导学生思考以下几个方面：

（1）关注社会需求：了解我国医疗改革的政策背景和人民群众对优质医疗服务的需求，明确研究的社会意义。

（2）关注技术创新：探索如何运用信息管理专业的知识和技能，推动智慧医疗技术的创新和应用。

（3）关注社会影响：分析智慧医疗对医疗行业、社会公平、健康保障等方面的影响，培养学生的社会责任感。

（4）拓宽研究视野：关注国际上智慧医疗的发展趋势和先进经验，促进国内外交流与合作，提升我国在该领域的国际地位。

通过这样的案例，让学生在学位论文开题报告的撰写过程中，不仅关注学术问题，更能积极关注国家和社会发展的重大需求，将论文写在祖国的大地上，为实现中华民族伟大复兴的中国梦贡献自己的力量。

五、教学方法与手段

在教学方法上，我们采取了“问题导向学习”（PBL）模式，以引导学生在专业实践中不断发挥主动探索、团结协作、协同创新的能力，围绕科研、学位论文写作实践中的具体问题开展学习，有效提升了教学实践效果，同时实现了课程思政对专业教学、实践和育人的重要导向功能。例如，为了打通“思政小课堂”与“社会大课堂”之间的壁垒，我们鼓励研究生通过参与各类科研项目推动理论与实践相结合。科研项目的开展和推进能有目的地促进理论知识与实践锻炼的有机结合。另外，指导教师通过丰富科研项目的思政内容，将“大思政课”理念延伸到项目申报、研究设计、成果评价等诸多方面，提高思想政治教育的实效性和感染力，实现“科研能力提升”与“价值引领”有机统一。这不仅可以提升科研选题的立意，还能增强思政教育的实践意义。

六、教学实施过程

在实施和开展上述教学内容时，我们精细具化立德树人的根本任务，构建了精准、细致和扎实的课程思政育人体系。第一，根据产经和信管专业的培养目标，将立德树人的根本任务落实到学术论文写作的课程育人目标上，并体现于培养方案和教学大纲中。第二，将课堂教学、讨论汇报、论文写作等各环节，植入思政点，构建非常细化的课程思政教学体系。第三，注重课程思政育人效果的实效考核，坚持定性和定量相结合、过程和结果相结合的评价方式。具体的教案和课程设计样例如表 29－1 所示。

表 29－1　开题报告的构思与撰写规范教学实施过程

教学设计	教学内容	设计意图
第一部分：开题报告的作用和格式要求（20 分钟）		
导入新课 【线上无记名投票】 （1 分钟）	**引入课前调查：** 你认为开题报告应该准备到以下哪种程度？ A. 清晰地描述研究问题、研究目的和研究意义，其他部分交给评委提建议 B. 在 A 的基础上，进一步陈述已有相关研究的进展，指出 Research gaps C. 在 B 的基础上，针对 Research gaps，提出自己的研究方案，并说明合理性 D. 在 C 的基础上，做一些初步的数据分析，确保研究方案确实可行	通过投票结果，了解学生对开题报告的态度，进而予以针对性指导
引入教学主题 【PPT 演示】 （1.5 分钟）	向学生展示投票结果（见图 29－1）： 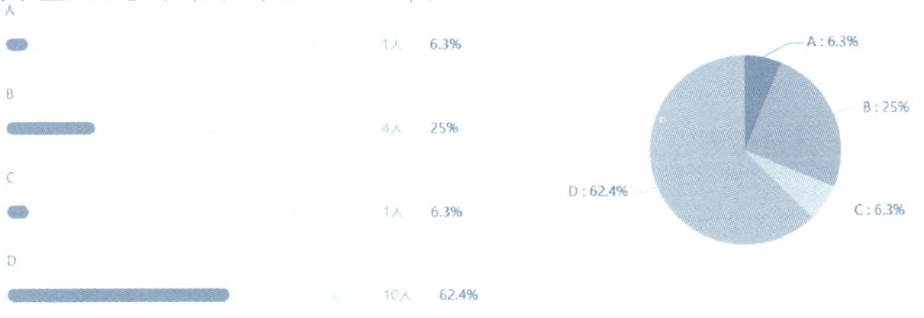 **图 29－1　投票结果**	将教学目标实例化，引导学生端正开题报告的写作态度
引入教学目标 【PPT 展示】 （1.5 分钟）	• 开题报告的作用和写作范式 • 如何规划选题 • 如何构思研究方案 • 如何说明研究方法的合理性：研究方法的效度	让学生明确本节课程需要掌握的知识点
介绍开题报告的作用 【PPT 展示】 （2 分钟）	定义：以问题为核心，明确所需资源、步骤以及收集数据的形式化说明 功能：学术交流与讨论的载体、治学态度和科研能力的检验标尺、指引研究开展的先导	让学生理解开题报告的重要性

续表

教学设计	教学内容	设计意图
开题报告的总体写作提纲 【PPT 演示】 （3 分钟）	1. 引言；2. 文献综述；3. 研究模型与研究假设；4. 研究方案设计（研究方法与技术路线）；5. 研究进度安排；6. 预期可能遇到的困难和解决思路；7. 潜在创新和特色；8. 参考文献	让学生了解开题报告需要涵盖的内容
重点展开介绍提纲中 1 ~ 3 部分的撰写	1. 研究问题的提出、国内外研究现状、研究目的和意义；2. 相关概念界定、维度机制分类、评述；3. 研究模型和假设作用，研究假设应该如何提出	通过范文讲解，增强学生的理性认知
第二部分：如何规划选题（25 分钟）		
引入问题 【口述】 （2.5 分钟）	**让学生评估自己的研究潜力：** **评价维度：**好奇心、创造力、分析能力、专注力	让学生客观地认识自己的特点，努力扬长避短
科学研究应具备的思维能力 【PPT 演示】 （8 分钟）	**嵌入课程思政内容：**马克思主义哲学的思维方法 • 批判性思维 • 逻辑推理 • 归纳能力	让学生了解不同思维模式在科研中的作用
研究者应有的心态 【PPT 演示】 （3.5 分钟）	**嵌入课程思政内容：** • 不畏挫折：科研的本质是探索未知，必须有勇气迎接挑战 • 认真对待导师和评审人的意见，努力达到要求 • 写论文应该是反复修改、不断琢磨的过程。“足够好”胜过“完美”	通过授课教师的个人科研经历，让学生了解学术研究中应该保持的心态
选题的原则（重点）（见图 29 - 2） 【PPT 演示、案例讲解、讨论】 （13 分钟）	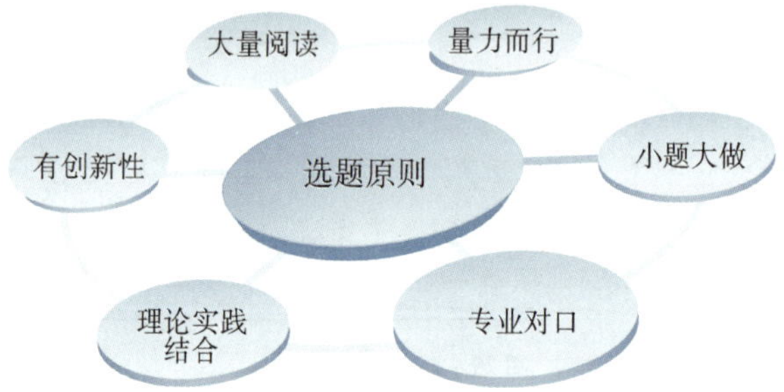 **图 29 - 2　选题原则** **嵌入课程思政内容：以智慧医疗为例** • 关注社会需求：了解我国医疗改革的政策背景和人民群众对优质医疗服务的需求，明确研究的社会意义 • 技术创新：探索如何运用信息管理专业的知识和技能，推动智慧医疗技术的创新和应用 • 社会影响：分析智慧医疗对医疗行业、社会公平、健康保障等方面的影响，培养学生的社会责任感	通过列举过往所指导学生的选题经历，让学生认识到把握上述选题原则的重要性

续表

<table>
<tr><th>教学设计</th><th>教学内容</th><th>设计意图</th></tr>
<tr><td colspan="3">第三部分：研究方案的构思（20 分钟）</td></tr>
<tr><td>介绍研究构思的作用和开展
【口述】
（0.5 分钟）</td><td>作用：寻找研究问题的解决方案
内容：（1）对论文的核心概念进行界定；
（2）分析框架制定；
（3）研究方法阐述</td><td>从总体上了解研究构思应该如何撰写</td></tr>
<tr><td>继续对研究方法展开介绍
【PPT 演示】
（5.5 分钟）</td><td>知识点：研究方法的分类
• 定量研究，遵循：提出特定假设—构建模型—收集数值型数据—统计分析—检验假设—结论
• 质性研究，遵循：提出课题的整体（非特定）假设—收集广泛的文字材料—组织汇总（一致性）—描述研究情景</td><td>让学生了解不同研究方法的特点和局限</td></tr>
<tr><td>举例说明定量研究的步骤
【PPT 演示、案例对比分析】
（见图 29－3）
（3.5 分钟）</td><td>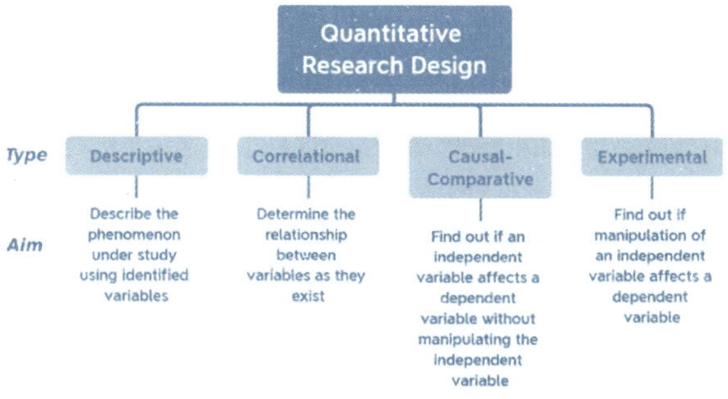

图 29－3　定量研究</td><td rowspan="2">通过对比分析，让学生深刻认识定量、定性研究的特点。
引入案例：研究型教学法的效果研究</td></tr>
<tr><td>举例说明定性研究的步骤
【PPT 演示、案例对比分析】
（见图 29－4）
（3.5 分钟）</td><td>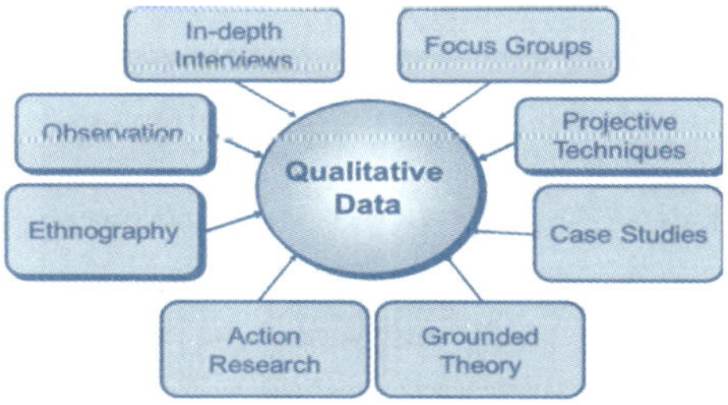

图 29－4　定性研究</td></tr>
<tr><td>对比总结
【PPT 演示、案例对比分析】
（见图 29－5）
（3.5 分钟）</td><td><table>
<tr><th>使用方法的条件</th><th>量化</th><th>质性</th></tr>
<tr><td>1. 你相信</td><td>存在被测量的客观实体</td><td>存在由许多个体构建、多种可能的实体</td></tr>
<tr><td>2. 你的受众</td><td>熟悉/支持量化研究</td><td>熟悉/支持质性研究</td></tr>
<tr><td>3. 你的研究课题</td><td>证实性、预测性</td><td>探索性、解释性</td></tr>
<tr><td>4. 可获取的文献</td><td>相当丰富</td><td>有限的</td></tr>
<tr><td>5. 你的研究关注</td><td>涉猎广泛</td><td>深入研究</td></tr>
<tr><td>6. 你可用的时间</td><td>比较短</td><td>比较长</td></tr>
<tr><td>7.你的沟通能力</td><td>中低水平</td><td>高水平</td></tr>
<tr><td>8. 你对结构性的要求</td><td>高</td><td>低</td></tr>
<tr><td>9. 你所需拥有的技能</td><td>演绎推理和统计学</td><td>归纳推理和对细节的观察力</td></tr>
<tr><td>10. 写作技能要求</td><td>技术性、科学性写作</td><td>文学性、叙事性写作</td></tr>
</table>
图 29－5　量化研究与质性研究对比</td><td>通过案例对比，让学生理解如何确定在研究方案构思中选择定性还是质性研究</td></tr>
</table>

续表

教学设计	教学内容	设计意图
互动讨论 【PPT 演示】 （3.5 分钟）	思考： • 两类研究方法的优点和弊端分别有哪些？	引导学生从辩证的角度看待不同研究方法的特点
	第四部分：研究方法的效度（15 分钟）	
引入问题 【口述】 （0.5 分钟）	**提问**：当答辩委员会让你说明所使用研究方法的合理性时，该如何反馈？	将抽象的教学目标具体化
引入知识点 【PPT 演示】 （5.5 分钟）	研究方法效度的测量指标： • 内部效度：描述因变量和自变量之间关系的确实性程度，涉及实验结论的真实性 • 外部效度：描述因变量与自变量之间关系的推广性程度，涉及实验结论的概括力和外推力	让学生理解两种效度的区别
深入介绍内部效度及其实践意义 【PPT 演示、讨论】 （4.5 分钟）	**引入案例**：新的教学方法更好吗？在特定学区招募 30 名一年级教师。14 名愿意用新方法，16 名愿意用传统方法教学。学期结束，通过对比两组教师授课班级的成绩，评判哪种教学方法更好。	让学生理解内部效度的含义和实践意义
深入介绍外部效度及其实践意义 【PPT 演示、讨论】 （4.5 分钟）	**引入案例**：在牙齿间放一支笔（迫使其微笑）的人与在嘴唇间放一支笔（迫使其皱眉）的人相比，前者比后者更有可能认为卡通片有趣（见图 29-6）。这项研究是以伊利诺伊州大学生为被试对象的。如果其他人在不同的时间和地点来接受测试，会得到相同的结果吗？ 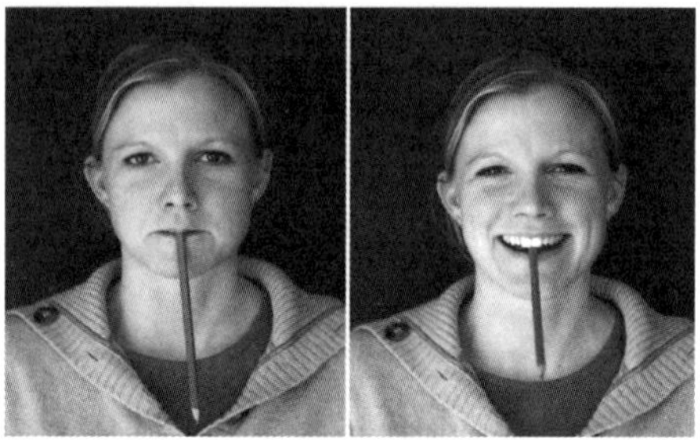 **图 29-6　对比实验**	让学生理解外部效度的含义和实践意义
两种效度的联系、如何提高内部效度和外部效度	**保证内部效度的手段**：无察觉测量、三角互证法、双盲实验、控制的实验室研究 **保证外部效度的手段**：真实的环境、代表性的样本、不同环境中的复本	内部效度是外部效度的必要条件，但不是充分条件
	总结课堂内容（10 分钟）	
总结本节知识点及其结构 【PPT 演示】 （5 分钟）	• 开题报告的硬性要求和非硬性要求 • 规划选题的原则 • 研究方案的构思撰写 • 研究方法的效度	通过总结知识点，让学生对本节各部分内容形成整体认识

续表

教学设计	教学内容	设计意图
布置作业和思考题 【PPT 演示】 （3 分钟）	利用 Web of Science、中国知网，检索近 5 年关于数字经济的国内外相关研究，通过文献分析，撰写一份初步的研究计划。 要求：所有中文文献必须在 CSSCI 核心目录范围内。	训练学生撰写研究计划的能力
推荐学习资料 【PPT 演示】 （2 分钟）	图书推荐： 约翰·W. 克雷斯威尔. 研究设计与写作指导：定性、定量与混合研究的路径［M］. 重庆：重庆大学出版社.	进一步激发学生的研究兴趣

七、考核与评价方式

考核环节由平时成绩 C_1、期末作业成绩 C_2 两部分组成，各个环节成绩满分均为 100 分，成绩分项比例分别为 0.4（w_1）、0.6（w_2），则总评成绩 C_0 计算方法如下：

$$C_0 = w_1 C_1 + w_2 C_2$$

两部分评分依据如表 29－2 所示。

表 29－2　平时作业和期末作业的分值比例与评分依据

考核形式	分值比例	评分依据
平时作业	40%	汇报选题、论文提纲的质量
期末作业	60%	撰写开题报告的质量和规范性

八、实施成效

课程思政项目开展以来，《学术论文写作（研究生）》开课已有 3 个教学周期，评教成绩始终保持优秀。修这门课的很多研究生表示：这门课程向他们开启了通往数字经济学术殿堂的大门，思政元素的嵌入使他们认识到坚持马克思主义立场、观点、方法，立足国家和社会发展需求来开展创新型研究的重要性；激发了他们在浓厚的财经学习氛围中学习先进信息技术的兴趣，对其今后创新能力的提高起到了明显的促进作用。近 3 年来，信息学院产经、信管专业研究生的论文发表量有了显著的提高。其中，本人指导的研究生发表 AAA 论文 1 篇，AA 论文 2 篇，高水平会议论文 5 篇。

案例30：数字经济时代互联网平台经济的垄断问题及其应对

——“高级微观经济学”课程思政教学案例

呼　倩

（中央财经大学财经研究院助理教授）

一、基本信息

课程名称：高级微观经济学
授课对象：留学生硕士和博士
知 识 点：市场结构理论中的垄断和垄断行为。出自哈尔·R. 范里安著《微观经济学：现代观点》（第九版），第 25 章、第 26 章“垄断和垄断行为”
主讲教师：呼倩

二、教学目标

（一）知识目标

向学生介绍不完全竞争市场结构的三种类型：垄断市场、寡头市场、垄断竞争市场。重点对垄断的成因进行分析，并比较包括完全竞争市场在内的不同市场组织的经济效果。

（二）能力目标

培养学生运用不完全竞争市场理论分析现实中垄断、寡头垄断等经济组织形式的能力，并从不限于经济效率的角度对其经济社会影响进行评价，拓宽学生对市场结构现实含义与影响的多维度理解。

（三）育人目标

基于互联网平台垄断案例，组织学生对“技术到底是否是中性的”进行探讨辨析，引导学生认识到技术背后潜藏的制度约束问题，最终向学生传达“技术向善”的理念以及相应的中国实践。

三、教学重点与难点

（一）教学重点

垄断产生的原因、垄断企业的生产和定价决策、垄断的福利代价、垄断行为（价格歧视）、针对垄断的公共政策。

（二）教学难点

（1）垄断厂商和完全竞争厂商的利润最大化行为对比，由此分析对比其产量和价格决定。

（2）现实当中一些企业的垄断行为（如价格歧视）具有高度的隐蔽性，难以识别。在教学过程中，难点在于通过典型案例培养学生运用垄断相关知识分析现实问题的能力。

四、课程思政案例介绍

中国互联网平台经济发展背景和现状（宏观市场结构）

（一）各类互联网应用平台快速发展

信息基础设施不断完善和互联网接入环境的持续优化，为平台发展提供了强大的网络支撑。工信部数据显示，截至 2021 年 12 月，我国固定互联网宽带接入 5.36 亿户，其中光纤化改造已全部完成，光纤用户接入规模达 5.06 亿户，占固定宽带接入用户的 94.3%；5G 网络快速发展，累计建成 5G 基站 142.5 万个。同时，网民数量也在稳步提升，为平台企业提供了扎实的用户基础。截至 2021 年年底，我国网民规模 10.32 亿，其中手机网民规模 10.29 亿，占比高达 99.7%，已基本完成移动互联网全面渗透。数字平台灵活高效的特点日益凸显，各类应用蓬勃发展，用户规模及使用率呈现普遍增长态势。网信中心报告数据显示，我国互联网应用用户规模超过 9000 万的有：即时通信类、网络视频类、短视频类和网络支付类应用，其用户规模分别为 100666 万、97471 万、93415 万和 90363 万。疫情使人们的工作、生活和消费习惯发生了很大变化，以“无接触”方式提供商品或服务的在线医疗、在线办公和外卖平台等迅速发展，增长率分别高达 38.7%、35.7% 和 29.9%（见表 30－1）。

表 30－1　主要互联网应用发展情况（2020～2021 年）

应用类别	2021 年 12 月		2020 年 12 月		增长率（%）
	用户规模（万）	网民使用率（%）	用户规模（万）	网民使用率（%）	
即时通信	100666	97.5	98111	99.2	2.6
网络视频（含短视频）	97471	94.5	92677	93.7	5.2
网络支付	90363	87.6	85434	86.4	5.8
网络购物	84210	81.6	78241	79.1	7.6
搜索引擎	82884	80.3	76977	77.8	7.7
网上外卖	54416	52.7	41883	42.3	29.9
在线办公	46886	45.4	34560	34.9	35.7
网约车	45261	43.9	36528	36.9	23.9
在线医疗	29788	28.9	21480	21.7	38.7

（二）互联网平台集中度高

随着互联网企业的快速发展，互联网平台企业呈现集群化发展态势。截至 2021 年，中国境内外互联网上市公司较 2020 年增加 8 家，总数达 155 家，增长 9.5 个百分点；互联网独角兽企业较 2020 年增加 12 家，总数达 219 家，增长 5.8 个百分点，均创历史新高。平台企业已成为中国重要微观市场主体，有近四成市值超万亿元上市公司为平台企业，排名前两位的也均为互联网平台企业，分别为腾讯（46794 亿元）和阿里巴巴（36815 亿元）。在地区分布上，平台企业集中度较高。数据显示，按照企业工商注册地划分，北京市和上海市集聚着超五成互联网上市公司和独角兽企业，其余多集中于广东省、浙江省等东部沿海省份。在行业分布上，平台企业亦表现出较高的集聚性。全国互联网上市公司中，网络游戏（29.6%）、电子商务（14.8%）、文化娱乐（14.2%）、网络金融（11.6%）四种类型企业占比达 1.2%。与之相似，全国六成以上的互联网独角兽企业集中分布在企业服务（17.8%）、电子商务（11.9%）、汽车交通（11.9%）、先进制造（10.5%）和医疗健康（9.6%）五大行业，影响着经济生活的方方面面。

（三）头部互联网平台优势显著

有专家测算了代表性强且发展较成熟的互联网领域市场集中度情况，发现在即时通信、搜索引擎和网上购物领域，榜首企业用户覆盖率均已经过半，细分领域内存在“数一数二、不三不四”现象（见图 30－1）。作为长期在以上三个行业居首的腾讯、百度和阿里，更是早已布局移动互联各赛道，用户规模渗透率分别高达 91.3%、94.6% 和 95.5%。2021 年，中国互联网行业广告收入为 5435 亿元，其中，腾讯、阿里、百度、字节跳动 TOP4 企业市场份额提升至 78%，TOP10 企业市场份额提升至 95%。以 2021 年 12 月部分应用的 MAU 数据为例：电商领域，淘宝作为“领头羊”领跑整个行业；移动社交领域，微信和 QQ 稳居第一梯队，远超排名第三的钉钉；短视频领域，抖音继续领跑，快手、抖音极速版紧随其后；视频领域，爱奇艺及腾讯视频稳居第一梯队；移动音乐领域，酷狗及 QQ 音乐稳居第一梯队；新闻资讯领域，字节跳动系的今日头条 MAU 用户超 4 亿，以绝对优势位居榜首，日均使用时长 77.9 分钟。

（四）头部互联网平台利用流量优势覆盖诸多服务领域

2022 年 3 月，蚂蚁金服宣布把拥有 12 亿用户的支付宝从金融支付平台升级为数字生活开放平台，预示着服务业数字化时代的到来。美团致力于打造本地生活服务生态体系，依靠其庞大的流量资源，不断丰富 App 平台服务功能，现已涵盖餐饮、住宿、出行、旅游、购物、娱乐等生活服务诸多领域。微信充分利用其在移动社交领域的优势地位，协同各大品牌不断强化自身电商实力。随着流量增速的趋缓，围绕数据主体应用时长的博弈日益激烈。其中，“短视频＋直播”产品形态优势更为凸显，头条系及快手系 App 使用时长占比相比同期提高 3.1% 和 3.4%。抖音、快手作为短视频领域头部平台，它们的第三方

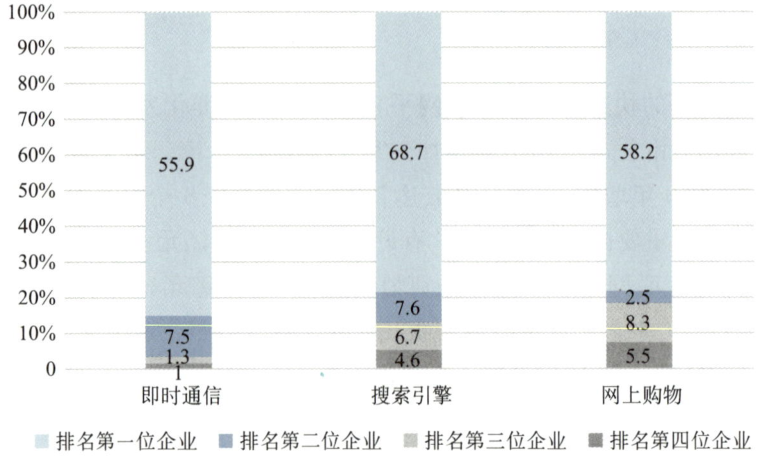

图 30－1　互联网代表领域用户覆盖率

合作平台重合用户占比继续提升，短视频平台正发挥其引流作用，并推动电商领域形成短视频电商、微信小程序电商与传统电商鼎足之势。

（五）互联网平台服务不断向下沉市场渗透

一方面，下沉市场需求旺盛。在月活跃净增用户排名前十的行业中，有 8 个行业在三线及以下城市比重超五成，分别为医疗服务（61.5%）、移动购物（57.1%）、办公商务（56.3%）、金融理财（56.1%）、移动社交（54.2%）、移动视频（53.1%）、汽车服务（52.4%）、生活服务（50.0%）。另一方面，消费端需求旺盛也加速了平台服务向下沉市场的渗透。2021 年，位于中国移动互联网应用领域前三的是社交、电商和短视频，这三类应用的城市等级分布中三线及以下城市比重均超 55%，其中，短视频领域下沉市场穿透力更强，比重高达 64.1%，超过电商领域的 55% 和社交领域的 55.5%。作为主流短视频应用，快手（极速版）下沉市场占比最为显著，34.3% 用户分布于三线城市，高达 40.7% 用户分布在四线及以下城市，远超其他主流短视频应用（见表 30－2）。

表 30－2　　2021 年主流短视频应用用户城市等级分布

	快手	抖音	快手（极速版）	抖音（极速版）
一线城市占比（%）	6.8	6.7	5.1	7.4
二线城市占比（%）	25.8	25.9	19.9	26.7
三线城市占比（%）	33.1	34.7	34.3	33.2
四线及以下城市占比（%）	34.3	32.7	40.7	32.8

（案例来源：蓝庆新，史方圆．我国互联网平台发展的垄断问题及对策建议［J］．理论学刊，2022（04）：80－88. DOI：10.14110/j.cnki.cn－37－1059/d.2022.04.017.）

互联网平台经济中的大数据“杀熟”（微观企业行为）

三级价格歧视

大数据“杀熟”——消费者权益的隐形“杀手”

同一时间不同用户价格不同

付费会员比普通用户价格更高

多次浏览后价格自动上涨

……

“五一”假期将至，不少消费者在网上预订机票或酒店时发现，自己似乎遭遇了“同票不同价”“同房不同价”，甚至付费会员的订票价格反而高于普通用户（见图 30－2）。

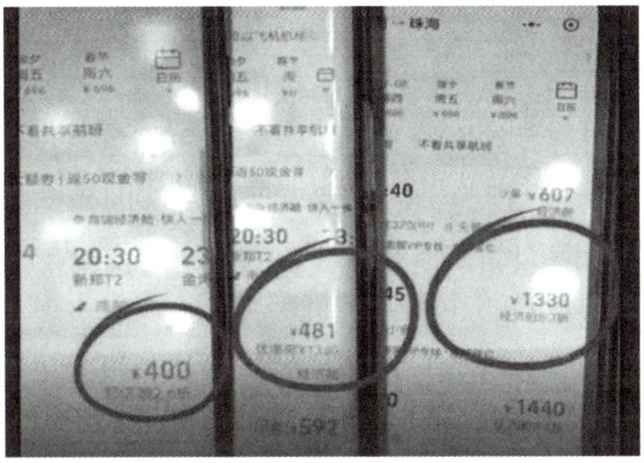

图 30－2　机票“同票不同价”

同样的平台，同样的时间，同样的商品，订单的售价却相差甚远，更让人疑惑的是，大部分需要“多交费”的都是“熟客”。

北京市消费者协会 2022 年 9 月 9 日公布的互联网消费大数据“杀熟”问题调查结果显示，七成多受访者认为仍然存在大数据“杀熟”现象，六成多受访者表示有过被大数据“杀熟”经历。实际上，关于大数据“杀熟”这个问题，已经不是什么新鲜事儿了，有一些平台依旧我行我素，说到底还是利益在作祟（见图 30－3）。

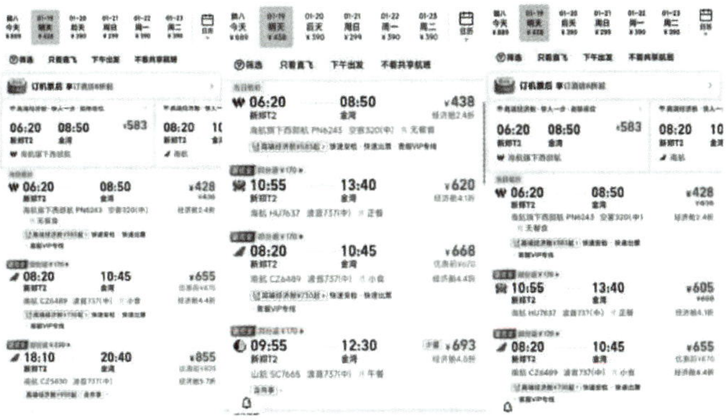

图 30－3　用户被“差异化”推荐航班班次

大数据“杀熟”本质上是一种侵权行为，其最直接的后果就是对消费者权益的严重损害。一方面，大数据“算法”具有即时性、隐蔽性、模糊性和复杂性等特点，监管部门很难查证和处罚，消费者更加难以发现；另一方面，即使被消费者察觉了，由于“杀熟”行为主要集中在网购、出行、订票等消费金额相对较小消费场景，且诉讼过程中存在维权成本高、举证困难、价格歧视等阻碍，一些消费者最终会选择放弃维权。

针对互联网消费与平台经济发展过程中出现的“大数据杀熟”等问题，《中华人民共和国消费者权益保护法实施条例》明确指出，对于同样的商品、服务，在相同的交易条件下，经营者不得擅自设置不同的价格或者收费标准。这也是第一次以行政规章的形式对差别价格加以规制。

要治理大数据“杀熟”现象，除了不断完善法律法规和加大执法力度外，企业的守法合规和诚信自律显得尤为关键。企业商户要规范自身经营管理行为，用心经营，实实在在帮助用户提高满足感、幸福感，不断创造新的价值。

随着技术的进步，我们与大数据的关系也会变得更加紧密。而对于诸如“看人出价”“价格歧视”等大数据“杀熟”行为，消费者应保持足够的警觉与理智。唯有如此，我们才能更好地在数字世界中畅游无忧，尽情体验技术带来的便捷与美丽。

（案例来源：中国市场监管报：大数据“杀熟”——消费者权益的隐形“杀手”，https：//mp. weixin. qq. com/s/p_uacqTne_qI0fdcwnA41w，2024 –06 –16 访问。）

五、教学方法与手段

（一）课堂讲授

针对“垄断产生的原因、垄断企业的生产和定价决策、垄断的福利代价、垄断行为（价格歧视）”等重要理论知识，采用课堂讲授方式，让学生直接、快速、精炼掌握，为后续案例分析和研讨做准备。

（二）小组汇报

针对中国互联网平台经济发展面临的垄断问题，组织学生分成四组（每组 4 或 5 人），分别就平台经济发展现状、平台经济垄断动因、平台经济垄断行为和影响、相应规制策略进行汇报分析。

（三）分析研讨

基于数字经济时代互联网平台经济的垄断问题及其应对进行分析讨论，重在使学生对现实经济中垄断行为的隐蔽性和多元性有所认识，并就大数据时代政府监管职能进行研讨，拓展学生对“技术是否是中性的”“技术背后的制度约束”“技术向善”等广延话题的关注与思索。

六、教学实施过程

（一）简要介绍知识背景和学习目标

在课堂讲授环节，向学生介绍“垄断和垄断行为”这一知识点背后蕴含的整体知识背景（市场结构理论），并阐明具体学习目标（即教学目标）。

（二）重点讲授垄断和垄断行为的理论知识

课堂讲授中，按照垄断产生的原因、垄断企业的生产和定价决策、垄断的福利代价、垄断行为（价格歧视）、针对垄断的公共政策等知识逻辑进行理论讲解。

（三）分析研讨互联网平台经济的垄断问题

引出“数字经济时代互联网平台经济的垄断问题及其应对”案例，简要介绍其发展背景。随后组织学生从发展现状、垄断动因、垄断行为和影响、政府规制策略等角度进行分析研讨，并就相关广延话题进行拓展讨论。

（四）知识总结与迁移运用

于上述环节结束之后，总结市场结构的不同类型，使学生认识到现实当中经济组织形态的复杂性和多元性，培养学生运用市场结构理论分析现实经济组织运行影响的能力。需要说明，相关兴趣话题可以成为学生了解社会经济现实的生动切口，甚至有望成为未来科研选题的重要来源。

七、考核与评价方式

（1）课堂讲授环节：设置 3 ~4 个随堂问题（随机抽取学生作答；考查学生经济学直觉与敏锐度；相关表现计入平时课堂表现成绩）。

（2）案例汇报环节：分四组进行小组展示（每组 4 或 5 人）（逐组记录小组和个人表现；考查学生整合信息与理解运用能力；相关表现计入平时作业成绩）。

（3）相关议题讨论：就案例及其广延设置 3 ~4 个问题（每名学生均参与讨论；考查学生发散思维与人文关怀；相关表现计入平时课堂表现成绩）。

八、实施成效

（一）化解学生学习的畏难情绪

学生背景多元、水平参差，大量理论推导之外迫切需要调用基础知识就可以启发牵引思考的现实案例。通过实施案例教学，以案例作为知识载体，通过生动形象地讲故事的方式，拉近了学生与知识的距离，使学生从发怵转变为感到知识有趣，化解了学生学习的畏难情绪。

（二）提升理论学习的深度和广度

微观经济学理论性强、逻辑性强，对学生学习的专注度和演绎推理能力要求很高。在课程的生动性和趣味性有所缺乏的情况下，更不利于达成上述要求。为此，通过设置案例及相关议题的方式，引发学生思辨思考，平滑理论难度的同时，延展知识的深度与广度，搭建起学生与现实的联系，使学生看到知识的应用性。

（三）满足来华留学生了解中国的诉求

来华留学生普遍对中国现实和中国制度心存兴趣，为此亟须联系中国实际的案例引入课程，充实授课内容。在这一背景之下，深刻立足中国实践，选取体现中国现实和中国制度特色的案例，巧妙设计、融入教学，通过“数据呈现+辨析研讨”的方式，丰富和深化来华学生对中国的认知和理解。

案例31：培养“知华友华”人才，助力“一带一路”建设

——“对外汉语”课程思政教学案例

韩晓明
（中央财经大学国际文化交流学院讲师）

一、基本信息

课程名称：对外汉语
授课对象：2023级留学生研究生
知 识 点：《理解当代中国：高级中文听说教程》第十一单元“一带一路”，四海联通
主讲教师：韩晓明

二、教学目标

（一）知识目标

学生能掌握“一带一路”倡议相关核心词语、表达方式及篇章结构，并能运用所学语言知识，围绕主题发表个人观点或看法。

（二）能力目标

学生能运用多种听力微技能，理解以共建“一带一路”倡议为主题的专题报道和人物故事，把握视听材料的基本逻辑架构。

（三）育人目标

学生能了解共建“一带一路”倡议的提出过程、主要内容和具体含义，理解共建“一带一路”倡议对中国、“一带一路”共建国家，以及对世界的意义。

三、教学重点与难点

（一）教学重点

（1）“一带一路”倡议相关核心词语、表达方式及篇章结构；

（2）对本单元三个视听材料内容的讲解，并能够点面结合，让学生体会其中的内在逻辑关联。视听材料1整体介绍了帮助学生准确了解共建“一带一路”倡议的提出背景、主要内容和现实意义；视听材料2以中欧班列为切入点，引导学生切实认识共建“一带一路”倡议为相关国家的经贸合作搭建起平台，让各国人民共享合作成果；视听材料3通过

纳赛尔讲述伊本·白图泰的故事，将历史上的丝绸之路与“一带一路”倡议联系起来，让学生深刻感受“民心相通”的真正内涵。

（二）教学难点

（1）“一带一路”主题相关文化知识点，如“六大经济走廊”“五通”“东盟”等；

（2）视听材料中所包含的部分《国际中文教育中文水平等级标准》7～9 级（高）、超纲（超）词汇及常用表达结构等；

（3）学生在视听理解活动的基础上运用本单元学习内容进行有效输出，充分、清晰地表达个人感受，流畅、自如地讲述有关“一带一路”的古今故事，具体交流“一带一路”共建国家的发展变化及各国人民的所思所想。

四、课程思政案例介绍

本案例围绕“一带一路”倡议，旨在通过三段视听材料，引导学生全面、准确地理解“一带一路”倡议的提出背景、主要内容、现实意义，以及其在促进共建国家经贸合作与民心相通方面的重要作用，培养学生的全球视野和跨文化交流能力。

（一）视听材料 1：《了解中国倡议的“一带一路”》

内容概述：视听材料 1 整体介绍了习近平主席提出共建“一带一路”倡议的背景和经过、“一带一路”的基本内容和现实意义，同时展示了共建“一带一路”的多项阶段性成果，说明共建“一带一路”为参与各国搭建起一条“政策沟通、设施联通、贸易畅通、资金融通、民心相通”的共同发展之路，是促进各国互利合作和经济发展的新途径。视频还以“中巴经济走廊”为例，说明共同参与“一带一路”建设的国家和国际组织在多个方面都获得了重要的发展机遇，体现了互利共赢、共同发展及让“一带一路”建设造福共建各国人民的发展理念。

思政融入：强调中国作为负责任大国的担当，通过“一带一路”倡议推动构建人类命运共同体，展现中国智慧和中国方案对全球治理的贡献。

（二）视听材料 2：《“一带一路”上的中欧班列》

内容概述：视听材料 2 是有关中欧班列的专题报道。中欧贸易源远流长，以往主要依靠海运与空运，时间成本和物流成本巨大。作为第一个开通中欧班列的城市，重庆于 2011 年 3 月正式开通至德国杜伊斯堡的中欧班列。这不仅大大减少了货物运输时间和物流成本，还带动了跨境电商的发展。中欧班列搭建起互联互通的网络，促进了中国与欧洲各国之间经贸的蓬勃发展。

思政融入：强调合作共赢的理念，展示中国与世界共享发展机遇的决心和行动，同时引导学生思考经济全球化背景下国家间合作的重要性。

（三）视听材料3：《纳赛尔的中国故事》

内容概述：视听材料3是一段人物访谈。600多年前，摩洛哥著名旅行家伊本·白图泰沿海上丝绸之路，历尽艰辛到达中国。他撰写的游记《异境奇观》生动描绘了中国元朝时期的社会繁荣景象及风俗文化等，是史学界研究中国宋元时期与阿拉伯国家交往的重要史料。向记者讲述伊本·白图泰故事的是同样来自摩洛哥的纳赛尔，他在中山大学取得博士学位后，一直致力于促进非洲国家与中国的友好合作。纳赛尔希望将伊本·白图泰的故事拍成电影，而自己也能像伊本·白图泰那样成为中摩两国友好交流的桥梁，为共建“一带一路”倡议下两国的广泛合作发挥积极作用。

思政融入：弘扬和平共处、和谐共生的文明观，强调文化交流在促进国家间理解和友谊中的重要作用，引导学生关注文化差异，同时尊重并欣赏不同文化的多样性。

通过本次课程的学习，学生不仅可以掌握与“一带一路”倡议相关的语言知识，更重要的是，他们能够深刻理解这一倡议背后的历史逻辑、现实意义及人文价值，进一步拓宽国际视野，培养跨文化交流的能力。

注：视听材料“内容概述”部分主要来自《理解当代中国：高级中文听说教程》配套教师用书（外语教学与研究出版社，2022）。

五、教学方法与手段

（一）教学方法

1. 启发式教学

在视听材料播放前后，设置引导性问题，如“你认为‘一带一路’倡议的提出背景是什么?”“中欧班列对共建国家带来了哪些变化?”等，激发学生主动思考，培养批判性思维。

2. 案例分析法

选用具体、生动的案例（如中欧班列上的商品交易、伊本·白图泰的旅行故事等），引导学生分析案例背后的深层含义，理解“一带一路”倡议的实际影响和意义。

3. 讨论与汇报

组织小组讨论或汇报，围绕“一带一路”倡议的作用、“一带一路”共建国家当前的发展情况等话题展开交流，鼓励学生表达个人观点，增强团队协作能力和口头表达能力。

（二）教学手段

1. 多媒体教学

使用PPT、视频、音频等多媒体材料，直观展示“一带一路”倡议的相关内容，提高学生的学习兴趣和参与度。

2. 网络教学资源

引导学生利用网络资源，如在线数据库、专业网站、社交媒体等，搜集与“一带一路”倡议相关的最新资讯和研究成果，拓宽学习渠道。

3. 实物展示与模型演示

通过世界地图和中国地图展示“丝绸之路经济带”“21 世纪海上丝绸之路”经过的国家、地区或城市，来自“一带一路”共建国家的学生展示与“一带一路”倡议相关的实物（如中欧班列模型、丝绸之路沿线国家的特色商品等），增强学生的直观感受。

通过上述教学方法与手段的综合运用，可以更加有效地实现课程思政目标，提升学生的综合素质和能力。

六、教学实施过程

本单元的教学过程大致包括以下几个阶段：课前布置预习内容——课上检查预习情况——讲解视听材料内容——完成综合口语活动。具体情况如下：

（一）课前布置预习内容

预习任务：

背景资料搜集：要求学生通过图书馆、网络等资源，查找和搜集关于“一带一路”倡议的基本信息，同时完成教材“课前准备”的内容，包括了解“一带一路”国际合作高峰论坛官方标识的设计理念、“五通”的具体内涵等。

预习材料阅读：提供简短的预习材料或文章，概述“一带一路”倡议的框架和亮点，并提出几个引导性问题，如“你认为‘一带一路’倡议对全球经济有何影响?”“你了解哪些与‘一带一路’相关的成功合作案例?”等，鼓励学生思考并记录个人见解。

（二）课上检查预习情况

教师针对课前预习任务进行提问，并邀请几位学生分享他们的预习成果，包括搜集到的有趣资料、对问题的思考等，检查学生的预习效果，了解学生的学习难点和兴趣点，以便及时调整课堂教学策略，为后续学习做铺垫。

（三）讲解视听材料内容

1. 视听材料 1：《了解中国倡议的“一带一路”》

简述文化点：教师用几分钟时间简要说明与“一带一路”倡议相关的文化知识点，如“六大经济走廊”“五通”“东盟”等。

设置问题：设置引导性问题，如“一带一路”的具体含义是什么？中国提出共建

“一带一路”倡议的过程是什么样子的？共建“一带一路”为中国及共建国家带来了哪些发展机遇等，引发学生思考。

播放视频：第一遍播放视频，引导学生观看并思考。

内容讲解：视频播放结束后，学生简述视频的主要内容。第二遍播放视频，教师分段详细讲解视频内容，并根据视频内容完成教材的任务，包括补全关键信息、结合材料数据简要说明共建“一带一路”的发展状况等。

交流讨论：结合视频各部分主要信息和数据，参考给出的信息线索或表达线索，分组简要介绍整段视频的主要内容。通过交流与讨论，确保学生理解和掌握视频中的关键信息。

2. 视听材料2：《“一带一路”上的中欧班列》

简述文化点：教师用几分钟时间简要说明相关文化知识点，如“中欧班列”“北疆铁路”“阿拉山口”等。

播放视频：播放视频，展示中欧班列的运作过程和影响。

内容讲解：视频播放结束后，请学生概括视频的主要内容，并根据视频内容及补充信息，完成课后判断题。

案例分析：选取纪录片中的具体案例，引导学生分析中欧班列如何促进共建国家的经贸合作。

交流讨论：提出问题，引导学生思考并进行交流讨论。如为什么要在重庆开通中欧班列？中欧班列会给共建国家和地区的经济发展、人民生活带来什么好处？你对中欧班列还有哪些了解？进一步拓宽学生的国际视野。

3. 视听材料3：《纳赛尔的中国故事》

简述文化点：教师用几分钟时间简要说明相关文化知识点，如“结构调整”“徐霞客”“宋元时期”等。

播放视频：展示伊本·白图泰的故事及现代“一带一路”下的文化交流。

内容讲解：视频播放结束后，请学生概括视频的主要内容，并结合内容框架分别介绍纳赛尔和伊本·白图泰。

文化对比：引导学生对比古代丝绸之路与现代“一带一路”在文化交流上的异同。

情感共鸣：通过讨论，让学生感受“民心相通”的深刻内涵，激发对文化多样性的尊重和欣赏。

（四）完成综合口语活动

1. 主题演讲：我看“一带一路”

学生围绕“我在‘一带一路’倡议下的梦想与行动”这一主题进行演讲，分享个人见解和计划。

2. 小组汇报：汇报“一带一路”共建国家建设成果

活动任务：小组成员就“如何促进‘一带一路’共建国家的民心相通”进行讨论，

并准备一份汇报材料，向全班展示讨论成果。

提问环节：设立问答环节，鼓励其他小组或全班学生就汇报内容进行提问和补充，促进深入交流。

师生评价：从主题内容、语音语调、词汇丰富度、语法准确度、表达流利程度、肢体语言、与组员的互动七个方面对小组成员的表现进行评分，给予过程性评价。

（五）总结与反馈

教师总结：对本次课程的学习内容进行总结，强调“一带一路”倡议的重要性和意义。

学生反馈：邀请学生分享本节课的收获和感想，提出改进建议。

（六）作业布置

布置相关作业，如撰写学习心得等，巩固学习成果。

七、考核与评价方式

本课程将平时考核与期末考核相结合，将过程性评价和结果性评价相结合。

（一）考核方式

1. 平时考核

内容：平时考核主要关注学生的课堂出勤率（占比 40%）、课堂表现（含学习态度、课堂提问参与情况等，占比 30%）以及汇报完成情况（占比 30%）。

作用：平时考核能够实时了解学生的学习状态和参与情况，有助于教师及时调整教学策略。

比重：在总成绩中，平时考核成绩占比为 50%，以体现对学生学习过程的重视。

2. 期末考核

形式：期末考核通常采用考试形式，统一命制客观题和主观题考核学生对关键词语和表达方式等语言知识的掌握情况。

时间：期末考核一般在课程教学周的最后一周进行。

比重：在总成绩中，期末考核成绩占比为 50%，以评估学生对课程内容的整体掌握情况。

（二）评价方式

1. 教师评价

教师通过观察学生的课堂表现、汇报情况、考试成绩等方式来评价学生的学习情况。

2. 学生自评与互评

综合口语活动环节，采用学生自评和互评相结合的方式，从主题内容、语音语调、词汇丰富度、语法准确度、表达流利程度、肢体语言、与组员的互动七个方面对自己小组和其他小组成员的表现进行评分。

学生自评可以帮助学生建立自我评价意识，明确自己的优点与不足。同学互评则能够促进学生之间的相互学习和正向激励，形成朋辈互助的良好氛围。

本课程遵循以学生为中心的原则，将多元化的考核方式和评价方式相结合，注重过程性评价和结果性评价，激发学生的学习积极性和主动性，提升教学效果和育人实效。

八、实施成效

本次课程围绕“一带一路”倡议这一主题，精心选取了三个视听材料，旨在通过生动直观的方式，帮助学生全面深入地理解共建“一带一路”倡议的提出背景、核心内容及其深远的现实意义。具体如下：

（一）视听材料1：《了解中国倡议的“一带一路”》

通过视听材料1的学习，取得了以下实施成效：知识掌握上，学生普遍能够准确复述“一带一路”倡议的提出时间、背景及基本框架，显示出对基础知识的良好掌握。理解深度上，通过视听结合的方式，学生不仅记住了信息点，还能结合历史背景分析“一带一路”倡议提出的必要性，展现出对问题的深层次思考。兴趣激发上，生动形象的讲解和画面，有效激发了学生对国际政治经济话题的兴趣，为后续学习奠定了积极的心理基础。

（二）视听材料2：《“一带一路”上的中欧班列》

通过视听材料2的学习，取得了以下实施成效：实践认知上，学生深刻认识到中欧班列作为“一带一路”建设的重要成果，对加强国际贸易、促进经济发展的重要作用，增强了理论与实践的联系。思想观念上，通过案例分析，学生更加直观地理解了国际合作的重要性，以及“一带一路”倡议在促进全球经济一体化方面的积极作用。情感共鸣上，学生感受到合作带来的实际利益，增强了对“一带一路”倡议的认同感和支持度，激发了参与国际交流的愿望。

（三）视听材料3：《纳赛尔的中国故事》

通过视听材料3的学习，取得了以下实施成效：文化传承上，学生不仅学习了古代丝绸之路的历史，还理解了其在当代“一带一路”倡议中的文化桥梁作用。人文关怀上，纳赛尔的讲述让学生深刻感受到“民心相通”不仅是政策层面的合作，更是人与人之间的交流和理解，培养了学生的人文关怀精神。全球视野上，通过历史与现实的对比，学生拓宽了国际视野，认识到“一带一路”倡议不仅是经济合作的平台，更是文化交流、民心交融的纽带。

习近平总书记曾指出：“和平合作、开放包容、互学互鉴、互利共赢的丝路精神，是共建‘一带一路’最重要的力量源泉。”本次课程通过三个视听材料，有效促进了学生对“一带一路”倡议的全面理解和深刻感悟。不仅提升了学生的知识水平，更在潜移默化中培养了他们的国际视野、合作意识和人文关怀精神，为培养“知华友华”人才，助力“一带一路”建设奠定了坚实基础。